Niger

Ce livre est issu du Groupe National de Travail du CODESRIA sur le Niger.

Niger

Les intellectuels, l'État et la société

Sous la direction de

Kimba Idrissa

CODESRIA

Conseil pour le développement de la recherche en sciences sociales en Afrique
DAKAR

© CODESRIA 2016
Conseil pour le développement de la recherche en sciences sociales en Afrique
Avenue Cheikh Anta Diop Angle Canal IV
BP 3304 Dakar, 18524, Sénégal
Site web : www.codesria.org

ISBN : 978-2-86978-708-7

Mise en page : Alpha Ousmane Dia
Couverture : Ibrahima Fofana

Distribué en Afrique par le CODESRIA
Distribué ailleurs par African Books Collective
www.africanbookscollective.com

Le Conseil pour le développement de la recherche en sciences sociales en Afrique (CODESRIA) est une organisation indépendante dont le principal objectif est de faciliter et de promouvoir une forme de publication basée sur la recherche, de créer plusieurs forums permettant aux chercheurs africains d'échanger des opinions et des informations. Le Conseil cherche ainsi à lutter contre la fragmentation de la recherche dans le continent africain à travers la mise en place de réseaux de recherche thématiques qui transcendent toutes les barrières linguistiques et régionales.

Le CODESRIA publie une revue trimestrielle, intitulée *Afrique et Développement*, qui est la plus ancienne revue de sciences sociales basée sur l'Afrique. Le Conseil publie également *Afrika Zamani* qui est une revue d'histoire, de même que la *Revue Africaine de Sociologie* ; la *Revue Africaine des Relations Internationales (AJIA)* et la *Revue de l'Enseignement Supérieur en Afrique*. Le CODESRIA co-publie également la *Revue Africaine des Médias*; *Identité, Culture et Politique : un Dialogue Afro-Asiatique* ; *L'Anthropologue africain*, la *Revue des mutations en Afrique*, *Méthod(e)s : Revue africaine de méthodologie des sciences sociales* ainsi que *Sélections Afro-Arabes pour les Sciences Sociales*. Les résultats de recherche, ainsi que les autres activités de l'institution sont aussi diffusés à travers les « Documents de travail », le « Livre Vert », la « Série des Monographies », la « Série des Livres du CODESRIA », les « Dialogues Politiques » et le *Bulletin du CODESRIA*. Une sélection des publications du CODESRIA est aussi accessible au www.codesria.org

Le CODESRIA exprime sa profonde gratitude à la Swedish International Development Corporation Agency (SIDA), au Centre de Recherches pour le Développement International (CRDI), à la Ford Foundation, à la Carnegie Corporation de New York (CCNY), à l'Agence norvégienne de développement et de coopération (NORAD), à l'Agence Danoise pour le Développement International (DANIDA), au Ministère des Affaires Etrangères des Pays-Bas, à la Fondation Rockefeller, à l'Open Society Foundations (OSFs), à TrustAfrica, à l'UNESCO, à l'ONU Femmes, à la Fondation pour le renforcement des capacités en Afrique (ACBF) ainsi qu'au Gouvernement du Sénégal pour le soutien apporté aux programmes de recherche, de formation et de publication du Conseil.

Table des matières

PREMIÈRE PARTIE
Histoires de vie

DEUXIÈME PARTIE
Les intellectuels dans l'espace public

TROISIÈME PARTIE
Les intellectuels et les savoirs

Liste des tableaux et graphiques

Tableaux

Graphiques

Liste des sigles et acronymes

AGED	Association générale des étudiants de Dakar
ACCT	Agence de coopération culturelle et technique
AEA	Association des étudiants africains
AEAP	Association des étudiants africains de Paris
AEC	Association des étudiants congolais
AECI	Association des étudiants de Côte-d'Ivoire en France
AED	Association des étudiants de Dakar
AEDF	Association des étudiants dahoméens en France
AEGF	Association des étudiants guinéens en France
AEMF	Association des étudiants de la Mauritanie en France
AEMNA	Association des étudiants musulmans nord-africains en France
AEN	Association des écrivains nigériens
AENF	Association des étudiants nigériens en France
AEOF	Association des étudiants oubanguiens en France
AERDA	Association des étudiants RDA
AESF	Association des étudiants soudanais en France
AESNF	Association des étudiants et stagiaires Nigériens en France
AETF	Association des étudiants tchadiens en France
AEVF	Association des étudiants de Haute-Volta en France
AFEN	Associations féminines du Niger
AGEOM	Association générale des étudiants d'origine malgache
AGEV	Association générale des étudiants vietnamiens
AIF	Agence intergouvernementale de la francophonie
AFC	Alliance des forces du changement
ANDDH	Association nigérienne de défense des droits de l'homme
ANEC	Association nationale des étudiants camerounais
AOF	Afrique-occidentale française
ANDDH	Association nigérienne de défense des droits de l'homme
BNA	Bloc nigérien d'action
BIT	Bureau international du travail

CDS	Convention démocratique et sociale
CDTN	Confédération des travailleurs du Niger
CES	Centre d'enseignement supérieur
CGT	Confédération générale du travail
CNPCN	Commission nationale préparatoire de la Conférence nationale
CNRSH	Centre national de la recherche en sciences humaines
CONGAFEN	Collectif des ONGs et Associations féminines du Niger
CRN	Conseil de réconciliation nationale
CSN	Conseil de salut national
CPP	Convention People's Party
DLD	Démocratie-Liberté-Développement
FEANF	Fédération des étudiants d'Afrique noire en France
FMJD	Fédération mondiale de la jeunesse démocratique
FMI	Fonds monétaire international
FIDES	Fonds d'investissement et de développement économique et social
GAREP	Groupe africain de recherches économiques et politiques
GEPA	Groupe d'études politiques africaines
GERDES	Groupe d'études et de recherches en développement social
GERES	Groupe d'études et de recherche sur État et sociétés au Niger
GREPAD	Groupe de recherche et d'études politiques et démocratiques
IOM	Indépendants d'Outre-Mer
IFAN	Institut français d'Afrique noire
IRSH	Institut de recherche en sciences humaines
LASDEL	Laboratoire d'études et de recherches sur les dynamiques sociales et le développement local
MLN	Mouvement de libération natinale
MNSD	Mouvement national pour la société de développement
MSA	Mouvement socialiste africain
OCAM	Organisation commune africaine et malgache
ORA	Organisation de la rébellion armée
ORTN	Office de radiodiffusion et de télévision du Niger
OUA	Organisation de l'unité africaine
PAI	Parti africain pour l'indépendance
PCF	Parti communiste français
PFA	Parti de la fédération africaine
PPN	Parti progressiste nigérien

PRA	Parti du regroupement africain
PNDS-Tarraya	Parti nigérien pour la démocratie et le socialisme
PNUDPPN	Parti progressiste nigérien
PS	Parti socialiste
RJD/RDA	Rassemblement de la jeunesse démocratique
RDA	Rassemblement démocratique africain, le
RDFN	Rassemblement démocratique des femmes du Niger
RDF	Rassemblement démocratique des femmes du Niger
RATP	Régie autonome des transports parisiens
SAMAN	Syndicat des magistrats
SFIO	Section française de l'Internationale ouvrière
SNEC	Syndicat des enseignants-chercheurs
SAFELEC	Société africaine d'électricité
SAMAN	Syndicat autonome des magistrats du Niger
SNEN	Syndicat national des enseignants du Niger
SNECS	Syndicat national des enseignants et chercheurs du supérieur
UDN	Union démocratique nigérienne
UGTAN	Union générale des travailleurs d'Afrique noire
UJPN	Union de la jeunesse progressiste du Niger
UDN-Sawaba	Union démocratique nigérienne
UEC	Union des étudiants communistes
UPC	Union des populations du Cameroun
UIE	Union Internationale des étudiants
UNEF	Union nationale des étudiants de France
UNTN	Union nationale des travailleurs nigériens
USN	Union des scolaires nigériens
WAY	World Assembly of Youth

Les contributeurs

Souley Adji, titulaire d'un doctorat de troisième cycle en sociologie politique, est maître-assistant à la Faculté des lettres et sciences humaines de l'Université Abdou Moumouni Dioffo de Niamey au Niger.

Abdoul Aziz Issa Daouda est maître de conférences en littérature africaine à la Faculté des lettres et sciences humaines de l'Université Abdou Moumouni Dioffo de Niamey au Niger. Il est l'auteur d'un ouvrage sur la vie et l'œuvre de Boubou Hama.

Abdou Idrissa est titulaire d'un doctorat nouveau régime en histoire. Sa thèse porte sur les centres d'études islamiques de l'ouest du Niger du XVIe au XIXe siècle.

Kimba Idrissa, docteur d'État-ès-lettres et sciences humaines (histoire), professeur titulaire à l'Université Abdou Moumouni Dioffo de Niamey et professeur invité dans plusieurs universités et centres de recherches en Afrique, en France, aux Pays-Bas et aux États-Unis. On lui doit plusieurs publications sur l'histoire politique et sociale du Niger colonial et postcolonial. Il a dirigé deux ouvrages collectifs : *Le Niger : État et démocratie*, Paris, L'Harmattan, 2001 ; *Armée et politique au Niger*, CODESRIA, 2008.

Mahamane Mallam Issa est historien, maître-assistant à la Faculté des lettres et sciences humaines de l'Université Abdou Moumouni Dioffo de Niamey au Niger.

Addo Mahamane, titulaire d'un doctorat nouveau régime en histoire, est maître de conférences à la Faculté des lettres et sciences humaines de l'Université Abdou Moumouni Dioffo de Niamey au Niger. Ses travaux portent sur l'histoire politique des États haoussa.

Aboubacar Maidoka est titulaire d'un doctorat de troisième cycle en droit public. Maître-assistant à la Faculté des sciences économiques et juridiques de l'Université Abdou Moumouni Dioffo de Niamey au Niger, il est l'auteur de plusieurs publications consacrées aux institutions politiques, aux relations internationales et au droit de l'environnement.

Seyni Moumouni est islamologue maître de recherche et chef du Département des manuscrits en langue arabe et ajami à l'Institut de recherche en sciences humaines. Il est l'auteur d'un ouvrage sur la vie et l'œuvre d'Ousmane dan Fodio.

Fatimata Mounkaila est maître-assistant à la Faculté des lettres et sciences humaines de l'Université Abdou Moumouni Dioffo de Niamey au Niger. Spécialiste de littérature comparée et des questions liées au genre.

Mahamane Sanoussi Tidjani Alou est politologue, agrégé de sciences politiques, maître de conférences et doyen de la Faculté de sciences économiques et juridiques de l'Université Abdou Moumouni Dioffo de Niamey au Niger. Il travaille sur la dynamique de l'État africain postcolonial.

Introduction

Kimba Idrissa

Depuis une dizaine d'années, à la faveur de l'émergence du processus de démocratisation, le Groupe d'études et de recherche sur État et sociétés au Niger (GERES) s'est attaché à cerner les éventuels possibles d'une transformation sociale au Niger. La formation de l'État et la construction de la démocratie (Idrissa 2001), ainsi que les rapports de l'armée avec la politique (Idrissa 2008), ont constitué les thèmes de recherche dominants. Le GERES aborde dans le présent ouvrage la question des intellectuels au Niger dans leur rapport à l'État, au politique et à la société. Pour la première fois dans l'histoire de ce pays, on disposera d'une réflexion des intellectuels nigériens sur les intellectuels nigériens. Cette recherche vient compléter la série de travaux publiés par le GERES et s'intègre parfaitement dans un vaste programme cohérent dont l'objectif général est d'étudier les acteurs et les lignes de force de l'histoire politique et sociale du Niger contemporain.

Le débat sur les intellectuels en Afrique

Le débat sur les intellectuels africains, relativement ancien, est loin d'être clos et fait encore couler beaucoup d'encre. D'une manière générale, les relations des sociétés africaines avec leurs intellectuels ne sont pas toujours paisibles. Il n'est pas rare d'entendre autour de soi « qu'il n'y a pas d'intellectuels en Afrique, mais des diplômés aux intestins fragiles, chasseurs de prébendes et caisses de résonance du pouvoir ». Les intellectuels-politiciens sont décriés et vilipendés.

> Ahouelete Roland Yaovi Holou accuse les intellectuels africains d'être la cause principale de la misère d'un continent par leur participation et la caution qu'ils apportent à des régimes impopulaires, antidémocratiques. « *Pour trouver la solution durable à la misère africaine, dit-il, il faut une révolution des intellectuels africains avertis* » ; entendons par là leur retrait de la sphère politique et leur reconversion à la formation pure et simple de leurs concitoyens (Sangaré 2011:37).

Les intellectuels africains sont vivement interpellés à la suite d'événements importants qui secouent l'Afrique : la crise de l'État depuis la fin des années 1980, la mondialisation, la démocratie, les migrations vers l'Europe (Guerraoui et Affaya, 2008). On leur reproche d'être absents des débats sur les enjeux véritables du continent : le pillage des ressources minières, les guerres ethniques ou tribales, la pauvreté, la corruption, les fraudes électorales, autant de questions qui ont fini par désespérer les jeunes du continent pour lesquels le seul espoir est de risquer leurs vies sur des embarcations de la mort pour les merveilles incertaines de l'Europe.

À cela, il faut ajouter que l'Afrique est la région du monde qui exporte le plus sa « matière grise » ; ce phénomène serait la cause majeure qui empêcherait les intellectuels de constituer un groupe d'influence afin de changer le cours des évènements (El Kenz, 2004 : 21). Nicolas Sarkozy, dans un discours à l'Université Cheick Anta Diop de Dakar le 26 juillet 2007, relance le débat sur le rôle des intellectuels africains.

> Le drame de l'Afrique, c'est que l'homme africain n'est pas assez entré dans l'histoire. Le paysan africain, qui depuis des millénaires, vit avec les saisons, dont l'idéal de vie est d'être en harmonie avec la nature, ne connaît que l'éternel Recommencement du temps rythmé par la répétition sans fin des mêmes gestes et des mêmes paroles.
>
> Dans cet imaginaire où tout recommence toujours, il n'y a de place ni pour l'aventure humaine ni pour l'idée de progrès. Dans cet univers où la nature commande tout, l'homme échappe à l'angoisse de l'histoire qui tenaille l'homme moderne, mais l'homme reste immobile au milieu d'un ordre immuable où tout semble être écrit d'avance.
>
> Jamais l'homme ne s'élance vers l'avenir. Jamais il ne lui vient à l'idée de sortir de la répétition pour s'inventer un destin.
>
> Le problème de l'Afrique et permettez à un ami de l'Afrique de le dire, il est là. Le défi de l'Afrique, c'est d'entrer davantage dans l'histoire. C'est de puiser en elle l'énergie, la force, l'envie, la volonté d'écouter et d'épouser sa propre histoire.
>
> Le problème de l'Afrique, c'est de cesser de toujours répéter, de toujours ressasser, de se libérer du mythe de l'éternel retour, c'est de prendre conscience que l'âge d'or qu'elle ne cesse de regretter, ne reviendra pas pour la raison qu'il n'a jamais existé.
>
> Le problème de l'Afrique, c'est qu'elle vit trop le présent dans la nostalgie du paradis perdu de l'enfance.
>
> Le problème de l'Afrique, c'est que trop souvent elle juge le présent par rapport à une pureté des origines totalement imaginaire et que personne ne peut espérer ressusciter.
>
> Le problème de l'Afrique, ce n'est pas de s'inventer un passé plus ou moins mythique pour s'aider à supporter le présent mais de s'inventer un avenir avec des moyens qui lui soient propres.

Cette allocution adressée à « l'élite de la jeunesse africaine » a profondément choqué et suscité de vives réactions (Gassama 2007 ; Diop 2008). Encore une fois, les intellectuels africains sont pointés du doigt. Ces jugements péremptoires de Sarkozy et ce manque de considération des Occidentaux à l'égard de l'Afrique – indépendante depuis plus d'un demi-siècle – s'expliqueraient sans doute par l'afro-pessimisme ambiant et actif dans certains milieux nostalgiques de la période coloniale. En plus, les intellectuels africains, marginalisés ou indifférents, ont laissé le champ libre aux politiques – de coopération bi/ou multilatérale – connues pour leur incapacité à défendre les intérêts des pays africains.

Pourtant, depuis une vingtaine d'années, le CODESRIA (Conseil pour le développement de la recherche en sciences sociales en Afrique) s'emploie à faciliter, organiser et diffuser ce débat. Les communications présentées à la conférence de Kampala sur la liberté académique en Afrique tenue en 1990 (Diouf et Mamdani 1994) et à la conférence commémorative du 30e anniversaire en décembre 2003 à Dakar sur le thème « Intellectuels, nationalisme et idéal panafricain » (Bah 2005) ont apporté un éclairage pertinent sur les rapports entre les intellectuels, l'État et les sociétés (Diouf 1994 (a) et 1994 (b) ; Mafeje 1994 ; Mamadani 1994 ; Khan 1994). Les réflexions se poursuivent toujours avec Zéleza (2004), Mkandawire (2005) et Beckman et Adeoti (2006).

Parallèlement, d'autres travaux importants ont contribué au débat. Dès 1987, Paul Nda publie *Les intellectuels et le pouvoir en Afrique* et, à sa suite, la revue *Politique Africaine* publie un numéro spécial sur « Les intellectuels africains » en 1993. Récemment encore, une publication importante sur les trajectoires et modes d'action d'intellectuels africains (Kouvouama *et al.* 2007) présente les travaux d'un colloque international organisé en mars 2005 à l'université de Pau et des Pays de l'Adour. Au niveau national, des travaux intéressants ont été réalisés au Sénégal. On dispose d'une excellente étude de cas sur le rôle des intellectuels au sein d'un régime politique, en l'occurrence celui d'Abdou Diouf (Diop et Diouf 1990), et de réflexions à différentes périodes de l'histoire de ce pays (Diop 2002 ; Gueye 2002 ; Diaw 2002).

Les intellectuels au Niger : une approche comparative dans une perspective historique et sociologique

Au Niger, la question des intellectuels suscite beaucoup d'intérêt. Comme dans beaucoup de pays d'Afrique, les portraits qu'en dressent les journaux ne sont pas du tout réjouissants. Ils sont tournés en ridicules et les appréciations sont sévères.

> L'intellectuel nigérien, c'est avant tout un homme aguerri. Un homme bardé de diplômes qui, pour avoir usé ses fonds de culotte sur les bancs d'universités, détient la science diffuse. Il connaît Marx et Lénine, Galilée et les étoiles, la physique ou

la médecine. Il sait déchiffrer les hiéroglyphes. En un mot, c'est l'alchimiste des grandes théories. Il connaît tout et a tout vu… C'est un homme suffisant qui, au sortir de l'Université, ne rêve pas que de construire. Il rêve aussi de revanche… Il rêve de prébendes… L'intellectuel nigérien, c'est l'homme qui, dans la pratique, ne connaît pas souvent grand-chose, habitué qu'il est à vivre de séminaires et de missions… Il vous parlera de New York ou de Tokyo comme des petits coins de Niamey, alors qu'il n'y a vécu qu'isolément et avec amertume. Il vous parlera du Concorde comme d'un ouvrage très peu réussi alors qu'il ne créera jamais une épingle à cheveux (Dago 1994:2).

Les propos sont encore plus virulents lorsqu'il s'agit d'intellectuels du pouvoir :

Au fur et à mesure que meurent en eux l'intellectuel critique et le penseur libre, poussent et se développent à la place le nombriliste et l'opportuniste dont l'intelligence est celle du ventre, l'univers celui des sycophantes et des traîtres. En vérité, qui s'étonnera encore que ces intellectuels béni-oui-oui, parfaits arrivistes, en veuillent comme à Satan, à ceux qui, peu nombreux, il est vrai, essaient de penser librement, c'est-à-dire sans recevoir ou prendre des ordres (Niandou 1995:413).

Ces articles de presse indiquent toute l'attention que suscitent les intellectuels dans l'histoire sociale du Niger. Ils doivent être un objet de recherche, car dans la mesure où ils ont joué un rôle central dans l'histoire politique et sociale de ce pays à toutes les périodes, la question revêt un intérêt tout particulier pour les citoyens. Cependant, le grand paradoxe, c'est que les travaux sont rares, pour ne pas dire inexistants. En dehors de l'article de Niandou Souley (1995) qui date déjà, il n'existe aucun travail spécifique sur ce thème.

L'ambition de cette recherche est de combler cette lacune et jeter un premier éclairage sur la question. Il s'agit d'une approche comparative, dans une perspective historique et sociologique, qui traite des rapports des intellectuels avec la politique, l'État et la société depuis l'époque précoloniale jusqu'à l'avènement de la démocratie. La perspective historique a une importance capitale. Elle permet de cerner le plus étroitement possible sur la longue durée les phénomènes de continuité et de rupture entre les différents âges historiques (précolonial, colonial et postcolonial) dans les perceptions que l'on a de l'intellectuel, de son rôle dans la société, de ses relations complexes et parfois ambiguës avec le pouvoir politique, de ses rapports à l'État et à la société. Cette référence aux héritages et filiations est essentielle pour démêler les influences multiples, les recompositions et les transformations survenues au sein du paysage intellectuel nigérien. Cette approche rappelle la position d'El Hadj Omar intellectuel du Fouta Toro qui disait en substance :

Je n'ai jamais fréquenté les rois et je n'aime pas ceux qui les fréquentent. Les meilleurs rois sont ceux qui fréquentent les savants, mais les pires savants sont ceux qui fréqentent les rois.

L'idée centrale est de montrer comment les différents contextes sociopolitiques ont façonné les figures de l'intellectuel ainsi que ses positions de critique ou de contestataire, mais également parfois de conformiste. La recherche prend en compte non seulement les intellectuels critiques mais aussi les intellectuels-politiciens ou ce que Gramsci (Genovese, 1984 :405) a appelé « intellectuels organiques (techniciens, personnel d'administration, chefs d'entreprises et industriels) », « intellectuels traditionnels (artistes et universitaires) », « intellectuels d'appareils » ou « intellectuels du pouvoir ». Elle s'intéressera à la fois aux actions politiques (dirigées vers ou contre l'État) et aux actions sociales.

La perspective sociologique est tout aussi importante. On ne sait presque rien sur les propriétés individuelles et collectives des intellectuels qui ont marqué leur temps. Il n'existe aucune « histoire de vie » d'intellectuels. On ne dispose d'aucune étude des rapports des intellectuels à la société. Sur tous ces points, l'ouvrage expose quelques éléments d'une sociologie des intellectuels au Niger : histoires de vie (trajectoires individuelles) et histoire intellectuelle (variabilité des logiques) de quelques figures emblématiques.

L'approche comparative prend en charge la problématique qui entoure le concept, somme toute polysémique et ambigu, d'intellectuel, à travers l'identification des déterminants essentiels de la fonction d'intellectuel en Afrique et singulièrement au Niger, en particulier les conditions, critères, symboles et attitudes qui le désignent à différentes périodes. Elle met en perspective les modes de structuration du mouvement intellectuel au Niger : (i) les rôles et places des intellectuels nigériens dans l'espace public, les modes de « récupération » et de « soumission », c'est-à-dire les procédures par lesquelles les pouvoirs ont pu intégrer les intellectuels dans leur système à travers une redéfinition de leurs rôles et fonctions ; (ii) les discours et les pratiques des intellectuels face aux principaux mouvements sociopolitiques de leur époque.

Regards croisés

Le but de cet ouvrage est de produire des regards croisés de chercheurs de différentes disciplines. Il s'agit, à partir de plusieurs sites d'exploration, d'exposer la situation de l'intellectuel à différentes périodes de l'histoire du Niger. La dimension temporelle constitue un déterminant essentiel dans l'élaboration des préliminaires épistémologiques pour une meilleure connaissance des interrelations intellectuels/État/société. Quant à la perspective sociologique, elle permet de rendre compte de l'importance de l'ancrage sociologique dans la variabilité des logiques et des trajectoires des intellectuels.

Cet ouvrage comprend trois grandes parties : la première, intitulée « Histoires de vie », présente les trajectoires individuelles de figures emblématiques d'intellectuels. Addo Mahaman présente la vie et l'œuvre d'Abdoullahi dan Fodio, intellectuel, homme politique et chef militaire. Le personnage est une figure de proue de la guerre sainte (jihad) conduite, à partir de 1804, par son frère Ousmane dan Fodio, qui a bouleversé la géopolitique du Soudan central au XIXe siècle avec une importante construction politique, le Califat de Sokoto. Abdoullahi dan Fodio a dirigé l'Émirat de Gwandou de 1812 jusqu'à sa mort en 1829. Sa production intellectuelle est prodigieuse : pas moins de 150 ouvrages dans des domaines aussi variés que l'histoire, la gouvernance en territoire musulman, la poésie et les questions islamiques. Il s'est toujours considéré comme un « porteur de lumière » et on retrouve dans la plupart des titres de ces ouvrages le terme *Diya*, qui signifie lumière en arabe.

Abdou Idrissa analyse l'action d'un autre intellectuel musulman. Alfa Mahaman Diobbo, né à la fin du XVIIIe siècle, a été sans doute l'intellectuel le plus célèbre de cette région. Son influence s'étend dans l'est du Mali (Gao et Tombouctou), une partie du Burkina Faso et l'ouest du Niger, singulièrement toute la vallée du fleuve Niger englobant le Dendi, le Zarmatarey et le Songhay. Fondateur de Say au début du XIXe siècle, sa sainteté, sa culture islamique, son sens élevé de justice et d'équité vont attirer de nombreuses populations dans la ville, qui devient en peu de temps l'espace intellectuel et commercial le plus important de l'ouest du Niger. C'est pour honorer sa mémoire que l'Université islamique a été implantée dans cette ville par l'Organisation de la conférence islamique (OCI) sur proposition du gouvernement du Niger. Contrairement à la plupart des intellectuels musulmans de son époque qui prônent le jihad (la guerre sainte) comme mode de propagation de l'islam, Alfa Mahaman Diobo opte pour la persuasion et le consentement volontaire. Cette attitude pacifiste fait la singularité de cet apôtre de la non-violence. Malgré cette envergure, la vie et l'œuvre de cet illustre philosophe et homme politique restent peu connues des Nigériens dans la mesure où il n'existe aucun ouvrage sur ces questions. Abdou Idrissa comble cette lacune à partir de quatre axes de recherche : (i) la vie d'Alfa Mahaman Diobbo, (ii) sa philosophie politique et religieuse, (iii) ses activités politiques et religieuses, (iv) la portée de son action politique et de sa pensée dans la sous-région.

Abdoul Aziz Issa Daouda met en exergue la grande richesse de la vie de Boubou Hama, une des figures de proue intellectuelles du Niger contemporain, homme de culture et politiquement engagé. Boubou Hama a été d'abord un militant de première heure de la lutte anticoloniale pour une Afrique libre et unie, ensuite un des pionniers de la construction du jeune État indépendant du Niger. Ce texte présente également la gigantesque œuvre intellectuelle du philosophe humaniste et de l'écrivain prolixe, qui est une contribution capitale à une meilleure connaissance de l'Afrique et du monde.

Kimba Idrissa, présente Abdou Moumouni Dioffo, l'un des plus célèbres intellectuels du Niger contemporain. Les éloges furent nombreux à sa mort, le 7 avril 1991 : « premier agrégé de physique de l'Afrique francophone »,

« légende vivante », « patriote intransigeant », « internationaliste », « savant hors du commun », « militant exemplaire de l'indépendance et de l'unité africaine et modèle pour les générations à venir ». L'Université de Niamey porte son nom depuis 1993. Pourtant, ce grand homme de la science et de la culture, ce militant engagé pour la cause africaine n'a pas attiré l'attention des chercheurs en sciences sociales. Or, les idées politiques et scientifiques d'Abdou Moumouni interpellent encore ceux qui s'intéressent au devenir de l'Afrique. Cette contribution présente le parcours de l'étudiant anticolonialiste, communiste et panafricaniste, en même temps que les enseignements à tirer de sa vie, afin d'indiquer aux jeunes générations les raisons pour lesquelles Abdou Moumouni demeure une icône de l'intelligentsia africaine.

La deuxième partie de l'ouvrage met en perspective les intellectuels dans l'espace public. Celui-ci est un espace politique, un « espace citoyen », une sorte d'« arène publique », un espace de communication, de négociations mais aussi de lutte, de conflits et d'actions sur les questions d'intérêt commun. Mahaman Mallam Issa retrace les trajectoires individuelles de Djibo Bakary et Mamani Abdoulaye, les principaux leaders intellectuels de l'UDN/SAWABA, parti politique qui a fait campagne pour le Non au référendum sur la communauté franco-africaine en septembre 1958. L'étude d'Aboubacar Maidoka se situe dans une approche à la fois historique (mise en évidence des variations des rôles assignés aux intellectuels dans leurs rapports à l'État et leurs prises de position face à certains enjeux) et sociologique (mise en évidence des origines sociales des intellectuels nigériens et de leurs rapports avec la société dont ils sont censés constituer la conscience morale). Maidoka s'interroge sur la fonction sociale des intellectuels et leurs rapports à l'État, de l'indépendance jusqu'à la Septième République, au-delà du ton passionnel de certains analystes et de la vision dichotomique contestation/ soutien (ou légitimation) qui est simpliste et réductrice. Il situe l'importance de ces rapports qui participent à la structuration du champ politique et propose une définition opératoire de l'intellectuel nigérien en fonction du contexte de son étude. L'intellectuel est défini à partir de sa maîtrise d'un savoir scientifique, de son engagement en faveur du progrès et de sa participation aux débats sur les questions qui déterminent l'avenir d'une société. Sous cet angle, les relations intellectuels/gouvernants revêtent une ambivalence selon que les premiers jouent pleinement leur rôle de phare et de conscience morale de la société ou acceptent de se compromettre avec le prince. Les intellectuels ne constituant pas une catégorie homogène, Maidoka se propose d'analyser la diversité des objectifs et stratégies utilisés par les intellectuels nigériens dans leurs rapports avec le pouvoir (pression, participation, retrait…) ainsi que la variété des conceptions des gouvernants sur le rôle des intellectuels dans la vie politique. Ceci implique de prendre en compte la pluralité des méthodes utilisées par le pouvoir pour le contrôle de cette catégorie sociale. Un autre intérêt du travail de Maidoka réside dans le traitement spécifique du rôle des juristes dans la légitimation des pouvoirs. L'État moderne « fonctionne au droit », même lorsqu'il n'y a pas un État de droit. En outre, l'expertise juridique a toujours servi à éclairer et légitimer les pouvoirs (civils et militaires) à travers les différents textes de loi rédigés à cet effet : cinq Constitutions en quarante-huit ans d'indépendance, une Charte nationale, les textes sur la Société de développement, etc.

Souley Adji entreprend une sociologie politique de l'intelligentsia nigérienne depuis l'amorce du processus de civilisation du régime militaire de Seyni Kountché (1976) jusqu'au coup d'État de Baré Mainassara (1996) qui met fin au premier régime civil démocratiquement élu au Niger. En se démarquant de la problématique reposant sur l'allégeance supposée de l'intellectuel, il contextualise le concept d'intellectuel en relation avec la nature de l'État et de la structure sociale. Il procède ensuite non seulement au repérage des diverses formes d'investissement public des intellectuels mais aussi à l'identification des motivations constitutives de leur entrée dans l'arène publiqueet enfin, à la comparaison des postures majeures adoptées face au pouvoir politique. Sur cette base, il établit une typologie des modes d'intervention des intellectuels dans l'espace public, à la lumière de leurs rapports à l'ordre militaire sous la férule des généraux Seyni Kountché et Ibrahim Baré Mainassara.

La troisième et dernière partie de l'ouvrage traite des intellectuels et des savoirs. L'acquisition du savoir et l'éducation sont parmi les critères majeurs pour définir un intellectuel. Ils assurent sa reproduction sociale et en même temps, lui permettent d'assurer sa fonction de critique qui pose les grandes questions sociales, explique les phénomènes essentiels de son temps et éclaire ses concitoyens. Seyni Moumouni, à partir du dépouillement et de l'analyse de quelques ouvrages du département des manuscrits arabes et ajami de l'Institut de recherche en sciences humaines (IRSH), fait le point sur l'apport des savants musulmans (ouléma) de la cité d'Agadez dans la production des savoirs dans l'espace nigérien au XIXe siècle. Cette contribution est importante dans la mesure où, en Afrique, les « ouléma » – que d'aucuns ont appelés les « intellectuels non europhones » (Kane 2003) – et leurs oeuvres ont été longtemps exclus des débats intellectuels dominés essentiellement par les sources et les productions européennes. Pourtant il existe une importante bibliothèque authentiquement africaine confinée dans les manuscrits d'Afrique subsaharienneet plus particulièrement, au Niger, qui s'inscrit dans cette longue histoire intellectuelle de l'espace sahélo-saharien. Cette tradition manuscrite est intimement liée à l'expansion de l'islam et du commerce caravanier, qui en ont été les principaux moteurs. L'expansion de l'islam et le développement de l'enseignement arabe ont permis la mise en place progressive d'une tradition manuscrite et la formation de générations d'intellectuels lettrés musulmans. L'étude montre qu'il a bien existé une vie intellectuelle intense et une culture du livre dans cette partie du Niger, grâce à la production du savoir par d'éminents intellectuels qui ont réfléchi sur le rapport du savoir à la politique et à la société à travers des chroniques, des pamphlets, des traités politiques et philosophiques.

Fatimata Mounkaila traite des rapports des femmes au savoir et à la société. Cette question est d'autant plus importante que les femmes, bien que physiquement omniprésentes, ont encore des difficultés à émerger pour tout ce qui concerne les qualités et activités premières (politiques, économiques, intellectuelles) qui donnent de la visibilité à leurs acteurs. Des préjugés vivaces persistent encore :

> Les femmes sont inaptes à faire de la politique ; les femmes sont irresponsables et gaspilleuses de ressources économiques ; les femmes ont un faible quotient intellectuel puisque Dieu n'a pas mis et depuis toujours, assez de jugement dans leur tête (Mounkaila, 2008:129).

À partir du mythe de Harakoye Dikko, un récit songhay-zarma de construction d'un espace de coexistence et de « vivre ensemble », elle démontre d'abord en quoi cette femme, personnage mythique, mérite le titre d'intellectuelle, établit un relevé des domaines des savoirs traités et auxquels les Nigériennes peuvent encore prétendre ainsi qu'une description de la perception des savoirs reconnus aux femmes. Ensuite, elle procède à une analyse de l'argumentation utilisée pour légitimer, accélérer ou ralentir l'accès des femmes aux savoirs. Elle examine, enfin, les perspectives de consolidation et de développement desdits savoirs à travers leurs domaines actuels d'application.

Mahamane Tidjani Alou retrace le processus de construction d'un champ intellectuel au Niger. Il constate que pendant longtemps, les Nigériens ont été exclus du champ intellectuel en Afrique, dominé d'abord par les productions intellectuelles européennes puis par des Sénégalais et des Dahoméens qui étaient les premiers à accéder aux écoles secondaires puis aux universités françaises. L'État nigérien neautorisait guère la production deintellectuels visibles. Le système scolaire en place faisait, tout au plus, sortir quelques commis vite intégrés à divers niveaux de l'administration coloniale (cadre local, cadre commun secondaire). Le Niger, en termes de production intellectuelle, faisait figure de parent pauvre en AOF. On peut dès lors comprendre la lente gestation qui a marqué l'émergence d'un champ intellectuel dans ce pays. Ainsi, pendant longtemps, les savoirs produits sur le Niger étaient le fait d'administrateurs coloniaux, civils (Delafosse, Delavignette, Séré de Rivières) ou militaires (Abadie ou Urvoy), ou encore d'hommes de culture comme Jean Rouch ou Boubou Hama. Par la suite, les universitaires, avec la transformation du système éducatif, ont progressivement envahi ce champ par leurs travaux de recherche ou leur prise de position publique dans la presse écrite ou audiovisuelle. Aujourd'hui, cette configuration fait apparaître un espace éclaté, marqué par des savoirs hétéroclites et de qualité variable. Les thématiques étudiées frappent par leur diversité et par les ambitions qui les animent. Les régimes politiques autoritaires (parti unique, pouvoir militaire), par leur capacité inhibitrice, n'ont pas été sans influencer le contenu des savoirs véhiculés et leur impact sur le milieu social. Mahaman Tidjani Alou ambitionne de (re)visiter ces idées à travers leurs auteurs, ainsi que leurs contextes de production, en privilégiant plus particulièrement la genèse de construction du champ intellectuel nigérien dans ses différentes dimensions et ses dynamiques, les idées qui le structurent, les supports qu'il utilise et leurs effets sociaux et politiques, à partir d'un recensement et d'une analyse systématique des productions intellectuelles (articles, ouvrages, thèses et littérature grise) de 1960 à 2004. Ce travail peut être envisagé comme une excursion dans l'univers de la connaissance au Niger, dans ses dynamiques historiques et sociopolitiques. Il constitue par conséquent une trame pour comprendre les substrats de la vie intellectuelle de ce pays, en particulier dans le domaine des sciences sociales.

Dans l'ensemble, même si elles n'ont pas approfondi, ni même abordé, toutes les questions susceptibles d'être posées par les lecteurs, les dix contributions documentent, dans des domaines précis, le rapport des intellectuels au politique et à la société au Niger. Les auteurs se sont attelés à cerner tous les contours de l'intellectuel. Il ressort de là qu'il y a une nuance, dans la notion d'intellectuel, par rapport à la France où elle est apparue, à la fin du XIXe siècle, à la faveur de l'affaire Dreyfus, au cours de laquelle l'écrivain Émile Zola publia son fameux « J'accuse », qui constitua le début du mouvement de protestation contre la condamnation de l'officier français (Charles 1990). Les animateurs de la campagne dreyfusiste furent les universitaires (enseignants et étudiants), les artistes, les journalistes, les écrivains et les cinéastes qu'on désignait alors sous le vocable d'intellectuels, c'est-à-dire « un homme du culturel, créateur ou médiateur, mis en situation d'homme du politique, producteur ou consommateur d'idéologie » (Ory et Sirinelli 2004:15). Cette définition traduit un contexte politique, social et idéologique précis (la France de la fin du XIXe siècle). Jean-Paul Sartre est plus tranché. Pour lui, l'intellectuel est : « celui qui refuse d'être le moyen d'un but qui n'est pas le sien. Il est celui qui récuse l'injustice et l'illogisme. Ayant pris conscience de la valeur de l'être humain, il est tout simplement un défenseur de l'homme, un militant du progrès ».

Dans les différentes contributions, les auteurs ont privilégié deux déterminants majeurs, dont la fonction d'intellectuel découle, à savoir l'engagement et la responsabilité d'incarner des idéaux en vue du changement et du progrès. À partir de ces critères, l'intelligentsia nigérienne se décline comme un groupe hétéroclite, composé d'hommes de savoir, d'universitaires, d'écrivains, de militants syndicaux, d'hommes des médias, de militants politiques et de membres de la société civile.

Il découle de cet ouvrage que la notion d'intellectuel ne date pas seulement de la colonisation avec la création des écoles françaises. En outre, les intellectuels ne forment pas une catégorie homogène ; il existe plusieurs types. Enfin, on découvre que la politique et/ou l'action syndicale sont des compléments de la pensée et de l'activité intellectuelle. Néanmoins, l'image dominante et traditionnelle de l'intellectuel reste celle d'un homme de savoir en dehors de l'espace public et qui n'y intervient que de façon sporadique, lorsque la situation le commande, pour donner son avis sur des questions d'intérêt national à travers divers canaux de communication.

L'époque précoloniale regorge de figures illustres d'« intellectuels du terroir » (Diop 2002:38) et d'« intellectuels non europhones » (Kane 2003), érudits et lettrés qui ont marqué le mouvement social de l'époque : production et diffusion d'analyses critiques sur leur époque, éveil des consciences, et parfois, leaders et/ou militants de luttes politiques et sociales. D'autres, en revanche, ont contribué à légitimer les pouvoirs en place et les normes sociales en vigueur. Plus tard, dès les premières libéralisations de la vie politique intervenues sous le régime colonial, ceux qu'on appelait alors les « Évolués » ou « élites » ont été les principaux animateurs de cette nouvelle ère. Ils ont fondé les premiers partis politiques et conduit le processus de décolonisation. Avec l'indépendance, les intellectuels ont monopolisé la gestion des affaires publiques jusqu'au coup d'État du 14 avril 1974. Par la suite, ils constituèrent les principales bases de légitimation des régimes militaires qui se sont succédé, en tant que conseillers des chefs de juntes et auteurs des nouveaux textes juridiques mis en œuvre pour asseoir le pouvoir des militaires. Ce sont les mêmes qui se sont mis au service des pouvoirs issus des élections démocratiques ou qui sont allés trouver dans les oppositions émergentes de nouvelles positions d'influence.

Ce travail de recherche était nécessaire. Le débat sur les intellectuels au Niger reste ouvert. Il y a encore de nombreuses pistes de recherche qui pourraient éclairer d'autres dimensions de la question. Ce que nous espérons, en tous les cas, c'est que les thèmes abordés ici apparaîtront au lecteur aussi importants que leurs auteurs l'ont ressenti au cours des séminaires méthodologiques organisés par le groupe de recherche. C'est le lieu pour moi, en tant que coordonnateur de cet ouvrage collectif, de réitérer tous mes remerciements aux collègues qui m'ont fait confiance et qui ont accepté pour la troisième fois consécutive de travailler avec moi. Certes j'ai rédigé le projet de recherche qui a servi d'« appel à contribution » pour les chercheurs, mais aussi de justification pour les divers appuis financiers qui ont permis la réalisation de trois ouvrages collectifs en l'espace de vingt ans. Néanmoins, tout le mérite de cette réflexion collective revient à cette équipe qui a fait montre de sa passion pour la recherche. Je dois également rendre ici un hommage public au Bureau de la coopération suisse au Niger, au Conseil pour le développement de la recherche en sciences sociales en Afrique (CODESRIA) et à l'Université Abdou Moumouni, qui à travers diverses formes d'appui ont permis de mener les recherches et la publication des ouvrages.

Bibliographie

Bah, T., (sous la direction de), 2005, *Intellectuels, nationalisme et idéal panafricain : perspective historique*, Dakar, CODESRIA, 186 p.

Bangoura, Y., 1994, *Intellectuals, Economic Reform and Social Change : Constraints and Opportunities in the Formation of a Nigeria Technocracy*, Dakar, CODESRIA, Monograph series n° 1/94, 63 p.

Beckman, B. & Gbemisola, A., (eds), 2006, *Intellectuals and African Development : Pretension and Resistance in African Politics*, Dakar/London, CODESRIA/Zed Books, 178 p.

Béja, A., 2013, « Perturber l'histoire intellectuelle », *Esprit*, n° 396, juillet 2013, p. 57-60.

Boboyi, H., 2006, *Scholars and Scholarship in the Relations between the Maghrib and the Central Bilad al-Sudan during the Precolonial Period*, Rabat, Publications of the Institute of African Studies, Conferences series n° 31, 34 p.

Charles, C., 1996 et 2001, *Les intellectuels en Europe au XIXe siècle. Essai d'histoire comparée*, Paris, Seuil.

Charles, C., 1990, *Naissance des intellectuels*, Paris, Éditions de Minuit.

Chentouf, T., 2008, « Les intellectuels et/dans la crise : 1988-2004 », in Chentouf, Tayeb, sous la direction de, *L'Algérie face à la mondialisation*, Dakar, CODESRIA, p. 301- 330.

Christofferson, M. S., 2009, *Les intellectuels contre la gauche : L'idéologie totalitaire en France (1968-1981)*, Marseille, Agone, 445 p.

Cissoko, S. M., 1974, « L'université de Tombouctou au XVIe siècle », *Afrika Zamani*, 2, p. 105-138.

Diagne, S. B., 2006, *Savoirs islamiques et histoire intellectuelle de l'ouest africain*, Rabat, Publications de l'Institut des Études Africaines, Série Conférences n° 25, 34 p.

Copans, J., 1990, *La longue marche de la modernité africaine*, Paris, L'Harmattan. Copans, Jean, 1993, *Intellectuels visibles, intellectuels invisibles*, Politique africaine, n° 51, p. 7-25.

Dago, S., 1994, « Portrait de l'intellectuel nigérien », *Tribune du Peuple*, n° 62, juillet 1994.

Diop, A. A., 2008, *Sarkozy au Sénégal : Le rendez-vous manqué avec l'Afrique*, Paris, L'Harmattan, 100 p.

Diouf, M. et Mahmood M., (sous la direction de), 1994, *Liberté académique en Afrique*, Paris, CODESRIA/Karthala, 400 p.

Diouf, M., 1994 (a), « Les intellectuels et l'État au Sénégal : la quête d'un paradigme » in Diouf, Mamadou et Mahmood Mamdani (sous la direction de), *Liberté académique en Afrique*, Paris, CODESRIA/Karthala, p. 241-272.

Diouf, M., 1994 (b), « Liberté intellectuelle et démocratie : les intellectuels dans la transition démocratique » in Diouf Mamadou et Mamdani Mahmood (sous la direction de), 1994, *Liberté académique en Afrique*, Paris, CODESRIA/Karthala, p. 359-370.

El Hamel, C., 2002, *La vie intellectuelle islamique dans le Sahel ouest-africain (XVIe-XIXe siècles)*, Paris, L'Harmattan, 490 p.

El Kenz, A., 2004 « Les chercheurs africains, une « élite ? », *Revue africaine des livres*, p. 19-21.

Gani, A., 1993, « Intellectuels ? Non merci », *Tribune du Peuple*, n° 4, août 1993.

Gassama, M., (sous la direction de), 2007, *L'Afrique répond à Sarkozy : Contre le discours de Dakar*, Paris, Éditions Menaibuc.

Genovese, E., 1984, « On Antonio Gramsci » in *Red and Black : Marxian Explorations in Southern and Afro-american History*, Knoxville, The University of Tennessee Press, p. 391- 422.

Guerraoui, D. et Noureddine, A., 2008, *L'Afrique vue par les jeunes : le chaos et l'espoir*, Paris, L'Harmattan, 1996 p.

Issa, A. B., 1994, La critique du pouvoir à travers la presse écrite nigérienne, mémoire de maîtrise en droit public, Faculté des sciences économiques et juridiques, université de Niamey.

Jacques, T. C. 2005, *African Thought : Épistemological And Ethical Questions*, Institut d'études africaines de Rabat, Série : Conférences (23), 34 p.

Kadri, A., 1999, *Parcours d'intellectuels maghrébins*, Paris, Karthala-IMA.

Kimba, I., 1979, Guerres et sociétés : les populations du Niger occidental au XIXe siècle et leurs réactions face à la colonisation (1896-1906), Thèse de doctorat 3ᵉ cycle en Histoire, université de Paris VII, 460 pages (publié aux Études Nigériennes/ IRSH, nᵒ 46).

Kimba, I., 1992, « Le Niger » in *L'Afrique occidentale au temps des Français : colonisateurs et colonisés,* ouvrage collectif sous la direction de Catherine Coquery-Vidrovitch, Paris, Éditions La Découverte, p. 221-250.

Kimba, I., 1993 (a), « Les révoltes paysannes et anticoloniales dans l'ouest du Niger », 1905-1906, *Paîdeuma*, nᵒ 40, p. 173-213.

Kimba, I., 1996 (b), « Une révolte paysanne et anticoloniale : la prêtresse Chibo et le mouvement baboulé/haouka au Niger », *Sociétés Africaines et Diaspora,* nᵒ 3, septembre 1996, p. 31-76.

Kimba, I., 1997, « Ethnicité, politique et démocratie au Niger », *Cahiers d'Études Africaines,* Vol. 3, pp. 45-72.

Kimba, I., 2001, « Dynamique de la gouvernance au Niger : permanences et ruptures », in Idrissa Kimba (sous la direction de) *Le Niger : État et démocratie*, Paris, L'Harmattan, p. 15- 84.

Kimba, I., 2003, « The Kawusan war reconsidered » in ABBINK J., de BRUIJN M., VAN Walraven K., *Rethinking Resistance : Revolt and Violence in African History,* Brill-Leiden-Boston, p. 191-218

Kimba, I., 2008, « Les régimes militaires entre 1974 et 1999 au Niger » in Idrissa Kimba (sous la direction de), *Armée et politique au Niger*, Série Études du CODESRIA.

Kane, O., 2003, *Intellectuels non europhones*, CODESRIA, Document de travail, nᵒ 1, 71 p.

Kepel, G. et Yann, R., (Eds), 1990, *Intellectuels et militants de l'Islam contemporain*, Paris, Seuil.

Khan, A., 1994, « Les intellectuels entre identité et modernité » in Diouf Mamadou et Mamdani Mahmood, *Liberté académique en Afrique*, Paris, CODESRIA/Karthala, p. 302-329.

Labdaoui, A., 1996, *Intellectuels d'Orient, Intellectuels d'Occident*, Paris, Histoire et perspectives méditerranéennes, L'Harmattan.

« Le pouvoir intellectuel », 2010, *Le nouvel Observateur*, numéro spécial 2 376, mai 2010.

« Les intellectuels africains », 1993, *Politique Africaine*, nᵒ 51, nᵒ spécial, Paris, Karthala.

« Les intellectuels africains ont-ils échoué ? », 2011, *Afrique Compétences*, nᵒ 011, novembre-décembre 2011.

Mafeje, A., 1994, « Les intellectuels africains : origine et options sociales » in Diouf, Mamadou et Mahmood Mamdani (sous la direction), *Liberté académique en Afrique*, Paris, CODESRIA/Karthala, p. 221-241.

Mamdani, M., 1994, « L'intelligentsia, l'État et les mouvements sociaux en Afrique » in Diouf, Mamadou et Mahmood Mamdani (sous la direction), *Liberté académique en Afrique*, Paris, CODESRIA/Karthala, p. 272-289.

Mamdani, M., 2007, *Scholars in the Market Place : The Dilemmas of Neo-Liberal Reform at Makerere University, 1989-2005*, Dakar, CODESRIA, 296 p.

Marty, É., 2013, « Le pouvoir de dire « je ». Les intellectuels, la politique et l'écriture », Esprit, n° 396, juillet 2013, p. 60-78.

M'Bow, P., 2005, *Être intellectuel, être musulman en Afrique*, Rabat, Publications de l'Institut d'Études Africaines, Série Conférences, n° 24, 54 p.

Mkandawire, T., (ed), 2005, *African Intellectuals : Rethinking Politics, Language, Gender and Development*, Dakar/London, CODESRIA/Zed Books, 248 p.

Fatimata, M., 2008, *Anthologie de la littérature orale songhay-zarma. Saveurs Sahéliennes* Paris, L'Harmattan.

N'da, P., 1987, *Les intellectuels et le pouvoir en Afrique noire*, Paris, L'Harmattan.

Niandou, S. A., 1995, « Les intellectuels face à la démocratisation et au développement économique : le cas du Niger » in Mappa Sophia, *Développer par la démocratie ? Injonctions occidentales et exigences planétaires*, Paris, Karthala, pp. 411-425.

Niandou, S. A., 1991, « L'USN et la vie politique », *Haské*.

Niandou, S. A., 1991, « Tracts et démocratisation au Niger », *Année Africaine*, pp. 391-443.

Noiriel, G., 2005, « Les trois figures de l'intellectuel engagé », in Granjon Marie-Christine, *Penser avec Michel Foucault : Théorie critique et pratiques politiques,* Paris, Karthala, p. 301-331.

Ory, P. et Jean-François, S., 2004, *Les intellectuels en France : de l'affaire Dreyfus à nos jours,* Paris, Perrin, 435 p.

Roustang, F., 2013, « Éloge du non-savoir », *Esprit*, n° 396, juillet 2013, p. 78-96.

Salim, A., 2007, « Joseph Ki-Zerbo : le savant, le politique et l'Afrique », *Bulletin du CODESRIA*, n° 3 & 4, p. 35-49.

Sangaré, S., 2011, « Pourquoi l'intellectuel doit se tenir loin des particularismes ? », *Afrique Compétences*, n° 11, novembre-décembre 2011.

Sigal, S., 1996, *Le rôle politique des intellectuels en Amérique latine : la dérive des intellectuels argentins*, Paris, L'Harmattan, 286 p.

Syndicat national des enseignants et chercheurs du Supérieur (SNECS), 1993, L'Université rend hommage à Abdou Moumouni, Niamey, Nouvelle Imprimerie du Niger, 99 p.

Traoré, S., 1983, *Les intellectuels africains face au marxisme*, Paris, L'Harmattan, 69 p.

Tine, A., 2005, « Léopold Sédar Senghor et Cheikh Anta Diop face au panafricanisme » in Bah Thieno, *Intellectuels, panafricanisme et idéal panafricain,* pp. 129-158.

Tiyambe, Z. P. & Adebayo, O., 2004, *African universities in the twenty-first century.* Volume I : *Liberalisation and internationalisation* volume II. *Knowledge and society,* Dakar, CODESRIA.

Traverso, E., 2013, *Où sont passés les intellectuels ?* Paris, Les Éditions Textuel, 108 p.

Trebitsch, Michel et Marie-Christine Granjon, 1998, *Pour une histoire comparée des intellectuels*, Paris, Complexe.

Umar, M. S., 2005, *Islam and Colonialism : Intellectual Responses of Muslims of Northern Nigeria To British Colonial Rule*, Leiden, Brill, Islam in Africa 5, xiv, 298 p.

Walraven, v. K., 2003, « Sawaba's rebellion in Niger (1964-1965) : Narrative and meaning », in de Bruijin Mirjam et Jon Abbink, *Rethinking resistance : revolt and violence in African history*, pp 218-253.

Winock, M., 1999, *Le siècle des intellectuels*, Paris, Seuil, 887 p.

Winock, M., 2011, *Une brève histoire des intellectuels français*, Paris, Éditions Thierry Marchaisse, 131 p.

Zhang, L., 2003, « L'intellectuel, le pouvoir et l'idée de démocratie en Chine », *Archives Européennes de sociologie*, n° 1.

Zarka, Y.-C., 2010, *La destitution des intellectuels*, Paris, Presses Universitaires de France, 297 p.

PREMIÈRE PARTIE

Histoires de vie

1

Abdoullahi dan Fodio : Intellectuel organique, intellectuel critique ou homme de religion ?

Addo Mahaman

Introduction

L'analyse du rôle de l'intellectuel dans l'évolution du continent africain est surtout orientée vers les intellectuels produits par l'école occidentale. Cette préoccupation peut s'expliquer par les influences que les intellectuels issus de l'école occidentale exercent sur la société africaine depuis la colonisation (Bah 2005:1-12). Cependant notre analyse du rôle des intellectuels en Afrique serait fragmentaire si nous ne prenions pas en compte l'influence qu'ont exercée les intellectuels issus du monde arabo-musulman, de la période précoloniale à nos jours, et les intellectuels issus de la société africaine antéislamique. La durée et la permanence de ces influences rendent cette étude indispensable. Car les influences religieuses se doublent ici des influences culturelles, politiques et économiques. Ces influences sont attestées en premier lieu par le travail d'inventaire de pionniers comme Cuoq, qui a réalisé un inventaire de 72 intellectuels qui se sont consacrés au *Bilad al-Sudan* entre le VIIIe et le XVe siècle (Cuoq 1975:9) et Hopkins, qui a analysé un corpus de 65 auteurs (Hopkins 1981:1-2, 5-373). Ces inventaires sont complétés par d'autres travaux sur la période allant du XVe au XIXe siècle (Hamani 2007 ; Mahibou 2010). Ces influences sont aussi attestées par les références permanentes au monde arabo-musulman dans l'histoire des pays de l'Afrique noire (Mahamane 1999:49-66 ; Hodgkin 1975:74-80). Cette perspective serait incomplète si elle n'intégrait pas les intellectuels formés dans les universités musulmanes du Caire, de Damas, de Bagdad, de La Mecque, de Téhéran, de Say, etc. Dans le Nord Nigéria de nombreux travaux sont réalisés sur ces intellectuels, qu'il s'agisse des principaux auteurs du jihad du XIXe siècle, tels qu'Abdullahi Dan Fodio, Abdul-Qadir b.

Al-Mustafa, Muhammad Bello, Usman Dan Fodio, ou de documents anonymes (Sudanese Memoirs, Chroniques d'Agades, *Asl al-Wanghariyyin, Tedzkiret-en-Nisian fi Akhbar Molouk es-Soudan* dont la rédaction a pris fin le 19 juillet 1751 selon Épaulard (1956:477 et note 91).

Les recherches sur ces intellectuels présentent un autre intérêt. On trouve dans ce vaste ensemble tous les cas de figure : intellectuels explorateurs, intellectuels prédicateurs, intellectuels politiques, intellectuels commerçants, etc. C'est un ensemble très riche qui présente des cas assez variés. Précisons que pour nous, le vocable *intellectuels* concerne tous ceux qui exercent une activité de réflexion sur leurs sociétés, sur le monde et l'environnement, et arrivent à influencer leur milieu par leurs productions et leurs créations. Ces productions et créations peuvent être orales, gravées ou écrites. Elles ne sont pas exclusivement écrites.

L'étude globale du monde intellectuel requiert donc des études sectorielles. C'est pourquoi nous proposons une étude sur Abdullahi dan Fodio en même temps qu'une interrogation sur son profil à partir d'une grille de lecture basée sur des concepts aujourd'hui consacrés dans ce genre de travaux : intellectuel organique, intellectuel critique, intellectuel religieux, etc.

Le choix de cette étude de cas ne doit rien au hasard. Abdullahi dan Fodio est l'une des figures de proue du jihad de 1804, qui a bouleversé la géopolitique du XIXe siècle au Soudan central. Il participa ainsi à la mise en place d'une importante construction politique : le Califat de Sokoto. Pourtant, cette position et les circonstances familiales ne l'empêchent pas d'être critique à l'égard d'un régime dont il est l'un des promoteurs. Ses activités politiques ne furent en aucun cas un obstacle à la production intellectuelle. Il a écrit dans toutes les disciplines de sciences arabo-musulmanes, l'histoire, et la politique. Il est l'auteur de plus de 150 ouvrages (Mahibou 1996:34-38, 267-268) parmi lesquels on peut citer les quatre titres ci-dessous, qui pour trois d'entre eux commencent par le mot Diyà' (lumière). Cette lumière dont les intellectuels sont censés être les dépositaires. Il s'agit de :

1. *Diyà'al hukkum fi 'alayhim al-ahkam* ou « la lumière des dirigeants en ce qui concerne leurs droits et leurs devoirs » rédigé en 1806,
1. *Diyà'al-sulatan wa gayrihi min al-ikhwan* ou « La lumière du sultan et tous les frères » rédigé en 1812,
2. *Taziyin al waraqàt bi ba'd mà li min al-abayat* ou « Explication en vers de certaines pages de ma vie » rédigé en 1813,
3. *Diyà'al-siyasat wa fatawi al-nawazil* ou « La lumière dans l'art de gouverner (selon la loi) et les fatwas des questions d'actualité », rédigé en 1820 (Mahibou 1996:48-117).

Ces quatre ouvrages traitent des questions religieuses et de l'organisation du pouvoir temporel en terre musulmane. Cette obsession de la lumière traduit les deux penchants fondamentaux de la personnalité d'Abdullahi Dan Fodio : le penchant intellectuel qui a vocation à donner un éclairage théorique et conceptuel sur n'importe quelle situation, mais aussi un penchant à l'orthodoxie religieuse se référant toujours aux sources de l'islam comme si la théorie pouvait invariablement être traduite en réalité. Ces deux penchants expliquent en partie les difficultés d'Abdullahi sur le terrain politique.

Il a écrit aussi des ouvrages d'histoire comme :

1. *Mas 'alat asl-al-Fullatiyyin* ou « Notice sur les origines des Peuls » et
2. *Kitab al-nasab* ou « Le traité sur (nos) origines ».

Abdullahi a construit une bibliothèque dont le but est la conservation et la protection des œuvres d'Abdullahi dan Fodio qui font souvent l'objet de pillage.

Abdullahi dan Fodio est donc un personnage emblématique dont l'étude n'est pas sans intérêt. Ses dimensions religieuses, politiques et intellectuelles constituent des axes importants de réflexions et de recherches.

L'objectif principal de cette étude est de mener une réflexion sur le rôle délicat de l'intellectuel dans sa société en tenant compte des dimensions essentielles que ce rôle peut assumer en fonction des entreprises fondamentales de son temps (projet de société, gouvernance du pays, défense des valeurs humanitaires et des règles de vie en société, etc.). Ce rôle n'est pas aisé. Car l'intellectuel doit lutter contre ses subjectivités (ambition, sensibilité, etc.) et les contraintes que son milieu peut lui imposer.

Le deuxième objectif est de contribuer à une réflexion globale sur le rôle de l'intellectuel afin de corriger la perception unidimensionnelle de l'intellectuel et de son rôle. En effet, dans notre société, il y a des intellectuels précoloniaux et des intellectuels postcoloniaux dont les influences s'exercent différemment.

Cette étude a essentiellement été conduite sur la base d'une recherche documentaire intensive au Niger et au Nigéria. Elle exigea la traduction de nombreux documents en arabe, en fulfulde, en hausa, voire en anglais, tout comme elle a nécessité un guide et attaché de recherche en la personne de Sani Dan Baushi, historien de formation, en service au Katsina History and Culture Bureau (Nigéria).

L'étude examine aussi la question suivante : l'intellectuel peut-il jouer les trois rôles (intellectuel organique, intellectuel critique et homme religieux) en même temps sans trahir l'un, haïr l'autre ou en préférer un aux autres ? Que nous enseigne la vie d'Abdullahi dan Fodio à ce propos ?

Gwandu, fief d'Abdullahi dan Fodio ou l'ambivalence d'un domaine à travers l'histoire

Le Super-Émirat de Gwandu est aujourd'hui assimilé à Abdullahi dan Fodio, au point où ce dernier est qualifié d'Abdullahi Gwandu. Comment est-on arrivé à cet état de fait relatif à la construction de Gwandu et à associer cette image à celle d'Abdullahi Fodio dans la dynamique du jihad ?

Effectivement, en avril 1805, une attaque des jihadistes conduite par Abdullahi dan Fodio et Ali Jedo saccagea *birnin Kabi* (la capitale de l'État de Kabi) qui fut, jusqu'à cette attaque, le plus grand noyau de concentration des *Kabawa* ou peuple de l'État de Kabi (Balagun 1974:404).

Dans la même année 1805, après la conquête de *Birnin Kabi*, les jihadistes s'orientèrent vers *Gwandu*, un village situé sur les terres agricoles de *sarkin Kabi* (souverain de l'État de *Kabi*). En 1806 Muhammad Bello entoura ce village de murs. Ce site prend ainsi l'allure d'une base permanente voire d'une ville classique du monde *hausa* (Balagun 1974:404).

Les *Kabawa* ne furent nullement découragés par la chute de leur capitale *birnin Kabi* et l'occupation de Gwandu par les jihadistes. Les *Kabawa*, les *Gobirawa* (peuple de l'État du Gobir) et les Touaregs rejoignirent la résistance de Fodi, souverain du Kabi, après que les jihadistes furent installés à Gwandu. Cette résistance était près de la victoire, à la bataille d'*Alwasa*. Les jihadistes, en se retirant à Gwandu, évitèrent le danger de leur destruction totale (Balagun 1974:405).

C'est à partir de Gwandu, entre 1805 et 1806, qu'Usman dan Fodio donna mandat à son fi Muhammad Bello, pour le représenter à la réunion de *Gada*, où celui-ci rencontra les leaders musulmans des États *hausa* convoqués par Usman dan Fodio. Dans son message, Usman dan Fodio demanda aux leaders musulmans des États *hausa* de lui jurer allégeance. Il leur assura la victoire qui, selon lui, est garantie par *Allah* (Dieu). Mais il les avertit contre la corruption. Le contact de Bello à Gada et le message d'Usman dan Fodio eurent pour effet l'expansion rapide du jihad dans les autres parties du monde *hausa*. Cela confi aussi la nomination de fait de Muhammad Bello comme vizir de son père (Last 1967:36-37).

C'est Bello qui a entouré Gwandu de murs de défense en 1806, pour sécuriser le camp après la tentative de sa reconquête par les *Gobirawa* en 1805 (Hogben 1967:221).

Usman dan Fodio quitta Gwandu pour *Sifawa* en 1809/1810 pendant qu'Abdullahi s'installait à *Bodinga*, site fondé par le frère aîné d'Usman dan Fodio, Ali. *Bodinga* resta sous le contrôle de Gwandu. Bello fonda Sokoto et l'entoura de murs de défense en 1809. Entre 1814 et 1815, Usman dan Fodio quitta Sifawa pour s'installer dans une maison en dehors de la ville de *Sokoto* et Abdullahi rejoignit à nouveau Gwandu (Hogben 1967:221). Cependant, selon Muhammad Sifawa, Usman dan Fodio s'installa à Sifawa en 1809, après la chute d'*Alkalawa*, et regagna Sokoto en 1815 (Muhammad Sifawa 2004:91).

C'est à partir de Gwandu que les *jihadistes* lancèrent leur quatrième attaque, décisive et victorieuse, contre *Alkalawa*, la capitale du *Gobir*, berceau du jihad de 1804. *Alkalawa* tomba aux mains des jihadistes en 1808. La chute de cet important centre politique convainquit plusieurs autres musulmans qu'Allah avait entendu leur cause et ils furent certains du succès ultime du jihad (Balagun 1974:405).

Le Super-Émirat de Gwandu comprenait au XIXe siècle l'hinterland de Gwandu et les entités situées à l'ouest et au sud de Gwandu. Au sud, il s'agissait de *Bida, Agaie, Lapai, Shonga, La'iagi* et *Ilorin*. À cela, il faut ajouter *Yawuri* qui avait le statut de *dhimmi*. À l'ouest, les dépendances de Gwandu comprenaient : *Junju, Tamkala, Say, Kunari, Torodi, Bitimkoji* (dans le Niger actuel), *Yaga* et *Liptako* (dans le Burkina actuel). Beaucoup d'autres villes et villages dans le *Dendi*, l'*Arewa*, le *Zabarma* et le *Gurma* étaient contrôlés, à certains moments du XIXe siècle, mais n'avaient pas le statut d'émirat (Balagun 1976:1). Progressivement, Gwandu est devenu l'une des premières capitales du jihad avant Sokoto, une sorte de califat parallèle à partir de 1809 et une sorte de super-émirat symbolisant l'ouverture du Califat de Sokoto sur les régions *Zarma, Gurma* et *Peul* de la rive droite du fleuve Niger. Gwandu représente aussi le front de la conquête des jihadistes et de la construction du Califat de Sokoto. Cette partie du califat échoit à Abdullahi dan Fodio lors du partage de 1812 et à partir de 1817, Gwandu devient le lieu de « containment » politique du gênant Abdullah, qui ne cesse d'appeler au retour à la gestion orthodoxe du califat conformément à la *shari'a*, selon les lumières (les éclairages) qu'il donne. Mais cette image d'une « loge » d'un leader critique, orthodoxe et sans compromis sera aussi progressivement déconstruite. Dès 1906, en effet, le siège de l'Émirat de Gwandu a été transféré à Birnin Kabi avec la complicité de l'administration coloniale britannique (Udu Idris et Umar Bunza 2011:43-44). Nombre d'entre les grands émirats seront transformés en État fédéral, à l'exception du Super-Émirat de Gwandu. Les héritiers des jihadistes vont préférer transformer Kabi, qui n'était pas un émirat, en un État fédéré, au détriment de Gwandu.

Qui est Abdullahi dan Fodio ?

Naissance

Si les chercheurs sont unanimes sur la date du décès d'Abdullahi dan Fodio, les points de vue des auteurs diffèrent sur sa date de naissance. Selon Abubakar Aliyu Gwandu, il serait né vers 1180H/1766/67A.D. dans le village de *Maganimi*, situé dans le *Gobir*, un des États *hausa* (Mahibou 2010:19). Sa naissance interviendrait ainsi douze ans après celle de son frère Usman dan Fodio. Selon Gidado b. Lema, Abdullahi serait décédé une nuit de mercredi, à l'âge de soixante-six ans, au début de l'année 1245H/1829 A.D. Mais Ahmad b. Sa'd pense que la mort d'Abdullahi est intervenue au mois de Muharram de l'année 1245H/Juillet 1829 A.D. et indique que ce décès est intervenu onze ans après le retour d'Abdullahi à Gwandu de Bodinga. D'après ce témoignage, la date de la naissance d'Abdullahi serait donc 1179/H/1765 A.D. soit une différence d'un an seulement avec la date rapportée par Aliyu Gwandu (Aliyu Gwandu 1977:36). Isa Talata Mafara rapporte qu'Abdullahi dan Fodio serait né à Marnoma le lundi 2 de l'année 1180

H/1766 A.D. et qu'il y a onze ans, deux mois et deux jours entre la naissance d'Abdullahi et celle de son frère aîné Usman (Isa Talata Marafa 2005:2).

Zahradeen évoque Maganimi, Marnoma, ou Birni Lalle comme lieux de naissance fréquemment cités par différents spécialistes de la question (Zahradeen 1976:159, 2 003).

Abdullahi serait né vers 1180H/1766. Abdullahi dan Fodio, lui-même, mentionne, dans son livre *Taziyin al-waraqat*, qu'il était plus jeune que son frère aîné Usman de douze ans. Cependant, la date de naissance d'Usman dan Fodio ne fait pas elle-même l'unanimité. Il est généralement admis qu'Usman dan Fodio est né en 1754. C'est à partir de ce moment qu'a été déduite l'année 1766 comme date de naissance d'Abdullahi dan Fodio (Zahradeen 1976:159). Dans ses nombreux écrits, Abdullahi dan Fodio n'a pas laissé d'autobiographie. La plupart des informations sur sa vie se retrouvent dans *Ida al-nusukh, Tazyin al-waraqat et Infaq al-maysur.*

Origine d'Abdullahi dan Fodio

Abdullahi est issu du clan peul *Torobe* (en *fulfulde*) ou *Toronkawa* (en *hausa*) par référence à la région du *Futa Toro* au Sénégal, d'où les membres du clan seraient originaires. Sa famille qui descend de Musa Jokkolo est de longue date une famille de tradition intellectuelle. Son père Muhammad b. Uthman est surnommé *Foduye* transformé en *Fodio*. *Fodiye* est un terme fulfulde qui signifierait *faqih* en arabe ou juriste en droit musulman ou érudit. De même, nombre de ses oncles, Abdullahi b. Muhammad b. al-Hajj al-Hassan, Muhammad Buttugha b. Muhammad b. al-Hajj Abd al-Rahman et Muhammad b. Raji et certains de ses cousins furent de grands intellectuels. Sa mère appartient au même clan que son père. Elle s'appelle Hawwa Bint Muhammad b. Uthman b. Hamma b. Ali. Sa grand-mère paternelle s'appelle Maryam b. Jibrilu b. Hamma b. Ali (Isa Talata Mafara 2005:2). Son arrière-grand-père, Muhammad Sa'd, épousa une femme originaire de *Yan Doto*, un centre intellectuel très célèbre avant le jihad de 1804 (Zahradeen 1976:160). *Yan Doto*, au *Katsina*, est l'une des trois principales universités d'Afrique, les deux autres étant Tombouctou et Le Caire (Hamani 2007:163). Dans le cadre sous-régional, des centres très spécialisés en sciences islamiques existaient dans le contexte de tout le Soudan central. Ces principaux centres étaient Kano, Katsina, Zaria, Agades et Birnin Gazargamo. Kano et Katsina s'étaient spécialisés dans le *fiqh* (la jurisprudence musulmane), Zaria dans la linguistique des études arabes (*nahw, balaghh*), etc. (Zahradeen 1976:160, 205, note 4). Le clan d'Abdullahi dan Fodio s'intègre donc dans ce contexte religieux et intellectuel, très stimulant pour un groupe qui a des aspirations intellectuelles.

En effet, le clan des *Toronkawa*, auquel appartient Abdullahi, constituait pour lui un environnement chargé d'une très longue tradition intellectuelle et musulmane (Aliyu Gwandu 1977:36-40, Isa Talata Mafara 2005:4-12, Mahibou

2010:19-26). Si on considère la liste de ses dix-huit maîtres, dix ont un lien de sang avec lui (Aliyu Gwandu 1977:37). Ce contexte favorisa très tôt l'orientation intellectuelle et religieuse d'Abdullahi dan Fodio, qui trouve deux terreaux favorables : le cadre clanique et familial d'une part et le contexte musulman du Soudan central d'autre part. Oui ! On ne naît pas intellectuel, mais c'est le contexte qui offre les possibilités de le devenir et les circonstances qui permettent de l'affirmer. En effet, malgré cette origine lointaine du Futa Toro, Abdullahi dan Fodio est un pur produit local du monde *hausa* qui, lui aussi, connaît ses propres traditions intellectuelles.

Formation

La formation d'Abdullahi dan Fodio commença, dans sa famille d'abord, auprès de son père, Muhammad Fudi, qui l'initia à la lecture et à la mémorisation du Coran (Zahradeen 1976:160). D'une manière générale, c'est après cette première phase de l'éducation dans le milieu familial que l'on passe aux autres étapes de la formation dans les centres spécialisés du monde hausa, ou d'ailleurs, de l'époque. La tradition mentionne des pôles de spécialisation des études islamiques dans le monde *hausa* précolonial. Les plus importants de ces pôles furent Katsina, Kano, Zaria, Agades, etc. auxquels il faut ajouter le Borno et le Songhay. Les disciplines enseignées dans ces pôles comprenaient : la jurisprudence (*fiqh*), la théologie (*tawhid*), le traité de religion (*usul al-din*), la science du partage de l'héritage (*fara'id*), l'exégèse du Coran (*tafsir)*, la mémorisation du Coran (*qira'at*), les traditions prophétiques (*hadith*), la grammaire (*nahw*), la rhétorique (*balaghah*), la prosodie (*'arud*), les rimes (*cawafi*), l'arithmétique (*hisab*), l'astronomie (*'ilm al-hay'ah*) la mystique (*tasawuwuf*) et la médecine (*tibb*) (Zahradeen 1976:160-161). Les étudiants de cette époque se formaient auprès des maîtres et dans des centres de renom. Zahradeen nous donne une indication de ces maîtres et de leurs écoles (1976:205). Ces centres constituaient des *zawiyya* (loges) d'un certain rayonnement régional et international. Abdullahi lui-même énuméra dix-sept (Mahibou 2010:33) à dix-huit (Aliyu Gwandu 1977:37) érudits auprès desquels il reçut sa formation. Après son père ce fut surtout son frère aîné, Usman dan Fodio, qui continua la formation d'Abdullahi à partir de l'âge de treize ans (Zahradeen 1976:161, 205). Car, Abdullahi lui-même témoigne qu'il a :

> Accumulé une connaissance profonde dans le domaine de la religion – Louange à Dieu, grâce à la bonne direction du Shaikh et de ses écrits en arabe et en langue locale… Chaque fois que le shaikh écrit un ouvrage, je suis le plus souvent le premier à le recopier. En effet, je ne l'ai jamais quitté, qu'il soit en voyage ou non, depuis mon adolescence jusqu'à la rédaction de cet opuscule, c'est-à-dire jusqu'à l'âge de cinquante ans environ (Mahibou 2010:31).

En réalité, il étudia principalement quatre disciplines de manière approfondie avec son frère. Il s'agit du *tawhid,* du *tasawwuf,* du *hadith* et du *tafsir* (Mahibou

2010:32). C'est également par l'intermédiaire de ce frère que d'autres maîtres infl ent Abdullahi dan Fodio. Parmi ces maîtres dont il ne mentionne que dix-huit au maximum, certains semblent avoir joué un rôle de premier plan. Il s'agit de : son père, son frère aîné Usman dan Fodio, son oncle Muhammad Buttugha b. Muhammad b. al-Hajj al-Hasan, al-Hajj Muhammad b. Raji et ses cousins Muhammad b. Muhammad, Muhammad Thambo b. Muhammad b. Abd Allah, Muhammad al-Firabri b. Muhammad b. Ahmad Hamm, al-Mustafa b. al- Hajj Uthman b. Muhammad (Aliu Gwandu 37, 63). En dehors du cadre familial, d'autres maîtres contribuèrent à la formation d'Abdullahi dan Fodio. Un de ces maîtres mérite d'être particulièrement cité. Selon Zahradeen, le plus grand maître et mentor de Abd Allah et de son frère fut probablement Jibril ibn Umar, un intellectuel d'Agadès (1976:163). L'origine du Sheikh Jibril ibn Umar a fait l'objet de plusieurs spéculations (Zahradeen 1976:163, notes 9 et 10) mais aujourd'hui, on sait avec un peu plus de certitude que Jibril Umar est originaire d'Agades, mais installé en Adar entre le dernier quart du XVIIe et le début du XVIIIe siècle, et qu'il avait des origines touarègues. Il appartient à la communauté de *Watsakkawa* ou *Arewawa* (Hamani 2007:181-194). Abdullahi dan Fodio, parlant de ses maîtres, l'évoque ainsi :

> Parmi eux, notre Shaykh, le Shaykh de nos Shaykhs, l'Imam, le savant, le pèlerin Jibril ibn Umar ; son renom parmi les savants, à l'Est comme à l'Ouest, il est inutile d'en mentionner la nature. J'appris avec lui les ouvrages d'*Usûl al Fiqh* (les Fondements du Droit), comme *Al-qarâfi al-Kawkâb al-Sati'et Jam'al-Jawâmi'*, avec leurs commentaires, et j'ai lu avec lui certains de ses écrits. Je restais avec lui et profitais beaucoup avec lui. Il m'enseigna, ensemble avec mon frère le Shaykh Usman ci-dessus mentionné, la science de l'Unicité (tauhîd) et nous donna la licence d'enseigner la totalité de ce qu'il nous a transmis. Il nous donna également Alfiyat al-sanad que son Shaykh égyptien Murtada avait composé et lui a donné licence de transmettre en même temps que l'ensemble de ce qu'il a reçu de lui. C'est de ce Shaykh que mon frère le Commandeur des Croyants a dit « *Si l'on dit de moi quelque chose en bien [sachez que] je ne suis qu'une vague parmi les vagues de Jibril* » (Hamani 2007:188-189).

Ainsi, au-delà du cadre familial et clanique, la formation d'Abdullahi dan Fodio s'inscrit dans une dynamique générale qui animait le monde intellectuel musulman de l'époque. Abdullahi avait bénéficié, par des personnes ou des courants interposés, de l'infl des sommités de son temps et de son contexte, comme le souligne Mahibou dans son commentaire sur le parchemin et les œuvres d'Abdullahi dan Fodio (Mahibou 2010:36-52). En effet, Abdullahi reçoit également l'influence soufi qui prévalait dans la région (Zahradeen 1976:164-171). Car une autre dimension, non moins importante, d'Abdullahi dan Fodio est son initiation au soufisme. Le soufisme semble avoir été introduit dans le monde hausa au XVe siècle par l'Algérien al-Maghili (Zahradeen 1976:165). Selon Zahradeen :

Abdullahi dan Fodio et l'engagement politique

Le succès du jihad et la répartition des responsabilités territoriales

Abdullahi dan Fodio est le deuxième personnage, après Usman dan Fodio, parmi les principaux acteurs du Jihad de 1804. Il a joué un rôle déterminant dans la conception, la préparation, la conduite du jihad et la consolidation du califat dit de Sokoto. En effet, Abdullahi n'a cessé d'être le soutien, le plus proche, de son frère Usman dan Fodio dans la période (1777-1804) dite de la préparation du jihad :

> Il a été le premier collaborateur de son frère aîné Uthman et son principal conseiller, l'accompagnant dans toutes ses tournées de prédication. Il jouait le rôle d'intermédiaire entre le shaykh et ses disciples d'une part, entre les autres savants et lui d'autre part. En effet, il se chargea d'expliquer et de développer les idées du shaykh aux étudiants. Il aurait eu également la tâche de répondre aux critiques de savants qui ne partagent pas leur point de vue. Il a composé en arabe les poèmes du shaykh écrits en langues locales, dans un recueil intitulé : *Tarib mâ 'ajama al-shaykh*. Abdullahi fut même, semble-t-il, le promoteur du califat. Il est établi qu'il fut le premier à reconnaître son frère comme calife. Depuis la désignation du shaykh, Abdullahi n'a épargné aucun effort pour la réussite du nouveau califat, tant sur le plan moral que sur le plan matériel. À cet effet, il a beaucoup écrit pour inciter les musulmans à mener le jihad afin d'établir un État fondé uniquement sur l'islam. Après la création du califat, il a continué à écrire. Ses écrits étaient principalement axés sur l'organisation de l'État. Il exhortait plus particulièrement les agents de l'État au respect des normes de l'islam dans l'exercice de toutes les fonctions étatiques (Mahibou 2010:12-13, Kani 1984:2 et note 7).

Usman dan Fodio avait une cinquantaine d'années au moment du déclenchement du jihad et n'avait pas assez de force pour poursuivre vigoureusement les campagnes militaires. En plus de cette situation, les succès politiques et militaires du jihad imposaient d'importantes responsabilités d'administration et de gestion des territoires désormais conquis et de consolidation de la base étatique du califat. Alors Usman dan Fodio trouva nécessaire, pour toutes ces raisons, de confier la gestion du jeune califat à certains de ses proches dont son frère Abdullahi, son meilleur ami Ummar al-Kamnu, son cousin Sa'id ben al-Hassan, et son fils Mohamed Belle (Hogben 1967:220, Last 1967:48). L'auteur principal du jihad choisit de rester dans certains des principaux camps du jihad (Gwandu et Sifawa) avant de rejoindre en 1815 Sokoto, où il trouva la mort en 1817, à l'âge de soixante-deux ans (Last 1967:60). Cette décision l'amena à diviser le califat en plusieurs territoires. Il y a plusieurs versions de la division du califat en plusieurs territoires administratifs. La date de cette division a été également l'objet de discussions. Certaines traditions, à Gwandu et *birnin* Kabi, avancent que la division du califat en deux parties, Est et Ouest, eut lieu à Gwandu, juste avant que le Sheikh ne déménageât de Gwandu à Siffawa, avec son équipe, dans la saison sèche de 1809/1810. Ainsi, la partie Est du califat aurait été confiée à Muhammad Bello et la partie Ouest à Abdullahi dan Fodio (Balagun 1974:405).

Muhammad Sifawa pense qu'il eut une première division du califat naissant en Est et Ouest, réalisée à Sifawa entre 1809 et 1815, avant celle en quatre zones (Muhammad Sifawa 2004:91).

Selon Hogben, la division du califat en quatre zones d'influence fut faite après la chute d'*Alkalawa*, la capitale du *Gobir*, en 1808. Cette division était rendue nécessaire par les dimensions territoriales que prenait le califat à l'époque (Hogben 1967:220). Ainsi, les émirats situés à l'est du califat échoient à Muhammad Bello, ceux à l'ouest à Abdullahi, ceux au nord à Ali Jedo et ceux au sud à Attiku, petit frère de Muhammad Bello (Hogben 1967:220).

Mais Balagun pense que la division du califat a eu lieu à Sifawa en 1812, après qu'Abdullahi dan Fodio ait quitté Gwandu pour Bodinga vers 1810. Cette division ne consisterait pas en deux parties seulement, mais plutôt en quatre parties : l'Est, l'Ouest, le Nord et le Sud, respectivement confiés à Muhammadu Bello, le fils de Usman dan Fodio ; Abdullahi dan Fodio, le frère d'Usman dan Fodio ; Ali Jedo, le responsable des opérations militaires du jihad et Bukhari, un autre fils d'Usman dan Fodio (Balagun 1974:405, Last 1967:35-36).

L'intellectuel organique à l'épreuve de la politique : la rupture d'Abdullahi avec Shehu ou la divergence entre les jihadistes

Abdullahi a été le premier vizir du Califat de Sokoto entre 1804 et 1910. Bien qu'il préférât vivre avec son frère aîné Usman dan Fodio, il quitta Gwandu vers 1810 pour Bodinga. En effet, malgré le titre officiel de vizir d'Abdullahi, dans les faits c'est Muhammad Bello qui assumait les fonctions de vizir et agissait au nom d'Usman dan Fodio, comme ce fut le cas à la rencontre de *Birnin Gada* (la ville de Gada) entre 1805 et 1806, où Bello rencontra les leaders musulmans des États *hausa* de l'Est et leur parla au nom du Sheikh Usman dan Fodio (Last 1967:36-37). Cette ambiguïté exprime-t-elle une divergence entre les principaux leaders du jihad ? En tout cas on peut dresser quelques constats :

- En 1809, Bello fonda Sokoto et s'y installa.
- En 1810, Abdullahi quitta Gwandu pour Bodinga – bien qu'il revienne à Gwandu en 1812, l'année où Usman dan Fodio rejoignit Sokoto, la capitale de Bello. Mais déjà, pendant la saison sèche 1807-1808, la communauté musulmane de Kano recevra Abdullahi dan Fodio pendant qu'il entreprenait de s'exiler vers La Mecque (Last 1967:37 et note 56).

Abdullahi explique lui-même les raisons de sa tentative d'émigration ou exil (Hijra) en direction de La Mecque en ces termes :

Lorsque j'ai constaté que mes compagnons avaient péri avec mes ambitions, et que j'avais été abandonné parmi les hommes de mœurs différentes et amis du mensonge,

Que ceux-ci disaient ce qu'ils ne faisaient pas, tout en suivant leurs propres désirs.

Et ils montraient une avarice extrême dans tout ce qui concerne leur devoir (religieux),

Que c'étaient des hommes dépourvus de connaissances et ne prêtant même pas intérêt à celles-ci, et que pourtant chacun d'eux n'en prétendait pas moins avoir son propre avis dans la question du dogme,

Qu'ils ne faisaient aucun cas des mosquées, ni des établissements où l'on enseigne la science, ni à plus forte raison des *kuttâb* (makâtib),

Que leur souci était d'avoir la direction du pays et de ses habitants, et ceci uniquement pour satisfaire leurs désirs personnels et se faire une place,

Qu'ils faisaient tout cela à la manière des infidèles en se conférant les titres de leurs rois et en accordant aux ignorants les responsabilités les plus élevées,

Que ses hommes imitaient aussi les infidèles en amassant des captifs, des habits et des chevaux de course qu'ils gardaient dans les villages et pas dans le but de les utiliser comme montures dans les batailles,

Qu'ils adoraient les cadeaux faits en considération de leurs rangs, ainsi que le butin (avant partage) et les présents destinés à les corrompre, qu'ils écoutaient en outre de la musique, que ce soit de la guitare (*'ûd*) ou de la flûte (*mizmar*) ou enfin du tambour (*dabâdub*),

(Lorsque j'ai constaté tout cela) j'ai renoncé à vivre avec eux et je me suis dirigé vers la meilleure des créatures (c'est-à-dire le Prophète) (Hamani 2010:294-295).

En 1815, Usman dan Fodio lui-même quitta Gwandu pour s'installer à Sokoto où son fils construisit une maison et une mosquée pour lui.

En 1817, quand Abdullahi dan Fodio apprit la mort d'Usman dan Fodio, il vint à Sokoto pour rendre les derniers hommages à son frère. Mais sa surprise fut grande et il fut profondément choqué de découvrir que les portes de la ville de Sokoto lui étaient hermétiquement fermées, alors qu'il fut le premier vizir d'Usman dan Fodio et son fidèle compagnon. Pire, Usman dan Fodio, lui-même, sur son lit de mort, avait désigné son fils Muhammad Bello comme son successeur, en tant que calife (Hogben 1967:221).

Immédiatement après, Abdullahi dut faire face à la rébellion de Kalambena – un site situé à côté de Gwandu – conduite entre 1817 et 1820/1821 par Abdusasalami. Abdullahi réussit à écraser cette rébellion grâce au soutien militaire de Bello, sur la demande de la mère de Halilu, un des fils de Muhammad Bello. Ce soutien de Bello à son oncle Abdullahi fut l'occasion de la réconciliation entre les deux hommes politiques. En effet, grâce aux troupes de Bello, la rébellion de Kalambena fut écrasée et les deux hommes se rencontrèrent pour se réconcilier. Durant cette rencontre, Abdullahi demanda pourquoi les portes de Sokoto lui avaient été fermées lors du décès d'Usman dan Fodio. Le vizir de Bello, Gidado dan Laima, lui répondit que ce n'était pas dans l'intérêt des musulmans que le successeur d'Usman dan Fodio ne soit pas son descendant direct. Gidado dan Laima demanda à Abdullahi pardon pour son jugement (*ijtihad*) ; Abdullahi lui pardonna et lui céda son titre de vizir (Hogben 1967:222).

En réalité, il y avait des divergences doctrinales et politiques sérieuses entre les deux frères (Usman et Abdullahi dan Fodio). Le nombre des questions relatives à ces divergences varie selon les auteurs. Selon Talata Mafara il y avait dix questions sur lesquelles Abdullahi et son frère aîné Usman n'avaient pas le même point de vue (Talata Mafara 2005:63-72). Il s'agit de : (i) l'usage du titre de roi par les leaders musulmans ; (ii) l'usage des objets d'apparat en or et en argent par les hommes ; (iii) l'usage des instruments de musiques ; (iv) le port par les leaders musulmans des habits d'apparat, (v) le port de grands habits ; (vi) la restitution des biens des musulmans extorqués par les infidèles ; (vii) la restitution des biens des Peul extorqués par les souverains antérieurs au jihad ; (viii) le soutien aux non musulmans ; (ix) les sanctions sur ceux qui ont soutenu les non musulmans contre les musulmans ; et (x) l'usage des institutions politiques non musulmanes.

Zahradeen ne note que cinq points de divergence entre les deux hommes. Mahibou, quant à lui signale six questions à propos desquelles Abdullahi et Usman dan Fodio ne partageaient pas une même compréhension (Mahibou 2010:205-206, 207-236). Dans ces divergences, Bello se rangeait souvent du côté de son père (Zahradeen 1976:186-184). Derrière ces divergences d'ordre intellectuel se cachait la lutte pour la succession d'Usman dan Dofio, qu'Abdullahi dan Fodio perdra au profit de son neveu, Muhammad Bello, fils d'Usman dan Fodio. Abdullahi exprima son amertume, suite à cet échec politique, dans plusieurs poèmes écrits probablement entre 1817 et 1818 (Zahradeen 1976:183). Ces poèmes expriment avec profondeur les rancœurs d'Abdullahi dan Fodio après la mort du Shaikh.

L'engagement militaire

Abdullahi n'est pas seulement un théoricien du changement. Il fut un de ces intellectuels qui savent se salir les mains en s'engageant sans réserve sur tous les terrains des actions. Nous avions signalé ses actions politiques et intellectuelles. Dans le domaine militaire, il combattait toujours en première ligne. Il dirigea la bataille de Guram ou Kutu qui est comparée à la bataille de Badr, une des premières batailles victorieuses du prophète Muhammad contre les Mekkois le 13 mars 624/17 ramadan 2 (Mahibou 2010:13). Il dirigea plusieurs campagnes militaires et participa à de nombreux combats. Il fut à la bataille de *Tabkin Kwato* où les jihadistes remportèrent une victoire décisive contre l'armée du Gobir malgré sa supériorité numérique. Abdullahi fut responsable de l'expansion du califat vers l'ouest et le sud de Gwandu (Balagun 1976:1, Kani 1984:2-3).

Conclusion

Abdullhi dan Fodio, en tant qu'intellectuel et homme religieux de son temps, était convaincu de la nécessité de la transformation politique du Soudan central au XIXe siècle. Il s'y était engagé corps, âme et esprit et n'entendait pas faire de compromis à l'égard de qui que ce soit y compris ses camarades leaders du jihad et les membres de sa famille. Ce ferme engagement explique sa tentative de Hijra (exil) vers 1807 en vue de quitter le Califat de Sokoto dont il considère les dirigeants comme des déviationnistes par rapport aux principes de la shari'a (la loi islamique). Car il entendait respecter scrupuleusement les principes de ses combats. Pour Abdullahi, les principes s'entendent ici principes religieux, principes intellectuels et principes politiques. Mais Abdullahi devait comprendre que si ces trois domaines de la vie peuvent parfaitement se concevoir sur le plan théorique, surtout sur le terrain de l'islam où le spirituel et le temporel sont inséparables, il n'est pas évident qu'il soit aisé de les traduire concomitamment sur le terrain de la pratique. C'est sans doute là un des défis des intellectuels critiques qui s'engagent sur le terrain de la pratique pour traduire les idéaux en réalités. Ce défi des résultats se double d'un autre défi, celui de se faire comprendre. En effet, un intellectuel critique qui devient en même temps organique court le risque d'incompréhension et d'isolement pour plusieurs raisons. Car il y a toujours des groupes et des réseaux réfractaires aux changements et aux innovations, pour leurs intérêts propres dans la plupart des cas. Ces groupes et réseaux peuvent influencer la majeure partie des populations et réussir à les opposer farouchement à l'intellectuel critique et organique, d'autant que les populations ne sont pas au même niveau de compréhension et d'engagement que lui. Abdullahi s'est trouvé dans ce cas, de 1805 jusqu'à la fin de sa vie. En acceptant de jouer un rôle, à partir de 1812, malgré sa tentative d'exil, dans un système politique dont il considère les dirigeants comme déviationnistes par rapport aux raisons fondamentales de leur combat initial, Abdullahi se place dans une position d'ambiguïté et de contradiction. Il a perdu le recul nécessaire pour apprécier objectivement la gestion de sa société. Deux événements majeurs, en 1812 (l'acceptation de l'administration de la partie ouest du Caliphat) et 1817 (sa mise à l'écart du pouvoir central et la limitation de son autorité au seul émirat de Gwandu), montrent que le politique a pris le dessus sur l'intellectuel critique et désormais, Abdullahi va subir le politique jusqu'à sa mort en 1829. En 1817, il se voyait refuser l'accès à Sokoto par le groupe de Waziri Gidado dan Laima, qui soutenait contre lui Muhammad Bello pour la succession d'Usman dan Fodio. Cette situation poussa Abdullahi à se contenter de la partie Ouest du califat, avec Gwandu comme capitale. Cependant, sa descendance n'échappera pas à la tentation de conserver le pouvoir au sein de la même famille par la création d'une dynastie de souverains à Gwandu. Tous les émirs de Gwandu, de 1829 à 1954, descendent d'Abdullahi dan Fodio (Hogben 1967:228), alors que le trône du Califat de Sokoto est aussi monopolisé par les descendants d'Usman dan Fodio.

Bibliographie

Abdullahi, S. U., 1984, « Sheikh Abdullahi Dan-Fodio, the Misrepresented Personality » in *Seminar on the life and works of Sheikh Abdullahi*, Center for Islamic Studies, University of Sokoto, 8-11th March, 23 p.

Abdul Hamid, A. A., 1979, « Contributions of the Sokoto Jihad Leaders to Qur'anic Studies » in Usman, Y. B., 1979, *Studies in the History of the Sokoto Caliphate. The Sokoto Seminar Papers*. Zaria, ABUP, pp.181-193.

Al Hajj, A., 1968, "A seventeeth century chronicle on the origin and missionary activity of the wangarawa", *Kano studies*, 1, 4.

Aliu Gwandu, A., 1977, *Abdullahi B. Fodio as a Muslim Jurist*, Ph. D thesis, Faculty of Arts, School of Oriental Studies, University of Durham, IV-229 p.

Alkali, M. B., 1060, *A Hausa Community in crisis : Kebbi in the Nineteenth Century*, Unpublished M.A. thesis, Ahmadu Bello University, Zaria.

Ahmad, S. A. G., *Ta'rikh Gwandu*, National Archives (Kaduna NNAK), S. N. P., 15, Unnumbred series 1778/1909, paragraph 60.

Armstrong, K., 2002, *Islam. À short history*, New York, Modern Library Paperback Edition, 234 p.

Bah, T., 2005, *Intellectuels, nationalisme et idéal panafricain. Perspectives historiques*, Dakar, CODESRIA, 186 p.

Balogun, S. A., 1971, *Gwandu Emirates in the Nineteenth Century with Special Reference To Political Relation*, unpublished Ph.D. thesis, University of Ibadan, pp. 89-96, 313-373 (pour les relations entre Sokoto et Gwandu).

Balogun, S. A., 1974, « The place of Argungu in Gwandu History », *Journal of the Historical Society of Nigeria*, VII, 3, pp. 403-415.

Balogun, S. A., 1976, « Économic Activities And Ties of Gwandu Emirates and their neighbours in the nineteenth century » in *Seminar on The Économic History of the Central Savanna of West Africa*, A.B.U., Zaria, 11 p.

Balogun, S. A., 1979, « The position of Gwandu in the Sokoto Caliphate » in USMAN, Y. B., 1979, *Studies in the History of the Sokoto Caliphate. The Sokoto Seminar Papers*, Zaria, ABUP, pp. 278-295.

Bicentenary Committee On Historical Sites, 2004, *The Shehu's Movements : Briefs on Paramount Historical Sites Relating to Sokoto jihad*, Sokoto, Bicentenary Committee, 52 p.

Cuoq, M. J., 1975, *Recueil des sources arabes concernant l'Afrique occidentale du VIIIe auXVIe siècle (Bilad al-Sudan)*, Paris, CNRS, XVIII + 494 p.

Delcambre, A.-M., 2001, *L'Islam*, Paris, La Découverte, 128 p.

Épaulard, A., (Édit.), 1956, *Description de l'Afrique*, Tome II, Paris, Nouvelle Édition Adrien Maisonneuve, 630 p + cartes.

Gwandu Emirate Council, 2011, *Compliment of the 20th Emir of Gwandu. Gwandu, Domain of Abdullahi. Birnin Kebbi*, Gwandu Emirate Council, 132 p.

Hamani, D., 2007, *L'Islam au Soudan central*, Paris, L'Harmattan, 342 p.

Hamani, D., 2010, *Quatorze siècles d'histoire du Soudan central. Le Niger du VIIe au XXe siècle*. Niamey, Éditions Alpha, 512 p.

Hodgkin, Th., 1975, *Nigérian Perspectives, An historical Anthropology,* Oxford University Press, XVI + 432 p.

Hogben, S. J., 1967, *An Introduction to the History of the Islamic States of Northern Nigeria*. Ibadan, Ibadan University Press, pp. 220-228.

Hopkins, J. F. P., 1981, *Corpus of early Arabic sources for West Africa history*, Cambridge, Cambridge University Press, 494 p.

Kani, A. M., 1984, « The last days of Abdullahi B. Fudi » in *Seminar on the life and works of Sheikh Abdullahi b. Fodio*, University of Sokoto. Sokoto, 8-11th March.

Mahamane, A., 1994, *Les Institutions politiques du Katsina aux XVIIIe et XIXe siècles : introduction à l'étude de la civilisation hausa*, Mémoire de DEA, université de Provence, Aix-Marseille I, 192 p.

Last, D. M., 1967, *The Sokoto Caliphate*, London, Longman, LXXXII + 280 p. Mahibou, S. M., 2010, *Abdullahi Dan Fodio et la théorie du gouvernement islamique*, Paris, L'Harmattan, 282 p.

Sifawa, A. M., 2004, *Sifawa in the history of the 19th century jihad of hausaland* Sokoto, Center for Islamic Studies, 64-143.

Smaldone, J. P., 1977, *Warfare in the Sokoto Caliphate. Historical and Sociological Perspectives*, Cambridge, Cambridge University Press, XII + 228 p.

Smith, H. F. C., 1961, « The Islamic revolution of the 19th century », *Journal of the Historical Society of Nigeria*, II, 2.

Talata Mafara, M. I., 1997, *Littafin Nasihohi a game da Muhimman maslahohi na Malam Abdullahi Dan Fodiyo. Fassara daga Muhammad Isa Talata Mafara,* Sokoto, V + 46 p.

Talata Mafara, M. I., 2005, *Daualar Usmaniyya. Rayuwar Malam Abdullahi Danfodiyo da Gwagwarmayarsa*, Kaduna, Masco Dynamic Ventures SS, IV + 118 p.

Talata Mafara, M. I., 2006, *Halayen mutanen kwarai na Malam Abdullahi Dan Fodiyo. Fassara daga Muhammad Isa Talata Mafara*. Kaduna, Na Dabo Print Production, IV + 22 p.

Talata Mafara, M. I., 2006, *Littafin Kyautata Niyya ga ayyukan Duniya da na Lahira na Malam Abdullahi Danfodiyo*. Kaduna, Na Dabo Print Production, IV + 54 p.

Talata Mafara, M. I., 2007, *Halayen Mutanen Kwarai na Malam Abdullahi Danfodiyo*. Kaduna, Na Dabo Print Production, IV + 22 p.

Udu Idris, A. and Umar B. M., 2011, *The Gwandu Emirate. Birnin Kebbi. 1805 to the Present*. Gwandu Emirate Council, 62 p.

Zahradeen, M. S., 1976, 'Abd Allah ibn Fodio's contributions to the Fulani jihad in nineteenth Hausaland, Ph. D thesis, Islamic Studies, Institute of Islamic Studies, McGill University, Montréal, P.Q.

2

Alfa Mahaman Diobo

Abdou Idrissa

Introduction

Une réflexion sur les intellectuels en Afrique serait incomplète si l'on excluait du débat ceux de la période précoloniale. En Afrique, l'on a tendance à faire une lecture eurocentrée de la production du savoir. Ainsi, sont généralement considérés comme intellectuels les diplômés de l'école coloniale. Notre étude s'intéresse en revanche à cette catégorie d'intellectuels que Kane qualifie d'« intellectuels non europhones ». L'Afrique précoloniale, à la faveur de l'islamisation, a connu de nombreux lettrés musulmans (ouléma), auteurs d'une importante production scientifique. Ces *ouléma* selon Kane sont des intellectuels « parce qu'ils maîtrisent une tradition savante et formulent des revendications s'appuyant sur le langage politique de l'islam » (Kane 2003:3-4). Les intellectuels musulmans qui ont marqué l'histoire de l'Afrique avant la colonisation sont nombreux. On peut citer entre autres : Ahmed Baba, Al-Maghili, Jalal Addine Al Suyuti, Mallam Djibril Omar, Ousmane Dan Fodio, Abdoullahi Fodio, Sékou Amadou, Elhadji Omar...

Mais Kane exclut aussi du concept d'intellectuels ceux des sociétés qui n'ont pas été touchées par l'islam. La définition de l'intellectuel ne doit pas se limiter à celui qui écrit. C'est un concept polysémique qui désigne toute personne dont : « l'activité repose sur l'exercice de l'esprit, qui s'engage dans la sphère publique pour faire part de ses analyses, de ses points de vue sur les sujets les plus variés ou pour défendre des valeurs » (fr.wikipedia. org/wiki/Intellectuel). Comme le souligne Copans, la réflexion devra inclure d'autres « acteurs des processus d'intelligibilité du monde » (Copans cité par Kane 2003:58). Une définition plus large permet de prendre en compte les différentes figures d'intellectuels qu'on rencontre sur le continent africain : magiciens, sages-conteurs, prêtres de la religion traditionnelle, musiciens, lettrés musulmans, lettrés issus de l'école coloniale... On rencontre ainsi dans l'Afrique précoloniale, un nombre important d'intellectuels qui n'ont pas écrit mais qui ont largement contribué à la bonne marche de la société grâce à leurs œuvres orales, qui contiennent des réflexions sur les problèmes de leurs milieux.

Avec le renouveau islamique du XIXe siècle, on assiste au développement de la poésie d'inspiration religieuse dans l'espace nigérien. Cette révolution islamique aura pour conséquence une dissémination des centres d'études islamiques dans la sphère d'influence du Califat de Sokoto. Ces centres sont créés et animés par des lettrés musulmans. L'ouest du Niger compte plusieurs centres dont deux principaux (Say et Birni N'Gaouré). Leurs dirigeants ont, à l'image des acteurs du Jihad, utilisé la poésie comme outil de conversion et de moralisation de la société. Si de nombreux travaux sont disponibles sur l'œuvre des acteurs du Jihad (Ousman, son frère Abdoulaye et son fils Bello notamment), les chercheurs se sont peu intéressés aux œuvres des fondateurs des centres d'études islamiques de l'ouest du Niger. Parmi ces derniers, Mahaman Diobbo est l'un des plus connus et des plus célèbres.

Ce travail, qui porte sur ce lettré musulman de l'Ouest nigérien précolonial, s'inscrit dans le débat sur les intellectuels africains. Apôtre de la non-violence, Mahaman Diobbo est l'érudit le plus connu et le plus influent dans l'espace allant du Dendi à Gao :

> Il est à peu près certain que Say avant sa décadence actuelle était le principal centre commercial du Moyen Niger. Toutes les caravanes venant du Nord-Est, du Nord et de l'Est s'y donnaient rendez-vous pour se rendre à Sansané Mango et Salaga ; Say était en outre un gros centre religieux où une grande quantité de musulmans venaient faire pèlerinage au tombeau de Mohaman Diogbo grand-père du chef actuel, dont la réputation de grand marabout et de saint homme s'était répandue jusqu'au-delà de Gao. IRSH, Historique du cercle de Say, BRO 189:9.

Il a réussi en très peu de temps, grâce à sa culture islamique, à son sens profond de justice et d'équité, à faire de cette ville le foyer intellectuel et économique le plus important de l'ouest du Niger. Contrairement aux acteurs du Jihad, qui ont écrit un nombre appréciable d'ouvrages, nous n'avons pas eu, à Say et dans ses environs, d'ouvrages produits par cet alim (singulier d'ouléma). Nous avons par contre écouté à la sonothèque de l'IRSH une dizaine de poèmes composés par Mahaman Diobbo, et utilisés non seulement comme un moyen d'éducation religieuse, mais aussi de dénonciation de certains travers de ses contemporains. L'objectif général du travail présenté est de montrer que Mahaman Diobbo, sans être auteur d'ouvrages, a laissé des textes oraux qui sont des poèmes exprimant sa pensée sur plusieurs aspects de la vie sociale. Son option pour la non-violence comme mode de conversion fait sa singularité. Les textes oraux et une philosophie politique basée sur la non-violence peuvent-ils faire de lui un intellectuel ?

Le travail comporte trois axes de réflexion : le premier porte sur la construction du personnage, le second sur son option pour la non-violence et son rôle de médiateur. Quant au troisième, il est consacré à l'œuvre philosophique et littéraire de Mahaman Diobbo.

La construction du personnage

L'origine sociale de Maftaman Diobbo

Selon la tradition locale, cet érudit soufi de la confrérie « Qadriyya » serait d'origine arabe. Mais en réalité, Alfa Mahaman Boubacar Salihou est un Peul originaire du Macina. Boubacar est le nom de son père et Salihou celui de son grand-père. Diobbo est « *son surnom, en référence à la colline où il se retirait pour ses invocations nocturnes (wird)* » (Hassane 1995:15). Alfa Mahaman Diobbo est issu d'une famille de lettrés musulmans du Macina. Parmi les membres de sa famille, son père reste incontestablement celui qui a eu la plus grande influence sur le personnage :

> Mahaman Diobbo tient en grande partie son pacifisme de son père. Ce dernier est un partisan de la non-violence. Il a enseigné à son fils dès son jeune âge ses vertus. Mahaman Diobbo était calme et moins bouillonnant que les jeunes talibés de son âge. Pour son père, un bon *alim* est celui qui évite la bagarre, les « on-dit », bref tous les comportements négatifs que Dieu stigmatise dans le Coran. (Entretien avec Alzouma Bazi Cissé, infirmier à la retraite à Niamey le 01/08/12).

Imbu des théories pacifistes de son père, Mahaman Diobbo va quitter le Macina pour un long périple qui va le conduire dans plusieurs localités (Gao, Dori, Larba-Birno, Neni…) avant son installation définitive à Say.

La formation religieuse

Alfa Mahaman Diobbo aurait reçu sa première formation de son père, Boubacar. Après de brillantes études auprès de celui-ci, il quitta après sa mort le Macina pour Gao afin de parfaire ses connaissances religieuses :

> Il quitta son village natal, semble-t-il, pour Gao, où il se fixa un certain temps peut-être pour approfondir ses études, car il est de tradition en Afrique sud-saharienne que le disciple, une fois entamée la lecture du Coran, change de maître et même de village. Il part à la recherche d'autres expériences lui permettant d'acquérir des méthodes diverses. Cette tradition lui facilite également l'acquisition des connaissances aussi bien religieuses que sociales (Hassane 1995:17).

> Mais la tradition locale reste muette sur les noms des maîtres qui l'ont formé après son père. Selon Moulaye Hassane « *le nom d'un seul enseignant a été retenu, il s'agit d'Alfa Bandjagouri qui serait originaire de Tirga* » (Hassane 1995:16).

La place de l'entourage

Au cours de ces différentes haltes, Mahaman Diobbo a rencontré les érudits suivants : Tondo Djalley, Alfa Lamine, Sorry Beldo Hooré, Alfa Adamou, Boubacar Louloudji… Tous ces lettrés musulmans ne se sont pas directement impliqués dans le Jihad, excepté Boubacar Louloudji. La différence de caractère entre Mahaman

Diobbo et ce dernier poussa les populations de Neni à qualifier le premier d'*AlfaGouma*, c'est-à-dire le marabout discret et le second d'*AlfaHotta*, qui signifie, le marabout chaud.

Tondo Djalley et son compagnon Alfa Lamine sont partisans de la non-violence. C'est d'ailleurs pour fuir la violence qu'ils quittèrent leur terre natale, Boura, pour s'installer sur l'île de Sinder. Sorry Beldo Hooré est le fondateur du centre d'études islamiques secondaire de Tirga. De son vrai nom Boureima Boukari, il doit son surnom à sa bonté. Sorry Beldo Hooré signifie un rassembleur, en un mot quelqu'un de bien. Quant à Alfa Adamou, il est l'ancêtre des habitants du quartier Zooronay de Say. Il est connu pour son profond attachement à la paix. Son arrière-petit-fils (l'ancien président de l'Association islamique du Niger), feu Alfa Oumarou Ismaiel, a surtout brillé au Niger à cause de son profond attachement à un islam tolérant. Tous ces érudits que Mahaman Diobbo a rencontrés, et avec lesquels il a échangé, ont contribué à la construction du personnage. Ils l'ont renforcé dans son élan pacifiste, faisant ainsi de cet *alim* un véritable apôtre de la non-violence :

> Alfa Sorry Beldo Hooré est un érudit très influent et très respecté dans le Bittinkodji. Durant toute sa vie, il a enseigné à ses disciples les vertus de la non-violence. Parmi ces disciples figure, Alfa Mahaman Diobbo. C'est Sorry qui a initié ce dernier à la confrérie Qadriya. (Entretien avec Amadou Mamane, imam de la mosquée de Tirga, le 20/10/10).

Mahaman Diobbo, médiateur et apôtre de la non-violence

Malgré les révolutions islamiques en vogue un peu partout en Afrique de l'Ouest au XIXe siècle (Sokoto, Macina, Liptako…), Mahaman Diobbo a refusé de faire la guerre et a opté pour une conversion volontaire du fidèle. Cette option pour un islam tolérant lui a valu la sympathie des populations de la zone.

L'installation de Maftaman Diobbo à Say

Avant l'arrivée du saint homme à Say, le site était très peu connu des populations de l'ouest du Niger. Mais avec l'installation de Mahaman Diobbo sur l'île, sa sainteté ainsi que son sens élevé de justice et d'équité vont attirer de nombreuses populations : le site devient, en peu de temps, le foyer intellectuel et commercial le plus important de l'ouest du Niger.

Il faut signaler à ce niveau que les terres de Say appartenaient au chef de Lontia.

Selon Alzouma Bazi Cissé :

> Alfga (le marabout en zarma-songhay) après sa brouille avec les Bittinkobé de Lamordé va quitter l'île de Neni pour s'installer à Goudel où il sera chaleureusement accueilli par le chef de ce village. C'est de ce village qu'il a envoyé des émissaires auprès du chef de village de Lontia afin qu'il accepte son installation ainsi que celle de sa suite sur les terres de Say. Le chef de Lontia a accepté avec plaisir l'arrivée

d'un érudit sur ses terres. Comme on le constate, ce sont les autorités de Lontia qui ont placé Mahaman Diobbo sur leurs terres et non celles de Gwandou. D'ailleurs celui-ci n'a jamais cherché à se faire nommer Amirou par Gwandou. (Entretien avec Alzouma Bazi Cissé, infirmier à la retraite à Niamey le 01/08/12).

Contrairement à la plupart des grands intellectuels musulmans de son époque, qui étaient contraints d'entreprendre le Jihad pour répandre l'islam, Mahaman Diobbo opta pour une adhésion à l'islam par la persuasion et le consentement volontaire du fidèle. Cette attitude pacifiste fait la singularité de ce lettré musulman, surtout pendant ce siècle dominé par des guerres. Il fit de Say un véritable havre de paix, un carrefour sur le plan religieux et commercial. Say devint ainsi le centre d'études islamiques le plus important de l'ouest du Niger :

> Le rôle d'un lieu de rencontre que Say a commencé à jouer a également été facilité par la renommée de son fondateur. Beaucoup de Fulani et comme beaucoup de Zabarmawa, se rendirent à Say à la recherche de prières du Jobo vertueuse et mystique (Balogun 1970: 116).

L'organisation religieuse

La ville de Say doit surtout sa renommée à l'homme qui l'a créée. Pour Mahaman Diobbo, la foi étant avant tout une affaire de cœur, le prêche est certainement un moyen plus efficace (que la sagaie) pour amener les gens à l'islam. Très vite, Alfa Mahaman Diobbo transforma la ville en un véritable carrefour sur le plan religieux. Son profond attachement à un islam tolérant, il l'exprime dans cet extrait du poème 1 (Uruufaba) de notre corpus, vers 100 à 110, recueilli par Dioulé Laya et Alfa Agano en 1968.

Kuba tamgam Bamba kayri	Ukuba combattit et défit Bamba
Bamba banda Gulbi kayri	Après Bamba Gulbi tomba
Gulbi banda Koyri kayri	Après Gulbi Koyri tomba
Koyri banda Jaaja kayri	Après Koyri Jaaja tomba
Diina yulwa Ukuba zamana	Et la foi prospéra du temps d'Ukuba
Ukuba banda fatara foka	Après Ukuba vint une période
Fuutu cindo zammana na ika	Certains du Futa apostasièrent
Melle cindo zammana na ika	Certains de Melle apostasièrent
Gibla cindo zammana na ika	Certains de Gibla apostasièrent
Diina ra ihun Ukuba banda	La religion relâcha après Ukuba

Sonothèque de l'IRSH : chants religieux recueilli par Dioulé Laya auprès d'Alfa Agano en 1968.

La première strophe montre les succès fulgurants d'une armée conduite par Uqba Ibn Nàfi' conquérant arabe qui entreprit une expédition dans le Fezzan (Libye) et le Kawar (Niger) en vue de l'expansion de l'islam. Malheureusement, la seconde strophe est d'un tout autre ton : l'apostasie massive est tout aussi rapide que la conversion, sitôt que la contrainte cesse. Ce qui aboutit à un relâchement total de la religion. Cet extrait du chant I justifie l'option du fondateur de Say pour une conversion volontaire du fidèle.

Selon Alzouma Bazi Cissé :

> Si Mahaman opta pour la conversion volontaire, ce n'était point faute de moyens de faire la guerre. Des guerriers lui ont plusieurs fois proposé de constituer une armée à son service (qui pour diffuser l'islam, qui par appât du butin). Mais jamais il ne les accepta. L'île de Barma Goura, située à quelques kilomètres en aval de Say, porte le nom d'un chef de guerre (Barma) originaire de Hondobon (canton du Kourté actuel) ; il suivit longtemps Alfa Mahaman Diobbo espérant le convaincre de l'utilité de son art. De guerre lasse, il capitula et quitta Say. Des chefs de guerre de Dantchandou, Kotaatchi, Dar Esalam auraient aussi fait, en vain, des propositions similaires à l'érudit de Say. (Entretien avec Alzouma Bazi Cissé, infirmier à la retraite à Niamey le 01/08/12.)

En fait, la lecture d'un seul de ses poèmes suffirait à convaincre le lecteur du profond respect que Mahaman Diobbo avait pour toute forme de vie, humaine, animale ou végétale.

La ville de Say est avant tout une ville religieuse, son organisation aussi a une base religieuse. Mahaman Diobbo n'a jamais voulu le titre d'*Amirou* et il s'est toujours fait appeler « *Modibbo* » qui signifie littéralement marabout. Mais comme tout groupement humain suppose une organisation, Mahaman Diobbo a mis en avant la religion pour organiser sa communauté. Il est chef religieux, gardien de la foi islamique. Il dirige lui-même les prières et veille au respect des règles de l'islam sur l'ensemble du territoire. Il nomme un suppléant, en la personne de Hama Hamsou, qui dirige la prière en cas d'empêchement du grand *alim*. Alfa Mahaman Diobbo est aidé dans sa tâche religieuse par les imams de quartiers et les grands ouléma de la ville. Ces derniers ont toujours été consultés par celui-ci afin qu'ils donnent leur avis sur les questions d'intérêt général :

> Depuis sa fondation, jusqu'à la mort du père fondateur, Say donnait l'image d'un foyer d'acquisition et de diffusion du savoir, géré par un groupe collégial de personnalités religieuses. Ce groupe était dirigé par Diobbo, homme saint et inspiré. Ce dernier présidait en personne le conseil et désignait les responsables de la structure étatique qui, constituée de trois instances principales, était de conception très simple :

> À son sommet se trouvait l'imam des imams en la personne de Diobbo, qui déléguait son autorité à d'autres personnalités religieuses assumant le fonctionnement réel de tel ou tel secteur. Lui-même gérait les questions à caractère politique et diplomatique, essentiellement les réconciliations entre les hommes, les groupes et les régions proches ou lointaines. Il conférait également le rattachement initiatique selon le rituel de la confrérie (Qâdirîya) dont il était le représentant dans cette région (Hassane 1995:72-74).

Après l'imam des imams vient le cadi nommé par Mahaman Diobbo. Il est chargé de faire appliquer la loi musulmane (*Shari'a*). La troisième personnalité est l'imam, désigné aussi par le fondateur du centre d'études islamiques de Say :

> Il dirige les prières quotidiennes à la mosquée principale, s'il le peut, ainsi que la prière hebdomadaire (*Salat al Gumma*) et celles des deux fêtes annuelles (*Ramadan et Adhâ*). Il reste à la disposition des fidèles qui lui soumettent leurs questions éventuelles, aussi bien sociales que religieuses (Hassane 1995:79).

Pour faire de Say un véritable foyer d'acquisition et de diffusion du savoir religieux, Mahaman Diobbo a ouvert des écoles coraniques « *douddales* » dans les quartiers de la ville. Dans ces écoles coraniques, les jeunes « *talibé* » (écoliers) apprennent à lire le Coran, mais aussi à écrire. Il s'agit non seulement des enfants de la ville de Say mais aussi de ceux venus du territoire Kourté, du Soŋey, du pays Wogo, de Boumba… L'activité religieuse était surtout intense pendant la saison sèche. Pendant cette période les parents, cultivateurs pour la plupart, confient les enfants aux ouléma, qui profitent de cette longue saison pour venir à Say approfondir leurs connaissances. Les quartiers de la ville rivalisent de ferveur religieuse :

> Il y a même eu des écoles coraniques dirigées par des femmes où on enseignait les jeunes filles et les femmes âgées. Les ouléma quant à eux, étaient formés dans la cour de la grande mosquée. Cette cour était une grande école où les lettrés musulmans venaient échanger leurs connaissances car il y avait plusieurs niveaux d'enseignement. En effet, les ouléma étaient divisés en plusieurs groupes. Et, ils étaient orientés dans ces ensembles en fonction de leur niveau et de leur spécialité. Ce groupement leur permet non seulement d'approfondir leurs connaissances mais aussi d'échanger sur des questions religieuses importantes. Ainsi, grâce à cette organisation, Alfa Mahaman Diobbo fit de Say, le centre d'études islamiques le plus important de l'Ouest nigérien. En dehors de l'aspect religieux, ces rencontres entre érudits permettent de tisser des relations ; donc de développer la solidarité au sein de la communauté. (Entretien avec Alzouma Bazi Cissé, infirmier à la retraite à Niamey le 16/12/2010.)

La situation économique de Say sous Maftaman Diobbo

Say est avant tout un centre d'études islamiques, qui n'a ni armée ni police. L'administration du territoire est différente de celle des États centralisés. Une telle organisation se contente de peu de ressources. En effet, Alfa Mahaman Diobbo est une personnalité religieuse, désintéressée des biens matériels. Durant les neuf années pendant lesquelles il a vécu à Say, il n'a institué ni taxe ni impôt. Il a simplement désigné un de ses compagnons (la tradition locale reste muette sur son nom) pour surveiller le marché et le fleuve, dans l'unique but de sécuriser la ville contre les pillards et de veiller à ce que les marchands vendent leurs articles aux clients conformément aux règles de l'islam. Les ressources du centre d'études islamiques, au temps de Mahaman Diobbo, sont constituées essentiellement par les dons, l'aumône légale… :

Celles-ci provenaient essentiellement de l'aumône que prélevait la population de la cité et de ses environs après les récoltes composées de mil, riz, maïs, sorgho, et de fruits de cueillette. On ajoute à ces ressources les aumônes provenant du commerce, les produits d'importation : coton, sel, dattes, cola, métaux précieux, etc (Hassane 1995:80 – 81).

Compte tenu de la personnalité du fondateur de la ville de Say, les présents venaient de tous les côtés. Et, comme Alfa Mahaman Diobbo est un pieux qui craint de commettre l'injustice, il a toujours chargé l'imam, en la personne de Hama Hamsou, de procéder à la répartition des présents. Ces quelques vers extraits du chant I de notre corpus (vers 125 à 135) nous donnent plus d'informations sur sa personnalité :

- Iri si te koy sonku tooŋe :	Nous ne serons pas chefs afin d'éviter les provocations
- Iri si ciiti sonku tooŋe :	Nous ne rendons pas la justice afin d'éviter les provocations
- Iri si bolnay sonke tooŋe :	Nous ne vendons pas afin d'éviter les provocations
- Iri heri fay sonke tooŋe :	Nous ne partageons pas de bien afin d'éviter les provocations
- Sai fa waazu iri ma tuba :	Uniquement les prêches nous conduisant à la conversion

Sonothèque de l'IRSH : chant recueilli par Diouldé Laya auprès d'Alfa Agano en 1968.

Mahaman Diobbo n'a jamais, selon la tradition locale, touché aux biens destinés à la communauté :

Mahaman Diobbo a toujours vécu du fruit de son travail. Il se nourrissait du lait de ses chèvres et d'autres biens qu'il recevait de la vente des cordes qu'il confectionnait. Parfois, il reçoit des présents des souverains de la région qu'il partage avec sa communauté. Détenteur du pouvoir spirituel, Alfa Mahaman Diobbo distribue aussi les terres à la population de Say. Et, chaque fois qu'une nouvelle vague de migration arrive à Say, il indique au dirigeant l'endroit où sa communauté doit s'installer ainsi que la portion de terres qu'elle peut exploiter. Ainsi, à cause de cette attitude exemplaire de cet intellectuel musulman, le nombre de nouveaux venus se multiplia, transformant le village de Say en une ville carrefour. (Entretien avec Alzouma Bazi Cissé, infirmier à la retraite à Niamey le 13.11.07).

Alfa Mahaman Diobbo, homme de paix et médiateur

Alfa Mahaman Diobbo doit sa renommée à sa foi mais aussi à son comportement. Le succès de son œuvre s'explique surtout par son attachement à un islam tolérant. Très tôt, sa renommée va se répandre de part et d'autre du fleuve Niger : de Gao au Dendi et du Gourma au Zarmatarey. Et des populations d'horizons divers viennent à Say pour chercher des conseils, pour régler des litiges, mais aussi pour solliciter la médiation de Mahaman Diobbo afin que ce dernier mette fin aux différends qui les opposent à d'autres communautés. À ce niveau, nous pouvons signaler deux exemples de médiation menée avec succès par Alfa Mahaman Diobbo.

Le premier cas concerne les Wogo de Boura. En effet, lors de son passage dans le pays soŋey, Alfa Mahaman Diobbo a trouvé les Wogo dans une situation très difficile. Ces populations faisaient constamment face à des incursions de guerriers touaregs. Il avait promis à leur alfa, Tondo, de lui trouver un site où lui et sa suite seraient à l'abri de ces incursions. Les îles paraissaient aux yeux de Mahaman Diobbo des lieux sûrs : isolées par l'eau, elles permettaient à la population de vivre tranquillement et de vaquer à ses occupations. Mais comme la plupart des îles de la région de Tillabéri appartenaient à *Amirou Kourté*, il avait écrit d'abord à ce dernier pour lui demander l'autorisation de laisser les Wogo de Boura s'installer sur l'île de Sinder. *Amirou Kourté*, Siddo Yoro dit Tolakoy, accepta la proposition d'Alfa Mahaman Diobbo. Il divisa le territoire en deux parties : il donna une partie aux Wogo et l'autre partie, il les autorisa à l'exploiter, mais à condition qu'ils paient la dhîme. Cette version est confirmée par le chef de canton de Sinder, Mohamed Djingarey (entretien le 20/03/11 à Sawani). Elle est également confirmée par le capitaine Salaman et Olivier de Sardan :

> Peu après, le nommé Tondo, chef d'une fraction d'Ouagobés de Gao et le Marabout Amadou Lamine vinrent saluer le chef de Say et lui demander un terrain pour lui et les siens. Alpha Mohaman s'adressa à Tolakoy. Ce dernier l'autorisa à habiter les îles de Sinder (Salaman 1903-1909:10).

C'est l'intervention de Mahaman Diobbo qui a permis aux Wogo de s'installer sur l'île et de créer le village de Sinder. Si *Amirou Kourté a* répondu favorablement à la lettre de Mahaman Diobbo, c'est certainement à cause de sa sainteté :

> C'est en tout cas au début du XIXe siècle, du fait de la pression touarègue, que Tondo Jelley a dirigé la migration de Bourra (où se trouvait à l'époque l'ensemble du groupe) à Sinder d'une partie des wogo, en ralliant sur son parcours divers groupes Kado, Sorko, ou autres, et s'est installé au nord de Tillabéry entre les deux chefferies kourtey grâce à l'intervention du célèbre marabout de Say, Alfa Mahaman Jobbo (Olivier de Sardan 1982:392).

Le deuxième cas concerne Boubacar Louloudji. En effet, après la prise de Garouré en 1811 par la coalition Zarma-Kabi, Boubacar Louloudji est obligé d'abandonner le *Dallol* et de s'exiler. Après avoir transité dans plusieurs localités, il va rejoindre Alfa Mahaman Diobbo dans le pays soŋey. Après la création de Say, Boubacar va rester dans cette ville durant deux ans. Puis un jour, Boubacar a exprimé son désir de retourner dans son pays natal. Mais les Zarma sont là et l'attendent de pied ferme. Selon Boubacar Hama Beidi :

Pour éviter que son retour provoque des heurts, Boubacar Louloudji a demandé à Alfa Mahaman Diobbo, homme de paix, influent et respecté par toutes les communautés de l'ouest du Niger, d'entreprendre une médiation afin qu'ils autorisent son retour dans le Dallol. Alfa Mahaman Diobbo a accepté d'entreprendre la médiation, mais à condition que Boubacar Louloudji prenne l'engagement de rester tranquille après son retour dans son pays natal. Malgré tous les actes de celui-ci dans le Boboye, les Zarma, par respect pour Mahaman Diobbo, l'ont autorisé à y revenir. Et comme promis, Boubacar n'a plus agi dans le sens de la remise en cause du compromis trouvé par Alfa Mahaman Diobbo. C'est avec son fils et successeur, Aboulhassane que les hostilités vont reprendre dans le Dallol. (Entretien avec Boubacar Hama Beidi, enseignant à la retraite à Birni N'Gaouré le 09/10/2011.)

Dans la monographie du cercle du Djerma, l'auteur confirme les propos de Hama Beidi :

Les Djermas s'allièrent au Kabbi et les Peulhs furent chassés de tout le Dallol Bosso et du Fogha. Ils durent se réfugier sur le Gourma à Say et à Néné. Sur l'intervention de Mohaman Diobo chef de Say, les Peulhs furent cependant autorisés à passer sur la rive gauche. Ils s'installèrent à Tiamkalla où ils résidèrent pendant trente ans en paix (Boutiq, 1909:88).

La succession de Mahaman Diobbo

Malgré ses qualités morales et intellectuelles, Mahaman Diobbo n'a pas laissé au groupe collégial (groupe d'érudits) formé autour de lui la latitude de choisir, par consensus, son successeur après sa mort. Au niveau de sa famille même, il a porté son choix non pas sur son fils aîné, Sidi, mais sur son petit frère, Boubacar. Sentant ses forces l'abandonner, il a envoyé l'aîné de ses fils à Sokoto avec un message contenu dans une enveloppe scellée. Dans ce message, il informe les autorités de Gwandou qu'il a porté son choix sur son fils Boubacar, dit Modibo, pour lui succéder, et leur demande par conséquent d'entériner ce choix. Alors que d'habitude, tous les sujets qui engagent la vie de la cité sont débattus et traités par le groupe collégial, et que les solutions trouvées ont toujours été consensuelles. Cette anticipation pour désigner son successeur ne procède-t-elle pas d'une volonté de conservation du pouvoir au seul profit de sa famille ?

Comme à Sokoto et dans tous les grands centres religieux, les dirigeants se sont arrangés pour léguer le pouvoir à leurs descendants. Mahaman Diobbo n'a pas échappé à cette logique. Il a aussi empêché son fils aîné de lui succéder. Pourtant, c'est lui qu'il a envoyé à Sokoto pour apporter la lettre :

Sentant ses forces l'abandonner, Alfa Mahamane Diobbo envoya son fils aîné Sidi Alpha Mahamane Diobbo avec un message officiel à Sokoto, cacheté et scellé. Sidi qui ne pensait qu'à remplacer son père au pied levé, s'est précipité à Yaouri (Nigeria) en pirogue. De Yaouri, il prit des chevaux jusqu'à Sokoto. Arrivé à Sokoto, il remit le message officiel au Sultan qui était en même temps le suzerain du royaume de Say.

> Après lecture du Message, le Commandeur des croyants, Sultan de Sokoto, aurait dit à Sidi : « *Reste ici, je vais dans un village, à mon retour, je te donnerai la réponse* » (Cissé 2001:24).

Les autorités de Sokoto dépêchèrent aussitôt des émissaires mais ces derniers n'avaient pas trouvé Mahamane Diobbo en vie. Ils assistèrent à l'enterrement de ce dernier et lurent devant l'assistance le message désignant Boubacar comme successeur. Après l'intronisation de Boubacar, Sidi fut remercié par l'émir de Sokoto, qui l'invita à rentrer à Say. De retour dans cette localité, il apprit la nouvelle et s'indigna en soupirant : « Je ne reconnaîtrai jamais un tel pouvoir ». Il quitta alors la cour pour créer sa propre cour qui deviendra à la longue un quartier :

> Sidi de retour apprit la nouvelle, surpris, il soupira et dit en djerma : « *Aï si sapé assé* »; cela veut dire littéralement : « Je ne soutiendrai pas Modibo ». Il refusa donc de le reconnaître comme roi de Say. Immédiatement après la décision prise par Sidi, ses captifs se sont rendus à Fada pour défaire toutes les paillotes et ils sont venus construire un véritable village, là où était assis Sidi. Un mois après ces événements, le roi Modibo demanda à sa cour : « Qui a aperçu Sidi ? » Un courtisan lui répondit : « Sidi s'est installé au bord du fleuve où il règne sur un petit Fada ». Modibo rétorqua : « Que Dieu fasse qu'il en soit ainsi. Que ce soit effectivement un petit Fada ». Voilà la raison pour laquelle, il existe deux Fadas à Say : Fada-Beyri où règne le roi de Say, et Fada Kaina, notre quartier où règnent les descendants de Sidi (Cissé 2001:24).

L'auteur exagère quand il assimile Say à un royaume. Ce centre d'études islamiques n'est ni un royaume ni un émirat, c'est simplement un centre d'études islamiques à la tête duquel se trouve un leader religieux. Il faut souligner à ce niveau qu'il est un descendant de Sidi et que selon lui, c'est le penchant de son grand-père pour la guerre qui constitue la principale raison pour laquelle Mahaman Diobbo ne l'a pas choisi comme successeur :

> Son fils aîné, Sidi, bien qu'étant lettré en arabe était surtout un guerrier farouche, intrépide, vaillant, téméraire et réputé invincible sur les champs de bataille. Aussi le « *Wali* » nourrissait-il quelques appréhensions pour la propagation de l'islam dans sa région. Car contrairement au « Jihad islamique » plus ou moins en vogue à ce moment-là, il souhaitait une adhésion à l'islam par la persuasion et le consentement volontaire du fidèle (Cissé 2001:21).

Nous ne savons pas où l'auteur puise toutes ces qualités guerrières qu'il attribue à son grand-père car Say est, avant tout, un centre de propagation de l'islam qui n'a ni armée ni police. En outre, Say n'a jamais fait la guerre. Comment un homme issu d'un tel milieu peut-il devenir un grand guerrier ?

Selon les descendants de Boubacar, si Mahaman a porté son choix sur leur grand-père, c'est parce qu'il remplissait les conditions pour diriger un centre d'études islamiques. Sur ce plan, tous les témoignages concernant Boubacar concordent quant à l'identité de caractère entre son père et lui. Il est aussi présenté comme un *Wali* par la population de Say.

Les rapports entre Say et Gwandou

> Gwandu : Le mot Gwandu est une dérivation du mot Hausa « Gandu » qui signifie à
> l'origine d'une terre royale habitée par des esclaves (des fermes). Le village maintenant
> appelé Gwandu appartenait initialement à Kanta le grand Sarkin Kebbi. Sur ces
> terres, un contremaître (Sarkin gandu) a été recruté pour superviser les activités
> de Gandu et celles de son village qui progressivement ont atteint une proportion
> importante (Magaji 1986: 12).

Say entretenait des relations privilégiées avec le Califat de Sokoto, mais aussi
et surtout avec Gwandou, après le partage de cet État par le Shaykh. En effet,
après la chute d'Alkalawa en 1808, Ousman Dan Fodio partagea l'administration
du pays entre ses lieutenants : Abdoulaye Fodio donne des informations sur ce
partage dans Tazyïn Al Waraqat : « *Après la capture de Al Kalawa, le Shehu a
donné toute la partie ouest de Gwandu à Abdullah et toute l'est à Bello » (Hiskett
1963: 16).* » (Hiskett 1963:16). La partie réservée à Abdoulaye est le Gwandou.
Selon Saka Balogun, cette division est intervenue en 1812 :

> « Au début des années 1812, le Shaikh avait divisé le Califat en sphères d'influence
> sous la supervision de ses lieutenants les plus hauts gradés. Les territoires à l'ouest
> de Sokoto ont été données à Abdullah tandis que l'Est des émirats a été affecté à
> Muhammed Bello » (Balogun 1970: 103).

En réalité, le Shaykh a divisé l'État en quatre parties : l'Est échoit à son fils
Mohamed Bello, l'Ouest à son frère Abdoulaye Dan Fodio, le Nord à Ali Jedo,
le responsable des opérations militaires, et le Sud à un autre fils d'Ousman Dan
Fodio, Boukari (Balogun 1974:405).

L'État de Gwandou était bien connu dans l'ouest du Niger, car il y a plusieurs
territoires de cette zone qui reconnaissaient sa suzeraineté. Avec le triomphe du Jihad,
plusieurs souverains de l'Ouest se sont empressés d'aller à Sokoto chercher l'étendard,
il s'agit de Say, de Birni N'Gaouré, de N'Dounga, du Namari (Kouré), de Goudel, de
Boubon, de Lamordé, du pays Kourté, de Sinder… Selon Saka Balogun : « les *lamido*
ou *amirou* » placés à la tête de ces territoires jouissaient d'une autonomie de gestion :

> « Pour la plupart du XIXe siècle, le fonctionnement des émirats de Gwandu, Birni
> Ngaure, Say, Torodi, Bittinkogi, Kunari, Yaga et Liptako a été principalement sous
> la responsabilité de leurs Emirs respectifs » (Balogun 1970: 262).

Les autorités de ces centres envoient à la fin de chaque année à celles de Gwandou
des présents en guise de reconnaissance. En cas de difficultés, ils sollicitent l'appui
militaire de l'armée de cet État.

Mais Mahaman Diobbo, malgré les bonnes relations qu'il a entretenues avec
les autorités de Sokoto ne s'est pas fait introniser *Amirou* par celles-ci. Les relations
entre Say et Gwandou se sont surtout raffermies sous le règne de Boubacar. Selon
Alfaizé Amadou Issa Cissé, chef de canton de Say :

Alfa Mahaman Diobbo a tout simplement régné en tant que chef religieux et n'a pas cherché à être sous la coupe directe de Sokoto. Toutefois, il a entretenu de bonnes relations avec cet État grâce à l'échange de correspondances. C'est avec le fils et successeur, de Mahaman Diobbo, Boubacar, nommé comme représentant du Gwandou dans l'Ouest nigérien, que les liens entre Say et Gwandou vont se raffermir. (Entretien avec Alfaizé Amadou Issa Cissé, chef de canton de Say le 12/12/07.)

Balogun Saka confirme les propos de l'honorable chef de canton :

Modibo, le fils et premier successeur de Jobo est généralement considéré comme le premier émir de Say. Les traditions les plus répandues soutiennent que, bien qu'il y ait eu un accord entre Muhammad Jobo et Gwandu, Jobo a vécu et mourut comme un chef religieux, non pas comme un dictateur. Les traditions de Say même affirme que Modibo a été le premier émir nommé à Say (Balogun Saka 1970: 116).

Selon cet auteur, toutes les principautés qui avaient reçu l'étendard du Jihad à Sokoto sont des émirats :

« Chacun des leaders du Jihad dans les différentes localités qui furent finalement sous l'administration de Gwandu obtenurent un drapeau, le symbole de l'autorité califale pour l'établissement d'un émirat » (Balogun 1970: 375-376).

S'agissant des centres d'études islamiques de l'ouest du Niger, il est exagéré de les qualifier d'émirats. Ce sont plutôt des aristocraties à la tête desquelles se trouvent des leaders religieux. Ces entités n'ont pas la dimension et ne disposent pas non plus de toutes les institutions d'un émirat. Le simple fait d'avoir l'étendard ne peut pas faire d'eux des émirats.

Say entretenait des relations privilégiées avec Gwandou. Dans l'ouest du Niger, ce centre d'études islamiques, à cause de sa position géographique, permettait aux autorités de Gwandou de contrôler les voies du fleuve (surtout celles de la rive droite). Après la chute de Tamkalla en 1854, les principales voies d'accès au fleuve sur la rive gauche passaient sous le contrôle des Zarma, alliés du Kabi. Les autorités de Say devinrent alors les représentants de Gwandou dans toute la zone :

Le renvoi de Tamkala extermina l'émirat. Le contrôle de l'ancien territoire de Tamkala dans une grande section et stratégique de Dendi a permis à l'alliance Kebbi de bloquer les émirats survivants de Gwandu dans le pays Gurma. Ce blocus réussit à faire le passage et les communications entre Gwandu et ces émirats généralement très difficiles. Ce fut cette difficulté qui a poussé Gwandu à déléguer son autorité de surveillance à Say comme déjà indiqué. Le résultat fut que Gwandu arrêta d'exercer un contrôle effectif sur les émirats survivants à l'ouest de son capital aux environs de 1960 (Balogun 1970: 430).

Say va ainsi prendre le relais de Gwandou dans l'ouest du Niger. Selon Lem :

Jusqu'en 1912, date où cette coutume fut abolie pour des raisons politiques par l'administrateur Taillebourg, les chefs du canton de Say, successeurs de Mohaman

Diobo, recevaient à leur nomination l'investiture du chef de Gandou et eux-mêmes donnaient par délégation l'investiture, au nom de ce chef nigérian, à tous les nouveaux chefs de cantons et de villages soumis à leur influence (Lem 1943:69)

Après la mort de Boubacar, ses successeurs vont continuer à entretenir les bonnes relations entre Say et Sokoto d'une part et Say et Gwandou d'autre part. La présence de Sarkin Musulmi de Sokoto et celle de l'émir de Gwandou lors de l'intronisation de l'actuel chef de canton constituent la meilleure preuve de la perpétuation des relations.

L'œuvre philosophique et littéraire de Mahaman Diobbo

On ne peut pas comprendre le succès de l'homme sans se référer à sa pensée philosophique et religieuse. Une pensée, qu'il exprime à travers des dizaines de chants religieux (poèmes) qu'il a composés depuis le début du XIXe siècle et qui sont parvenus jusqu'à nous grâce à une chaîne de transmission. Le dernier dépositaire s'appelle Alfa Agano. Ce dernier affirme avoir appris une cinquantaine de chants mais avec l'âge, il en a oublié la plupart. La bande disponible à la sonothèque de l'IRSH compte vingt-trois chants dont deux composés par Boubacar dit Modibo, fils et successeur de Mahaman Diobbo, il s'agit du : chant I (*Uruufaba* : appel au secours), chant II (*Alciyooma zaaro* : le jour du Jugement Dernier), chant III (*Wa mooru ibiliisa* : Démarquez-vous de Satan), chant IV (*Diina fayda* : les bienfaits de la foi), chant V (*Wa tooŋe naŋ* : Gardez- vous de nuire à autrui), chant VI (*Hunde-beerey* : l'orgueil), chant VII (*Tuubi fayda* : bienfaits du repentir), chant VIII (Muhammadu : Mohamed), chant IX (*Beeney nda gandey* : les cieux et les terres), chant X (*Boori fannu* : les bonnes œuvres), chant XI (*Woy nda aru futey* : les femmes et les hommes de mauvais caractères), chant XII (*Muumuni woyey* : les croyantes), chant XIII (*Meehaw* : le jeûne), chant XIV (*Tooŋe kow* : le provocateur), chant XV (*Saaray* : la tombe).

Ces chants religieux composés par Alfa Mahaman Diobbo sont des poèmes qui présentent une extrême richesse sur le plan esthétique et thématique.

Ces chants religieux appelés *Caw dooni* en zarma ont, en général, un trait commun : inciter les croyants à la méditation et les amener sur la voie de l'islam. Ils sont tous d'inspiration religieuse et n'ont d'objectif autre que de convier le fidèle à la recherche du Salut. Le chant religieux a en effet le pouvoir de créer un univers de détachement, de recueillement et de spiritualité. Il incite les fidèles à bannir les comportements incompatibles avec l'islam (l'orgueil et la vanité) et à suivre l'exemple du prophète Mohamed. Fait saisissant, ces chants sont destinés au public et non à des individus. Ils constituent un moyen d'éducation islamique car ils sont chantés dans les langues locales et dans des circonstances précises : cérémonies de mariages, réunions des *ouléma*, les vendredis, recherche de pitance par les Talibé… Selon Soumana Abdourahamane :

C'est au prêche, et rien qu'à cela, qu'Alfa Mahaman Diobbo consacra sa vie. Outre le « douddale », il utilisa d'autres moyens comme ces chants qu'il composait et chantait à l'occasion des rassemblements. Il les faisait apprendre aussi à ses disciples qui les chantaient devant les concessions en quête de leurs repas. Par ce procédé, l'érudit multipliait aussi sa voix et assurait la répétition quotidienne de ces chants à la devanture de la plupart des concessions. Entretien avec Soumana Abdourahamane, chargé des affaires culturelles à l'ambassade des États-Unis le 05/12/2009.

L'importance de la poésie dans la culture islamique

La poésie a joué un rôle important dans la diffusion de l'islam. Le Coran constitue en lui-même un véritable phénomène poétique dont la révélation a fait grand effet dans une Arabie fière de sa poésie. Et, c'est d'abord par la beauté de sa forme et l'harmonie de son rythme qu'il s'est imposé comme miracle. Selon Simozrag et Goasguen, le verbe coranique est apparu à un moment où la poésie est en vogue dans le monde arabe :

> À l'âge d'or de l'éloquence arabe où la langue atteignit l'apogée de sa pureté et de sa force, où les titres d'honneur étaient décernés solennellement aux poètes et aux orateurs dans les concours annuels, il a suffi de l'apparition du verbe coranique pour que l'amour acharné de la poésie et de la prose fût bouleversé, de même que les sept poèmes dorés et suspendus sur le temple d'Al-Ka'ba furent descendus. Dès lors, toutes les âmes durent se prêter à cette merveille de l'expression arabe (Simozrag et Goasguen t. 2 1999:105).

La beauté convaincante du verbe coranique contribua ainsi à rallier de nombreuses personnes dont Omar Ibn Al Kattab, second calife de l'Islam ou encore Ka'ab Ben Zouhayr, auteur du fameux poème « Al burda » dédié au prophète et marquant la conversion de son auteur à l'islam. Le fait que, dès les débuts de l'expansion de l'islam, le prophète se soit entouré de poètes célèbres (Hassan Ibn Thabit, Ka' ab Ben Malik, Abda Allah Ben Rawâha…), témoigne de l'importance de la poésie dans la religion de Mahomed. Tous ces poètes ont mis leur art au service exclusif de la foi. La poésie devint ainsi un auxiliaire indispensable pour la diffusion du message islamique. Les agents propagateurs de l'islam vont apporter cet art dans les régions du monde touchées par cette religion.

En Afrique musulmane, aussi, cet art a été largement utilisé par les *ouléma*, ce qui a permis un développement de la poésie d'inspiration islamique sur le continent. En islam, il appartient à chaque leader d'une communauté islamique d'ordonner ce qui est licite et d'interdire ce qui est illicite, d'ordonner le bien et d'interdire le mal :

> Dans les écrits de ces intellectuels, ainsi que dans leurs sermons et leur propagande, l'on décèle des ingrédients du langage politique de l'islam. Ce langage, lorsqu'il fait écho à des aspirations d'émancipation, peut mobiliser de vastes secteurs

de la population. Parmi les concepts mobilisateurs de l'action politique, figure l'obligation de faire la commanderie du bien et l'interdiction du mal (*al-amr bi 'l-ma'ruf wa al-nahy an al-munkar*) (Kane 2003:30).

Pour faire passer le message divin dans une société où la majorité ne sait ni lire ni écrire, les *ouléma* ont recours à la poésie. Chantée dans la langue du terroir, elle permet d'atteindre toutes les couches de la société. C'est un moyen d'éducation d'autant plus efficace que son langage est simple et facile à assimiler.

Au XIXe siècle avec le Jihad d'Ousman Dan Fodio de la confrérie Qadriya, on assiste au développement d'une littérature (surtout la poésie) d'inspiration islamique. Parmi les auteurs, on peut citer : le Shaykh lui-même, son frère Abdoulaye, sa fille Nana Asmaou, Mallam Janeidou... Dans la sphère d'influence du Califat de Sokoto, des érudits locaux ont également utilisé la poésie comme moyen de diffusion de l'islam. Parmi ces érudits, nous pouvons citer Mahaman Diobbo, auteur d'une vingtaine de poèmes. Au XXe siècle, la Qadriya sera supplantée par la Tidjania au Niger. Cette confrérie va donner à la chanson religieuse plus d'éclat. Mulud, La fête de l'anniversaire de la naissance du prophète Mohamed, organisée chaque année à Kiota, est l'occasion choisie par les Zakhirou, chanteurs religieux, pour exposer leurs talents. Ceci prouve que la chanson religieuse fait partie de la culture islamique et joue un rôle moteur dans la diffusion de la religion de Mahomed.

La place de la poésie dans le centre d'études islamiques de Say

Malgré l'importance du centre d'études islamiques de Say, nous n'avons pas eu de manuscrits à Say. Les témoignages recueillis confirment l'existence des manuscrits mais ils ont malheureusement disparu à cause des mauvaises conditions de conservation des documents dans la ville :

> Les manuscrits de la ville de Say étaient conservés dans une maison située à l'intérieur du palais. Mais cette pièce présente un trou au niveau du toit. Une année, il y a eu des pluies diluviennes et l'eau passait par ce trou pour se déverser dans le récipient qui n'était malheureusement pas couvert. C'est l'odeur nauséabonde qui se dégageait du canari qui a alerté les locataires du palais. Quand ces derniers étaient arrivés au niveau du canari, le constat était amer : tous les documents s'y trouvant ont été réduits en bouillie. C'est ainsi que nous avons perdu ces manuscrits. (Entretien avec Alzouma Bazi Cissé, infirmier à la retraite à Niamey, le 01/08/2012.)

Selon d'autres informateurs, ils ont été rongés par des termites. Les chants religieux constituent un patrimoine historique important qui a pu être conservé et transmis de génération en génération. Ces poèmes ont été composés par Mahaman Diobbo dans des circonstances précises :

Les chants d'assistance morale. Lorsque la communauté faisait face à une épreuve, il composait un chant pour l'exhorter à accepter cette épreuve comme émanant de Dieu. Le chant « *Uruufaba* », par exemple, a été composé sur l'île de Neni suite à une terrible sécheresse. Il s'agit là d'une invocation pour demander la clémence de Dieu, nous pouvons à titre d'exemple retenir quelques vers de ce poème (chant I : vers 5 à 20) :

- *Ay ga urru, faabakow ku* :	J'appelle au secours, le secoureur tarde
- *Faaba tamba wakti yoŋ ku* :	Au secours ! C'est assez d'attente
- *Gaahamey beri jinde yoŋ ku* :	Les corps se sont amaigris et les cous allongés
- *Borciney koy tuuri yoŋ ku* :	Les nobles sont réduits à ramasser du bois
- *Ya Ilahi, urru faaba* :	Ô Seigneur, porte-nous secours
- *Faaba tamba almaney ben* :	Secours-nous vite, le bétail est décimé
- *Haw koyey naŋ zama haw ben* :	Les bergers n'en sont plus, faute de troupeau
- *Barikarey go kaaru heri ben* :	Voici les cavaliers mais point de monture
- *Iri ga jirbi farmi mana ben* :	On est contraint à dormir en saison de culture
- *Ya Ilahi, urru faaba* :	Ô Seigneur, porte-nous secours
- *Wande kooga kurŋe na fay* :	L'époux a divorcé de l'épouse maigre
- *Kurŋe kooga wande na a fay* :	L'épouse a divorcé de l'époux maigre
- *Bagna laala na nga koy fay* :	Le mauvais esclave a renié son maître
- *Zamana diina mo na koy fay* :	Et les gens se sont écartés de la voie de Dieu
- *Ya Ilahi, urru faaba* :	Ô Seigneur, porte-nous secours

Dans ces vers, Mahaman Diobbo décrit une sécheresse qui a sévi à Neni pendant qu'il y était. Pour montrer l'ampleur de la calamité, l'auteur décrit l'état du cheptel décimé. Bien plus qu'une perte matérielle, ceci constitue un drame pour une communauté d'éleveurs. Il invoque Dieu pour conjurer ce malheur.

Nous avons aussi des chants composés par Mahaman Diobbo dans le but de ramener les gens sur le droit chemin de Dieu. À un certain moment, il a eu à constater des comportements déviationnistes (port d'amulettes par les enfants au cou ou à la hanche) dans la ville, il a composé des chants pour inciter les gens à bannir ces comportements incompatibles avec l'islam. À titre d'exemple, nous avons ces quelques vers du chant II de notre corpus (*Alciyooma zaaro* ou le Jour du Jugement Dernier) :

- *Ya muumuney woro kulu* :	Ô tous les croyants
- *Wa tun iri ma tuubi ka naaŋ* :	Repentons-nous et cessons
- *Zunuubi kayney i beerey* :	Les péchés grands et petits
- *Kaŋ iri na goy hasara* :	Qui ternissent nos bonnes œuvres

Mais dans la plupart des cas, ces chants portent sur des rites islamiques, ils constituent un moyen d'éducation religieuse ; en même temps, ils exhortent les fidèles à se conformer aux principes de l'islam, à bannir l'orgueil, la vanité, à respecter tous les êtres vivants. Les chants religieux sont en un mot destinés à éduquer la communauté. Pour toucher tous les membres de sa communauté, il les fait apprendre à ses disciples et surtout aux « *Talibés* » qui les récitent dans des circonstances précises : lors des grands rassemblements, de la recherche de la pitance, occasion de réciter ces chants devant toutes les familles.

Ces chants ont été composés en Soŋey-Zarma, langue largement parlée dans la zone. Si, bien que peul, Mahaman Diobbo a choisi cette langue, c'est pour toucher l'écrasante majorité des membres de sa communauté. Les Peuls de cette zone sont pour la plupart des bilingues (parlant Zarma et Fulfuldé à la fois) ; Mahaman Diobbo a mis en avant la mission religieuse en choisissant de composer ses chants dans la langue la plus parlée dans le terroir. D'ailleurs, la seule culture dont il se réclame, c'est celle de l'islam et l'unique identité qui vaille pour lui, c'est celle d'être musulman. Ceci montre la hauteur de vue de l'homme dont l'unique souci est de réussir sa mission religieuse.

Composés pour la plupart entre la fin du XVIIIe et le début du XIXe siècle, ces chants ont été transmis oralement de génération en génération. Mais les dernières générations n'ont pas pu garder ce patrimoine afin de le transmettre aux générations suivantes. C'est le lieu de remercier Dioulé Laya qui, en 1968 a recueilli ces chants (sur instruction du président de l'Assemblée nationale de l'époque, Boubou Hama) auprès du vieil Alfa Agano, le dernier de la lignée des *ouléma* à avoir mémorisé ces chants. Concernant l'authenticité de ces chants, nos informateurs affirment que Mahaman Diobbo est sans aucun doute leur auteur :

> D'abord, ce n'est pas du zarma courant et les formes canoniques du soŋey de Gao et de Tombouctou contenues dans ces chants prouvent si besoin est qu'ils ne viennent pas de Sokoto et qu'ils ont été bel et bien produits par Mahaman Diobbo. Cet accent soŋey prédominant dans les chants n'est pas du tout étonnant quand l'on sait que l'auteur a séjourné une vingtaine d'années en pays soŋey notamment à Gao (Mali actuel) et à Larba (Téra/Niger) avant de se fixer à Say. Si ces chants provenaient de Sokoto, les mots hausa ou peul seraient prédominants, ce qui n'est pas le cas. (Entretien avec Dioulé Laya, sociologue à la retraite à Niamey le 31/07/12.)

Selon Soumana Abdourahamane, l'adoption delalanguezarma-soŋeypourdiffuser le message divin par un érudit peul a été mal interprétée par les Bittinkobé :

> L'adoption de cette langue par Alfa Mahaman Diobbo dans le seul but de diffuser le message islamique fut d'ailleurs la cause de l'hostilité des Peuls de Lamordé à son égard, lors de son escale à Neni. C'était, pour eux, une aliénation d'autant plus intolérable qu'elle venait d'une autorité morale. Leur hostilité devint alors tellement vive qu'ils en sont arrivés à enlever et à vendre comme captifs deux des disciples de Mahaman Diobbo. Dans le chant I de notre corpus « Uruufaba », ce dernier avait fait allusion aux comportements des gens de Lamordé (chant I : vers 120 à 125) qu'il juge tout à fait incompatible avec une foi sincère. Car, pour lui, il n'y a que la foi qui compte. S'il avait quitté son Macina natal, c'était pour contribuer à la diffusion de l'islam. Et pour atteindre cet objectif, il était prêt à

adopter tout comportement, culturel ou autre ; pourvu que le message passât. Pour lui, la langue comme toute autre spécificité ethnique ou même raciale, n'est que le moyen, dont nul meilleur usage ne pourrait être fait qu'en matière de culte. Car, devant Dieu, il n'y a d'identité autre que croyant ou non-croyant. (Entretien avec Soumana Abdourahamane, chargé des Affaires culturelles à l'ambassade des États-Unis à Niamey le 05/12 2009.)

Le chant VII (*Hunde-beerey* ou L'Orgueil) de notre corpus s'adresse en premier lieu à un des fils de Mahaman Diobbo :

Abdoulwahidou qui ne respecte du tout pas son demi-frère, Boubacar dit modibbo, malgré ses qualités intellectuelles certaines. Il se fait très orgueilleux vis-à-vis de son demi-frère. Ce qui n'est du tout pas du goût de leur père qui aime tant ce dernier. (Entretien avec Alzouma Bazi Cissé, infirmier à la retraite à Niamey le 01/08/12.)

Tous les témoignages que nous avons recueillis sont concordants et présentent Mahaman Diobbo comme le véritable auteur de ces chants religieux.

Selon Soumana Abdourahamane :

C'est auprès de son cousin Hamma Kâto (surnommé Mâzou-Baaba) qu'Alfa Agano apprit ces chants religieux après ses études coraniques. Hamma Kâto a ainsi connu les enfants d'Alfa Mahaman Diobbo. C'est d'ailleurs de Modibo qu'il tient ces chants. Agano lui-même est de la troisième génération sur l'arbre généalogique de Say, son grand-père étant l'un des compagnons du marabout de Say. [Entretien avec Soumana Abdourahamane, chargé des Affaires culturelles à l'ambassade des États-Unis à Niamey le 05/12 2009.]

Il faut à ce niveau saluer Alfa Agano qui, malgré le poids de l'âge et son infirmité, fut le « berger » de ces chants religieux, à la conservation desquels il consacra toute sa vie. En effet, non-voyant de naissance, Alfa Agano a eu à mémoriser le Coran. Ce qui prouve le mérite de cet homme, qui devait par la suite mémoriser ces chants qu'il déclamait à des occasions régulières : apparition du croissant lunaire marquant le début du jeûne, fête de l'Achura (début de l'année musulmane), etc. Très attaché à ce riche patrimoine légué par ses parents, Alfa Agano a durant toute sa vie lutté pour que la jeune génération s'intéresse à ces chants, mais en vain. Tout ce patrimoine allait disparaître, n'eût été la perspicacité de Diouldé Laya, qui a eu l'ingénieuse idée d'enregistrer ces chants avant la disparition d'Alfa Agano en 1968.

Le chant religieux comme outil de conversion

La poésie occupe une place de choix dans ce qu'on peut appeler la bibliothèque islamique en Afrique de l'Ouest. Tous les grands jihadistes Al-Hajj Omar, Ousman Dan Fodio, Sékou Amadou… étaient de grands poètes. La poésie était un moyen de communication par lequel les grands intellectuels débattaient des questions politiques, religieuses et philosophiques. Les poèmes d'Ousman Dan

Fodio sont récités par les talibés en arabe ou en haoussa, même aujourd'hui. Les chants religieux présentent un intérêt certain dans les sociétés islamiques. Dans un milieu où la majorité de la population ne sait ni lire ni écrire, le chant religieux constitue un moyen efficace d'éducation :

> Le caractère du milieu socioculturel, essentiellement marqué par l'oralité, réduit l'accès à la connaissance livresque. C'est pourquoi les lettrés recourent à la tradition orale comme support de vulgarisation du savoir religieux pour la majorité des croyants, qui ne savent ni lire ni écrire. Une place de choix revient à la poésie religieuse chantée en différentes langues du terroir en raison de son avantage éducatif ludique (Hassane 1995:520).

Les chants religieux ont un aspect pédagogique, car chantés dans la langue du terroir, l'objectif est la recherche de l'adhésion de l'auditeur à l'islam avec pour but ultime son salut. Pour ce faire, le contenu des chants est minutieusement préparé car l'auteur doit concevoir un récit qui fortifie l'âme et qui interpelle l'esprit. C'est ainsi que la plupart des chants religieux tournent autour de la mort, et l'intensité avec laquelle elle est annoncée ne laisse pas indifférent. En dehors de la mort, plusieurs aspects de la vie courante sont abordés. Il est important pour tout musulman de connaître l'importance du *Zikr*. Pour s'en convaincre, ayons recours aux versets du saint Coran : « Souvenez-vous d'Allah, assis ou couchés » (Sourate 4 An- Nisa V, 103).

Une autre sourate : « C'est bien dans le *Zikr* d'Allâh que les cœurs trouvent la quiétude » (Sourate 13 Ar- Rad V, 28). Les sourates du Coran qui soulignent les vertus du *Zikr* sont nombreuses, d'où l'importance de la collecte des œuvres déjà connues. Ces chants contiennent des leçons de sagesse et des invocations qui incitent à la ferveur et à la défense de la religion.

Sur le plan littéraire, ces chants religieux sont tous des poèmes en vers avec des rimes régulières. Les limites des strophes sont claires, avec une richesse exceptionnelle sur le plan rythmique, avec des figures de style. Le penchant du fondateur de Say pour la poésie s'explique aisément quand on sait le rôle que celle-ci a joué dans la révélation. Avant cette dernière, la poésie était en vogue en Arabie. Les chants religieux constituent la preuve que Mahaman Diobbo est un *alim* (intellectuel musulman) qui a une large culture islamique.

Le chant religieux est un auxiliaire indispensable pour la propagation de toute religion car il facilite et rend agréable l'assimilation. Dans le cas de l'islam, la chanson religieuse constitue un support d'autant plus authentique que le saint Coran a d'abord marqué les esprits et les âmes par sa perfection poétique. Il est donc normal que les chants religieux fleurissent dans toutes les communautés musulmanes. L'esthétique contenue dans ces chants n'est qu'un moyen au service d'une cause, la recherche de l'adhésion de l'auditeur à l'islam.

Le corpus présente une variété de types de textes : du narratif, du descriptif et de l'explicatif. Le chant intitulé *Al Ciyoma Zaaro* : « le Jour du Rassemblement », par exemple, est un texte narratif. Il est le plus long de ceux constituant notre corpus (248 vers). L'auteur y fait le récit de ce jour exceptionnel, tel que prévu par les textes religieux : « Jour du Jugement Dernier », « Jour des Comptes », « Jour du Rassemblement, « Jour de la pesée », etc. Les dénominations sont nombreuses pour désigner ce jour redouté des âmes, car elles y rendront compte de toutes leurs œuvres, bonnes ou mauvaises. Un autre aspect qui montre la richesse de ces chants sur le plan littéraire, c'est la gravité du ton dans la plupart des textes. Cette caractéristique s'explique par les thèmes, parmi lesquels domine celui de la mort. Elle est en effet, le thème central de plusieurs textes. Et à chaque fois, il est fait des récits et des descriptions tous plus affligeants les uns que les autres. Cette gravité du ton vise à toucher la sensibilité du fidèle afin de l'amener à méditer profondément sur ce « Jour des Comptes ».

L'auteur, dans ces trois vers du chant II (49-51), nous donne une idée des conditions dans lesquelles les âmes seront ressuscitées :

- *Boro Kulu kaŋ ga tun suba ra* : Tous les ressuscités en ce Jour
- *Bankaray a si afo ga* : Ils seront tous sans le moindre habit
- *Gaa- Koonu, ce-koonu* : Corps nu, pieds nus.

Sur le plan philosophique, les chants religieux ont une portée réelle. Il s'agit de chants d'assistance morale aux membres de la communauté, mais aussi d'un constant rappel au devoir (la soumission à Dieu). En effet, l'adoration de Dieu est précédée de la connaissance divine. Sans connaissance d'*Allâh*, il n'y a pas d'adoration. Et ces chants développent des thèmes importants tels que la soumission à Dieu, la sincérité dans les actes de dévotion, l'humilité, la solidarité, l'endurance et l'amour du travail. Tous les thèmes développés visent l'éducation des individus, car la qualité de tout groupe humain est fonction des individualités qui la composent. La formation des individus pour qu'ils comprennent leur religion afin de bien la pratiquer est un devoir pour tout « alim ». L'adoration de Dieu est clairement énoncée dans le Coran : « Je n'ai créé les djinns et les hommes que pour qu'ils m'adorent » (Coran, 51/56). Dans les textes apparaît une variété de traits de caractère, dont deux nous semblent essentiels : le travail et la modération.

Pour Alfa Mahaman Diobbo, la paresse est un défaut que tout bon musulman doit combattre par l'amour du travail. C'est pourquoi le travail est un sujet constant dans la plupart des chants religieux. Il est présenté comme une exigence pour tout être humain jouissant de ses facultés physiques et mentales. Le travail constitue en effet un acte de dévotion à Dieu. Et c'est par le travail que l'homme acquiert son autonomie, son indépendance et même sa notoriété. Dans ses chants, l'auteur exhorte l'auditeur non seulement à l'effort physique mais aussi à l'effort intellectuel et spirituel. Le travail physique est surtout évoqué par l'exemple du travail de la terre, synonyme d'efforts physiques et surtout d'activité licite. Nous avons un exemple dans le chant IV (*Diina fayda* : Les bienfaits de la foi), vers 41 à 44 :

- *Da ni si ba ma jaase* :   Si tu veux éviter le déshonneur
- *Ganji ho ka hense* :   Défriche les terres
- *Day ma far hunay se* :   Cultive-les pour ta subsistance
- *Lambu daŋ ka fayda* : Aie (aussi) un jardin pour ton bien

Le premier vers de la strophe montre le caractère valorisant du travail de la terre pour l'homme. Il est la condition de son honneur, car le travail assure l'indépendance. L'idée du défrichage, dans le second vers, vise à créer les conditions optimales de l'indépendance ; car un morceau de terre pris en bail expose l'exploitant aux humeurs du bailleur. Les deux derniers vers de la strophe précisent la mise en valeur des terres recommandée par l'auteur, qui distingue deux types de cultures : la culture de subsistance et le jardin. Ici, il faut souligner la haute vision de l'auteur car le jardin constitue un soulagement pour le travailleur et le met à l'abri des vicissitudes du climat. En effet, en cas de sécheresse, le jardin peut lui assurer le complément indispensable à sa survie. Ainsi, le travail agricole envisagé par l'auteur assure une indépendance à la fois foncière, alimentaire et économique. Ce qui met l'individu à l'abri de préoccupations préjudiciables à la concentration, au retour sur soi ; le travail physique crée ainsi les conditions propices au travail intellectuel et spirituel. Ce dernier est un prolongement logique du travail physique. Dans les chants religieux, le rapport est très étroit entre activités physiques, intellectuelles et spirituelles. Toujours dans le chant IV, vers 13 à 16, l'auteur utilise une image pour inciter les gens au travail car c'est un acte de piété :

- *Ay ga saabu koy din* :   Je rends grâce à Dieu
- *Kaŋ na diina fari di* :   Qui fit de la religion un champ
- *Annabey na dumi di* :   Les prophètes ont apporté les semences
- *Hay wa duma ka fayda* : Semez donc pour avoir les bienfaits

Cette métaphore du champ confirme l'idée que tout travail licite est en même temps un acte de foi voué à Dieu. Ensuite, le rapprochement ainsi établi entre le champ et la religion signifie que les bienfaits sont au bout de l'effort. Autant on ne tire de profit d'un champ qu'après l'avoir travaillé, autant la foi ne profite à l'homme que s'il œuvre dans ce sens, avec tout ce que cela suppose comme efforts. La valeur de la métaphore est ici de donner aux auditeurs une image expressive, la plus proche de leur réalité, pour les convaincre de la nécessité d'un effort soutenu pour mériter le salut.

L'islam est une religion qui a toujours prôné la modération en toute chose, contrairement à l'image véhiculée par une certaine opinion en Occident, selon laquelle l'islam est une religion d'intolérance et d'extrémisme. L'islam tel qu'enseigné par le prophète est une religion universelle, dont le message transcende le temps et l'espace, qui propose aux hommes un ordre social régi par les lois divines, sources de bonheur pour l'humanité. Le musulman qui se conforme au Message du prophète ne saurait être excentrique ni « extrémiste ». Toutes les biographies du prophète Mohamed attestent de son humilité et de sa modération.

Dans le corpus plusieurs chants exhortent à la modération en insistant sur trois domaines : le déplacement, le propos et l'alimentation. Exemple, chant XI (T*uubi fayda* : Bienfaits du repentir), vers 41 à 44 :

- *Dira-dira ma kayna* :   Sois sobre en déplacement
- *Ni senni mo ma kayna* :   Sois sobre en propos
- *Ni ŋaari mo ma kayni* :   Sois sobre en alimentation
- *Day ni tuubi fayda* :   Et tu en auras les bienfaits

La modération prônée par l'auteur dans les déplacements est précisée dans les vers 45 à 52 du même chant :

- *Kala ni Jingarey do* :   Ne va qu'à la mosquée
- *Wala ni hayni fari do* :   Ou à ton champ de mil
- *Wala ni haabu kali do* :   Ou à ton jardin de coton
- *Day ni tuubi fayda* :   Et tu en auras les bienfaits
- *Wala ma koy jihaadi* :   Ou bien fais le Jihad
- *Wala janaa- za koy yoŋ* :   Ou va à un enterrement
- *Wala ni ñayze fo yoŋ* :   Ou saluer les tiens
- *Day ni tuubi fayda* :   Et tu en auras les bienfaits

Comme on le constate, ce sont les déplacements dits méritoires que l'auteur met en exergue. De cela, l'auteur de ce chant, Mahaman Diobbo, est un exemple, pour avoir parcouru une bonne partie du territoire actuel du Mali ainsi que l'ouest du Niger dans cette mission ; et sans jamais user de violence. L'auteur incite les gens à la modération dans le propos. La langue est en effet un organe susceptible de nuire grandement à autrui. Et le prophète a souvent attiré l'attention des musulmans par de nombreux hadiths comme celui-ci : « le vrai musulman est celui dont aucun autre n'a à redouter ni la main ni la langue ». Aussi, la modération dans le propos est une recommandation sans cesse rappelée dans la plupart de ces chants.

La portée sociale

Sur le plan intellectuel, les chants religieux mettent l'accent sur la culture de l'esprit. Les incitations à la quête du savoir y sont nombreuses et très explicites. Exemple du chant XII (*Booru fannu* : Les bonnes œuvres) de notre corpus, vers 35 à 40 :

- *Da ni ban ka boona ni neeseiji ma tin* :	Si tu te préoccupes de la pesée de tes œuvres
- *Ma goy fannu taaci a mayka ma ma* :	Œuvre en quatre choses à l'inten-tion du gardien de la balance
- *Ma koy hā ni bayray, ma goy nda gumo* :	Cherche le savoir et fais-en usage
- *Ma naŋ ni da ma boori takey se gumo* :	Aie de bonnes intentions pour tes semblables

- *Ma naŋ ni da ma boori ni goy yoŋ kuna* : Aie de bonnes intentions dans tout ce pour
                                                quoi tu œuvres
- *Ni zaahiri ni baatini, si te yaasima* :   Extérieurement comme intérieurement ; ne
                                                sois pas mécréant

Ce chant d'Alfa Mahamane Diobbo intitulé les « bonnes œuvres » est entièrement consacré aux actes méritoires. Dans cet extrait, le savoir est distingué parmi les quatre qualités susceptibles de peser positivement en faveur de l'homme au jour du Jugement Dernier. L'auteur insiste et encourage les gens à la quête du savoir, surtout du savoir utile. En apprenant aux auditeurs quels sont les actes méritoires, ce chant est d'un apport important pour la culture de l'esprit. Le savoir permet à l'homme d'assumer son destin, en tant qu'individu et en tant que fidèle d'une religion vis-à-vis de laquelle il a des responsabilités. De nombreux versets du Saint Coran insistent sur l'importance du savoir. Le premier verset révélé au prophète l'invite à la lecture donc à la recherche du savoir, il s'agit de la sourate *Al-Alaq* (L'Adhérence) : Coran sourate 96.

Conclusion

Ce qui fait la singularité de Mahaman Diobbo, c'est son option pour un islam tolérant dans un contexte marqué surtout par des guerres. Le refus de faire la guerre a fait sa renommée au niveau des populations essoufflées par les conflits. Son succès s'explique aussi par les médiations qu'il a menées et son sens profond de justice et d'équité. Il a réussi à faire de Say, un havre de paix, ce qui va attirer des populations venues d'horizons divers, faisant de cette ville, un carrefour sur le plan religieux et commercial. Say devient ainsi le plus grand centre d'études islamiques de l'Ouest nigérien au XIXe siècle.

Contrairement à ses contemporains, Mahaman Diobbo n'a pas laissé d'écrits, mais il a légué des textes oraux qui sont des poèmes. Ces derniers, appelés *Caw dooni* (Chants religieux) en zarma, sont des traités sur la vie du musulman dans sa cité. Tous ses poèmes exhortent le fidèle à préparer sa vie dans l'au-delà : ils montrent au musulman comment se comporter dans la société, le chemin à suivre pour obtenir le Salut… Son penchant pour la poésie s'explique par le fait que tous les grands acteurs du Jihad l'ont utilisée comme principal moyen d'éducation et de moralisation de la société. De plus, la poésie chantée dans la langue du terroir est facile à retenir, y compris pour les illettrés. Son chant sur le Jugement Dernier pénètre l'âme et interpelle l'esprit. Le chant est un moyen d'éducation religieuse efficace utilisé par cet érudit pour atteindre la grande masse. L'idée d'enseigner la religion par le chant procède d'un tact pédagogique évident car, partout au monde, le chant est destiné au peuple ; c'est pourquoi le fond et la forme sont minutieusement étudiés afin de le mettre à portée de l'auditoire. Ceci pour donner au message toutes les chances de se fixer.

Mahaman Diobbon'a certes pas laissé d'écrits maisselonnous, l'intellectualisme n'est forcément lié à l'écrit, c'est une réflexion sur le monde. Le fait qu'il ait écrit des textes oraux qui sont de véritables traités sur la vie du musulman fait de lui un intellectuel. Le fait qu'il ait opté pour la non-violence comme mode de conversion des fidèles nous confirme aussi que l'auteur est un intellectuel. Par conséquent, nous le classons dans la catégorie des intellectuels que Kane qualifie de non europhones.

Liste des informateurs

Nom et prénom de l'informateur	Âge	Statut ou fonction	Lieu de l'entretien	Date de l'entretien
Alfaizé Amadou Issa Cissé	64	Chef de canton	Say	12/12/2007
Alzouma Bazi Cissé	77	Infirmier à la retraite	Niamey	16/12/2010 01/08/2012
Amadou Mamane	63	Imam de la mosquée de Tirga	Tirga	20/10/2010
Boubacar Hama Beidi	68	Enseignant à la retraite	Birnin Gaure	09/10/2011
Diouldé Laya	73	Sociologue à la retraite	Niamey	31/07/2012
Mohamed Djingarey	69	Chef de Canton de Sinder	Sawani	20/03/2011
Soumana Abdourahamane	44	Chargé des affaires culturelles à l'ambassade des États-Unis	Niamey	05/12/2009

Bibliographie

Aldiouma, C. M., 2001, *Le Niger à la croisée des chemins*, Cameroun, 131 p.

Alfa, A. et Diouldé, L., 1968, *Chants religieux de Alfa Mahaman Diobo*, Sonothèque de l'IRSH.

Alou, H., 1963, *Monographie du cercle de Niamey 1955 : subdivisions de Filingué, Say, centrale de Niamey, Boboye (ex-Margou)*, Niamey, 1963, 265 p.

Alou, T., (dir) 2007, *Commune urbaine de Say (Niger)*, Niamey, LASDEL, 66 p.

Baka, H., 1992, Contribution à l'histoire des migrations et de la mise en place des populations Peul de la rive Gurma du fleuve Niger, entre Lamordé et Say : du XVIIe au XIXe siècle, Mémoire de Maîtrise d'Histoire, Université nationale du Bénin, Faculté des lettres, des arts et des sciences humaines, 124 p.

Balogun, S.A., 1970, *Gwandu emirates in the nineteenth century with special reference to political relations (1817-1903),* University of Ibadan, 573 p.

Balogun, S.A., 1974, « The place of Argungu in Gwandu History » in *Journal of the Historical Society of Nigeria,* VII, 3, pp. 403-415.

Barth, H., 1965, *Travels and Discoveries in North and Central Africa Being a Journal of an Expedition, 1849-1855,* Londres, Frank-Cass, volume III, 800 p.

Boutiq, (capitaine), 1909, *Monographie du cercle du Djerma,* Archives nationales du Niger 15- 1-2.

Gado, B., 1980, *Le Zarmatarey : contribution à l'histoire des populations d'entre-Niger et Dallol-Mawri,* Niamey, IRSH, 356 p.

Hamani, D., 2007, *L'Islam au Soudan Central : Histoire de l'Islam au Niger du VIIe au XIXe siècle,* Paris, L'Harmattan, 335 p.

Idrissa, K., 1981, *Guerres et Sociétés : Les populations du Niger occidental au XIXe siècle et leurs réactions face à la colonisation (1898-1906),* Niamey, IRSH, 222 p.

IRSH, *Historique du cercle de Say,* BRO 189.

Kane, O., 2003, *Intellectuels non europhones,* CODESRIA, 71 p.

Lem, F. H, 1943, « Un centre d'islamisation au Moyen Niger : Say » *in Terre d'islam,* SL p. 51- 78.

Magaji, B. U, 1986, *The Role of Slavery in the Economy and Society of Gwandu Emirate in the Nineteenth Century,* History degree, Department of History, University of Sokoto, 69 p.

Mahamane, A, 1997, The place of Islam in Shaping French and British Colonial Frontier Policy in Hausaland *1890-1960* PH. D (History) Degree Faculty of Arts, Ahmadou Bello University, Zaria, 488 p.

Miquel, A., 1976, *La littérature arabe,* que sais-je ? Paris, PUF, 127 p.

Moulaye H., 1995, La transmission du savoir religieux en Afrique Subsaharienne : Exemple de commentaire coranique à Saayi, Thèse de doctorat Nouveau Régime, Université de Paris IV, tome I, 254 p.

Olivier de Sardan, J. P., 1982, *Concepts et conceptions songhay-zarma : histoire, culture et société,* Paris, Nubia, 447 p.

Salaman, (capitaine), 1903-1909, *Notice sur le cercle du Djerma et Historique du cercle,* Archives nationales du Niger, 15. l. 3 par le capitaine Salaman.

Simozrag, A. et Goasguen, Y., 1999, *Nouveau dialogue entre un musulman et un Chrétien,* tome II, CADIS, Ouagadougou, 239 p.

Zakari, M., 2007, L'islam dans l'espace nigérien : des origines (VIIe siècle) au début des années 2000, Thèse de doctorat, université Abdou Moumouni de Niamey.

Annexe

Chant I : Urru faaba Appel au secours

Koy ma salli, salli boobo : Dieu bénisse, de beaucoup de bénédictions

Ga Muhammadu nda sahaabey : Mohamed et ses compagnons

Ha kaza haala kut' bu hu : Ainsi que tous les porteurs de livres sacrés

Ay ga urru, urru boobo : J'appelle au secours, d'un appel insistant

Ya Ilahi, urru faaba : Ô Seigneur, porte-nous secours

Ay ga urru, faabakow ku : J'appelle au secours, le secoureur tarde

Faaba tamba wakti yoŋ ku : Au secours ! C'est assez d'attente

Gaahamey beri jinde yoŋ ku : Les corps se sont amaigris et les cous allongés

Borciney koy tuuri yoŋ ku : Les nobles sont réduits à ramasser du bois

Ya Ilahi, urru faaba : Ô Seigneur, porte-nous secours

Faaba tamba almaney ben : Secours-nous vite, le bétail est décimé

Haw koyey naŋ zama haw ben : Les bergers n'en sont plus, faute de troupeau

Barikarey go kaaru heri ben : Voici les cavaliers mais, point de monture

Iri ga jirbi farmi mana ben : On est contraint à dormir en saison de culture

Ya Ilahi, urru faaba : Ô Seigneur, porte-nous secours

Wande kooga kurŋe na fay : L'époux a divorcé de l'épouse maigre

Kurŋe kooga wande na a fay : L'épouse a divorcé de l'époux maigre

Bagna laala na nga koy fay : Le mauvais esclave a renié son maître

Zamana diina mo na koy fay : Et la religion, aujourd'hui, s'est écartée de la voie de Dieu

Ya Ilahi, urru faaba : Ô Seigneur, porte-nous secours

Wande henna kurŋe wonga : L'épouse vertueuse est repoussée par le mari

Ize henna baaba wonga : L'enfant vertueux est repoussé par le père

Kayne henna beere wonga : Le cadet vertueux est repoussé par l'aîné

Borcino mo haawi wonga : Et le noble est repoussé par l'honneur

Ya Ilahi, urru faaba : Ô Seigneur, porte-nous secours

Zati warga juuwu na ben : L'embonpoint est emporté par la faim
Zanka kayney wakti ni ben : La jeunesse est emporté par l'âge
Seeku zeeney ciiti ni ben : Les vieillards sont emportés par la mort
Ya Ilahi, urru faaba : Ô Seigneur, porte-nous secours

Borciney ye Bagna yon ra : Les nobles se sont confondus avec les esclaves
Arwasey ye arkusey'ra : Les jeunes se sont confondus avec les vieillards
Alborey ye woyborey ra : Les hommes se sont confondus avec les femmes
Alfagey ye jaahiley ra : Les savants se sont confondus avec les ignorants
Ya Ilahi, urru faaba : Ô Seigneur, porte-nous secours

Taali kaŋ i te, i dirgana ko : Le mal qu'ils font, ils l'oublient aussitôt
Gomni kaŋ Ni te, i dirgana ko : Le bien que Tu fais, ils l'oublient aussitôt
Baani kaŋ Ni te, i dirgana ko : La bonté dont Tu fais montre, ils l'oublient aussitôt
Adunnia zumbu windi ra ko : La fin du monde se profile déjà dans les familles
Ya Ilahi, urru faaba : Ô Seigneur, porte-nous secours

Ya Ilahi, tuubi tuubi : Ô Seigneur nous nous repentons
Marsan wo ya iri ga tuubi : Maintenant nous nous repentons
Day ma yaafa kullu wambi : Pardonne-nous tous nos péchés
Ay ma yaafa day ma jaabi : Je formule des vœux, exauce-les
Ya Ilahi, urru faaba : Ô Seigneur, porte-nous secours

Marsa wo ya hayna na ciindi : Maintenant il ne reste plus grand-chose
Hundi joote fo ka cindi : On n'a de crainte que pour le salut
Nuuna joote fo ka cindi : On n'a de crainte que l'enfer
Adunnia baayoŋ mana cindi : Il ne reste plus grand-chose du monde
Iri biney ra, urru faaba : Dans nos cœurs, porte-nous secours

Hundi joote fo ka cindi : Toute âme retournera à Dieu
Gaabi kulu dak ye ka koy ko : Tout pouvoir retournera à Dieu
Jinay kulu dak ye ka koy do : Toute chose retournera à Dieu
Binay kulu dak ye ka koy do : Les propos discourtois nous les cessons
Ya Ilahi, urru faaba : Ô Seigneur, porte-nous secours

Lawzu laala iri na naŋ ne : Nous clamions : que vaut un tel
Iri ga lawzu may ti waane : Ici et là nul n'a rien à dire

Ne nda ne wo boro si ci ne : Personne ne peut nous en imposer

Hundi kulu dak wone ka si ne : Aucune âme ne peut nous en imposer

Iri na wo naŋ, tun ka faaba : De telles attitudes nous les cessons, porte-nous secours

Lawzu laala iri na feetu : Les propos discourtois nous les écartons

Iri ga lawzu iri si koy tu : Nous clamions : nous refusons de répondre

Kaadi ceeyoŋ ba nda sawtu : En plus des terres nous commandons aux hommes

Kala ma gurjay zaara kortu : Au mépris de toute légalité

Iri na wo naŋ, tun ka faaba : De telles attitudes nous les cessons, porte-nous secours

Lawzu laala iri na barray : Les propos discourtois, nous nous en gardons

Iri ga lawzu iri ga labu may : Nous clamions : ces terres-là sont à nous

Laabu banda iri ga boro may : En plus des terres nous commandons aux hommes

Koonu-Koonu sariya mana may : Au mépris de toute légalité

Iri na wo naŋ, tun ka faaba : De telles attitudes nous les cessons, porte-nous secours

Lawzu laala iri na barray : Les propos discourtois nous les écartons

Iri ga lawzu waane ba ni : Nous clamions : un tel t'est supérieur

ŋda baaba waane ba ni : De mère et de père il t'est supérieur

Wojhu kulu ga a ga ba ni : En toute chose il t'est supérieur

Iri na wo waŋ, tun ka faaba : De telles attitudes nous les cessons, porte-nous secours

Ay ga ci wor se, wor ma wo bay : Je vous le dis, écoutez bien

Sillubaawey, Maamudu izey : Silloubé, descendants de Mamoudou

Kurtabankey, Waakara izey : Kourté, descendants de Wâkara

Sirfikundey, Alhadji izey : Sirfi-Koundé, descendants d'Al Hadji

Ya I filla fi nasaaba : Tels que dits dans la généalogie

Cafari asiley, Soni Ali izey : Les mécréants de souche, descendants de Soni Ali

Ha kaza ya igandazayzey : De même que les Igandawey

Cindi mo har gurbatayzey : D'aucuns ajoutent les Gourmantché

Ha kaza yorbotayzey : De même que les Yoruba

Woy ka saw-saw bi' sawaaba : Ceux-là se sont écartés de la Voie

Hawsa bi tik Soni Ali izey : La rive gauche est animiste par les descendants de Soni Ali

Gurma casu ra igandawayzey : Le long de la rive droite aussi, par les Igandawey

Gurma ziji ra gurbatayzey : Les terres plus éloignées également, par les Gourmantché

Gurma sarkuw yorbotayzey : Et la partie Est par les Yoruba

Ya i sintin, hala dumo ba : Ainsi se sont-ils installés avant de se multiplier
Senni wo ne wangu banda : Cette Voie qui s'est frayée par la guerre
Kaŋ a zumbu bangu banda : Après sa révélation au-delà des mers
Melle-koy boŋ tuubi senda : Le chef de Melle s'y est converti difficilement
Melle tuubi fuuta banda : Melle s'est converti à la suite du Fouta
Iri ma tuubi, asili tuuba : Convertissons-nous de la meilleure manière

Asili tuubi fil magaribi : Tel que cela se fit à l'Ouest
Tooru-unkey jin ka jaabi : Avec le Toro qui se convertit tôt
Zamana banda Silla jaabi : Bien après ce fut Sylla
Silla banda gibla jaabi : Après Sylla le levant se convertit
Wangu ye yoŋ Borno tuuba : Mais le Bornou ne se convertit que par la guerre

Ukuba ce day Toro jaabi : À l'appel d'Oqba, le Fouta-toro se convertit
Melle kulu duk ka ka jaabi : Toute la région de Melle se convertit
Gibla kulu duk ka ka jaabi : Tout le levant se convertit
Bambarankey zanji jaabi : Les Bambara refusèrent de se convertir
Cafari yoŋ no, i wongu tuba : Ce sont des mécréants, ils refusèrent la Foi

Ukuba tangam bamba kayri : Oqba combattit et défit Bamba
Bamba banda Gulbi kayri : Après Bamba Gulbi tomba
Gulbi banda Koyri kayri : Après Gulbi Koyri tomba
Koyri banda Jaaja kayri : Après Koyri Djâdja tomba
Diina yulwa zamana Ukuba : Et la Foi prospéra du temps d'Oqba

Oqba banda fatara fo ka : Après Oqba vint une période
Fuuta cindo zamana na i ka : Certains du Fouta apostasièrent
Melle cindo zamana na i ka : Certains de Melle apostasièrent
Gibla cindo zamana na i ka : Certains du Gibla apostasièrent
Diina riihun baada Ukuba : religion relâcha après Oqba

Ukuba banda Woyyu kaaru : Après Oqba, Woyyu enfourcha
Daatu zankey ma i kaaru : Les gens de Dâtou apprirent
Tooru melley ma i kaaru : Les fétichistes de Melle apprirent sa venue
I koy ka gaayi maliku Bamba : Ils coururent voir le roi de Bamba

Cindi yoŋ koy koyri here ga : Certains partirent vers Koyri
Cindi yoŋ koy kelsi here ga : D'autres partirent vers Kelsi
Cindi yoŋ koy Jaaja here ga : D'autres partirent vers Jaaja
Maliku Bamba bu a na tuba : Le roi de Bamba mourut sans s'être converti

Woyyu zamana ay nda zor no : Nous étions ensemble du temps de Woyyu
Daatu zamana ay nda wor no : Nous étions ensemble du temps de Daatu
Iri dumo lansaaru dumo no : Nous sommes de la communauté ansâr
Hay wa wo naŋ wor ma tuuba : Cessez ces mauvaises attitudes et repentez-vous
Zama soŋaare da ga laala : Parce que les Soŋey sont redoutables
À sabbu gande iri ga laala : On nous croit redoutables
Jine borey do iri ma laala : Par nos ancêtres nous ne sommes point redoutables
Marsan binde iri ga laala : Mais à présent nous sommes redoutables
Taarik iri se iri ma tuuba ; Retrace-nous l'histoire afin qu'on se convertisse

Iri se te koy sonko tooŋe : Nous ne serons pas chef pour éviter les provocations
Iri si ciiti sonku tooŋe : Nous ne rendons pas la justice pour éviter les provocations Iri si bolŋay sonku tooŋ : Nous ne serons pas marchand pour éviter les provocations
Iri si heri fay sonku tooŋe : Nous ne nous chargerons pas de partage pour éviter les provocations
Say fa waazu iri ma tuba : Uniquement le prêche afin de nous convertir

Ay salaŋ ya wor ga seede : J'ai dit, et vous êtes témoin
Da iri ga boori Koy ga seede : Si nous œuvrons en bien, Dieu est témoin
Da iri si ga boori Koy ga seede : Si nous œuvrons en mal, Dieu est témoin
Alciyooma jama seede : Au Jour Dernier les gens témoigneront
Zaari din ra goy ga bamba : Ce Jour-là nos œuvres nous distingueront

Alciyooma do iri ga jaaje : Nous serons tous au Jugement Dernier
Jama hinza no jaaje : Trois groupes s'y retrouveront
Yeeji-Kaarey kulu jaaje : Les taureaux de race y seront
Yaawore arey mo ga jaaje : Les taurillons y seront
Mali beery kulu ma bamba : Et on distinguera les chameaux porteurs

Hay wa lakkal senni wo se : Prêtez attention à mon propos Da wor ta ciiti iri
taw or se : Nous acceptons vos jugements

Da iri ta ciiti wor si ta iri se : Vous contestez nos jugements

Wor ga zici dan hini ka si iri se : Vous nous croyez faibles

Kibru ganda baada tuuba : Par orgueil ; et ce après profession de foi

Deene senni manti hanga : Le propos n'est pas signe de Foi

Dumi sahiihi manti hanga : L'ascendance noble n'est pas signe de Foi

Amuru goy yoŋ manti hanga : Accomplir ce qui est prescrit, c'est cela la Foi

Naayu naŋ yoŋ day ti hanga : Renoncer à l'interdit, c'est cela la Foi

Woy ka sintin inda baaba : Ainsi l'avaient fait nos prédécesseurs

Hanga kaŋ ra zulmu duumi : Ceux dont la Foi est d'injustice mêlée

Hanga kaŋ ra kibru duumi : Ceux dont la Foi est d'orgueil mêlé

Hanga kaŋ ra ujubu duumi Ceux dont la Foi est de fierté mêlée

Woy ka mulsu bi-sawaaba : Ceux-là sont des perdants

Da wor ga bay da addiina fooma : Si vous saviez la Voie de la Foie

Manti ya no wor ga goy nda : Vous n'agiriez point de la sorte

Borcinizey wanji fonda : Les nobles refusent la Voie

Kaŋ ga fooma diina ganda : Eux qui se vantent de Foi

Gaahamey kulu farhu baaba : Bien qu'ayant une ascendance modèle

Da ni ga fooma nasabu fooma : Si tu te vantes de ta naissance

Da ni ga fooma gomni fooma : Si tu te vantes de ta générosité

Da ni ga fooma gaabi fooma : Si tu te vantes de ta force

Da ni ga fooma ibaada fooma : Si tu te vantes de ta Foi

Alciyooma do a ga bamba : Le Jugement Dernier Tranchera

Iri ga talfi baaba–beri : Nous nous confions à notre père vertueux

Ha kaza ya beere-beeri : Ainsi qu'à notre aîné vertueux

Iri ga talfi inna–beri : Nous nous confions à notre mère vertueuse

Ha kaza ya kayne-beeri : Ainsi qu'à notre cadet vertueux

Ay ga kay ne, horayo ba. : J'arrête là, c'est assez de reproches.

Composé par Alfa Mahaman Diobbo et rapporté par Alfa Agano

3

Boubou Hama : l'intellectuel et le politique

Abdoul Aziz Issa Daouda

Introduction

Dans le contexte africain en général, l'analyse de la polysémie du mot *intellectuel* renvoie à des connotations diverses à travers le temps. Durant la colonisation et pendant la période des indépendances, cette notion renvoie à des significations plurielles, à des valeurs que l'on découvre plus ou moins chez la plupart des premiers diplômés produits par l'école coloniale. Ces derniers ont été intellectuels par le parcours scolaire et professionnel, intellectuels par les idées et intellectuels par leur engagement politique. Ils ont construit un savoir encyclopédique comme les philosophes français du XVIIIe siècle, ils ont été de tous les combats comme les romantiques, ils ont été à la fois poètes, romanciers, historiens, essayistes…

En tête de ces intellectuels africains, on retrouve le Sénégalais Léopold Sédar Senghor, chantre de la négritude, Amadou Hampaté Ba dont le rapprochement entre le vieillard qui meurt et la bibliothèque qui brûle est connu dans le monde entier, plus près du Niger, le professeur Ki-Zerbo, rédacteur de l'histoire générale de l'Afrique, pour ne citer que ceux-là. Mais combien sont-ils, ceux qui savent que le Nigérien Boubou Hama partage, à quelques différences près, absolument le même parcours que l'illustre intellectuel et écrivain sénégalais, combien connaissent-ils son *homnitude* ? Qui sait au Niger que Hampaté et Boubou ont été reconnus comme étant de la même souche chez les analystes comparés ? Quels sont ceux qui savent qu'il a été avec Ki-Zerbo le co-rédacteur de l'histoire générale de l'Afrique ?

Qui est Boubou Hama ? Question presque anodine dans certains cas, mais qui s'avère ici très importante puisqu'elle renvoie aux profils variés d'un homme aux multiples facettes, comme l'indique Moumouni Farmo petit fils de Boubou Hama et préfcier de l'œuvre posthume :

> Qui est Boubou Hama se demandait-on ? L'homme en général est comparable à un dé dont on ne peut voir les multiples faces en même temps. De Boubou Hama, je me contenterai de montrer les faces que j'ai pu voir (Hama 1993:12).

En fait, même chez lui, on sait vaguement que c'est un homme de culture qui a beaucoup écrit… On croit toujours connaître Boubou Hama, mais à l'évidence, on connaît très mal le personnage et encore moins sa gigantesque œuvre intellectuelle. On ignore qu'il a été à la base d'une théorie fondée sur la conviction que le destin de l'humanité tout entière dépend de la capacité de la jeunesse africaine à faire la synthèse entre les traditions ancestrales de l'Afrique et la science moderne de l'Occident, qui représentent deux voies complémentaires sur le chemin du destin de l'humanité. Pour l'écrivain nigérien en effet, la conciliation est impérative malgré la brutalité de la première rencontre, il faut, dit-il, « séparer le colonisateur de sa haute culture ». Autrement dit, Boubou Hama pense qu'il faut oublier les mauvais aspects de la colonisation, les « filtrer à travers l'idéal de l'âme », au nom de l'aspiration de l'Afrique contemporaine à une philosophie nouvelle à la croisée de l'Afrique traditionnelle et de l'Occident moderne, deux types de civilisation complémentaires dont « l'une spécule sur la force intérieure de l'homme et l'autre sur la puissance de la matière ». On notera cependant que son regard conciliant sur la colonisation est perçu par certains observateurs comme une soumission ou même une aliénation à la culture occidentale.

Par ailleurs, si l'écrivain nigérien s'est indiscutablement engagé dans les combats politiques de l'anticolonialisme pour l'autodétermination de l'Afrique, sa participation à la gestion politique du Niger post-indépendant reste tout de même largement mitigée.

Qui est réellement Boubou Hama ? Qu'a-t-il réalisé sur le plan intellectuel et politique ? Quelles sont ses idées ? Autant de questions dont les réponses pourraient, peut-être, améliorer la connaissance de l'écrivain, intellectuel et homme politique nigérien et de son message au monde, qui reste encore d'actualité.

L'intellectuel

Les connotations que renferme le concept d'intellectuel varient d'un auteur à un autre, d'une théorie à une autre et d'une période à une autre. Certains associent cette notion à la détention du savoir et l'utilisent pour désigner ceux qui possèdent le savoir ou le savoir-être. D'autres rapprochent l'intellectuel et l'écrivain en privilégiant la production intellectuelle et scientifique. Pour d'autres encore, la détention du savoir ne suffit pas, le statut d'intellectuel exige aussi des actions militantes au service de grandes causes politiques, idéologiques ou encore humanistes. Chez les premiers Africains qui, comme Boubou Hama, ont découvert l'école occidentale, le statut d'intellectuel semble se justifier, quels que soient les attributs que l'on voudrait y attacher. Boubou Hama a été intellectuel par le parcours scolaire, par son action militante en faveur de la décolonisation, son investissement au profit de la culture africaine et son combat philosophique au service d'un nouveau dialogue entre l'Afrique et l'Occident.

Le parcours scolaire

Boubou Hama naquit un jour de 1906 à Fonéko, petit village de la région de Téra, situé aujourd'hui au sud-ouest du territoire nigérien. Mais, à l'époque de la naissance de l'écrivain, Fonéko était tout comme Téra, lié sur le plan administratif à Dori, qui appartenait à la Haute-Volta (ancien nom du Burkina Faso). De l'enfance de Boubou Hama, on sait peu de choses en réalité, et il est difficile de distinguer, dans la représentation qu'il en donne dans ses ouvrages, la part de la vérité et la part de l'affabulation. La nuit où le double de l'écrivain lui apparut dans sa prison d'Agadez, et lorsqu'ensemble ils ont évoqué le bilan de leur vie commune, le double lui-même a quelque peu oublié la partie de la vie de Boubou Hama passée à Fonéko :

- Non ! Mon ami, tu as oublié et l'oubli est une infidélité. Tu oublies Fonéko qui veilla sur ma naissance.

- Oui ! Frère, je me ressouviens… J'ai vu naître Fonéko ; ta ville demeurera, et tu le sais, par la parole de ta plume, par le secret et l'encre qui a tracé son histoire. Fonéko t'a marqué. Elle a guidé tes premiers pas de militant, ton combat dans le front africain du refus qui ne voulut pas s'incliner devant l'arbitraire, l'injustice ou les agressions coloniales. Frère, je n'en finirai pas si je m'attarde à parler de ta ville. N'est-elle pas Kotia Nima, Bi Kado fils de Noir, Fonéko la plaine argileuse, Fonéko Dibilo, Fonéko Tédio, la ville de Delindji et de Babéri Kampé ? Laissons de côté ce passé que tu as remué dans tes livres (Hama, 1993:23).

Boubou Hama tient à Fonéko, qui représente d'une certaine façon l'aspect africain de sa vie et de son être, comme l'île de Gorée va symboliser sa partie occidentale et française. On retient que c'est à l'âge de huit ans, en 1914, qu'il dut quitter Fonéko pour aller à l'école primaire de Téra. *Kotia Nima* restitue cette partie de la vie de l'écrivain, même si la version romanesque diffère quelque peu du vécu réel, au moins en ce qui concerne l'identité du narrateur. En effet, Kotia Nima (référent textuel de l'écrivain) passe pour être le fils du chef du village, c'est ce qui ressort de l'évocation du jour où le destin a voulu décider de son avenir scolaire :

Lorsque j'avais huit ans…, un jour vint le garde dans mon village. Son beau cheval, au contact de ses éperons, ne savait plus où poser ses sabots…

Le cavalier se pencha vers mon père et lui tendit un papier au bout d'une tige fendue. Dans le village, personne ne savait lire ni écrire. Le garde lui-même était illettré… La mystérieuse missive tenait lieu de convocation. Mon père, qui était le chef du village, le comprit aussitôt (Hama 1969 t. 1.:22).

Devant la résistance des populations autochtones à l'égard de l'école, inscrire de force les enfants des chefs coutumiers à l'école pour stimuler leurs sujets à en faire autant était tout à fait habituel pendant la colonisation. Cependant, du témoignage de Léopold Kaziendé, ancien camarade de l'école primaire supérieure de Ouagadougou, on apprend que Boubou Hama, lui, n'appartient pas à la chefferie de son village ; au contraire, il serait de condition sociale marginale, un détail que certains mauvais plaisantins n'hésitaient pas à lui rappeler de temps en temps et qui suscitait une réaction appropriée :

> Je suis peut-être fils d'esclave, mais à l'école, je te prouverai que je peux faire mieux que toi.

> Et effectivement [reprend L. Kaziendé] Boubou surpassa rapidement ses camarades. Il était fier d'arriver par ses propres moyens et de montrer qu'un fils d'esclave peut être plus noble qu'un fils de chef (RFI 1989:7).

Cette période de l'enfance, dont l'auteur a longtemps gardé la nostalgie, du fait sans doute de la brutalité de sa « perte » au profit de l'école, a fortement alimenté les souvenirs et l'inspiration créatrice de Boubou Hama. L'essentiel de la vie menée à Fonéko, il la consacrait aux jeux sur la place du village, dans la brousse et aux champs, ou encore à l'« école » de sa grand-mère Diollo Birma, tous les soirs autour du feu. Au micro d'Ibrahim Kaké, il décrit sa première enfance passée aux côtés de sa mère et de son père :

> Lorsque j'étais jeune, ma mère me disait : – Va t'amuser avec les enfants de ton âge, et j'ai pris l'habitude d'être en groupe avec les jeunes de la concession et du quartier. Nous nous amusions sur la grande place du marché, nous fabriquions des flèches en épines pour tuer les sauterelles, nous chassions les margouillats dans les buissons et nous nous rendions à la mare de Fonéko. Cette mare a été pour moi l'océan…

> Petit à petit, j'ai ainsi appris à connaître mon village, ses environs et la brousse. J'ai reçu une éducation naturelle. Et puis à l'âge de sept ans, j'ai quitté le giron de ma mère pour m'initier à mon métier d'homme auprès de mon père et de mes frères.

> J'ai pris l'habitude de conduire le troupeau dans la brousse, d'aller aux champs démarier les pieds de mil. J'ai regardé travailler les autres jusqu'au jour où j'ai pu à mon tour remuer la terre, semer et récolter. J'ai vécu la vie des hommes de la campagne, et cette vie a marqué mon caractère (RFI 1989:5).

C'est exactement cette vie-là que Boubou Hama essaie de reproduire, dans les moindres détails, dans les deux tomes de *Bagouma et Tiégouma*. Cependant, à l'analyse, dans les livres qui montrent pourtant le passage de l'enfance à l'adolescence, puis à l'âge adulte de deux jeunes héros, à travers l'un desquels, Bagouma, on reconnaît Boubou Hama, il n'est fait nulle mention de l'intermède de l'école occidentale.

Or, il est établi que Boubou Hama dut fréquenter l'école de Téra de 1914 à 1924, date à laquelle il fut inscrit à l'école primaire supérieure de Ouagadougou, où il resta deux années. Durant cette période, intensément décrite dans ses écrits narratifs, ses anciens camarades d'école, comme Léopold Kaziendé, ont gardé de Boubou Hama le souvenir d'un élève brillant, doté d'une très grande force de caractère :

> J'ai connu Boubou Hama en 1924, alors qu'il traversait mon village de Kaya pour se rendre à l'école primaire supérieure de Ouagadougou. Kaya est à cent kilomètres de Ouagadougou et Boubou Hama faisait le trajet à pied avec un groupe d'élèves…
>
> Je n'étais pas dans la même classe que Boubou qui était plus âgé de trois ans mais je le connaissais et l'admirais. Boubou était un bon élève, il avait de la mémoire et quand il lisait un passage, il pouvait facilement le retenir et le réciter par cœur. Très vite, il s'est fait remarquer par ses maîtres et, alors qu'il n'était qu'en seconde année d'études, il a été présenté et admis à l'École normale William Ponty de Gorée.
>
> Déjà à l'époque, il se distinguait des autres. Jamais, par exemple, il ne signait un bon de crédit. Il n'empruntait pas. Il n'achetait que lorsqu'il avait de l'argent. Il avait une grande fierté et il ne voulait rien devoir. (RFI 1989:7)

Grâce à des résultats exceptionnels, il est donc prématurément admis en 1926 à l'École normale William Ponty de Gorée, au Sénégal, la plus grande école fédérale de l'Afrique-Occidentale française (AOF), celle-là même qui a joué un rôle important dans l'émancipation politique des premiers intellectuels africains dont la plupart vont y amorcer leur destin d'homme d'État. Les trois années passées à Gorée marquent une période extrêmement importante dans la vie de Boubou Hama. C'est en effet dans cette île sénégalaise, témoin de la traite négrière, que l'écrivain nigérien a fini par définitivement intégrer la « mesure occidentale » comme une partie de lui-même, au même titre que Fonéko représente en lui la « mesure africaine », c'est-à-dire la dimension de son être soumise à l'enseignement de la tradition :

> C'est vraiment à Gorée que j'ai rencontré l'Europe. C'est là que j'ai vu l'autre. Gorée m'a appris à appréhender la pensée occidentale, à comprendre sa poésie, sa culture. L'Europe m'a ouvert les portes de sa logique et de sa science. Cet enseignement était différent de celui de mon père, plus en contact avec la nature.
>
> Alors, j'ai décidé d'acquérir la science tout en conservant l'humain. J'ai essayé d'établir entre deux conceptions du monde une espèce de synthèse dans laquelle je trouverai ma propre identité (RFI 1989:6).

En juin 1929, Boubou Hama finit ses études à William Ponty et accède aux fonctions d'instituteur. À partir de là commence une autre dimension de sa vie, marquée par un esprit frondeur qui facilitera aussi ses premiers pas vers un militantisme anticolonial et politique.

L'itinéraire de l'intellectuel

Premier instituteur du Niger, l'homme était aussi « un noir à col blanc » ou « un Africain évolué », comme on disait à l'époque, mais qui ne rejette aucun de ses deux héritages, qui les intègre au profit du progrès et du développement dans un monde contemporain définitivement bivalent.

Pourtant, le parcours atypique d'un écrivain prolixe comme Boubou Hama, premier instituteur du Niger, auteur de plus d'une quarantaine d'ouvrages incluant une foisonnante production littéraire, des livres d'histoires et des essais divers, grand prix d'Afrique noire de littérature en 1969 avec *Kotia Nima*, vice-président de l'Association du congrès international des africanistes, membre du Comité scientifique pour la rédaction de l'histoire générale de l'Afrique, est presque absent sous la plume de la critique. Lorsque la critique daigne en parler, c'est souvent pour émettre un jugement négatif, note un Juvénal Ngorwanubusa contrarié :

> Mais que de fois n'avons-nous pas été obligé de chasser un sentiment de révolte, effarouché par l'une ou l'autre appréciation négative, émise au sujet de nos maîtres… dans leur façon de concevoir et de traiter des domaines aussi divers que l'Histoire, l'Islam, la Tradition ou même la Littérature (Ngorwanubusa 1993:10).

Parler de Boubou Hama vise d'abord à faire découvrir un auteur qui a malgré tout marqué son temps et que son temps a marqué. Globalement, il est impossible de déterminer à sa juste valeur l'effort de Boubou Hama dans le développement culturel de l'Afrique et du Niger, mais on retient qu'il a publié plus d'une quarantaine d'ouvrages qui vont de l'essai philosophique au roman en passant par les livres d'histoire. Boubou Hama est l'un des écrivains les plus prolixes d'Afrique.

En cherchant d'abord à découvrir ou à redécouvrir qui est réellement Boubou Hama, on se rend vite à cette évidence que l'homme, malgré sa notoriété, est resté en réalité un prestigieux inconnu. D'aucuns ne retiennent de lui que l'image vague d'un *politicien qui écrivait*. Cette méconnaissance est par ailleurs aggravée par le coup d'État de 1974, qui décide que Boubou Hama était un mauvais politicien et un mauvais citoyen. Mais est-ce suffisant pour enterrer l'œuvre d'un homme, d'un écrivain et d'un intellectuel exceptionnels ?

Les détails de sa vie font surtout découvrir en Boubou Hama un infatigable combattant intervenant à la fois sur les plans philosophique, politique et littéraire. Pouvait-on seulement deviner toute la profondeur morale et intellectuelle qui se cachait derrière des écrits apparemment innocents et destinés aux enfants ?

Sur le plan purement philosophique, la pensée de Boubou Hama se résume en une expérience vécue aux confluents de deux civilisations, deux modes de pensées dont il essaie de tirer une synthèse profitable pour l'humanité. À la faveur des deux types d'éducation qu'il a reçus, l'écrivain allie la sagesse des traditions africaines à la rigueur de la logique cartésienne occidentale, deux univers souvent très opposés. Boubou Hama part de cette philosophie de la synthèse qui anime l'imaginaire et la mentalité des Songhay pour proposer la même démarche entre l'« œil de l'esprit » et l'« œil de la matière » représentant les deux tendances respectives qui traduisent la vision africaine et la vision occidentale du monde. Cette synthèse des valeurs est, au demeurant, la voie par laquelle la jeunesse africaine, selon Boubou Hama, pourrait contribuer au progrès de l'humanité.

On relève chez Boubou Hama l'idée d'une complémentarité entre l'Afrique et l'Occident, du fait que la science et la logique modernes font défaut au continent africain, et que l'Occident a besoin de plus d'humanité pour que la science soit moins destructrice et que le dialogue entre les nations ne soit pas qu'un rapport d'intérêts financiers et économiques. Mais pour qu'il en soit ainsi, le présent doit transcender les erreurs du passé, les pardonner pour pouvoir résolument accéder à l'avenir meilleur qu'entrevoit l'écrivain nigérien, peut-être avec un peu trop d'optimisme.

Aujourd'hui, on ne retient finalement de la pensée politique de Boubou Hama qu'une pertinence relative à un contexte qui s'y prêtait, avec tout l'enthousiasme des libertés progressivement conquises et des enjeux d'avenir que tout cela représentait. Mais, dès les années soixante-dix, l'espoir de cette « Afrique nouvelle » chère à Boubou Hama s'effondre, c'est le temps des « désenchantements ». Au plan mondial, les brutalités se généralisent et se systématisent, le monde aspire plus que jamais aux idéaux de Boubou Hama, témoin d'une époque où beaucoup de gens croyaient encore au dialogue solidaire des peuples et des cultures.

Sur le plan politique, les convictions de Boubou Hama épousent sa pensée philosophique. L'écrivain pense que la rencontre entre l'Occident et l'Afrique a été brutale, elle a été un rendez-vous manqué qui a empêché l'instauration d'un dialogue entre deux mondes caractérisés par des modes de pensée et d'actions différents, mais complémentaires. Pour Boubou Hama, il faut oublier les erreurs du passé pour redéfinir les voies d'un avenir plus profitable pour tous. Plus spécialement, il invite la jeunesse africaine à exploiter son privilège d'être à la croisée de deux réalités humaines et culturelles toutes valables. C'est ce statut particulier qui lui permettra de vaincre ses complexes pour jouer un rôle de premier plan dans le monde. Mais, parallèlement au discours humaniste omniprésent chez lui, Boubou Hama vise surtout la redéfinition de l'*Amitié franco-africaine* et de la solidarité francophone, valeurs auxquelles il tient en priorité, comme conditions d'émergence de pays africains francophones en grand retard sur le plan technologique.

Les thèmes récurrents de ces écrits sont abondants et traduisent les préoccupations de l'historien, de l'homme politique, et surtout celles de l'intellectuel des années trente en Afrique, témoin de l'expérience valorisante du passage de l'éducation de la brousse à l'école de la science et qui souhaiterait la partager avec la nouvelle génération. Si les sujets de Boubou Hama proposent une réflexion sur le devenir de l'Afrique et de l'Europe, son objectif essentiel est d'amener les jeunes à connaître une culture traditionnelle apte à coexister avec leur nouvelle culture moderne.

Le militant pédagogue de la diversité culturelle et des traditions

Parallèlement à son combat idéologique et politique, Boubou Hama s'est aussi révélé, tout le long de sa vie, un combattant intellectuel au profit de la science et de la culture, en particulier de la défense des traditions historiques et de leur cohabitation harmonieuse et interactive avec la modernité. Dans chacun de ses écrits se dévoile un objectif pédagogique qui se destine avant tout à cette jeunesse africaine à laquelle il croit profondément.

L'enseignement de la tradition et sa vulgarisation représentent l'essentiel des motivations du projet intellectuel de Boubou Hama. Dans l'introduction du premier tome de *Bagouma et Tiégouma*, il remarque non sans inquiétude que :
« La plupart de nos enfants ne savent plus comment ont vécu leurs aînés… » ; et dans la préface du tome II, il précise son but en ces termes : « Si ce livre prêche un retour aux sources de l'Afrique, il n'est pas écrit pour la maintenir dans le carcan de ses traditions dépassées ». On perçoit donc très clairement la vision ambivalente qu'a l'écrivain de la tradition. Fasciné par la richesse et la fonctionnalité de la tradition songhay, qu'il aimerait partager avec toute l'humanité, cette fascination ne lui interdit jamais de porter un regard critique sur l'héritage ancestral, le regard quelquefois très sévère d'un homme qui reste malgré tout foncièrement moderne, un homme largement initié aux valeurs occidentales et dont finalement, le but est, comme il le confie lui-même, « de donner au passé un visage capable de mieux faire comprendre le présent aux jeunes ».

Globalement considérée, la démarche de Boubou Hama dans nombre de ses écrits correspond à une invitation au voyage à travers les traditions songhay, une sorte de quête initiatique à laquelle s'adonnent les personnages et à laquelle le lecteur qui les suit est également convié. Il est toutefois important de souligner à ce niveau que Boubou Hama se démarque nettement de toute velléité de peinture exotique ou folkloriste destinée à émerveiller le lecteur. Pour l'écrivain nigérien, la tradition est une école au même titre que l'école occidentale, mais qui est restée inexploitée et incomprise. C'est pourquoi son livre « invite la jeunesse africaine à mieux se pencher sur les valeurs inestimables de son continent ».

Très souvent, sous la plume de l'écrivain, l'instituteur et l'historien sont très présents dans une perspective didactique volontariste, et Boubou Hama ne résiste pas à l'envie de surgir au cœur des récits, même les plus romanesques, pour inclure de véritables leçons interactives sur la tradition songhay. Perspective classique, dira-t-on, oui, mais non dénuée d'originalité car, et c'est très important, chez l'écrivain, l'évocation de la tradition n'épouse pas le même contour que les revendications identitaires des poètes de la Négritude et de la *Negro Renaissance* par exemple, qui privilégient une peinture idyllique et paradisiaque des traditions africaines précoloniales. Ce qui intéresse l'écrivain avant tout, c'est une peinture objective de la tradition comme support de la contribution africaine au destin de l'humanité. Ainsi, Boubou Hama en pédagogue chevronné, va enseigner à la fois les bons et les moins bons aspects de la tradition et si ses livres prêchent un retour aux sources de l'Afrique, ils ne sont pas écrits, dit-il, « pour la maintenir dans le carcan de ses traditions dépassées, quand celles-ci stagnent par rapport à la technique foudroyante de notre époque » (Hama 1973b t. 2:10).

> La tradition, semble convenir Boubou Hama, est globalement très importante aux côtés du progrès et de la modernité, cependant elle peut aussi cacher des aspects moins réjouissants. Mais l'enseignement, est-ce exclusivement la transmission des choses positives ?
>
> L'on ne peut comprendre un peuple quand on l'observe uniquement de l'extérieur. Il est temps que l'Afrique s'explique et explique son continent. Il est grand temps, en face du confort déshumanisant de l'Occident, qu'elle définisse son retard et ce que celui-ci contient d'humanisme chaleureux (Hama 1973b t. 2:10).

À la lecture de ces quelques phrases se découvre le grand défi de Boubou Hama : comment redonner confiance à une jeunesse au sortir de plusieurs décennies de colonisation, avec pour seul héritage un continent pauvre, en retard sur le plan technologique et en marge de la modernité ? Comment convaincre cette jeunesse qu'elle peut encore apporter quelque chose à l'humanité, comment annihiler son complexe d'infériorité et la pousser à l'action constructive ? Comment valoriser une Afrique qui semble être tout en n'existant pas par son mutisme et sa léthargie ?

Nombre d'écrivains et d'intellectuels africains ont tenté de répondre, chacun à sa façon, à ces questions que pose le douloureux problème du devenir de l'Afrique, mais très souvent le débat semble passionné et emprunte la voie stéréotypée de la confrontation culturelle entre l'ancien colonisé et l'ex-colonisateur. Négritude ou « Tigritude » par-ci, anticolonialisme par-là… combien de louables intentions, pour ne pas aboutir, en réalité, à « dire » et à « penser » l'Afrique en soi, autrement que par sa mise en évidence à partir de l'autre, de l'Occident ? À ce propos, Boubou Hama fait remarquer que « beaucoup de phénomènes entourent la personnalité africaine. Tout le monde le sent, mais personne jusqu'ici n'a sérieusement tenté de lui donner un contenu capable d'en présenter un visage acceptable » (Hama 1973b t. 2:10).

L'enseignement qu'il tente de donner, à partir d'un emprunt aux traditions songhay, présente une autre Afrique, une Afrique dont le passé et le présent mettent en évidence une vision cohérente du monde, des structures sociales solides et complexes ainsi qu'une histoire glorieuse à travers des grandes figures mythiques et légendaires aux actions héroïques. Dans cette perspective, le projet didactique de notre écrivain ne s'inspire pas uniquement des sources de la tradition orale, il utilise aussi une abondante documentation scientifique et livresque, comme s'il nourrissait le besoin d'apporter plus de crédit à ses écrits.

Valoriser l'Afrique par son passé est évidemment un prolongement du statut d'historien de Boubou Hama, mais souvent l'histoire est limitée ou inappropriée dans ce genre d'entreprise, à cause de ses exigences de rigueur et d'objectivité scientifiques. Dans ces cas, c'est à la légende, à l'épopée et au mythe que fait appel l'écrivain nigérien.

Dans sa volonté de magnifier l'Afrique des traditions, et surtout l'Afrique plus récente avec son embarrassant présent et ses contre-performances, Boubou Hama ne privilégie pas les arguments de l'esclavage et de la colonisation comme le fait souvent la majorité des intellectuels africains. Une fois de plus, c'est sur une légende africaine qu'il s'appuie pour dévoiler un passé africain caractérisé par une prestigieuse civilisation et de grandes valeurs morales et humaines :

> L'Afrique noire, après avoir créé la civilisation, ne la garda pas pour elle seule. Elle la dispensa aux hommes, à ses fils émigrés en Égypte, au Maghreb, au Moyen-Orient, en Europe et en Asie. S'étant vidée de sa substance au profit des autres, elle vécut close sur elle-même sous la garde vigilante de Ndébi. Le Bien devint la morale de l'Afrique noire... Quand Ndébi mourut, les Noirs perdirent son enseignement qui s'effrite... (Hama 1973c:31).

Sur la base du postulat d'une Afrique « berceau de l'humanité », l'argumentaire de la légende se fonde sur une possession antérieure de la science par ce continent, aujourd'hui révolue. Vrai ou faux ? Qu'importe aux yeux de Boubou Hama, l'essentiel, c'est que la tradition répond à une exigence didactique. L'ensemble de ses œuvres ne représente-t-il pas avant tout « un mythe qui, pour se faire comprendre, parle le langage moderne de notre temps », et ce mythe, n'est-ce pas « l'Afrique spirituelle à l'origine de l'homme et de la science qui vient donner à nos créations scientifiques la dimension spirituelle qui les replace à leur place dans le ciel de notre esprit ? » (Hama 1973a, avant-propos de Jean Rouch).

Juvénal Ngorwanubusa, auteur d'un excellent ouvrage dédié à Boubou Hama et à Amadou Hampaté Bâ, a justement écrit à propos de la crédibilité du contenu des textes de Boubou Hama : « Pour rien au monde, il n'aurait sacrifié la vérité à la facilité et quand il a demandé l'indulgence, ce fut pour la forme, jamais pour le fond » (Ngorwanubusa 1993:10). Puis il poursuit en citant ces mots que l'on retrouve au début de presque tous les livres de Boubou Hama tel un leitmotiv :

> « L'auteur s'excuse auprès du lecteur de la forme de ces textes qui gardent plus d'une fois la liberté d'allure, et du même coup l'imperfection de la communication orale. Il espère que la richesse de l'information rachètera ces défaillances ». Si Boubou Hama présente les traditions telles quelles, il n'hésite pas par contre à les scruter pour en critiquer au besoin les aspects qui ne s'accordent pas avec le progrès et les espoirs liés à sa vision humaniste du destin de l'humanité, espoirs qui impliquent une contribution active de l'Afrique :

> Nous ne condamnons pas en bloc toutes nos coutumes, par contre, [...] il en est de bien déplorables que les préjugés entretiennent avec un soin jaloux et que même les ancêtres, s'ils revenaient parmi nous, trouveraient caduques et opposées à toute saine évolution (cité par Chevrier 1984:128).

On ne peut mieux trouver que cette opinion de l'écrivain béninois David Ananou pour traduire le rapport de Boubou Hama à la tradition. Autant il pense très fort qu'aucun progrès n'est possible pour une Afrique désolidarisée de ses traditions, autant il réagit, souvent avec vigueur, contre tous les aspects décadents qui s'y rattachent et qui sont autant de pesanteurs sur le chemin de l'espoir. Remettre en cause la toute-puissance de la tradition est pour lui un défi de taille, car peut-on, en même temps, clamer l'unité africaine et perpétuer les survivances de pratiques sociales surannées ? C'est à l'analyse de cette question fondamentale que nous convie Boubou Hama, une question qu'occultent implicitement ceux qui succombent commodément à la célébration d'une Afrique précoloniale idyllique.

Comme la tradition, la modernité suscite chez Boubou Hama un sentiment très mitigé qui mêle à la fois fascination et méfiance. Chez lui, de même que la tradition renvoie à l'Afrique des ancêtres, la modernité renvoie à l'Occident, à la science, à l'école. La modernité apparaît comme un appendice de la colonisation qui, elle-même, symbolise le canal d'expression des valeurs culturelles occidentales. C'est pour cela que tradition et modernité sont facilement mises en opposition, l'une renvoyant à l'Afrique précoloniale et l'autre à l'Occident colonisateur. Le mouvement de la Négritude n'est certainement pas étranger à cette perception souvent manichéenne de la tradition et de la modernité qui considère que les valeurs socioculturelles authentiquement africaines relèvent du bien et, inversement, que tout ce qui se rapporte à la culture occidentale est satanique. Évidemment, Boubou Hama n'adhère aucunement à ce genre de vision en parfaite contradiction avec sa volonté d'objectivité et surtout avec son projet humaniste de réconcilier la tradition et la modernité, l'Afrique et l'Occident. De ce point de vue, Boubou Hama retient avant tout du fait colonial sa formidable ouverture vers la science, à travers l'école, qui rend possible une autre rencontre moins brutale et plus amicale entre l'Afrique et l'Europe :

> L'école nous attirait vers l'Europe, mais la peur de la nuit, tout ce que l'Afrique avait déposé en nos âmes, la charnière qu'était pour nous la ville, nous maintenaient rivés à nos croyances, à l'Afrique [...]. Nous avions cessé d'avoir une vision du monde immatériel concrétisée par notre entendement, comme tangible à nos sens, mais étions initiés à la mystique de signes qui, les uns après les autres, nous livraient le secret de leur vérité objective (Hama 1969:47).

L'école, c'est aussi l'expression d'un esprit critique qui permet de rationaliser la tradition et d'en extraire les scories. L'attirance qu'il a pour l'école ne profite pourtant pas à la science. Mais pourrait-il seulement en être autrement pour Boubou Hama, dont la démarche argumentaire est de mettre en évidence la faiblesse et l'insuffisance de la science moderne malgré l'impression qu'elle donne de maîtriser le monde et la matière. D'ailleurs, les aspects relatifs aux progrès scientifiques sont occultés et le regard de l'écrivain se focalise sur le côté effrayant et angoissant d'une science vouée à la destruction de son créateur. La science, la quintessence même de la modernité, est finalement perçue comme la mort de l'homme et de « l'humain en lui ». Dans ces cas, Boubou Hama n'évite plus les comparaisons, même les plus manichéennes :

> Notre continent est déformé par les influences extérieures. Nonobstant cette défiguration, ce continent fondamentalement porte sur son dos tout le fardeau lourd de l'homme. Il est riche de l'humain que l'accélération mécanique de la science moderne risque de tuer en nous (Hama 1977:220).

En fait, la méfiance de Boubou Hama vis-à-vis de la science est relative aux principes qui sous-tendent l'investissement scientifique, notamment la croyance exclusive au règne de la matière, qui détourne l'homme de son humanité originelle et qui aboutit inexorablement à la destruction de la société. Pour appuyer sa thèse sur la force destructrice de la science, Boubou Hama forge le mythe des *Atlantes* (référents mythiques des Noirs) qui symbolisent une civilisation scientifique très avancée :

> Mes amis, vous êtes les témoins d'une civilisation vieille de plus de vingt-cinq mille ans devant laquelle la science de notre époque est comme un jeu d'enfant. Dans leur antagonisme inconciliable, la civilisation de l'Est dans une action violente affronta celle de l'Ouest. Il s'ensuivit des explosions terrifiantes dans le pays des Atlantes… Mes amis, cette démonstration n'a pas pour but que de vous faire peur, mais de vous montrer comment une civilisation matérialiste peut mourir de sa propre violence, de son propre assèchement, par la faute de ses créateurs… (Hama 1973a:119)

De ce point de vue, la modernité et les valeurs qui y sont attachées anéantissent les valeurs humaines et la morale. Une civilisation exclusivement basée sur « le règne de la matière » est donc incomplète et même dangereuse selon Boubou Hama. « L'œil de la matière est myope », dit-il, il lui faut « l'œil de l'esprit » pour l'orienter.

S'il ne se complaît point dans une dénonciation anticoloniale, au demeurant galvaudée, Boubou Hama sait développer dans ses écrits une satire souvent très acerbe contre l'Occident et la modernité, à qui il reproche une progressive et inexorable perte d'humanité et de spiritualité, favorisant l'extension du fossé déjà très grand entre les pays développés et le reste du monde :

> Les hommes et leurs peuples dont les meilleurs, en ce moment, fabriquent en série des armes de mort. Ils ne comprennent plus. Ils n'entendent plus la morale de leurs religions… Ils ne comprennent pas […] que leurs nations qu'ils appellent hautement développées ne sont hautes que par la peine des masses affamées des nations pauvres de notre globe. Ils ne voient pas leurs économies injustes, leurs guerres qui gaspillent les richesses de la terre, leurs égoïsmes de classe ou de race, leurs pressions ou oppressions où ne souffle plus la charité chrétienne. Les riches ne s'occupent plus de leurs voisins (Hama 1973c:70).

Boubou Hama, c'est aussi l'homme de culture défenseur des civilisations africaines, qui a fortement contribué à la valorisation de la recherche en sciences humaines.

C'est durant son séjour à Tillabéry que Boubou Hama va se découvrir un autre devoir militant, un autre combat traduit par un investissement volontariste au profit de la collecte de la tradition. Tout est parti d'un recensement des populations le long du fleuve, auquel il fut associé pendant les vacances scolaires par le commandant du cercle de Tillabéry. Boubou Hama va en profiter pour développer une recherche ethno-anthropologique sur les populations et leurs cultures, un engagement pour la valorisation du patrimoine traditionnel dont il ne devrait plus désarmer jusqu'à la fin de ses jours.

En 1953 après sa défaite aux élections du Conseil général, il dut revenir à Niamey où, détaché de l'enseignement, il devint directeur de l'Institut français d'Afrique noire (IFAN), créé en 1936 par le professeur Théodore Monod. En 1958, il participe à la création du Musée national du Niger qui représente un fleuron incontournable des civilisations et des traditions nigériennes.

Mais l'intérêt de Boubou Hama ne se limitait pas aux traditions des bords du fleuve Niger, ni à la culture songhay qui était la sienne, il voulait mener, note Mamadou Balla Traoré :

> Un combat pour la reconnaissance des diversités de penser et d'agir, l'affirmation des différences et la résistance à l'uniformisation des significations qui ne peut conduire qu'à une impasse dangereuse pour notre commune humanité (RFI 1989:6).

Son statut privilégié de président de l'Assemblée nationale du Niger est mis au service du développement de la culture et de la recherche en sciences humaines. Son engagement devint plus intense encore, et il sut profiter de toute circonstance favorable pour s'adonner à son action de valorisation et de protection des ressources de la tradition, qui était devenue pour lui une seconde   nature.

> Profitant de sa qualité de président de l'Assemblée nationale, il a écrit à tous les députés pour leur demander de rechercher ces textes en y ajoutant un historique de la région. Ensuite, il a continué à collecter les manuscrits grâce à des intermédiaires qu'il payait. On savait dans l'intérieur du pays que Boubou Hama était intéressé par les écrits provenant des lettrés arabes ou des marabouts. On venait donc lui en proposer de toutes les régions, même du Mali et de la Mauritanie. Comme Boubou ne parlait pas l'arabe, il avait recruté un Mauritanien qui regardait les manuscrits, indiquait ce qu'ils contenaient, inscrivait les titres et payait les fournisseurs. Ce travail s'effectuait soit à l'Institut de recherche en sciences humaines (IRSH), soit dans le bureau du président de l'Assemblée… (RFI 1989:12).

En 1963 à Niamey, la déclaration de l'UNESCO à un colloque à Niamey à propos du *danger de mort de la littérature orale* augmente la frénésie de Boubou Hama dans la collecte des textes de tradition orale. En 1964, il crée le Centre national de la recherche en sciences humaines qui devait reprendre les travaux de l'IFAN. Collaborateur du Burkinabé Joseph Kizerbo dans la rédaction de l'histoire générale de l'Afrique à la demande de l'UNESCO, il va produire de nombreux ouvrages qui apportent une solide contribution à la connaissance des peuples et cultures du Niger et d'Afrique.

L'important investissement de Boubou Hama en matière de culture et de recherche en sciences humaines a généré une littérature surabondante qu'il est difficile de quantifier réellement, de même qu'il est impossible de déterminer à sa juste valeur l'effort de Boubou Hama dans le développement culturel de l'Afrique et du Niger. Mais on retient qu'il a publié plus d'une quarantaine d'ouvrages qui vont de l'essai philosophique au roman en passant par les livres d'histoire. Boubou Hama est l'un des écrivains les plus prolixes d'Afrique, qui a toujours quelque chose à dire, qui a beaucoup écrit et qu'« il est difficile de classer dans une catégorie donnée d'écrivains. Il a parlé de tout ce qui concernait les peuples négro-africains en général » (RFI 1989:12).

En 1977, c'est pour « services rendus à la culture africaine » que sa libération intervient, mettant fin à son incarcération, à Agadez dans l'extrême nord du Niger, depuis le coup d'État militaire de 1974 qui a mis fin à la Première République du Niger.

Le philosophie de la dualité et la double culture de l'unité et de la paix

Selon la conception du monde des Songhay qui fonde le substrat de la vision du monde de Boubou Hama, tout dans l'univers existe en double, autrement dit toute chose, toute réalité ou tout être a son double. Cette croyance à la dualité de l'univers est importante d'abord en tant qu'élément caractéristique de la pensée et de la tradition songhay, dont elle oriente toute la philosophie et la conception du monde, des êtres et des choses. Mais l'importance du double, ou de la philosophie de la dualité, plus précisément, vient du fait qu'elle offre à Boubou Hama une sorte de caution spirituelle à la démonstration d'une complémentarité impérative entre l'Afrique et l'Occident qui correspond à l'essence même de son projet d'écriture.

Par ailleurs, selon une conviction qui n'est pas étrangère à l'enseignement des doctrines idéalistes, Boubou Hama pense que l'humanité est partagée entre le règne de la matière et le gouvernement de l'esprit. Pour lui, l'histoire même de l'humanité se décline sous la forme d'une alternance entre ces deux principes. De façon tout à fait récurrente, dans ses œuvres, l'écrivain fait référence à une première existence de l'humanité sous « l'œil de la matière », qui remonte à une époque mythique, celle des *Atlantes*, populations noires détentrices d'une civilisation avancée qui disparaît par la guerre et l'autodestruction humaine. La deuxième existence de l'humanité est symbolisée par l'Inde ancienne sous « l'œil de l'esprit », mais dans ce cas aussi, sans qu'il en décrive les raisons, Boubou Hama conclut à une déchéance de l'humanité. Pour l'écrivain nigérien, l'Occident s'exprime encore exclusivement sous « l'œil de la matière », un « œil myope », qui, comme dans le cas des Atlantes, fait courir à l'humanité le risque d'une autre autodestruction :

> L'Atlantide ne fut pas une simple légende, mais à travers la légende, une réalité qui fut et dont la légende s'est emparée, comme elle se souvient en Inde d'une époque où ce pays savait produire des fusées capables d'atteindre la lune. Certains pensent même que c'est la technique de ces fusées que réinvente la Chine d'aujourd'hui. La réplique de l'Atlantide matérialiste et scientifique fut l'Inde ancienne introspective et irrationnelle (Hama 1973c:11-12).

Donc, dans la logique de la pensée de Boubou Hama, l'Inde ancienne, qui symbolise l'exemple le plus accompli de spiritualité, et l'Occident contemporain, qui a apprivoisé la matière, représentent deux conceptions du monde différentes, toutes les deux valables, mais incomplètes parce que n'ayant entre elles aucune relation. L'« œil de la matière » et l'« œil de l'esprit » forment, dans ce cas, deux réalités séparées ; elles ne permettent donc pas d'accéder à cette unité de synthèse dont l'humanité a tant besoin. Pour lui, les deux modèles sont des tendances extrêmes qu'il convient de fusionner pour une civilisation plus équilibrée entre la voie de la matière et celle de l'esprit. C'est en cette opération de synthèse que consiste la quête initiatique des personnages de Boubou Hama :

> Ils [ses personnages] proposent, pour les élargir, une conception globale de la matière et de l'esprit, de l'objet pourvu de son esprit… Ils étaient l'Inde ancienne. Ils sont l'Occident… Ils sont leur synthèse harmonique, une voie d'évolution nouvelle, l'homme cerné dans son double support matériel et spirituel… Ils ne refusent pas le dialogue, au contraire ils le recherchent avec l'Inde ancienne et l'Occident. Ils ne rejettent ni l'Inde, ni la science moderne, ils veulent les concilier, mieux les réconcilier (Hama 1973c:X).

Boubou Hama s'appuie sur une illustration mythique de l'idée de complémentarité entre civilisations humaines, pour bien sûr, aboutir à une situation plus immédiate et bien concrète, celle qui concerne une Afrique pauvre, en retard sur le plan technologique, mais « humaine », et un Occident résolument engagé dans la voie « déshumanisante » de la toute-puissance de la matière. D'ailleurs, il ne s'encombre pas souvent de grands ensembles comme les continents ; sa réflexion prend pour cadre les rapports entre son pays, le Niger, et la France, l'ancienne puissance coloniale, ou encore, comme on peut le constater dans l'extrait qui suit, le monde francophone, au nom de son aspiration à être, dès sa création institutionnelle en 1973 à Niamey, un espace de solidarités :

> Dans notre monde francophone, imbriqué dans le monde actuel matérialiste, l'idéalisme seul n'est plus un moyen suffisant quand rien (et c'est douloureux) n'a de valeur réelle que sa mesure économique.

> La condition humaine ne s'accommode plus de sentiments généreux. La vie maintenant se gagne par un dur labeur (Hama 1969:13).

Contrairement à certaines thèses anticolonialistes dans lesquelles l'Afrique et l'Occident apparaissent souvent à travers une peinture manichéenne liée à la colonisation, Boubou Hama n'évoque les deux régions qu'avec la perspective de montrer la possibilité d'un dialogue fraternel et d'une plus grande solidarité pour le bonheur de l'humanité en général. C'est ce dialogue qu'il suggère de façon symbolique dans *Mogo, l'homme nouveau dialogue avec l'Occident*, entre le personnage de l'Africain initié à la culture occidentale (Mogo), et celui de l'Européen (Jean), qui vont défendre chacun sa vision du monde particulière et les valeurs liées à son continent :

> Mogo : — Non, Jean ! J'apprécie à sa valeur la charité chrétienne. Mais je constate que l'ignoble traite des esclaves a été faite sur son dos. Je ne vois pas l'Amour du Christ dans le traitement que le Portugal inflige aux Noirs de l'Angola et du Mozambique, ni dans la guerre cruelle qu'il mène en Guinée portugaise. Faut-il, Jean, voir une « fraternité chrétienne » dans l'ignoble apartheid qui se pratique en Afrique du Sud où les quatre millions de Blancs chrétiens réduisent à l'esclavage, 11 millions de Noirs ? Ou bien réside-t-elle en Rhodésie où 250 000 Blancs anglais torturent dans leurs prisons quatre millions de Noirs ?
>
> Oui ! Il reste vos sublimes savants, vos Goethe, vos Kant, Victor Hugo, à l'âme de cristal, vos poètes de tous les temps qui ont chanté une époque, des époques, un temps du passé dont vous vivez, à notre siècle, en marge du bel humanisme produit.
>
> Que reste-t-il, encore, Jean, de ton Occident, sinon la bombe qui tue, « Hiroshima », la course au « dollar », les comptes en banque et leurs guerres sanglantes semées partout, dans le monde, pour de l'argent ? (Hama 1977:264).

Mais Boubou Hama reste tout de même en général moins critique et il privilégie la conciliation comme voie d'un dialogue humaniste dont l'intérêt exige la prise en compte des insuffisances de part et d'autre et surtout la prise de conscience d'une situation de manque que les deux ensembles partagent, validant ainsi la conception du principe, cher à Boubou Hama, d'une solidarité complémentaire.

De ce point de vue, il semble tout de même que la perspective d'une existence double de l'univers, des êtres et des choses, apparaisse comme un prérequis, une épreuve au bout de laquelle s'exprime plus solidement l'unité de l'être ou de la chose. Ainsi, la fusion des doubles correspond chez Boubou Hama à l'objectif ultime de l'aventure initiatique qui fonctionne aussi comme voie vers l'unité. Cette quête spirituelle procède en effet de la recherche d'un équilibre entre un enseignement fondé, selon l'auteur, sur la primauté de l'esprit et un autre soumis à la prédominance de la matière.

La fusion des doubles, c'est aussi sans doute le stade suprême d'initiation auquel il accède lui-même, lorsque dans le secret de sa prison, dans un moment de pure extase, Boubou Hama sut, par une synthèse entre l'esprit et la matière, matérialiser son double, cette partie incluse en lui :

> Détaché de tout, de ma propre matière… je me trouvai en face de moi-même : une pensée, une conscience d'être de moi-même qui transcenda et le temps et la matière.

J'ai pensé et je m'identifiai à ma propre réalité libre de toute contrainte matérielle.

J'ai continué de penser et ma pensée s'ouvrit sur le jour de l'esprit que ne voile pas, de son ombre manteau, la nuit (Hama   1993:18-19).

L'expérience de la dualité de l'existence et de l'initiation fonctionne donc comme mise en possession d'une alternative de l'Afrique postcoloniale face à sa situation au monde. Chaque instant de vie est vécu, soit sous *l'œil de la matière,* soit sous *l'œil de l'esprit.* Mais la véritable valeur de cette double conception du monde exige de l'Africain qu'il dépasse le simple stade de la superposition des deux modes de pensée où chacun, au fond, lutte contre l'autre et lui résiste, pour accéder au stade de leur coexistence harmonieuse qui fonde son unité. Tout le projet intellectuel de Boubou Hama, son projet d'écriture, s'inscrit dans la vulgarisation de ce message. Tout l'enseignement qu'il entend destiner à la jeunesse africaine procède de cette nécessaire élévation où elle n'a plus à choisir entre deux voies possibles et valables, mais à les assumer et à les intégrer dans une option nouvelle orientée vers la symbiose.

Pour Boubou Hama, l'unité ou l'esprit d'unité doit être en effet une donnée constante et permanente, exprimée à des niveaux très variés dans ses textes. Cette idée s'exprime déjà au niveau social, où la position de l'écrivain est manifestée sans ambiguïté contre toutes les formes de ségrégation, peut-être parce qu'il en a été personnellement victime. À ce propos, Léopold Kaziendé, camarade d'école de Boubou Hama, témoigne :

Il avait une grande fierté… Peut-être était-ce en raison de ses origines : son père avait été vendu comme esclave. Boubou n'en avait pas honte, il disait que l'on pouvait être fils de chef et se réveiller esclave. Une anecdote confirme ce trait de caractère à l'école de Ouagadougou. Un élève a publiquement rappelé à Boubou la situation de son père. Boubou lui a répondu – Je suis peut-être fils d'esclave, mais, à l'école, je te prouverai que je peux faire mieux que toi.

C'est peut-être aussi cette particularité qu'a l'école – cette institution occidentale qui lui a permis de traduire cette image classique de l'esclave qui devient maître du maître – d'être un cadre unitaire, qui fascine Boubou Hama.

Boubou Hama partage la croyance au double des Songhay, qui lui sert de base pour l'analyse des relations entre l'Afrique et l'Occident, deux continents dont l'un est perçu comme le double de l'autre. La dualité de ces espaces, a priori opposés par leurs modes de pensée, a été exacerbée par la brutalité de la colonisation au point que leur divorce semblait fatal aux yeux des plus pessimistes. Pourtant, Boubou Hama pense que rien n'est encore perdu, au contraire, la jeunesse africaine représente la possibilité d'une nouvelle rencontre entre l'Afrique et l'Occident à condition qu'elle prenne conscience de cette opportunité que lui donne l'histoire. L'instituteur-écrivain prolonge la classe et montre à cette jeunesse la voie à suivre, lui qui a su intégrer la double dimension de son imaginaire nourri à la fois par les enseignements de la tradition et par ceux de l'école moderne.

Toutefois, cette rencontre a un prix. La conciliation n'est possible que par la relativisation du fait colonial, dont la brutalité a occulté les avantages culturels. Pour tirer le maximum de profit de la civilisation moderne du colonisateur, il faut d'abord lui pardonner les avatars du premier contact, c'est ce que semble préconiser Boubou Hama. Finalement, l'originalité de la démarche intellectuelle de Boubou Hama réside dans la mise en évidence d'une forme de négritude différente de celle des « nègres pleurnichards » que perçoit Abdoulaye Mamani chez Senghor (Pénel et Maïlele 2010). Cependant, lorsque l'on s'inscrit dans le sens de ce que Senghor affirmait à l'université de Strasbourg le 20 mars 1964, il est difficile de percevoir une réelle différence entre sa pensée sur la civilisation de l'universel et le principe de Boubou Hama sur la complémentarité entre la culture de la matière et celle de l'esprit, entre le modernisme et la tradition, entre l'Occident blanc et l'Afrique noire :

> Car ce qui caractérise et votre corps et la population de cette province, c'est sa fidélité à l'humanisme, c'est-à-dire « l'accord conciliant » entre la clarté de l'Ouest et la profondeur de l'Est, entre l'esprit de finesse et l'esprit de géométrie, les lettres et les sciences, la philosophie et les techniques. D'un mot, la fidélité à l'universum (Senghor 1977:40).

> La civilisation senghorienne de l'universel, qui traduit fondamentalement sa conception de la négritude, privilégie toutes les valeurs positives de l'Homme dans une démarche de conciliation, tout comme Boubou Hama appelle à la culture de la synthèse des valeurs ancestrales et de celles issues de la colonisation occidentale :

> En cette seconde moitié du XXe siècle donc, où s'élabore, avec nous et malgré nous à la fois, la civilisation de l'universel par totalisation et socialisation de la planète et comme œuvre commune de tous les continents, de toutes les races, de toutes les nations, l'universitas ne saurait être d'abord, que la compréhension de tous les apports de chaque continent, de chaque race, voire de chaque nation (Senghor loc. cit.).

La « négritude » de Boubou Hama est encore plus différente de la « tigritude » du Nigérian Wolé Soyinka « qui se jette sur sa proie…, et la dévore », en ce sens qu'il nous invite à l'abstraction de la violence et à la découverte d'une autre Afrique, celle qui ne s'apitoie pas sur son sort même si elle privilégie le devoir de rappeler certains faits de l'histoire, une Afrique bienveillante qui se rappelle, mais pour mieux pardonner :

> Je suis l'Afrique ravagée par l'esclavage, la colonisation et ses guerres sanglantes et injustes. Je suis l'Afrique pourfendue et meurtrie par les partages arbitraires de la colonisation. Je porte en moi les marques de ces brutalités, au cœur le souvenir… Je suis cet homme banni, violenté, méprisé, mais qui a eu le courage de dire à son bourreau la paix de son âme tolérante… J'apporte à l'humanité un autre visage

du bonheur. Je ne viens pas détruire, je viens concilier les hommes entre eux, et l'homme avec la nature. (Hama 1973c:VIII)

Cette démarche de conciliation entre l'ancien colonisateur et les anciens colonisés ne reflète cependant pas l'opinion majoritaire en vigueur chez les intellectuels africains dont les écrits ne laissent place à aucun compromis avec l'Occident coupable d'avoir spolié l'Afrique traditionnelle de son existence paradisiaque. Le mouvement de la Négritude n'est pas étranger à la croyance en une Afrique précoloniale idyllique dont faisaient montre beaucoup d'écrivains africains contemporains de Boubou Hama, et qui consistait à valoriser à l'extrême les traditions africaines tout en diabolisant les valeurs occidentales. Ce manichéisme culturel est fortement ancré dans les mentalités, au point qu'il a donné l'impression d'interdire toute forme de dialogue entre l'Afrique et l'Occident. C'est en tout cas la démarche qu'ont, semble-t-il, adoptée beaucoup d'écrivains africains dans leur rapport à la colonisation. Boubou Hama, lui, ne se concentre pas sur la colonisation comme un sujet, une fin en soi. Il porte un regard sur l'époque coloniale, essentiellement pour évoquer d'une certaine façon la brutalité de la rencontre entre l'Afrique et l'Europe. Selon lui, il est plus judicieux de considérer l'évocation du fait colonial comme le simple témoignage d'une période charnière qui annonce l'avènement d'une ère nouvelle, fondée sur une revalorisation culturelle de l'Afrique, ternie par le préjugé précolonial du « nègre bon sauvage ». Cependant, cette négritude de Boubou Hama ne se fonde que sur l'espoir ou la certitude qu'entre l'Afrique et l'Europe, il y a, malgré les erreurs du passé attribuées à la bêtise humaine, la nécessité d'une « rencontre plus amicale ».

De ses textes se dégagent les linéaments d'une peinture épique qui utilise une infinité de procédés en faveur d'une image réhabilitée de l'Afrique des traditions, car, pour Boubou Hama, l'une des tâches importantes des hommes de sa génération consiste à aider la jeunesse à vaincre ses propres complexes, lesquels ne lui permettent pas d'exprimer son véritable potentiel. Aussi va-t-il faire la satire de certaines thèses défavorables pour l'Afrique comme celle de Gobineau sur « l'inégalité des races humaines » ou la thèse nazie de la « race aryenne », qu'il attribue toutes à la bêtise humaine :

Il ne nous faut pas oublier que l'attitude individuelle ou collective des êtres humains à l'égard des différences raciales a été plus souvent inspirée par le sentiment et le préjugé que par la connaissance. (Hama 1969 t. 1:163)

Son approche se fonde surtout sur la présentation d'une manière d'être et de penser propre à l'Africain, sa « mesure africaine » à côté de laquelle il place, sans les opposer, une « mesure européenne » qui est également une façon spécifiquement européenne de « voir les choses ». Ses œuvres peignent donc le royaume de l'enfance de l'écrivain, l'univers de Fonéko, ainsi que l'univers magique de l'Occident qu'il découvre progressivement à travers l'école et qu'il finit par complètement intérioriser à Gorée. Mais jamais Boubou Hama n'oppose les deux mesures, il se borne le plus souvent à comparer le comportement de l'Africain et celui de l'Européen face à la même réalité :

> Si la pensée de l'Européen s'applique à l'objet, l'Africain, son frère, en scrute le reflet invisible. Si la puissance matérielle de l'Europe est incontestable, pourquoi refuser à l'Afrique une meilleure appréhension de la vie subjective. L'Homme n'est-il pas à mi-chemin de ces pôles complémentaires de l'être humain ? (Hama 1969 t. 1:165)

Chez Boubou Hama, la société africaine traditionnelle n'est pas exclusivement perçue à travers des aspects positifs, l'évocation des guerres meurtrières va être tout aussi présente que celle des manifestations plus joyeuses. Mais en outre, les mêmes aspects vont être évoqués à propos de la société européenne afin de corroborer cette idée de la constance de cette commune dimension humaine des hommes qui lui est chère, au-delà des considérations raciales. L'homme peut partout être bon ou mauvais, indépendamment de son appartenance à un groupe, à une société ou à une époque. Ainsi, par exemple, à propos de la notion de barbarie, qui a été l'argument principal de la colonisation comme « mission civilisatrice », Boubou Hama constate que :

> L'Europe établit mal la comparaison quand elle applique au continent noir sa propre mesure, l'homme n'agissant que dans le produit de sa civilisation. Dans ce cadre, les fours à calciner la chair humaine d'Hitler sont bien le matériel d'une civilisation. La négresse à plateau est celui d'une autre. Entre l'anthropophage qui se nourrit de cette chair et le four qui l'incinère, en réalité, où se situe le barbare ? (Hama 1969 t. 1:138-139)

En fait, ce que recherche Boubou Hama, c'est d'abord l'Homme dans son unité, au-delà des diversités culturelles. Dans cette perspective il ne va pas hésiter à utiliser toutes les références livresques que lui donne le contexte des années soixante-dix. On notera à la fin de Kotia Nima l'abondance des spéculations qui donnent à son roman une allure d'essai, où la théorie de l'inégalité des races de Gobineau est minutieusement critiquée par exemple, tandis que les thèses de Cheick Anta Diop sont exposées en ce qu'elles rattachent l'Afrique à la civilisation avancée de l'Égypte ancienne. Pour Boubou Hama, « entre les peuples, ce qui doit guider le sage, c'est la communauté de notre espèce, l'originalité du génie de chaque peuple, la force de l'amour, qui seul peut unir ». Et justement, partant de ce fait, il essaie de montrer qu'aucune civilisation au monde n'est indépendante, d'où la notion de complémentarité nécessaire, que tout le monde doit admettre. Cette rencontre nécessaire, Boubou Hama constate avec optimiste, notamment en se référant à des chercheurs européens contemporains, tels qu'Eugène Guernier ou encore Théodore Monod – dont les travaux, qui situent l'apport de l'Afrique à la civilisation universelle, l'ont sans doute marqué – qu'elle s'impose de plus en plus à l'Occident. Cependant, il faut également, dans la vision de l'écrivain nigérien, que l'Afrique accepte la mesure européenne comme le nécessaire complément de sa culture.

Cette idée de complémentarité culturelle lui fournit également la raison fondamentale pour laquelle une conciliation doit être trouvée entre l'Europe et l'Afrique, ou même une réconciliation. En témoigne sa peinture indulgente du fait colonial. Cependant, s'il préconise le pardon au nom des intérêts de la commune humanité, Boubou Hama s'accorde aussi à reconnaître qu'il ne faut quand même pas oublier le passé afin qu'il n'y ait plus « d'autres redécouvertes, d'autres brutalités coloniales dans le monde ».

Par sa conception humaniste du monde et l'importance qu'il attache aux valeurs comme la fraternité, la solidarité et l'amitié, Boubou Hama se démarque de l'approche anticolonialiste et satirique que d'autres ont privilégiée. Aussi, dans la présentation de l'univers colonial, ne trouvera-t-on aucun élément de dénonciation anticoloniale véritable, et ce dans le but de permettre l'avènement, auquel il croit fermement, d'une rencontre plus amicale, d'une synthèse entre deux types de civilisations complémentaires dont « l'une spécule sur la force intérieure de l'Homme et l'autre sur la puissance de la matière ».

C'estpourquoi, à l'approche satirique etpolémiquedes écrivains anticolonialistes, Boubou Hama oppose une « peinture fidèle au Bien », c'est-à-dire une réalité coloniale « filtrée à travers l'idéal de l'âme ». Mais l'idéal de cet intellectuel progressiste, c'est avant tout une conciliation nécessaire entre l'Afrique et l'Europe au nom de l'épanouissement de l'Homme. Ainsi, chez lui, le fait colonial est perçu essentiellement dans ce qu'il a comporté de progrès, notamment à travers l'image de l'école, une opportunité pour l'Africain dans le sens où elle lui permet de réaliser cette synthèse enrichissante entre la matière (l'Occident) et l'esprit (l'Afrique). L'école occidentale est en effet perçue comme une source de transformation positive de l'Africain. Boubou Hama lui reconnaît personnellement un double pouvoir de transformation : d'une part elle permet cette synthèse de l'esprit et de la matière qui lui est chère, de l'autre, l'école française, par son aspect positif, est à même d'apaiser la tendance revancharde du colonisé, telle qu'elle apparaît dans la littérature anticoloniale. C'est assurément ainsi que Boubou Hama entend montrer, à l'instar de Senghor, que malgré tout, « la colonisation est un mal nécessaire ».

Cependant, s'il montre la même bienveillance que le chantre de la Négritude, il est important de signaler qu'il insiste davantage sur la problématique de la contribution africaine au destin de l'humanité. Il adhère, en effet, non sans passion d'ailleurs, au concept senghorien de la « civilisation de l'universel », dans sa tentative de montrer qu'il existe une « science africaine » aussi tangible que la science occidentale, une science perceptible dans le pouvoir du prêtre Sonianké qui défie le temps et l'espace.

Le Politique

Si Boubou Hama est *intellectuel* – au titre d'un parcours singulier qui conjugue le cursus scolaire de l'écrivain nigérien à ses idées et ses combats – on ne perdra pas de vue que son action politique est également au cœur de son engagement au service du Niger, de l'Afrique et de l'humanité. Toutefois, il convient de noter que l'activisme politique en faveur de la décolonisation et de l'unité africaine est avantagé – au détriment de l'activité politicienne au sein du régime et du PPN/RDA, que nombre d'observateurs considèrent à tort ou à raison comme le « maillon faible » de la vie de Boubou Hama.

L'Humaniste au service d'un nouveau dialogue entre l'Afrique et l'Occident

La beauté de la vision du monde de Boubou Hama et de ses idées vient de la combinaison d'un humanisme candide et d'un optimisme ferme quant au destin de l'humanité. Il croit en effet fermement à l'Homme, qui est partout le même et capable du meilleur comme du pire à travers son action :

> L'action de l'Homme – je dis de l'Homme – a fait la civilisation occidentale dont les étapes furent, dans les deux mondes, ancien et nouveau : l'esclavage, la colonisation, la création des empires coloniaux, depuis la dernière guerre, l'aménagement, sur notre globe, de grands ensembles humains, économiques, politiques et sociaux. (Hama 1969 t. 1:160)

Boubou Hama croit surtout l'homme capable d'inverser la tendance et de réorienter le monde vers un avenir plus fraternel et plus solidaire que ce qu'il a été, mais à condition qu'il puisse, grâce à la synthèse de la « maîtrise de l'esprit » et de celle de la « matière », promouvoir l'expression de « l'humanité qui est en lui ».

Or, la France et l'Afrique semblent dans ce cas détenir les meilleures perspectives d'accession à cette nouvelle mentalité, propice au développement de l'humanité tout entière, pourvu que les deux ensembles prennent conscience de leur potentiel et que chacun ressente le besoin de l'apport de l'autre. Par ailleurs, rares sont les écrivains qui ont eu l'inspiration d'étudier, par exemple, les pratiques spécifiques à chaque puissance coloniale ; on note tout au plus que quelques-uns se sont essayés à comparer le modèle anglais basé sur le principe de l'indirect rule, c'est-à-dire l'administration coloniale par l'intermédiaire des structures autochtones, et le modèle français qui se fonde sur une administration directe, telle qu'elle apparaît dans les œuvres de Boubou Hama. En général, les écrivains concluent en montrant que le modèle français est plus oppressif que le modèle anglais en ce sens qu'il ne permet pas la reconnaissance et la valorisation des organisations sociales existantes. Boubou Hama établit une comparaison systématique et amusante des modes coloniaux, selon les pays colonisateurs, dont il dégage la mentalité et l'approche spécifiques. Pour lui, la France se caractérise par une culture humaniste qui est sans commune mesure avec celles des autres pays occidentaux. Pourtant la seule colonisation qu'il a vécue est la colonisation française. L'analyse comparée commence d'abord par l'Allemagne, certainement en rapport avec le sentiment de répulsion éprouvé vis-à-vis du nazisme hitlérien. Pour Boubou Hama, les exactions coloniales et l'utilisation de la force brutale correspondent plutôt au tempérament allemand :

> L'Allemand, plus cynique, va encore plus fort. Les Allemands peuvent en toute justice ravager le territoire des récalcitrants (les peuples indigènes) et les convertir en résidence de l'homme civilisé. Ainsi, le critère selon lequel la force fait le droit devant les peuples « inférieurs » est tout trouvé. (Hama op. cit.:158)

Boubou Hama souligne aussi que l'échec de l'Allemagne dans la Première Guerre mondiale a provoqué sa chute coloniale en Afrique, et que le bellicisme de Hitler, cause de la Seconde Guerre mondiale, loin de rétablir sa situation, n'a fait que l'entraîner plus bas encore. Et c'est avec une note d'ironie qu'il rapproche le déclin de l'Allemagne d'un châtiment divin :

> Ce ne fut pas un mal, mais la légitime vengeance de Dieu contre un ogre. Pour le punir de sa folie raciste, il envoya pour le châtier des légions noires, des légions juives, blanches et jaunes (Hama op. cit.:159).

Ensuite, pour lui, les Anglo-Saxons nordiques, c'est-à-dire l'Anglais et l'Américain, ne sont pas très différents des Allemands. Il pense en effet que la grande fierté que l'Anglo-Saxon a de son sang n'est pas propice à lui faire considérer que le Noir est aussi un homme comme lui :

> L'Anglo-Saxon nordique, encore barbare au VIIIe siècle, quand l'Afrique avait déjà construit la cité de pierre de Ghana, se montra brutal dans son contact avec les peuples coloniaux. À leurs côtés, il s'imposa en vainqueur hautain. Il les écrasa de sa supériorité, de son impardonnable orgueil. Dans son domaine, à l'échelle du monde, il créa l'Amérique de langue anglaise raciste. L'Amérique blanche ne devint qu'une forme plus nocive du racisme anglais. La lourde faute qu'a commise l'Angleterre était et demeure la dangereuse dualité des races dans ses territoires. Cette situation, elle-même, est une ségrégation de fait, un appel incessant à la violence des nationalismes, le plus mauvais obstacle de l'Anglais sur la route de l'Afrique (Hama loc. cit.).

Boubou Hama poursuit son analyse caricaturale par le cas de la Belgique, dont le profil est quelque peu confus, mais on retient que :

> Le Belge est aussi raciste que brutal. Celui-ci, du Noir, ne s'intéresse qu'au côté social, comme si l'homme, même noir, était seulement de chair. Avec le Belge donc, le compte colonial n'est plus fait. Dans le changement, gageons que c'est sur le terrain spirituel et humain que le Belge perdra ses territoires. Il comprendra alors bien la leçon du ventre plein et de la tête vide (Hama loc. cit.).

Concernant le Portugais, Boubou Hama constate également :

> Le Portugais, plus astucieux, homme de couleur lui-même, n'a pas tellement peur
> de la symphonie des couleurs. De leur mélange, que sortira-t-il de la colonisation
> portugaise ? Tout de même, malgré saint Lazare, c'est une mesure humaine, un
> compte qui fera un jour sa balance (Hama op. cit.:160).

Enfin, après sa revue des approches coloniales occidentales dont chacune a été
égratignée, Boubou Hama évoque l'exemple français avec grande bienveillance,
sinon même chauvinisme. En fait, l'évocation des autres modèles n'était qu'un
point d'appui qui devait lui permettre d'en arriver à la France et à son dialogue
avec l'Afrique :

> Après avoir examiné le fait colonial, Kotia Nima retint son attention sur le cas
> de la France en Afrique noire. C'est peut-être là que le contact entre un peuple
> européen et les peuples africains fut le moins brutal. L'occupation ne manqua
> pas de grandeur et parfois même d'une grande générosité. Le contact humain fut
> établi dès le départ. Il ne fut pas seulement, comme en Afrique noire britannique,
> celui du commerçant et du paysan occupé (Hama 1969 t. 2:9).

Pour Boubou Hama, la France et sa colonisation représentent un espoir puisqu'ils
apportent à l'Afrique les facteurs indispensables pour combler son manque
scientifique et technologique au sens occidental du terme :

> Au caractère spontané du Nègre, à son sens artistique, à sa sensibilité, la France a
> apporté, par ses soldats, par ses éducateurs, par ses prêtres, par ses administrateurs,
> son esprit frondeur, sa rigueur cartésienne, l'essence éthérée du Christianisme, son
> sens de la logique, de la justice, de l'organisation, la volonté dans la lutte qui libère
> de soi et de la nature, toute une façon nouvelle de vivre (Hama 1969 t. 2:9-10).

En réalité, chez Boubou Hama, le sentiment du manque est au cœur de la quête
initiatique, perceptible, dans son propre cas, à travers le contact progressif avec
l'école occidentale, même si le contact a d'abord été brutal. Dans la vision de
Boubou Hama, l'Homme forme une unité au-delà des différences de culture que
traduisent les différentes civilisations, mais il n'atteint réellement la plénitude de
son destin au monde que lorsqu'il parvient à tirer la synthèse de cette pluralité
culturelle. L'Africain, de ce fait, est le « produit d'une civilisation » qui est
nécessairement appelée, comme toute autre, à réaliser sa plénitude en tirant profit
des valeurs de l'autre. Si l'Europe représente l'« œil de la matière », l'Afrique est
également celui de l'« esprit », admet-il, mais l'Homme se concevant « à mi-
chemin de ces deux pôles complémentaires de l'Être humain, entre l'Afrique et
l'Europe, une conciliation doit être trouvée ».

Au-delà de l'écriture, l'engagement politique de Boubou Hama, perceptible
à toutes les étapes de sa vie de combattant, corrobore cette pensée optimiste
par laquelle il définit l'avenir de son continent. Cependant, l'avenir, tel qu'il
l'entrevoit, exige certaines conditions que l'auteur traduit à travers la permanence

de son engagement au profit de la jeunesse afin qu'elle ait une conscience claire des enjeux de demain. Dans ce système didactique, *Hier* symbolise le passé, les valeurs ancestrales que les anciens ont le devoir de transmettre à la jeunesse par le biais du principe de l'initiation, omniprésent sous la plume de Boubou Hama. *Aujourd'hui* est le symbole des valeurs modernes de l'école au sens occidental du terme, il est incarné dans la jeunesse africaine chez qui, très souvent, la progression dans l'acquisition des principes modernes s'accompagne d'un détachement progressif vis-à-vis de la tradition. Elle doit donc réapprendre la « vérité » du passé et dépasser les anciens complexes pour en être fière :

> Enfant, c'est cette vérité que te racontent le Coran et la Bible. C'est là une vérité des gens du livre. À côté de cette vérité figée, veux-tu, mon fils, que je te raconte la vérité vivante, sans cesse dite dans les nuits d'Afrique noire… ? Cette vérité africaine de la vie et du monde. C'est cela mon fils, que je veux t'apprendre. C'est le passé de ton continent que je vais réveiller en toi pour que, d'abord tu existes de toi-même. Mon fils, n'aie pas honte de ta couleur noire (Hama 1973a:17-18).

L'enseignement du passé vise donc également à décomplexer une jeunesse africaine chez qui l'école occidentale fonctionne à la fois comme le cadre de l'accès à la science qui fascine, et une sorte d'instrument implicite ou explicite de gommage des traditions ancestrales et de tout ce qui s'y réfère. Certains témoignages établissent de manière ferme une relation très intime entre la perte de considération pour les valeurs traditionnelles de la jeunesse et une certaine pratique coloniale de dévalorisation des facteurs autochtones, par exemple le principe du « symbole », destiné à éviter que les jeunes élèves africains n'utilisent leur langue maternelle. La même politique était d'ailleurs utilisée au même moment en métropole au détriment des parlers régionaux. En fait un ensemble de procédés en vigueur à cette époque tendait à discréditer le passé et à l'opposer à l'école et au modernisme, traduisant d'ailleurs l'hostilité des populations autochtones pour cette institution « intruse ».

Pour Boubou Hama, l'enseignement d'*hier* est aussi déterminant que celui d'*aujourd'hui*, leur rencontre et leur dialogue lui permettent d'envisager, non sans un optimisme excessif, l'avènement de *demain*, un avenir qui renouvelle la présence africaine au monde. La nouvelle Afrique à laquelle aspire l'auteur s'incarne dans une jeunesse qui dit oui à la technique occidentale sans dire non à l'« humanité » des traditions ancestrales :

> Certainement, ces deux continents [Afrique et Europe/Occident], les plus différents du monde, ont quelque chose à se dire. Ils peuvent de leur rencontre fraternelle définir leur complémentarité, en dégager un autre sens de l'homme, son visage nouveau capable de permettre à notre commune humanité de repartir sur la base de nouvelles perspectives…
>
> L'Afrique et l'Europe tiennent les deux bouts du destin de l'homme : l'esprit (l'Afrique) et le confort (l'Occident), c'est-à-dire l'homme de chair et d'esprit. Dans ces conditions, les deux continents peuvent conclure une alliance

harmonieuse. Celle-ci donnera un nouveau visage à l'homme, lui permettant de repartir résolument, de franchir sur une bonne ligne la mutation qui secoue notre monde actuel (Hama 1973b t. 1:12).

De même que l'Afrique a besoin de maîtriser la science pour réduire le « retard technologique qui l'écrase », estime Boubou Hama, l'Occident aurait également besoin d'un peu plus de sensibilité et d'humanité pour réduire son assujettissement à la science et à la culture effrénée du profit :

> Il est temps que l'Afrique s'explique et explique son continent. Il est grand temps, en face du confort déshumanisant de l'Occident, qu'elle définisse son retard et ce que celui-ci contient d'humanisme chaleureux.

> L'Occident, manifestement, est à la recherche de l'homme, qui gît tout entier dans le retard qui écrase l'Afrique. J'ai pensé que notre époque actuelle, pour tempérer son progrès vertigineux, a besoin, faute de l'Inde ancienne, de l'Afrique cosmique capable de lui fournir une façon d'être de l'homme conservé chez nous (Hama 1973b t. 1:10).

Il faut replacer la pensée de Boubou Hama dans son contexte historique, pour mesurer toute l'importance accordée à l'avenir d'un nouveau dialogue entre l'Afrique et l'Occident. Sur ce point, on ne perdra pas de vue que le contexte correspond à une époque historique où l'autorité coloniale a commencé à perdre ses forces par la conjugaison de divers facteurs essentiellement liés à la situation sociopolitique de la métropole, marquée par l'avènement du général de Gaulle et les prises de position anticoloniales des intellectuels métropolitains et des partis de gauche.

À partir de 1936 en effet, avec la victoire en France du Front populaire, la colonisation va permettre aux Africains instruits (ceux qui sont titulaires au moins du certificat d'études primaires) de s'organiser en syndicat pour défendre leurs intérêts. En France, les intellectuels et les partis de gauche, parmi lesquels le Parti communiste français (PCF) et la Section française de l'Internationale ouvrière (SFIO), l'ancien Parti socialiste (PS), convaincus que la lutte anticoloniale procédait de la même logique que celle des couches défavorisées de la métropole, vont être de plus en plus proches de la toute petite élite intellectuelle africaine dont l'action va progressivement se déplacer du terrain syndical vers le terrain politique.

Des journaux étaient créés dans les colonies et l'on pouvait lire des articles qui critiquaient ouvertement la colonisation et son administration jugées rétrogrades. Boubou Hama se souvient de cette période comme d'un moment de profonde désillusion où il finit par comprendre que la France idéale qu'il enseignait à ses élèves n'existait pas. La circulation de l'information et les séjours effectués en France métropolitaine finirent par le convaincre que la même fracture sociale qui existe entre les citoyens français et les sujets noirs existe également entre les différentes couches sociales des citoyens français :

Dans un tel contexte, des Français s'érigèrent contre l'arbitraire colonial et ses exactions outre-mer. Je finis par comprendre qu'il existait une France possédante qui influençait l'administration coloniale, à son image, installée dans les territoires coloniaux par le gouvernement français. Alors m'apparut la Gauche française dans les colonies…

Je perdis mes illusions d'une France compatissante, sans intérêt toujours, qui se tenait à côté des peuples attardés de la terre pour les aider, pour les arracher à l'ignorance, à la maladie et à la misère, pour les conduire à la paix dans la liberté. Je compris que cette France idéale n'était qu'un mythe colonial de plus pour camoufler le visage de la France des affaires, celle du capital, féroce, qui exploitait et l'indigène et l'ouvrier français… la France qui oppressait son peuple et ceux des colonies (Hama 1993:12)

En outre, même si leurs droits divergeaient, la particularité du système colonial français, qui brassait citoyens blancs, citoyens noirs et sujets noirs dans les mêmes processus électoraux, était un instrument d'émulation passive dont la contribution à l'émancipation des intellectuels noirs fut déterminante dans la conquête progressive de l'autodétermination.

La Seconde Guerre mondiale affaiblit la France et dans les colonies, où le régime vichyste avait instauré une répression féroce, la résistance du général de Gaulle devint la seule alternative. Les libertés s'arrachent au fur et à mesure et la Conférence de Brazzaville organisée par de Gaulle finit par socialiser le colonialisme même dans son vocabulaire : Indigène devient Africain, Colonie fait place à Territoire et l'Empire français troque son nom contre celui d'Union française (Hama 1969 t. 1:161).

Mais, bien vite, l'élite africaine obtient successivement :

- l'abolition de l'indigénat : 22 décembre 1945 et 20 février 1946 ;
- la liberté d'association : 13 mars 1946 et 18 avril 1946 ;
- la loi Lamine Gueye sur la citoyenneté dans les territoires d'outre-mer à l'image de la métropole : 7 mai 1946 ;
- la liberté de la presse : 27 septembre 1946 (Hama 1993:70).

Avec le référendum de 1958, les territoires de l'Union française, en quasi totalité, préféreront renoncer à l'indépendance au profit d'une autonomie poussée au sein de l'Union, au principe de laquelle ils semblent très attachés. De ce fait, les indépendances qui finissent par arriver symbolisent aussi, d'une certaine façon, la rupture avec l'idéal communautaire.

On comprend donc que chez Boubou Hama l'instauration d'un dialogue « gagnant-gagnant » entre l'Afrique et l'Occident soit le passage obligé vers un meilleur destin de l'humanité. Mais, derrière cette formulation générale de l'idée d'un cadre d'échange, il est plus indiqué de voir l'expression d'un idéal de coopération plus précis entre la France et l'Afrique francophone, qui perpétuerait le sentiment qu'avaient métropole et colonies d'appartenir à un grand ensemble de solidarité, d'amitié et de fraternité :

> Sur notre globe, la vie en commun est devenue une nécessité. La cohésion des ensembles favorise l'identité de leur vue économique, sociale, donc la conjugaison de tous leurs efforts concourant à l'amélioration du système politique qui les régit (Hama 1969 t. 2:12).

Dans cette perspective, Boubou Hama intègre les aspects financiers et économiques, mais il pense qu'ils doivent être moins prépondérants que l'humain qui est en nous. Son idéal de dialogue s'inscrit ainsi dans l'image d'une union sincère et équitable :

> Je suis pour le mariage où chacun retrouve un peu de lui-même, dans lequel personne ne renonce ou n'aliène sa personnalité, son identité, où les deux époux s'entendent pour se comprendre dans le but de vivre en bonne harmonie ensemble (Hama 1971:70).

Le militant anticolonialiste et la lutte pour l'indépendance

Chez Boubou Hama, la première manifestation d'opposition à l'égard de l'autorité coloniale remonte à l'année 1929 où, instituteur fraîchement affecté à Ouagadougou, il refusa de rejoindre son poste :

> C'était depuis ma sortie de l'École normale en juin 1929. À partir de 1927, le caprice colonial faisait de moi non plus un Voltaïque, mais un Nigérien. Malgré ce changement intervenu, on m'affecta à Ouagadougou en Haute-Volta. Je refusai de rejoindre cette capitale et je demeurai dans mon village pendant vingt jours après lesquels un télégramme du gouvernement fédéral me mit à la disposition du Niger. Je fus pour cela considéré comme un récalcitrant, comme une tête forte, comme le nègre capable de correspondre avec des hommes politiques en France. (Hama 1993:35)

Cet incident, la prédilection de Boubou Hama pour la lecture de Karl Marx et Engels, son attachement aux idées du mouvement communiste français, à l'époque « Secours populaire de France », finissent par attribuer à Boubou Hama la mauvaise réputation, sans doute la pire, à cette époque, de « dangereux communiste » qui lui valut plusieurs démêlés avec l'autorité coloniale. À une époque où une certaine opinion française essentiellement représentée par des intellectuels de gauche n'hésitait plus à réagir contre le fait colonial, même les cours de perfectionnement pédagogique que lui envoyait par correspondance l'École Universelle étaient suspectés de contenir une correspondance politique et étaient systématiquement fouillés.

En 1935, Boubou Hama dut quitter son poste de Niamey pour Tillabéry en guise de sanction pour cause d'insubordination relevée par son directeur français : « Puisque tu ne souffres pas la subordination, je t'envoie à Tillabéry où seul responsable tu seras ton seul maître. » (Hama 1993:37)

À Tillabéry, l'écrivain jouissait à cette époque d'une très grande popularité grâce à la défense spontanée et inconditionnelle qu'il offrait aux « sans voix » dans les procès, un peu selon le style de Zola, avec qui Boubou Hama présente d'autres similitudes. Nombre de témoignages ont rapporté qu'il lui arrivait souvent de défendre un innocent devant le tribunal du cercle et qu'il obtenait ainsi des acquittements spectaculaires. C'est d'ailleurs à la suite de son soutien à un paysan, Diori Binga, qui devint plus tard son ami, dans l'affaire dite des paysans de Zarma Ganda, que Boubou Hama dut quitter cette fois Tillabéry pour Niamey. Le soupçonnant en effet d'intelligence avec des paysans venus clamer leur mécontentement devant le cercle de Tillabéry, le gouverneur va diligenter une inspection administrative dont le rapport accablant concluait que « Monsieur Boubou Hama ne doit pas s'occuper de la politique du cercle ». Il fut donc réaffecté sur cette base à Niamey en 1938, à l'école professionnelle dont il devint le directeur.

La même année, Boubou Hama se fit remarquer dans une autre affaire. L'inspecteur général de l'enseignement de l'Afrique-Occidentale française de Dakar avait initié une enquête devant mettre en évidence les causes de « la régression des instituteurs noirs après leur sortie de Gorée ». Au lieu de répondre au questionnaire qui lui fut envoyé, Boubou Hama, qui considéra le thème de l'enquête comme une insulte raciste, répliqua à travers un rapport pamphlétaire de trente-huit pages dans lequel il faisait le procès de la colonisation et du système de formation à William Ponty, une sorte de « J'accuse » où on peut lire :

> On ne demande pas à des instituteurs d'en former d'autres. Si les instituteurs indigènes régressent, c'est que leurs maîtres ne sont pas à la hauteur de leur tâche car l'élève vaut ce que vaut son maître (Hama 1993:32)..

Cependant, la vision anticoloniale de Boubou Hama transcende le niveau des préjugés raciaux et des réactions identitaires pour s'inscrire dans un processus d'émancipation par rapport au système colonial et de prise de conscience des perspectives optimistes qu'offre une accession à l'autodétermination des anciennes colonies.

Dès lors, de la fronde et de la défense des faibles, Boubou Hama va passer à un nouveau combat, moins spontané, plus systématique, dont l'essence remonte à son adolescence passée au contact des idéologies de gauche : c'est son combat politique :

> Les idées politiques étaient déjà avancées en AOF, et maints journaux paraissant à Dakar et en France parlaient de notre continent. Très tôt, j'avais lu de Karl Marx, *Le Capital et d'Engels, L'Origine de la famille, de la propriété privée et de l'État*. Avec cette « première rougeole » cependant, je ne confondais pas le colonialisme et le peuple de France (disaient les journaux) qui était plus férocement exploité que nous. Je ne me révoltais pas contre le « blanc » parce qu'il avait une couleur, mais contre le colonialisme qu'il représentait et qu'il servait au détriment des Africains des colonies. […]

> Quand le colonialisme eut enfin permis à l'indigène de s'organiser pour défendre ses intérêts, nous fûmes un petit nombre d'Africains et de Français, à nous aventurer dans le labyrinthe du syndicalisme qui nous conduisit tout droit à la politique. De 1936 à 1938, les progressistes français nous initièrent à la pratique de celle-ci (Hama 1993:35-2)..

En 1940, un an après le début de la Seconde Guerre mondiale, c'est dans une période bouleversée, caractérisée entre autres par un besoin de mutation de plus en plus manifeste, que Boubou Hama est élu président de l'Amicale des fonctionnaires indigènes de Niamey. La même année, il met en place une unité artisanale de fabrication de chaussures à l'école professionnelle qui contribua remarquablement à « l'effort de guerre » et à l'accroissement de sa popularité, aussi bien chez les autochtones que chez les Européens. C'est donc en toute logique qu'il devient en 1944 président de la coopérative de consommation des fonctionnaires indigènes de Niamey. En 1945, parallèlement à ces nombreuses activités, Boubou Hama devient professeur d'histoire et de géographie, mais une fois de plus, ses idées lui vaudront une mutation sanction à Dori.

En 1946, la colonie du Niger prend une option dans le combat politique pour la conquête de la souveraineté avec la création du Parti progressiste nigérien qui envoie Boubou Hama le représenter au congrès de Bamako au Mali où devait naître le Rassemblement démocratique africain, le RDA Au mois de novembre de la même année, il était bien placé pour briguer un poste de député à l'Assemblée nationale de l'Union française, cependant, une fois de plus, ses antécédents conflictuels le rattrapent. En effet, le gouverneur du Niger, à qui il devait déjà la mutation sanction à Dori visant à l'écarter du terrain politique de Niamey, prit des dispositions administratives qui devaient l'empêcher de présenter sa candidature. Cependant, plus soucieux des intérêts du parti que de son orgueil personnel, il se désiste et favorise la candidature de celui qui sera le premier président de la République du Niger, Diori Hamani ; celui-ci n'eut aucune difficulté à remporter les élections et accéder à l'Assemblée :

> À deux jours du dépôt des candidatures, la délégation nigérienne que je dirigeais, était à Bamako. Le P.P.N. télégraphia pour me demander si je ne faisais pas acte de candidature. De Bamako, par la même voie, je répondis à mon parti que je ne le ferais que s'il me présentait en son nom. Quand il voulut le faire, le gouverneur... qui m'avait affecté à Dori en 1945 exigea ma présence à Niamey, arguant qu'il n'avait pas le droit d'accepter ma candidature par procuration... Le Gouverneur avait, très habilement, écarté ma candidature pour avantager celle d'un autre (Hama 1993:94-95).

Mais l'année suivante, aux élections de 1947, Boubou Hama « rafle » les postes électifs. Conseiller territorial de Tillabéry, il est élu à la fois à l'Assemblée de l'Union française, au Grand conseil de Dakar et au Conseil général du Niger où il est vice-président :

Le destin, ainsi, au sein du RDA, me plaça au centre de l'action engagée contre le colonialisme, pour l'émancipation, la libération, l'indépendance de l'Afrique noire française à laquelle nous allions sans le savoir. (Hama 1993:98).

Le militant de l'unité africaine

L'unité dans la pensée de Boubou Hama participe avant tout d'un engagement politique en faveur de l'Afrique dans ses rapports avec les autres parties du monde. En effet, qu'il s'agisse de ses œuvres littéraires, de ses livres d'histoire ou de ses essais, au cœur de sa foisonnante production, on retrouve de façon constante l'aspiration à une sorte de « reconstruction » d'une image plus acceptable   de l'Afrique. L'homme politique nigérien ouvre une large place à l'objectif de rapprochement des peuples de la sous-région cher à l'écrivain. L'attrait envers la fusion n'est plus l'apanage des seuls héros de ses textes, mais elle est aussi et surtout un impératif d'unité des peuples d'Afrique. Dioulé Laya, à propos des idées maîtresses de Boubou Hama, soutient que :

> On retrouve dans les livres de Boubou Hama une obsession : celle de l'unité africaine. Il ne peut pas écrire dix pages sans l'évoquer. Si nous voulons que l'Afrique existe et continue d'exister, affirme-t-il, elle doit s'unir.

Cette caractéristique sur laquelle insiste Dioulé Laya appartient, en fait, à un courant de pensée, celui qu'embrassèrent tous les jeunes intellectuels africains des débuts du XXe siècle qui vivaient à l'époque très mal l'émiettement de leur continent du fait de la colonisation. Le Ghanéen Kwamé Nkrumah, initiateur du mouvement panafricaniste et grand artisan de la création de l'Organisation de l'unité africaine (OUA), est le meilleur témoignage de cette génération pour laquelle le premier combat de l'Afrique postcoloniale devait consister en la réunification du continent. Boubou Hama, qui est son contemporain, participe bien sûr de ce projet unitaire ; cependant il semble que, chez le Nigérien, l'idée d'unité corresponde à l'expression d'une conviction profondément humaniste qui dépasse largement le seul cadre de l'unité africaine, et au travers de laquelle reviennent souvent des concepts comme la fraternité, la solidarité et l'amitié.

De façon générale, le concept d'unité est traduit à plusieurs niveaux qui représentent dans l'esprit de l'homme politique un processus dont chaque étape correspond à un combat important dans la recherche de l'autodétermination de l'Afrique et de la valorisation impérative de sa présence au monde. Boubou Hama distingue d'abord un niveau d'unité à rechercher entre deux Afriques, l'Afrique paysanne, qu'il appelle aussi *l'Afrique des masses*, et *l'Afrique minoritaire de l'encadrement* qui représente l'infime partie des Africains ayant acquis la culture occidentale grâce à l'école, et sur lesquels il porte souvent un regard très dur :

> Nos mouvements de libération puisèrent, pour l'essentiel, leur foi dans la volonté de lutte de nos masses là où, souvent, les intellectuels avaient préféré les prébendes à la lutte libératrice devenue très dure. […]

L'on peut donc affirmer qu'il y eut une Afrique, dès le départ, qui refusa la colonisation parce qu'extérieure à elle, et une autre qui l'a acceptée parce qu'assimilée à elle. L'indépendance n'a pas – peu s'en faut – supprimé la dualité qui avait existé entre l'Afrique des masses, l'Afrique paysanne et l'Afrique minoritaire de l'encadrement, qui continue de s'enraciner dans la culture occidentale, de se couper de son continent (Hama 1973d:61).

La réconciliation de ces entités est perçue comme la condition impérative pour que l'Afrique change dans la perspective d'une meilleure image d'elle au monde. L'essentiel des messages que transmettent les écrits de Boubou Hama est d'ailleurs destiné à la jeunesse africaine qui renvoie à cette Afrique *occidentalisée* perdue entre l'assimilation absolue des valeurs étrangères, notamment toutes ces idéologies empruntées, souvent en parfaite incompatibilité avec les réalités et le vécu de l'Afrique. Lorsque l'Afrique aura réalisé l'unité entre sa composante ancestrale et ses attaches occidentales et modernes, elle sera apte à construire cette unité qui lui permettra de lutter contre le néocolonialisme, et à peser de tout son poids dans les relations et la coopération internationales.

Cette unité africaine, Boubou Hama l'envisage également à deux niveaux. S'il adhère à une unité de toute l'Afrique conformément aux postulats panafricanistes, il reste convaincu qu'une unité sous-régionale est susceptible de faciliter cet objectif. La création d'ensembles économiques entre ce qu'il appelle *les pays côtiers et les pays des steppes et des savanes* est le premier pas dans la construction d'une unité économique sans laquelle toute velléité d'indépendance politique est vaine :

> Le développement de notre continent n'est possible que dans notre union sans laquelle nous ne pouvons pas concerter nos plans économiques et nos plans d'éducation en vue de leur coordination dans une zone monétaire unique pourvue d'un marché commun où pourra se refléter le dynamisme de notre action économique. Il va de soi qu'une telle organisation, à la dimension de notre continent, suppose une politique commune concertée à l'intérieur comme à l'extérieur de celui-ci (Hama 1973d:107-108).

Il ne faut pas non plus oublier que Boubou Hama a été l'un des grands artisans de la naissance, en 1963 de l'ancienne Agence de coopération culturelle et technique (ACCT), aujourd'hui devenue Agence intergouvernementale de la francophonie (AIF), aux côtés des Senghor, Diori et Bourguiba. L'unité de l'Afrique est de ce fait un impératif pour lui, mais il n'hésite pas non plus à rêver d'une unité francophone dans laquelle la France et ses anciens « territoires d'outre-mer » auraient pu mieux valoriser leur appartenance à un espace déterminé par le partage du français et bien d'autres affinités culturelles :

> Il est possible… de créer une unité d'expansion économique de l'union de la Communauté française qui se construit. Si telle devient l'optique économique de notre grand ensemble…, si le problème humain continue d'être résolu dans les

espaces africains économiquement liés à la métropole, dans l'interpénétration des intérêts solidaires de l'union, la base fédérale s'ouvrira sur de larges perspectives (Hama 1969 T. 2:16).

De façon schématique, Boubou Hama perçoit l'unité africaine dans une démarche par paliers, qui fonctionne de l'échelon national vers les niveaux sous-régional et continental. Il envisage d'abord l'unité de la nation nigérienne avant de rechercher le rapprochement de l'Afrique occidentale puis d'envisager l'unité d'ensemble de l'Afrique. Toutefois, il convient sans doute de noter que fidèle à ses principes humanistes, Boubou Hama ne s'interdit pas non plus d'espérer des formes d'unité plus globale, notamment son concept de *l'Homnitude* qui correspond chez lui à un stade transcendantal de la négritude senghorienne :

> Si la négritude est un mot, le Nègre, lui, est une réalité. Le Noir de la diaspora nous a donné les hommes comme Ésope, Antar, la reine Balkis et Césaire. Senghor est une version du Nègre. Faites, jeunes, l'homme noir égal à lui-même. Conduisez-le sur la route plus large de « l'Homnitude » (Hama 1973d:108).

L'Afrique ne doit pas être perçue à travers la seule affirmation d'une espèce humaine particulière qui revendique sa reconnaissance, mais comme une partie prenante du dialogue des hommes et des cultures, berceau de l'humanité et dépositaire de la plus ancienne civilisation de l'humanité. Dans cette perspective, Boubou Hama ne tarit pas d'éloges à propos des travaux en égyptologie du Sénégalais Cheick Anta Diop :

> Le jeune Cheick Anta Diop, à un moment de notre histoire s'est chargé, tout seul, de tout le poids de l'Afrique. S'il n'a pas prouvé – à ce que disent certains – l'antériorité des civilisations nègres, il en a posé le problème. C'est la stricte vérité qu'on ne peut plus écarter le Nègre des civilisations écloses en Afrique. Anta Diop est un pionnier, un géant de l'histoire africaine (Hama 1973d:109).

La gestion du pouvoir : l'homme d'État

Le parcours d'homme d'État de Boubou Hama remonte à son adhésion au Parti progressiste nigérien, section du Rassemblement démocratique africain (PPN/RDA) à sa création en 1946, même s'il n'avait pas participé au congrès constitutif de Bamako du fait de son affectation à Dori, qui appartenait à l'époque au territoire de Haute-Volta (actuel Burkina Faso). Mais il convient de noter que nombre de facteurs de son parcours d'intellectuel laissaient présager que l'écrivain nigérien allait forcément connaître un destin d'homme politique.

Au nombre de ces facteurs, on retient bien sûr l'école coloniale qui lui a permis d'accéder à l'École normale William Ponty de Gorée au sein de laquelle Boubou Hama, à l'instar d'autres illustres intellectuels africains, a connu sa première sensibilisation aux *problèmes brûlants de l'Afrique.* Les organisations syndicales et associatives ont également contribué à la formation politique des premiers intellectuels africains comme Boubou Hama, férus de la lecture des doctrinaires de gauche. C'est donc en toute logique qu'il adhère au mouvement communiste français, alors « Secours populaire de France ». Ses démêlés avec l'autorité coloniale fortifient ses convictions anticoloniales et le prédisposent à la défense de tous ceux qui vivaient les brimades et injustices du système colonial. Lorsqu'il était en poste à *Tillabéry*, le jeune instituteur, qui offrait à ses compatriotes ses services de conseil et de défense inconditionnelle, était l'objet d'une très grande popularité.

De 1952 à 1956, fervent militant du PPN/RDA, il est secrétaire économique au sein du comité directeur du parti avant d'en devenir le président jusqu'au coup d'État de 1974. Au cœur du combat de la décolonisation, Boubou Hama vote sous la bannière de son parti le « oui à l'autonomie dans le cadre de l'Union ». Après la proclamation de la république le 18 décembre 1958, il devient président des Assemblées constituante et législative. En 1959, il est élu vice-président du Sénat de la Communauté franco-africaine et de l'Assemblée eurafricaine de Strasbourg. En 1960, la République du Niger devient indépendante et Boubou Hama devient président de l'Assemblée nationale.

Désormais les présidents Diori Hamani et Boubou Hama commandent aux destinées de la République du Niger dont la conception du programme politique et sa mise en œuvre sont coordonnées par le PPN/RDA. Les défis étaient énormes pour un pays enclavé, un pays déshérité du système colonial dont même les services sociaux de base étaient quasi inexistants.

Dès 1961, la gestion des urgences n'a pas empêché les leaders du RDA de préparer une planification de développement à travers le *Programme triennal de développement (1961-1964)* dont la période de mise en œuvre a également posé les bases du plan dénommé *Grandes options des perspectives décennales (1964-1974)* qui devait décliner les orientations stratégiques du développement sociopolitique, économique et culturel du Niger. Ce fascicule d'une vingtaine de pages traite de trois thèmes : l'unité nationale, l'augmentation du niveau de vie des masses, l'indépendance dans l'interdépendance (Salifou 2010:105).

On imagine aisément que Boubou Hama, président et maître à penser du PPN/RDA, leader incontournable du régime, allait profiter de son statut privilégié dans la sphère de la gouvernance pour mettre en pratique sa pensée politique au profit du Niger et de l'Afrique. Mais, entre les combats livresques de l'intellectuel-écrivain et la gestion politique quotidienne du président du parti et de l'Assemblée, le défi n'est plus le même, seul reste constant l'engagement qui anime l'homme.

Bien vite, l'espoir enthousiaste que ressentaient les leaders politiques du PPN/ RDA, qui pensaient pouvoir rapidement amorcer le développement d'un pays sorti de plusieurs décennies de colonisation, laissait place à l'amertume liée aux nombreuses difficultés du pays, parmi lesquelles, le népotisme, l'arbitraire, le favoritisme et les contre-performances de l'administration. Les difficultés naturelles que représentent la sécheresse et la famine achèvent de plonger le pays dans une situation de dégradation économique et sociale avancée. Le combat pour la revalorisation du prix de l'uranium, favorable à l'amélioration de la situation économique entreprise par le régime, n'arriva pas à son terme. La veille de la reprise des négociations, un coup d'État militaire piloté par le Chef d'état-major de l'armée, le lieutenant-colonel Seyni Kountché enterre la Première République du Niger et dissout le PPN/RDA. Diori, Boubou et nombre de dignitaires du régime sont arrêtés.

Conclusion

La vie de Boubou Hama et son parcours exceptionnel mettent en relief le profil d'un militant humaniste, d'un combattant politique et d'un écrivain prolixe qui n'a occulté dans son œuvre intellectuelle aucun domaine susceptible de contribuer à une meilleure connaissance de l'Afrique et du monde. Cependant, la grande richesse de la vie de Boubou Hama n'est-elle pas avant tout son double univers culturel, entre une culture ancestrale nourrie de mythes d'une part, et de l'autre, une école occidentale qui lui offre l'appropriation de la science et de la liberté ? Par ailleurs, l'originalité de son projet participe forcément de cette capacité à établir un dialogue entre deux univers dont beaucoup ont prédit la rupture fatale. De manière générale, les écrits de Boubou Hama dévoilent toute la conviction de l'auteur qui pense que, malgré les ratés de l'histoire et bien d'autres incompréhensions, il y a encore l'espoir de l'instauration d'une reconnaissance mutuelle plus solidaire et plus généreuse. Qui, plus que Boubou Hama comprend cette logique de la double appartenance culturelle et sociale ?

Avec le recul historique, l'originalité de la pensée intellectuelle de Boubou Hama n'apparaît-elle pas aujourd'hui avec encore plus d'éclat, nous indiquant par la même occasion que la critique n'a pas pris toute la mesure de l'importance de cette œuvre ? Pourquoi ? Les raisons peuvent être nombreuses, mais celles en relation avec le destin de l'homme politique, ancien président de l'Assemblée nationale du Niger, arrêté avec le coup d'État militaire de 1974, sont parmi les plus plausibles, comme le soutient Moumouni Farmo dans la préface de L'Itinéraire de l'homme et du militant, publié à titre posthume en 1992 :

> C'est que l'administration militaire ne s'est pas contentée d'incarcérer l'homme politique, elle mit tous les moyens dont elle disposait dans (l'anonymation) du penseur et de l'homme de culture… L'entreprise a si bien réussi, qu'au Niger, Boubou Hama, l'écrivain le plus prolifique, n'est aujourd'hui, parmi les jeunes générations, connuque par de rares savants. Mais (l'anonymation) n'a pas seulement desservi l'homme qui était visé. Notre pays, dont l'enclavement géographique se trouve doublé d'un enclavement intellectuel, en a aussi sérieusement souffert.

Enfin, si la pensée politique et la philosophie de Boubou Hama s'inscrivent dans l'encadrement historique des années 1930-1970, la situation désespérante de l'Afrique et nombre de brutalités mondiales nous indiquent que son message est toujours d'actualité. L'Africain et l'homme en général achoppent toujours à l'idéal de *l'homnitude* cher à l'écrivain. Boubou Hama a certes été un intellectuel hors pair, un homme publiquement engagé, un écrivain prolixe et talentueux..., mais l'on a sans doute oublié de montrer qu'il a également été un formidable visionnaire.

Par ailleurs, on ne peut pas non plus occulter l'appartenance de l'homme à une gouvernance politique compromise après tout, dans les tares que doit, selon Jean-Paul Sartre, combattre tout intellectuel. Le régime du PPN-RDA, dont Boubou Hama a été le leader incontesté, a-t-il été vraiment responsable de toutes les injustices et autres compromissions commentées dans le discours inaugural du régime militaire tombeur du gouvernement Boubou-Diori ? Probablement. Quelle est la part de responsabilité de Boubou Hama dans la gestion de la première république au Niger ? Elle est totale. Doit-on pour autant occulter ou nier l'intellectuel qui est en lui ? Certainement pas aux yeux d'Octave Mirbeau qui proclamait dès 1895 la mission de l'intellectuel en ces mots :

> Aujourd'hui l'action doit se réfugier dans le livre. C'est dans le livre seul que, dégagée des contingences malsaines et multiples qui l'annihilent et l'étouffent, elle peut trouver le terrain propre à la germination des idées qu'elle sème. Les idées demeurent et pullulent : semées, elles germent ; germées, elles fleurissent. Et l'humanité vient les cueillir, ces fleurs, pour en faire les gerbes de joie de son futur affranchissement.

Bibliographie

Chevrier, J., 1984, *Littérature nègre*, Paris, Armand Colin.

Hama, B., 1969, *Kotia Nima*, 2 volumes, Paris, Présence Africaine

—1971, *L'Aventure extraordinaire de Bikado fils de Noir*, Paris, Présence Africaine.

—1973a, *Le Double d'hier rencontre demain*, Paris, UGE 10/18.

—1973b, *Bagouma et Tiégouma*, Paris, Présence Africaine.

—1973c, *Hon si suba ben, Aujourd'hui n'épuise pas demain*, Paris, J.-P. Oswald.

—1973d, *Les Problèmes brûlants de l'Afrique*, 3 volumes, Paris, J.-P. Oswald.

—1977, *Merveilleuse Afrique*, Paris, Présence Africaine.

—1993, (posthume), *L'Itinéraire de l'homme et du militant,* Hurtubise, A.C.C.T.

Issa Daouda, A. A., 2010, *Boubou Hama, Conteur et Romancier,* Niamey, *UAM/* IRSH.

Ngorwanubususa, J., 1993, *Boubou Hama et Hampaté Ba la négritude des sources*, Paris, ACCT, Publisud.

—1977, « *Le Double d'hier rencontre demain* » *de Boubou Hama : une approche du mythe songhay et de la culture africaine*, mémoire, U.C.L.

Ory, P. et Jean-François Sirinelli, 2002, *Les Intellectuels en France. De l'affaire Dreyfus à nos jours*, Paris, A. Colin.

Pénel, J. D., et Amadou, M., 2010, *Rencontres I*, Paris, L'Harmattan. RFI Radio France International, 1989, *L'École de la tradition,* Paris, Publicontact.

Salifou, A. 2010, *Biographie politique de Diori Hamani,* Paris, Karthala. Senghor, Léopold Sédar, 1977, Liberté III, Paris, Ed du Seuil.

Sternhell, Z., 1969, Maurice Barrès et le nationalisme français, Thèse de doctorat de recherche, Paris, Fondation nationale des sciences politiques.

Tahirou, S., 1995, L'Influence des mythes dans « Le double d'hier rencontre demain, Mémoire de maîtrise en lettres modernes, Niamey, université A. Moumouni.

Zataou, D. C., 1993, Réalisme et imaginaire dans les récits de Boubou Hama, cas de « Izé Gani » et de « Bania », Mémoire de maîtrise en lettres modernes, Niamey, université A. Moumouni.

4

Abdou Moumouni Dioffo : les premiers pas d'un intellectuel africain

Kimba Idrissa

Introduction

On ne saurait réaliser un ouvrage sur les intellectuels au Niger sans évoquer l'un des plus célèbres d'entre eux, le professeur Abdou Moumouni. Les jeunes générations ne l'ont pas connu ; du côté des plus vieux, avec le temps, les devoirs de mémoire s'affaiblissent. En cherchant sur le net des informations sur Abdou Moumouni, j'ai été ébahi par les résultats d'une enquête effectuée en mai 2012 via Facebook et qui indique les souvenirs que gardent les jeunes sur les intellectuels, hommes politiques et artistes africains célèbres (http://walidhicam. wordpress.com/tag/abdou-moumouni/) : seuls 193 d'entre eux se souviennent de l'éminent historien burkinabé Ki-Zerbo (disparu le 4 décembre 2006) ; le célèbre égyptologue sénégalais Cheick Anta Diop recueille 380 « fans », tandis qu'on ne note aucune mention d'Abdou Moumouni. C'est dire que sa mémoire survit de plus en plus difficilement. L'université de Niamey dont il a été le recteur porte son nom depuis 1993. C'est sans doute grâce à ce baptême que son nom se maintient dans la mémoire collective nigérienne.

Sa disparition, survenue le 7 avril 1991, a été l'occasion d'hommages nombreux rendus à l'intellectuel engagé et critique, au savant et au panafricaniste : « mythe vivant destructeur d'un mythe obscurantiste », « patriote intransigeant », « internationaliste », « savant hors du commun », « génie du Sahel », « militant exemplaire de l'indépendance et de l'unité africaine et modèle pour les générations à venir », « fils et serviteur hors-série de l'Afrique », sont les termes utilisés par Samir Amin, Joseph Ki-Zerbo, Khalilou Sall, Amady Ali Dieng, Dioulllé Laya, etc (SNECS, 1993).

Pourtant, ce grand homme de la science et de la culture, ce militant engagé pour la cause africaine n'a pas attiré l'attention des chercheurs en sciences sociales. Il est d'ailleurs plus connu et apprécié à l'étranger en tant que militant du panafricanisme, expert en éducation et spécialiste de renommée mondiale en énergie solaire. Son parcours et son œuvre participent indubitablement d'une histoire intellectuelle du Niger contemporain.

Abdou Moumouni fut d'abord, de 1950 à 1953, membre fondateur et membre du Comité exécutif de la Fédération des étudiants d'Afrique noire en France (FEANF) qui fut à l'avant-garde de la lutte anticoloniale. Il a été le premier agrégé de physique de l'Afrique francophone en 1956. Il fait partie de cette première génération d'universitaires africains qui a soutenu la lutte pour l'indépendance totale et immédiate de l'Afrique, en tant que membre fondateur du Parti africain pour l'indépendance (PAI) et en allant se mettre au service de la Guinée à laquelle la France a retiré son assistance technique après l'appel de Sékou Touré à voter « non » au référendum de 1958. Il s'installe ensuite au Mali pour soutenir le régime socialiste de Modibo Keita et poursuit son engagement pour l'idéal panafricain jusqu'à la fin de ses jours. Enseignant dans plusieurs universités africaines et européennes, il a réalisé la première étude d'ensemble sur le problème de l'éducation en Afrique ; son ouvrage fort clairvoyant, *L'Éducation en Afrique* paru il y a presque 50 ans, reste plus que jamais d'actualité. Physicien émérite, il s'est engagé très tôt dans le domaine pointu de la recherche en énergie solaire et a fait de cette science une arme de combat politique, culturel et économique pour construire une Afrique libre et moderne. Il considère qu'il y a trois avantages fondamentaux dans l'utilisation de l'énergie solaire pour les pays africains : le soleil est partout, il est gratuit, il est adapté aux cultures locales et permet d'éviter l'adoption des technologies étrangères et, par la même occasion, le mode de vie occidentale. On lui doit la création du Laboratoire d'énergie solaire du Mali dès 1964, de l'Office de l'énergie solaire du Niger en 1969 et du Centre régional de l'énergie solaire de Bamako en 1989. Enfin, jusqu'à la fin de sa vie Abdou Moumouni est demeuré un intellectuel critique, un intellectuel traditionnel dans le sens gramscien du terme, avec une attitude bien tranchée envers le politique, et n'ayant accepté aucun poste politique en dépit des multiples sollicitations dont il a été l'objet sous les régimes de Diori, de Seyni Kountché et d'Ali Saibou. Il a compris très tôt le rôle dirigeant des intellectuels africains dans la réflexion sur les conditions propres à l'Afrique et sur les voies qui assureront son insertion dans le monde moderne à titre de partenaire égal et libre. Il s'est plié à cette exigence, particulièrement dans les domaines de l'éducation et de l'énergie solaire où ses travaux scientifiques demeurent essentiels pour le présent.

Le projet initial devait rendre compte de tout ce parcours qui rassemble l'ensemble de son œuvre et de sa vie. Au fur et à mesure que l'étude avançait, l'entreprise apparaissait immense. Chacune des principales étapes de cette vie riche et intense pourrait constituer un sujet de recherche : (i) l'étudiant anticolonialiste et communiste ; (ii) le panafricaniste, militant de l'indépendance et de l'unité africaine ; (iii) l'enseignant et l'éducateur ; (iv) le savant, spécialiste de l'énergie solaire ; (v) l'intellectuel critique. Face à l'embarras du choix, j'ai finalement choisi de traiter le premier thème qui constitue par ailleurs une bonne entrée pour mieux situer son itinéraire intellectuel et politique. Cet épisode de sa vie, le moins connu, mais central, permet d'éclairer le parcours militant de l'étudiant encore adolescent (18 ans) depuis le lycée Van Vollenhoven de Dakar en 1947 jusqu'à l'agrégation de physique réussie à 27 ans en 1956 à Paris. Cet intervalle 1947-1956, qui constitue la genèse de sa carrière politico-syndicale, permet de comprendre comment il a su allier de brillantes études avec des activités politiques et syndicales. On ne peut comprendre son itinéraire de vie sans une référence à ce fulgurant parcours scolaire et à cette séquence d'initiation au syndicalisme et à la politique.

Cette phase de sa vie est capitale pour retracer le processus de construction du personnage et particulièrement de l'intellectuel anticolonialiste, panafricaniste et communiste. L'idée centrale est de montrer comment le contexte sociopolitique de l'époque en AOF et en France va façonner cette figure d'intellectuel. Pour comprendre son parcours scolaire, il faut se référer à toute la politique coloniale en matière d'enseignement secondaire et universitaire afin d'apprécier ce « parcours du combattant » qui lui a permis de faire partie des « happy few », c'est-à-dire de cette faible minorité d'intellectuels africains qui a pu desserrer les verrous de la colonisation et accéder aux plus hauts niveaux du savoir moderne. On ne peut appréhender son combat politique et syndical sans évoquer les débats d'idées au sein des organisations d'étudiants, les positions des partis politiques français par rapport à la question coloniale, ainsi que l'émergence du tiers-mondisme avec son point culminant à la Conférence afro-asiatique de Bandoeng en 1955.

Une bonne connaissance de cet épisode historique est absolument nécessaire pour bien saisir la portée et mesurer les limites du rôle d'Abdou Moumouni dans les luttes anti-impérialistes, à une époque où les étudiants africains étaient au centre des enjeux internationaux et convoités par les deux blocs s'affrontant dans une guerre froide. Ils ont constitué les éléments moteurs de la grande vague des mouvements de libération nationale qui ont permis à l'Afrique de retrouver son indépendance politique.

Historien de formation, j'ai d'emblée écarté l'histoire historisante ainsi que la biographie linéaire qui distribue blâmes et éloges aux « grands hommes ». Je me suis attelé à multiplier les points de vue et interroger le processus de construction du personnage en alliant histoire de vie et histoire intellectuelle, trajectoire individuelle et spécificité de l'environnement.

L'itinéraire Scolaire (1936-1948)

Très tôt, Abdou Moumouni s'est fait remarquer par sa précocité et ses brillants résultats scolaires, tant au niveau du cycle primaire que du secondaire, en dépit d'une politique éducative qui visait à limiter le niveau de formation des jeunes africains.

Un parcours de combattant

Abdou Moumouni a eu un itinéraire scolaire fulgurant. Il décroche, très jeune (devançant de trois à quatre ans la moyenne des inscrits), tous les diplômes des différents cycles d'enseignement : inscrit au primaire dès l'âge de sept ans, il passe le Certificat d'études primaires à 12 ans (fait rare même de nos jours), devient diplômé de l'école primaire supérieure à 15 ans puis de l'École normale William Ponty à 18 ans, obtient le bac à 19 ans et entre en classe préparatoire aux grandes écoles la même année.

Pour mieux apprécier ce brillant et rarissime parcours, il importe de le situer dans le contexte colonial de la fin des années trente jusqu'aux années cinquante. Les taux de scolarisation sont faibles en raison de l'insuffisance de l'offre éducative et de la réticence des populations. Le système scolaire est sélectif et limité en pratique au cycle primaire de base et supérieur, qui constitue le plus haut niveau auquel peut accéder le colonisé. Au niveau des infrastructures éducatives, on retrouve la même organisation dans l'ensemble de l'AOF. Au Niger, par exemple, il n'y a que des écoles primaires élémentaires dans les chefs-lieux de subdivision. Les écoles régionales qui conduisent au certificat d'études primaires n'existent que dans les chefs-lieux de cercle. Pour poursuivre plus loin, il n'y a que l'école primaire supérieure à Niamey. Au-delà de ce niveau, il faut aller à l'École normale William Ponty qui accueille les élèves venus des écoles primaires supérieures des huit colonies de l'AOF. Au-dessus de l'École normale, le Gouverneur général Brévié, dans le cadre de la politique de mise en valeur et en application du plan Sarraut, opta pour la promotion de l'enseignement technique avec la création d'établissements interfédéraux : l'École africaine de médecine et de pharmacie à Dakar qui formait en trois ans des sages-femmes et pharmaciens et en quatre ans des médecins africains ; l'École africaine de médecine vétérinaire à Bamako formant en quatre ans des vétérinaires ; l'École technique supérieure de l'AOF, devenue en 1950 l'École des travaux publics de l'AOF, formant en quatre ans des cadres secondaires des travaux publics (géomètres, topographes, géologues, surveillants).

Abdou Moumouni a échappé à cet enseignement au rabais – qu'il dénoncera d'ailleurs plus tard – grâce à ses prouesses, qui ont été un véritable parcours du combattant dans un contexte de racisme et de mépris affiché de l'administration coloniale à l'endroit des noirs. En raison des brillants résultats obtenus à l'École normale William Ponty, il est admis directement en classe de terminale au lycée Van Vollenhoven qui – faut-il le rappeler ? – était, avec le lycée Faidherbe, un établissement pour Européens, en particulier pour les fils des colons blancs installés au Sénégal. La minorité de noirs qui y accédait avait soit des parents riches soit un parcours scolaire hors pair. Abdou Moumouni était dans le dernier lot.

Le cycle primaire

Abdou Moumouni est né le 26 juin 1929 dans le village de Tessaoua (au centre du Niger) où est installée sa famille maternelle. Son père, Moumouni Dioffo, issu d'une famille aristocratique de Kirtachi sur le « double V » du fleuve Niger, faisait partie de la toute première génération de commis d'administration. En raison de ses activités politiques, il eut, avec l'administration coloniale, des démêlés qui lui ont valu son affectation dans plusieurs villes par mesure disciplinaire : Tessaoua puis Bamako au Soudan français de 1950 à 1951. Il a été l'un des principaux artisans de l'adhésion du Parti progressiste nigérien au RDA en septembre 1947 et fut pendant longtemps vice-président de l'Assemblée nationale.

Grâce à l'appui et à l'ouverture d'esprit de son père, qui faisait déjà partie du groupe des « évolués » de l'époque, il est inscrit en 1936 à l'école régionale de Zinder, où il obtient en 1941 le certificat d'études primaires indigènes. S'étant révélé brillant élève, il est admis sur concours à l'École primaire supérieure de Niamey (la seule de toute la colonie du Niger), et obtient le diplôme en juin 1944.

Les études secondaires au Sénégal : de l'École normale William Ponty de Sébikotane au lycée Van Vollenftoven de Dakar

En octobre 1944, Abdou Moumouni entre, troisième du concours de toute l'Afrique-Occidentale française, à l'École normale William Ponty de Sébikotane au Sénégal et décroche le Diplôme d'études normales en 1947. En raison de ses brillants résultats, il est ensuite admis au lycée Van Vollenhoven (diminutif, Van Vo) de Dakar qui était, le lycée Faidherbe de Saint-Louis étant le second, l'un des seuls établissements d'enseignement secondaire existant officiellement dans toute l'AOF.

Le souvenir de son passage dans cet établissement est resté vivace chez son condisciple Cheikh Hamidou Kane :

> Il m'a fait bonne impression. Il s'est présenté au lycée en disant : « Abdou Moumouni, le meilleur élève du Niger ». C'était une espèce de martien. Il venait de Ponty. Nous n'étions pas dans la même classe. Il était en Terminale Scientifique et moi en Première Lettres. Il était plus jeune que moi d'un an. On est resté un an ensemble à Van Vo. (Entretien avec Cheikh Hamidou Kane, Dakar, 2 janvier 2012.)

Un autre témoignage nous est rapporté par Amadou Booker Sadji qui relate les qualités de l'élève Moumouni :

> Dans la mesure où il y avait à Van Vo quelques Africains originaires d'autres territoires – comme on disait en ce temps-là – même s'ils étaient beaucoup moins nombreux qu'à Faidherbe, on ne peut omettre de citer, quand il est question de scientifiques, deux remarquables Nigériens : Abdou Moumouni devenu agrégé de physique et Boubacar Bâ agrégé de mathématiques. Moumouni a été l'un des plus brillants élèves de Masson (professeur de physique au lycée Van Vo) (Sadji 2006:124).

Le lycée Van Vollenhoven occupe une place centrale dans la vie d'Abdou Moumouni parce que ce fut le point de départ de son militantisme dans les associations d'étudiants. C'est dans cet établissement qu'il adhère pour la première fois à un mouvement associatif, en l'occurrence l'Association des étudiants de Dakar (AED) regroupant Français et Africains et constituée non seulement des lycéens de cette ville mais également des étudiants de l'École de médecine et de pharmacie, et ceux de William Ponty. C'est également à Van Vollenhoven qu'on le retrouve parmi les meneurs dans ce qui a été sans doute la première grève de sa vie. Cheikh Hamidou Kane évoque cet épisode :

> J'entre en Première. Au bout de quelque temps, je fais partie de l'Association des élèves sénégalais du lycée. Nous avons déclenché une grève pour l'amélioration de l'ordinaire à l'internat du lycée. Le proviseur convoque des meneurs dont j'étais ainsi qu'Abdou Moumouni du Niger (futur agrégé en sciences physiques), Thierno Ba et d'autres. Il nous passe un savon, mais il accepte d'améliorer le menu (Kane 2006:73).

Les organisations d'étudiants avaient un caractère nettement corporatiste et apolitique, même si la présidence d'honneur de l'Association des Etudiants de Dakar fut à ce moment assurée par M. Joseph alors secrétaire général de l'Union progressiste du Sénégal, section du RDA. Il n'existe pas d'autres traces du militantisme d'Abdou Moumouni pendant sa scolarité au Sénégal. On ne dispose pas d'information sur ses rapports avec l'Association des étudiants africains (AEA) créée en 1947 à Dakar et regroupant les élèves des établissements secondaires. Elle a eu un rôle important dans la défense des intérêts des élèves dans les conseils de discipline et s'est fait remarquer à la suite d'une manifestation en faveur des jeunesses anti-franquistes d'Espagne et d'une pétition en faveur de la libération de leur camarade Thierno Ba, mentionné précédemment par Cheikh Hamidou Kane et arrêté à cette occasion (Dieng 2011:194). Il faudrait, sans doute, des recherches dans les archives de l'Ecole normale William Ponty, du lycée Van Vo et de l'AEA pour recueillir d'amples informations sur le passage d'Abdou Moumouni dans ces structures.

Les années universitaires en France (1948-1956)

Dans la vie d'Abdou Moumouni, activités politiques et activités syndicales sont intimement imbriquées, voire confondues, dans la mesure où il n'est pas possible de délimiter de manière isolée la sphère du politique, de l'associatif ou du syndical. Dès le départ, il a donné un sens éminemment politique à sa lutte au sein du mouvement étudiant tout en militant activement au sein du Parti communiste français et du Rassemblement démocratique africain (RDA). Son parcours universitaire va être tout aussi brillant que son cycle secondaire. Paris lui fait découvrir, non seulement l'environnement intellectuel stimulant du Quartier latin, mais également tout ce bouillonnement d'idées de l'après-guerre dans les campus et les cités universitaires, ces courants politiques, idéologiques et philosophiques qui ont fortement influencé l'intelligentsia africaine en France.

Le parcours universitaire

Le colonisateur, franchement hostile à l'accès des Africains à l'enseignement supérieur, s'est toujours ingénié à les cantonner dans les cycles primaire et secondaire. Il ne voulait pas d'une élite mais d'auxiliaires de la colonisation : infirmiers, commis, instituteurs, moniteurs d'agriculture, interprètes, etc. On considérait que les « indigènes », n'étant « ni mûrs ni aptes » pour l'enseignement supérieur, devaient être confinés à l'enseignement technique et professionnel, avec des diplômes locaux non reconnus en France. Le ministre des Colonies Albert Sarraut, soutient que :

> Les hautes spéculations scientifiques sont un vin capricieux qui tourne facilement les têtes. Certains tempéraments n'offrent aucune résistance aux excitants. L'enseignement supérieur suppose, avec une hérédité préparatoire, un équilibre des facultés réceptives, un jugement dont seule une faible minorité de nos sujets et protégés est encore capable. Si l'administration ne peut pas les absorber, ils deviennent des déclassés, des aigris, et trop souvent de mauvais bergers (Sarraut 1931:152-154).

C'est ce que Léopold Sédar Senghor dénonça dans un débat à l'Assemblée nationale constituante le 21 mars 1947 :

> On s'oppose par tous les moyens à la formation des élites indigènes… On fait de l'inégalité un principe de gouvernement en s'opposant par tous les moyens possibles à ce que les autochtones aient des diplômes d'État et puissent en conséquence occuper d'autres fonctions que subalternes (cité par de Benoist 1982:145).

Abdou Moumouni lui-même exposera plus tard dans son ouvrage *L'éducation en Afrique*, les motivations politiques qui sont à l'origine de la création d'universités en AOF et AEF :

> La naissance et le développement de l'enseignement supérieur sont à l'origine liés à la volonté de contrôler le rythme de la formation des cadres supérieurs africains (l'université française en métropole s'y prêtant très mal), et surtout de soustraire les étudiants africains à l'influence prétendument « nuisible » exercée sur eux par les milieux progressistes français (en particulier la classe ouvrière et le Parti communiste français) (Moumouni 1964:123).

Les lycées Van Vollenhoven de Dakar et Faidherbe de Saint-Louis étaient les seuls établissements d'enseignement secondaire des colonies françaises d'Afrique noire à envoyer les premiers étudiants africains dans les universités françaises à partir de 1946. L'accès à ces établissements se fait au compte-gouttes avec une sorte de numerus clausus qui ne disait pas son nom. À Van Vo, Abdou Moumouni obtient, en juin 1948 le Brevet de capacité colonial série mathématiques élémentaires (l'équivalent du baccalauréat série C/sciences exactes). Il est reçu, en même temps, au concours d'entrée en classe de préparation aux grandes écoles au lycée Saint-Louis à Paris en Maths Sup/Maths Spé pour intégrer l'École centrale de Paris. Il bénéficia d'une bourse du Gouvernement général de l'AOF, atterrit à Paris à l'automne 1948, à l'âge de dix-neuf ans et y restera huit ans. Il séjourne de 1948 à 1950 au lycée Saint-Louis, qu'il quitte pour s'inscrire à la Faculté des sciences de la Sorbonne où il obtient successivement la licence ès sciences physiques en 1953, le Diplôme d'études supérieures de sciences physiques en 1954, l'agrégation de sciences physiques en 1956 et le doctorat d'État ès sciences physiques en 1967.

L'environnement intellectuel et politique

À l'arrivée d'Abdou Moumouni en France, l'environnement des étudiants africains, ce sont d'abord tous les courants politiques, idéologiques, philosophiques et littéraires de l'époque, qui soutenaient la lutte anticoloniale et l'indépendance des territoires africains. Le marxisme et le communisme ont eu la plus grande influence sur les étudiants. Pour comprendre le colonialisme et pour être bien outillés en vue de participer aux débats des assemblées générales, des conférences et des exposés, il fallait lire des ouvrages considérés comme des classiques : *L'impérialisme, stade suprême du capitalisme* et *Que faire ?* de Lénine ; *La question nationale et coloniale* ainsi que *Les principes du léninisme* de Staline ; *Les principes fondamentaux du marxisme* de Georges Politzer, etc. Les journaux et les revues spécialisées du Parti communiste français (PCF) tels que *L'Humanité, Les Cahiers du Communisme, Économie et politique, Démocratie nouvelle* étaient également beaucoup lus.

L'idéologie marxiste sera d'autant plus répandue que de nombreux étudiants africains militaient déjà au PCF, qui en profite pour renforcer son influence dans ce milieu, grâce d'une part à l'apparentement du RDA, principal parti politique anticolonialiste africain de l'époque, au groupe parlementaire communiste et grâce, d'autre part, à l'adhésion du célèbre poète antillais Aimé Césaire au PCF.

Le RDA comptait en son sein de nombreux étudiants africains regroupés dans les groupes de langue affiliés au PCF et qui créèrent en 1950 l'Association des étudiants RDA (AERDA) sur laquelle Gabriel d'Arboussier, marxiste, théoricien du RDA et conseiller à l'Assemblée de l'Union française, avait beaucoup d'ascendant (Dieng 2011:160).

D'autres courants de pensée, à travers la publication d'ouvrages de référence, ont attiré les étudiants africains : l'existentialisme de Jean-Paul Sartre avec *Les mains sales et L'être et le néant*, le personnalisme d'Emmanuel Mounier, auteur de *L'Éveil de l'Afrique*. La publication du *Cahier d'un retour au pays natal* et du *Discours sur le colonialisme* par Aimé Césaire, chantre de la négritude, crée un grand enthousiasme et contribue à accroître le prestige du PCF au sein des étudiants.

On ne peut clore ce point sur le contexte intellectuel sans mentionner Alioune Diop et sa revue *Présence Africaine*, créée en 1947, qui ne se réclame d'aucun courant de pensée philosophique ou politique et se proposait d'être un cadre de rencontre pour « des hommes susceptibles de définir l'originalité africaine et de hâter son insertion dans le monde moderne ». Elle a été un véritable cadre d'animation où les étudiants eurent l'occasion de s'exprimer sur toutes les questions importantes concernant l'Afrique. Abdou Moumouni, dans une interview au journal *La Marche*, a insisté sur l'importance du rôle d'Alioune Diop dans le mouvement intellectuel de l'époque et lui a rendu à cette occasion un vibrant hommage :

> Même si le nom de Cheik Anta Diop est le plus connu de tous en raison de ses nombreuses publications…, il convient de rendre un hommage particulier à un grand intellectuel africain, fondateur de la Revue Présence Africaine et des Éditions Présence Africaine. Des gens comme Cheik Anta Diop et bien d'autres qu'il a fait connaître lui doivent beaucoup… Tout ce qui a pu être fait en France à cette époque n'a été possible que grâce à des militants comme Alioune Diop, qui a créé Présence Africaine et qui a permis ainsi aux étudiants africains d'avoir une tribune à partir de laquelle ils pouvaient se faire entendre dans le reste du monde (La Marche, n° 1 août 1989).

Les premiers pas dans la lutte politique et syndicale

En France, Abdou Moumouni a très vite dépassé le cadre des associations d'étudiants africains pour adhérer à des organisations aussi diverses que le Comité de liaison des étudiants anticolonialistes, l'Union nationale des étudiants de France (UNEF), l'Union des étudiants communistes (UEC), l'Union Internationale des étudiants (UIE) et la Fédération mondiale de la jeunesse démocratique (FMJD). Il a acquis très tôt cette dimension internationaliste de la lutte politique et syndicale, une approche qu'il va conserver toute sa vie durant.

Du corporatisme à l'activisme politique

Jusqu'à la fin de la Seconde Guerre mondiale, les associations d'étudiants africains en France, disparates et divisées en plusieurs courants, étaient plutôt corporatistes et apolitiques avec comme seuls objectifs l'amélioration des conditions matérielles et la promotion d'activités culturelles. Il y avait également des organisations « clandestines », non déclarées auprès des autorités administratives françaises, regroupant des étudiants originaires des différents territoires d'Afrique et dont l'une des plus importantes était le Groupe africain de recherches économiques et politiques (GAREP), fondé en 1948 et animé pendant longtemps par Abdoulaye Ly, étudiant sénégalais en histoire et arrivé en France en 1938. Le GAREP a succédé au Groupe d'études politiques africaines (GEPA). Il a joué un rôle important dans la formation politique et idéologique de ses militants car, selon Abdoulaye Ly, « sans théorie révolutionnaire, pas de mouvement révolutionnaire ». C'était une organisation plutôt nationaliste, qui n'a à aucun moment revendiqué l'indépendance ni formulé un projet de société en Afrique ; elle n'était pas communiste mais son animateur encourageait les membres à lire les ouvrages marxistes et en utiliser les instruments d'analyse. Le GAREP a eu une grande influence sur l'Association des étudiants africains de Paris (AEAP) de 1947 à 1951 et joué un grand rôle dans la création de la Fédération des étudiants d'Afrique noire en France (FEANF), où il a pu faire élire deux de ses membres dans le premier bureau : la Dahoméenne Solange Faladé au poste de président et le Sénégalais Amadou Mahtar Mbow comme secrétaire général. Abdou Moumouni n'a pas appartenu au GAREP ; cependant, il a été un militant très actif de l'AEAP et a étroitement collaboré, au sein du premier Comité exécutif de la FEANF (mars 1951-avril 1952), avec les personnes précitées. À partir de 1952, le GAREP perd de son influence au sein de la FEANF, ses principaux animateurs Abdoulaye Ly et Amadou Mahtar Mbow, qui ne s'entendaient plus, étant rentrés en Afrique. Le groupe se disloque puis disparaît au bénéfice de l'Association des étudiants du RDA (AERDA) légalisée en 1950 et très proche du PCF.

L'Association des étudiants africains de Paris ou selon d'autres documents l'Association générale des étudiants africains de Paris (AGEAP) créée à l'issue de sa première assemblée générale tenue le 18 octobre 1946, a été réorganisée en janvier 1948 afin de regrouper les associations territoriales. Selon l'article 8 du nouveau statut, « l'Association n'est pas politique. Elle ouvre cependant une tribune libre de discussions politiques dans son cercle culturel ». À ses débuts, l'AEAP s'est livrée essentiellement à des activités culturelles : conférences, exposés, camps de vacances, rencontres sportives. Cependant, il y avait, dans les débats qui suivaient les conférences et les exposés, des divergences politiques principalement entre les étudiants membres du GAREP et les étudiants du RDA, ces derniers exerçant une grande influence sur la direction de l'AEAP. C'était de véritables joutes oratoires dominées par le groupe des Sénégalais : Abdoulaye Ly, Cheikh

Anta Diop, Amadou Mahtar Mbow, Alioune Diop, tous étudiants en lettres. Les luttes intestines sur fond de divergences idéologiques ont jalonné l'histoire du mouvement associatif des étudiants africains en France. L'apolitisme, le marxisme, le communisme et l'adhésion au PCF, l'indépendance totale et immédiate, étaient les principaux points d'achoppement entre étudiants membres du GAREP et membres de l'AERDA.

C'est dans cette ambiance et au sein des différents groupes en présence qu'Abdou Moumouni noua de solides amitiés qu'il a entretenues jusqu'à la fin de ses jours. Khalilou Sall a été le premier étudiant africain en France avec lequel il fit connaissance et lia une amitié sans faille. Khal-pour les intimes- né le 3 octobre 1926 à Saint-Louis du Sénégal, a été, comme Abdou Moumouni, un des plus brillants et des plus doués de sa promotion au Lycée Faidherbe et à l'Ecole Supérieure d'Electricité (Sup Elec) de Paris. Grand militant politique et syndical, il a été membre de la FEANF et de l'Asoociation des étudiants RDA, membre du Parti Communiste Français et membre fondateur du Parti Africain pour l'Indépendance (PAI) en 1957 à Thiès avec Abdou Moumouni, Majhemout Diop et d'autres militants. Enfin, Khalilou Sall fait partie en même temps que Abdou Moumouni des cadres non guinéens venus prêter main forte au gouvernement de Sékou Touré que Paris vouliat punir en retirant son assistance technique pour avoir voté « non » au référendum de 1958. Après son départ de Guinée en 1960 et ses démêlés avec le régime de Senghor, il s'exile à Bamako au Mali de Modibo Keita où il est rejoint par Abdou Moumouni en 1962.

Khalilou Sall débarque en compagnie d'Abdou Moumouni à Paris en octobre 1948. Sall relate les circonstances de leur rencontre :

> J'étais parti en France en octobre 1947. J'ai fait un an de préparation au lycée de Toulouse puis je suis rentré au Sénégal. En repartant en France en 1948, je suis tombé sur deux élèves qui venaient de passer leur bac au lycée Van Vollenhoven de Dakar. C'étaient Diallo Telli et Abdou Moumouni. On me les a présentés comme des jeunes qui venaient en France pour la première fois. Nous avons débarqué la nuit à Paris et ils ne savaient pas où aller. Je les ai pris avec moi et nous sommes allés chez Amadou Mahtar Mbow qui était en ce moment étudiant. Il habitait un petit hôtel boulevard Pasteur. Je les ai laissés là-bas et je suis parti à Toulouse. Voilà comment j'ai connu Abdou Moumouni (Sall 1993:73).

AmadouMahtarMbowaconfirmécespropos.Sonvisiteurintègrelelycée Saint-Louis et est logé dans le dortoir de l'établissement. En dépit des programmes surchargés des classes de préparation aux grandes écoles, Abdou Moumouni trouve le temps de participer aux activités de l'Association générale des étudiants africains de Paris et aux manifestations politiques et culturelles organisées dans cette ville au cours de cette année 1948. La plus importante a été, sans doute, la célébration du centenaire de l'abolition de l'esclavage. À l'occasion de cette célébration, Abdou Moumouni – avec tout le lycée Saint-Louis – a été forcé d'assister à la cérémonie de transfert des cendres de Victor Schœlcher au Panthéon (Dieng 2011:151). Le centenaire de l'abolition de l'esclavage comporte des enjeux politiques que les étudiants africains mettent en exergue à travers l'organisation de plusieurs conférences-débats, en particulier sur les thèmes de la relation entre esclavage et colonisation, esclavage et indigénat, esclavage et travail forcé. Ils s'emploient à démystifier l'événement qui, loin d'être une révolution, s'inscrit plutôt dans la logique de développement du capitalisme, ainsi que l'a démontré l'historien sénégalais Abdoulaye Ly.

> S'étant appuyé sur une intéressante documentation qui comportait des libelles écrits par les colons antillais, Abdoulaye Ly essaya de montrer que l'abolition de l'esclavage répondait aux exigences du développement du capitalisme industriel en France. Victor Schœlcher traduisait l'aspiration de la bourgeoisie radicale et maçonnique qui voulait libérer les « serfs » noirs de l'oppression féodale. L'esclavage avait évolué au moment de son abolition vers un système de servage où les esclaves noirs disposaient d'un lopin de terre et de quelques journées pour assurer leur subsistance qui n'est plus à la charge de leurs maîtres. Schœlcher, fils d'un marchand de porcelaine, s'est vite rendu compte que le système existant aux Antilles où il s'était rendu pour placer la marchandise de son père ne pouvait guère favoriser son entreprise. Généreux, il essaya de faire une révolution bourgeoise aux Antilles où il reçut l'appui surtout des hommes libres : mulâtres, hommes de couleur (Dieng 2011:149-150).

En réalité, ce fut une occasion pour la France de montrer sa bonne conscience, sa bonne volonté, comme si l'abolition s'était faite toute seule. D'abord, c'est oublier qu'elle était le résultat des luttes contre ce système ignoble, en l'occurrence les révoltes d'esclaves, les luttes des associations antiesclavagistes. C'est oublier ensuite que l'industrialisation a relégué au dernier rang le travail de l'esclave en raison de l'utilisation des machines. En outre, le blocus continental de Napoléon a imposé le sucre de betterave, qui désormais concurrençait le sucre de canne, devenu de moins en moins compétitif. Enfin, c'est oublier que l'Angleterre, la première puissance industrielle de l'époque, a été la première à abolir l'esclavage. En définitive, tout ce fracas orchestré à Paris sur la commémoration de l'abolition de l'esclavage visait à mieux asseoir l'idée de l'Union française en vue de réaménager le système colonial et contrarier la lutte anticolonialiste du RDA

À son arrivée à Paris, Abdou Moumouni s'est tout de suite investi dans le mouvement social. Le grand tournant se situe en 1950, qui est une date cruciale non seulement dans l'histoire du mouvement étudiant africain en France (création de la FEANF et légalisation de l'Association des étudiants du Rassemblement démocratique africain/AERDA) mais également dans la vie d'Abdou Moumouni avec trois événements majeurs qui vont marquer son entrée dans l'arène politique et syndicale : (i) son exclusion du lycée Saint-Louis en avril 1950 ; (ii) son adhésion au Comité de liaison des associations d'étudiants anticolonialistes et son rôle de rédacteur au journal *L'Étudiant anticolonialiste* ; (iii) son voyage en Chine populaire en septembre-octobre 1950.

L'exclusion du lycée Saint-Louis en avril 1950

Les détails et les conséquences de cette exclusion sont bien connus. Ils ont été largement rapportés à « la Une » du numéro 6 de juin 1950 du journal *Étudiants anticolonialistes* sous le titre : « Racisme et colonialisme à l'Université : un étudiant africain exclu du lycée Saint-Louis ». De quoi s'agit-il ?

Le vendredi 10 mars au soir, Abdou Moumouni dépose sa serviette dans son casier avant de monter au dortoir. Le lendemain, il s'aperçoit qu'elle a disparu. En réalité, elle a été subtilisée par l'administration du lycée puis ouverte. Trois jours après, il est convoqué chez le Censeur qui lui reproche d'avoir eu dans sa serviette *Le marxisme et la question coloniale* de Joseph Staline et des exemplaires du journal de la cellule communiste du lycée Saint-Louis. Il est traduit, sans avertissement, devant un conseil de discipline et exclu de l'établissement. Le mouvement anticolonialiste de Paris dénonce cet acte raciste et injuste en même temps qu'il organise la solidarité à l'endroit de Moumouni. Les étudiants nord-africains s'engagent à le nourrir jusqu'à ce que sa bourse soit rétablie ; les réunionnais lui offrent un logement dans leur résidence. Le Comité de rédaction du journal « étudiants anticolonialistes » donne aux lycéens de Paris 500 exemplaires de son journal, dont la vente doit permettre à Moumouni de subvenir à ses autres besoins.

Le cas d'Abdou Moumouni illustre bien l'utilisation par le gouvernement français de la discrimination raciale comme méthode de gestion des étudiants étrangers et particulièrement des anticolonialistes. Les brimades, la violation des correspondances et l'ouverture des casiers des étudiants étaient des pratiques courantes. Il faut signaler également l'attitude équivoque du député Diori Hamani, qui, bien qu'alerté, n'a apparemment rien entrepris pour faire annuler la sanction. La décision de l'inscrire à Nice vise à l'éloigner de Paris. À la commission des bourses de juillet 1950, le Gouvernement général de l'AOF lui propose une inscription à la Faculté des sciences de Poitiers, qu'il refuse de rejoindre, renonçant du même coup à la bourse (Dieng, 2003 :172). Pour affaiblir et diviser les associations d'étudiants, il fallait éviter leur concentration au niveau de la capitale ; les autorités françaises ont toujours essayé d'affecter les éléments les plus radicaux dans les universités de province.

Cette exclusion fut un tournant important dans sa vie de militant puisque « c'est là que commença la carrière politico-syndicale de Moumouni, qui était un des dirigeants des étudiants africains en France » (Sall 1993:73). L'exclusion de la classe préparatoire pour des raisons politiques est attestée par Khalilou Sall :

> J'ai revu Moumouni plus tard quand je suis monté à Paris. Il avait eu des problèmes en classe préparatoire à cause de son engagement politique et finalement il s'était inscrit à la Sorbonne (Sall 1993:47).

L'économiste égyptien Samir Amin confirme :

> Je connaissais Abdou Moumouni depuis 1950. Il était alors un très jeune et
> brillant étudiant, refusé pour des raisons politiques par le lycée Saint-Louis à Paris
> (Amin 1993:55).

Ayant refusé de rejoindre Nice et Poitiers, il perd la bourse du gouvernement
général. Sans ressources, il va désormais vivre grâce aux nombreuses actions de
solidarité mises en œuvre par le Comité de liaison des associations d'étudiants
anticolonialistes. Les engagements des uns et des autres sont fermement tenus. La
vente des 500 exemplaires du journal *Étudiants anticolonialistes* s'élève à dix mille
(10 000) francs ; ce qui équivaut à plus d'une demi-bourse, le montant de celle-ci
étant de 16 000 francs en 1950. Abdou Moumouni va désormais pouvoir subvenir
à l'essentiel de ses besoins, rester à Paris et poursuivre ses études à la Sorbonne.

Membre du Comité de liaison de l'association des étudiants anticolonialiste et rédacteur au journal Étudiants anticolonialistes

Il est accueilli et logé gratuitement à l'hôtel des étudiants réunionnais (sis au 22,
rue Saint-Sulpice à Paris) rassemblés autour du futur célèbre avocat Jacques Vergès
(Entretien avec Samir Amin, Rabat, 7 décembre 2011). Le bâtiment était un hôtel
réquisitionné après la guerre et affecté aux étudiants réunionnais, qui décidèrent
de mettre en place un comité de gestion autonome et d'affecter une partie des
chambres aux étudiants coloniaux en difficulté. Samir Amin, Égyptien et habitant
le même hôtel, rapporte qu'un petit fonds social financé par des dons, des quêtes
et des cotisations individuelles a été mis en place pour soutenir les « étudiants
victimes du colonialisme français ». Il y avait une grande solidarité entre ces
étudiants venus des différents coins du Tiers-Monde et en majorité des pays sous
domination coloniale. Ce milieu cosmopolite aura un impact durable dans la vie
d'Abdou Moumouni et explique sans doute son côté internationaliste, « citoyen
du monde », soutenant toutes les luttes pour la liberté, le progrès et la justice.

   Son exclusion pour des raisons politiques de la classe préparatoire du lycée
Saint-Louis lui donnait désormais plus de temps pour se consacrer au mouvement
associatif. Son inscription à la Faculté des sciences de la Sorbonne comporte un
programme moins chargé. À son arrivée en mai 1950, à l'hôtel du 22, rue Saint-
Sulpice, c'est tout naturellement qu'il adhère au Comité de liaison des associations
d'étudiants anticolonialistes créé en mars 1948 par quatre associations d'étudiants :
l'Association des étudiants musulmans nord-africains en France (AEMNA) situé
au 115, Boulevard Saint-Michel et regroupant Algériens, Tunisiens et Marocains ;
l'Association générale des étudiants d'origine malgache (AGEOM) ; l'Association
générale des étudiants vietnamiens (AGEV) ; l'Union des étudiants réunionnais.
C'était, selon Jacques Vergès, « un organe informel qui assurait, sans être fédéral
pour autant, la liaison entre toutes les organisations représentatives des étudiants

ressortissants de ce que l'on appelait encore « l'Empire colonial français » (Felissi et Vergès 2005:39).

Avec comme premier secrétaire général Jacques Vergès, c'est l'une des premières organisations d'étudiants étrangers en France de l'après-guerre, qui se propose d'agir en commun face aux problèmes nés de la situation coloniale. L'éditorial du premier numéro de la revue *Étudiants anticolonialistes*, édité en novembre 1949 par le Comité précise les objectifs :

> À chaque crime commis contre l'un de nos peuples se resserre un peu plus notre unité. À chaque attentat perpétré contre une liberté, nous comprenons mieux que notre condition d'étudiant est inséparable de notre sort de patriotes. Voilà pourquoi nous estimons que l'amélioration même de nos conditions de vie d'étudiants en France ne peut être obtenue par des démarches humiliantes, mais arrachées seulement par l'action (*Étudiants anti-colonialistes*, n° 1, novembre 1949).

Le Comité a été très actif. Jacques Vergès dit de cette époque qu'« il ne se passait pas deux jours sans que nous fissions des manifestations dans le quartier latin » (Felessi et Vergès 2005:37). Les représentants sont reçus par Maurice Thorez en août 1950 au siège du Parti communiste français et envoient en avril 1951 une lettre ouverte à François Mitterrand (ministre de la France d'Outre-mer) l'accusant d'expulsions – sans inculpation préalable – d'étudiants étrangers. Plusieurs activités d'animation scientifique, politique et culturelle sont organisées à Paris et à l'intérieur de la France : plusieurs meetings à la Mutualité à Paris sous le signe de l'indépendance nationale, de la libération des peuples opprimés et d'un enseignement démocratique ; conférences animées par des personnalités éminentes des arts, des lettres et des sciences ; projections de films suivies de débats avec la participation des réalisateurs ; visites d'entreprises avec la participation des militants syndicaux ; soirées culturelles animées par des groupes artistiques ; camps de vacances avec des enseignants et étudiants ; mise en relation des étudiants du monde entier pour l'établissement de correspondances. Les membres de l'organisation participent à de nombreuses manifestations d'étudiants : manifestation pour la paix à Paris, journée anticolonialiste sous l'égide de l'Union internationale des étudiants, Congrès mondial des partisans de la paix, Congrès de l'union nationale des étudiants de France, etc. Des Comités de liaison des étudiants anticolonialistes furent ouverts dans les villes de province (Montpellier, Toulouse, Lyon, Bordeaux) en vue d'élargir l'audience de l'organisation.

Le Comité de liaison a tout fait pour préserver son indépendance et afficher clairement sa ligne anticolonialiste. À ce titre, il refuse la demande d'adhésion de l'Union nationale des étudiants de France (UNEF) en soutenant que les revendications de celles-ci n'étaient pas celles des étudiants français. Vergès s'en est expliqué récemment : « Notre revendication principale était l'indépendance, la décolonisation et la fin du colonialisme. C'était notre revendication première, obsédante » (Felissi et Vergès 2005:39). Comme son nom l'indique, le Comité de liaison était une structure transversale de coordination composée des associations territoriales dont le nombre a augmenté au fur et à mesure du travail de sensibilisation mené par les dirigeants. En 1958, il regroupait d'une part le Comité de liaison des étudiants d'Outre-Mer créé en 1952 (composé de : la Fédération des étudiants d'Afrique noire en France ; le Groupement des étudiants africains en sanatorium ; l'Union générale des étudiants musulmans algériens ; l'Union générale des étudiants guadeloupéens ; l'Union générale des étudiants guyanais ; l'Association des étudiants d'origine malgache ; l'Union générale des étudiants martiniquais ; l'Union générale des étudiants marocains ; l'Union générale des étudiants tunisiens ; la Section étudiante de l'union vietnamienne), et d'autre part un certain nombre d'organisations françaises d'étudiants, notamment   les étudiants communistes, socialistes, radicaux, ceux de l'Union de la gauche socialiste et certains élèves de certaines grandes écoles (République française 1958:113-116).

Le journal Étudiants anticolonialistes où Abdou Moumouni était rédacteur en même temps que Samir Amin (Entretien avec Samir Amin à Rabat, 7 décembre 2011), eut comme directeurs de publication successifs Jacques Vergès, André Nicolas, le Mauritanien Amokrane Ould Aoudia, l'Algérien André Akoun. La parution du journal, annoncée mensuelle, a été dans les faits irrégulière et s'arrête au numéro 16 en février 1953. Édité à Paris puis à Fontenay-sous-Bois puis à nouveau à Paris, il eut comme sièges sociaux successifs le 22, rue Saint-Sulpice, le siège du Comité de liaison à Paris, 6, rue des Grands Chemins (Fontenay- sous-Bois) et le 32, rue Mazarine à Paris. Ce journal était l'organe d'animation, d'information et de formation puisqu'il offrait aux étudiants coloniaux de toutes origines une tribune pour faire connaître à travers le monde leur position sur la question coloniale et la construction du socialisme. L'essentiel des écrits portait sur les luttes anticoloniales à travers le monde et la révolution socialiste mondiale. La revue comportait quatre rubriques : (i) La première, « Nouvelles du Comité » porte sur les actes officiels des représentants de l'organisation : rencontres avec des officiels, représentations de l'organisation à des manifestations, correspondances officielles, etc. ; (ii) La seconde présente des articles de défense des peuples opprimés, de protestation contre la guerre partout dans le monde et de revendication pour la paix, la fin des guerres coloniales et l'interdiction absolue de l'arme atomique ; (iii) La troisième comporte des questions d'actualité, dont l'enseignement, traité dès le second numéro par l'étudiant en médecine sénégalais Mamadou Dia – l'homonyme du Premier ministre – qui dénonce le projet de création d'une université à Dakar avec des programmes sommaires, un personnel peu qualifié et un matériel dérisoire (Dia, décembre 1949:4) ; (iv) La dernière rubrique dite culturelle est composée de chroniques cinématographiques et littéraires présentant des œuvres de cinéastes et d'écrivains anticolonialistes du monde entier. La question culturelle fut un thème central régulièrement traité. A. Nicolas, dans un article intitulé « Obscurantisme et civilisation » stigmatise la *destruction culturelle de l'Afrique* ainsi que la marginalisation et l'ignorance de son histoire (Nicolas 1950). Le journal publia également des extraits du fameux *Discours sur le colonialisme* où Aimé Césaire rejette avec violence l'Europe, le colonialisme et le capitalisme : « L'Europe est indéfendable… Le colonialisme, c'est du nazisme. Un nazisme absous et perpétré sur des non-Européens… La société capitaliste est incapable de fonder un droit des gens » (Césaire 1950).

Le deuxième numéro paru en décembre 1949 présente une première évaluation de l'impact du premier numéro sur les étudiants :

> Le premier numéro a remporté un succès extrêmement honorable. Il nous a permis de nous rendre compte à quel point notre journal correspondait à un besoin profond dans les masses d'étudiants anticolonialistes. Il nous a prouvé combien les étudiants ont compris le rôle que peut jouer notre journal, son but, qui est d'unir nos camarades – malgré toutes les manœuvres de division – et sa portée comme arme dans le combat qui est le nôtre (*Étudiants anticolonialistes*, n° 2, décembre 1949).

Le succès d'*Étudiants anticolonialistes* est indéniable. Pionnier de la presse nationaliste radicale, anticoloniale et procommuniste, le journal a contribué à la formation d'une conscience politique nécessaire à la libération de l'Afrique noire ; il a posé dans ses colonnes les problèmes cruciaux de l'Empire colonial français en général et de l'Afrique noire en particulier. La parution dans ses colonnes d'articles signés par des hommes politiques de renom tels que Gabriel d'Arboussier témoigne de son sérieux et de la large audience dont il bénéficie. Dans le même ordre d'idées, le Comité de liaison des associations d'étudiants anticolonialistes a été un groupe moteur à partir duquel se sont constituées plusieurs associations d'étudiants de pays colonisés, notamment la FEANF, et qui a contribué activement à la préparation de la Conférence afro-asiatique tenue du 18 au 24 avril 1955 à Bandoeng en Indonésie. L'action des étudiants anticolonialistes dans le milieu africain a enregistré un succès incontestable durant la décennie 1948-1958. Elle a :

- Permis d'établir et de maintenir le contact entre étudiants africains et étudiants de gauche du monde entier ; chacune des associations était membre associé de l'Union internationale des étudiants (UIE) et de la Fédération mondiale de la jeunesse démocratique (FMJD) dont les sièges étaient respectivement à Prague en Tchécoslovaquie et à Budapest en Hongrie. Ces deux organisations internationales, d'obédience communiste et soutenues par le bloc de l'Est, étaient considérées par les autorités françaises comme des instruments d'infiltration du communisme dans les territoires coloniaux.

- Contribué à amener sur le terrain politique des associations à caractère académique et corporatiste et à radicaliser les étudiants aux positions plutôt réformistes et assimilationnistes.

- Défendu avec succès auprès du PCF la thèse de l'indépendance des pays africains, en dépit des tensions et malentendus.

- Soutenu et encouragé les actes et déclarations positives et progressistes des politiciens ou syndicalistes africains élus au Parlement français ou au Conseil de l'Union française.

- Combattu les projets néocoloniaux de l'Union française et de la Communauté franco-africaine et contribué à clarifier les objectifs stratégiques de la lutte anticoloniale pour soutenir que l'indépendance immédiate était la seule perspective possible pour l'engagement des peuples africains dans une voie de développement réel.

Le Comité de liaison des associations d'étudiants anticolonialistes s'est également distingué en instaurant un devoir de mémoire à travers l'organisation de manifestations les 21 février et 24 avril pour célébrer les luttes anticoloniales et anti-impérialistes à travers le monde. Le 24 avril a été retenu comme date commémorative de la Conférence de Bandoeng.

La manifestation phare du Comité fut la commémoration de la journée anticolonialiste du 21 février instituée comme journée anti-impérialiste. Dans un article publié dans *L'Étudiant d'Afrique* noire et intitulé « Qu'est-ce que représente le 21 février ? », A.K. Bocoum précise :

> Le 21 février, c'est d'abord des faits. En Inde à Bombay, le 21 février 1946, éclata la révolte armée des marins contre l'impérialisme britannique qui l'étouffa par une répression brutale. Il s'ensuivit immédiatement un soulèvement des étudiants et des ouvriers de la ville ; de nombreuses grèves exprimèrent la colère des Indiens.
>
> Au Caire, en Égypte, le 21 février 1947, des milliers d'étudiants manifestèrent pour réclamer le retrait des troupes britanniques. La riposte du gouvernement exaspéré par l'ampleur d'un tel mouvement, fit de nombreux blessés et tués.
>
> Le 21 février, c'est ensuite un symbole. Une Conférence de la Jeunesse et des étudiants du Sud-Est asiatique convoquée par l'Union Internationale des étudiants et la Fédération mondiale de la Jeunesse démocratique le 21 février 1948 proclamait cette date « Journée internationale de la jeunesse et des étudiants contre le colonialisme ». Bref, le 21 février est considéré par toute l'humanité progressiste comme une date mémorable, un symbole. C'est la lutte héroïque de tout un monde contre un régime qui se refuse à périr : le colonialisme (République française 1958:114).

Au rang des manifestations les plus spectaculaires organisées par le Comité de liaison en relation avec la FEANF, on peut retenir deux cas à titre d'illustration : la « journée anti-impérialiste » du 21 février 1955 au cours de laquelle furent organisés de nombreux meetings avec distributions de tracts tant en province qu'à Paris, où 2 300 étudiants s'étaient rassemblés, selon les rapports de police ; le meeting du 3 mars 1955 au 44, rue de Rennes à Paris, attaqué par des groupuscules d'extrême droite aux cris de « Vivent les jeunesses patriotiques ! À nous l'Indochine ! Les cocos à Moscou » sous les yeux de la police, comme le rapporte le journal *Libération* : « Un meeting d'étudiants anticolonialistes attaqué à la grenade lacrymogène ; la police n'est pas intervenue ».

Des appréciations divergentes furent émises sur *Étudiants anticolonialistes*. Si tous s'accordent à reconnaître qu'il fut le premier journal nationaliste de la presse des étudiants coloniaux en France, d'aucuns lui reprochent sa coloration ouvertement communiste, qui faisait de lui une sorte de caisse de résonance des prises de position politiques du Parti communiste français. L'obédience communiste du journal serait la preuve qu'il n'a aucune autonomie tant sur le plan politique que matériel et financier. Pour nuancer ces propos, il est nécessaire de faire un rappel historique des rapports du PCF depuis sa création dans les années 1920, avec la question coloniale et particulièrement avec la presse des milieux coloniaux en France. Depuis cette époque, le PCF a été parmi les principaux soutiens des associations de coloniaux en France. C'est avec son appui que naquit l'Union in- tercoloniale, qui créa *Le Paria*, un mensuel où s'exprimèrent côte à côte Indochi- nois, Maghrébins, Antillais, Africains et Malgaches. En outre, le PCF a apporté son soutien au « Comité de défense de la race nègre » fondé par l'ancien tirailleur sénégalais Lamine Senghor et qui édita en janvier et mars 1927, *La voix des nègres*. Enfin, en juillet 1931, Tiémoko Garan Kouyaté fonde avec l'aide du mouvement communiste *Le cri des nègres* qui s'aligne progressivement sur les thèses les plus intransigeantes du Komintern. Voilà pour l'entre-deux-guerres. Au lendemain de la Seconde Guerre mondiale, le monde entre dès 1947 en pleine guerre froide avec la politique des blocs. Là aussi, le PCF a été le seul parti français à mener et soutenir le combat contre la répression coloniale. Le rapport de Jdanov divise le monde en deux camps, celui du socialisme (et de la paix) et celui du capitalisme (et de la guerre) tandis que les Américains le partagent en monde libre (le capitalisme) et en « Satan » (le communisme). Ce combat idéologique trouve un écho dans *Étudiants anticolonialistes*, où la référence à la lutte pour la paix (et la construction du socialisme) est une constante de la ligne éditoriale. À côté des écrits propagandistes dictés par le PCF, les étudiants africains traitent également, on l'a vu, de thèmes qui sont au centre des préoccupations nationales : les limites de l'enseignement colonial, l'identité culturelle, etc. C'est le point de départ d'une évolution vers une certaine maturité politique avec des moyens d'expression propres. C'est dire que la tutelle communiste n'a pas entravé l'autonomie de réflexion des étudiants coloniaux.

Le voyage en Chine populaire : représentant de la jeunesse d'Afrique noire dans la délégation de la Fédération mondiale de la jeunesse démocratique (11 septembre–23 octobre 1950)

La Fédération mondiale de la jeunesse démocratique/FMJD (World Federation of Democratic Youth) a été créée par la Conférence mondiale de la jeunesse (World Youth Conference), tenue à Londres le 10 novembre 1945 sous l'égide du Conseil mondial de la jeunesse (World Youth Council) institué pendant la Seconde Guerre mondiale pour amener la jeunesse à : « éliminer toute trace de fascisme sur la terre ; construire une profonde et sincère fraternité internationale parmi les peuples du monde ; entretenir une paix durable ; consolider l'unité de la jeunesse à travers le monde » (statuts de la FMJD). La FMJD se voulait à l'origine un large mouvement international de la jeunesse. Son caractère anti-impérialiste et anticolonialiste s'affirme de plus en plus ainsi que sa proximité avec le mouvement communiste international. Le siège est à Budapest en Hongrie et le premier festival mondial de la jeunesse s'est tenu à Prague en 1947 en Tchécoslovaquie. Cela amène la plupart des organismes et pays occidentaux à se retirer, au début de la guerre froide, de l'organisation, qui est désormais sous la coupe de l'URSS et du bloc de l'Est. Elle devient suspecte aux yeux du gouvernement général de l'AOF qui la considère comme un regroupement d'activistes communistes chargés de faire de l'agitation dans les territoires coloniaux pour le compte de l'Union soviétique. Ses publications sont interdites mais son organe principal *Jeunesse du monde* continue d'entrer clandestinement dans les colonies de la Fédération.

La plupart des associations d'étudiants anticolonialistes et anti-impérialistes sont membres de la FMJD. Le Rassemblement de la jeunesse démocratique (RJD/RDA) y adhère sous l'action de Gabriel d'Arboussier, conservant sa vocation anticolonialiste en dépit du désapparentement avec le PCF en octobre 1950. C'est à double titre qu'Abdou Moumouni participe à ce voyage d'études en Chine en tant que membre du RJD/RDA et du PCF d'une part et d'autre part en tant que militant actif du Comité de liaison des associations d'étudiants anticolonialistes et rédacteur à *Étudiants anticolonialistes*. À peine installés (octobre 1949), les responsables de la jeune révolution chinoise accueillent la jeunesse anti-impérialiste en septembre 1950. C'est la première occasion, pour Abdou Moumouni de contribuer à *Étudiants anticolonialistes*. Il publie un reportage en deux parties intitulé « Voici la Chine nouvelle », paru dans le no 9 de décembre 1950-janvier 1951 et le no 11 de mars-avril 1951. La première partie relate ses premières impressions d'un voyage de 40 jours qui lui a donné l'occasion de visiter les provinces du Nord, du Nord-Est, du Sud, du Sud-Est et du Centre ainsi qu'une quinzaine de villes où la délégation a effectué plusieurs meetings, causeries, conférences, et visites dans les universités, usines, et exploitations agricoles. Il a été très impressionné par l'enthousiasme de la jeunesse et du peuple chinois, les « meeting-spectacles » hauts en couleur, la sobriété de l'habillement, les destructions organisées par les bandes de Tchang Kai Cheik dans les villes, le matériel américain saisi par les révolutionnaires et qu'il   appelle « les manifestations évidentes de la victoire du peuple chinois sur l'impérialisme américain ». Cependant le point le plus important, qu'il a largement développé, est ce qu'il a appelé « une grande bataille (de la production) mais une bataille pacifique ». La visite d'une quinzaine d'usines lui a permis de faire le bilan des réalisations d'une année de pouvoir populaire et de 27 ans de lutte armée. Les résultats sont impressionnants, tant sur le plan physique que social avec le mouvement des « ouvriers modèles » ou « héros du travail » qui constituent selon Moumouni « l'élite de la classe ouvrière et un des plus sûrs garants de la Chine nouvelle ».

La deuxième partie du reportage met en exergue l'importance de « l'aide fraternelle de l'URSS à la République populaire chinoise » sur le plan économique et technique, avec la fourniture de matériel et d'experts dans divers domaines. Les Chinois s'inspirent du stakhanovisme et d'autres expériences de la classe ouvrière soviétique. Ensuite, Abdou Moumouni présente un aperçu des conditions misérables des paysans chinois dans l'ancienne Chine, expose les bases économiques, politiques, ainsi que les procédés de la réforme agraire et décrit la vie actuelle du paysan chinois. La réforme agraire a joué un rôle central dans les changements intervenus à la campagne dans les rapports de production, la vie sociale et politique. Moumouni s'en est rendu compte au cours de visites dans les maisons de paysans qui ont partagé leurs repas avec lui. Le paysan est devenu propriétaire de son moyen de production, la terre ; il reçoit des semences de l'État. Il est appuyé par l'Armée populaire et bénéficie de programmes d'alphabétisation. Tout ceci a des conséquences sur les conditions de vie des paysans et la production agricole qui a connu un bond considérable en 1950 et pour la première fois dans son histoire la Chine n'a pas importé un seul grain.

L'objectif de propagande assigné à ce voyage d'études n'a pas échappé à Abdou Moumouni qui reconnaît « qu'on ne peut nier qu'il faudra encore bien des améliorations ». Dans ce contexte de guerre froide, les étudiants africains étaient au centre des enjeux politiques internationaux et convoités entre l'Est et l'Ouest, entre la FMJD et la World Assembly of Youth (WAY). En parcourant l'article, on relève quelques faits invraisemblables tels que le salaire de cet ouvrier qui passe de 200 000 dollars avant la Révolution à trois millions de dollars au moment du passage de la délégation ! Encore une fois, le but recherché est de vanter le mérite du pouvoir populaire pour recueillir un soutien. Quoi qu'il en soit, ce voyage dans cette « Chine nouvelle » renforce la formation politique du jeune étudiant qui constate de visu à quoi peuvent conduire concrètement la lutte anti-impérialiste et la Révolution socialiste. Il retient que les enseignements tirés de la Révolution chinoise peuvent, avec un traitement adéquat, être appliqués par tous les peuples coloniaux dans leur lutte contre le colonialisme et pour l'indépendance nationale.

Militant de la Fédération des étudiants d'Afrique noire en France (FEANF)

Les mouvements d'étudiants ont joué un rôle moteur dans la dynamique d'opposition au pouvoir colonial et de lutte pour l'indépendance des territoires africains. La FEANF a été l'un des fers de lance de ce combat. Abdou Moumouni a été un des initiateurs de cette organisation et va y jouer un rôle central jusqu'à son départ de France en 1956.

Membre fondateur et membre du Comité exécutif de la FEANF

La FEANF est née de la volonté de donner un cadre fédéral à des associations d'étudiants disparates à base territoriale ou académique affiibles par des divergences internes et incapables d'assumer leurs responsabilités face à la situation politique dans les colonies africaines. En effet, ni l'AEAP jugée trop modérée ni l'AERDA, rongée par des désaccords internes d'ordre idéologique, n'étaient à la hauteur d'assumer les tâches qui incombaient aux étudiants africains dans le contexte politique de l'époque. Pour Alioune Diop, fondateur et dirigeant de la revue *Présence Africaine*, « les étudiants africains sont investis d'une mission historique : appelés à être les futurs dirigeants du Monde noir... ils ne sont pas en Europe seulement pour apprendre un métier... L'amour du pays natal est plus profond. Et ce souci de sauvegarder la dignité africaine est plus poignant » (*Présence Africaine* 1953:24).

En dehors de l'Association des étudiants africains de Paris, les autres associations académiques étaient implantées à Montpellier, Bordeaux, Toulouse et Lyon. Ces provinces comptaient le plus grand nombre d'étudiants parce que le ministère de la France d'Outre-Mer avait pour politique d'inscrire les Africains dans les régions de la France où il ne faisait pas très froid. Ces associations de province étaient réputées plus sérieuses du fait de leur éloignement des services des bourses de Paris, qui met leurs membres à l'abri des tentatives de corruption. Quant aux sections territoriales composées des différentes nationalités, elles étaient au nombre de sept au moment de la création de la FEANF : l'Association des étudiants de Côte- d'Ivoire en France (AECI) et l'Association des étudiants togolais plus connue sous le nom de « Jeune Togo » créées toutes les deux en 1947 ; l'Association nationale des étudiants camerounais (ANEC) et l'Association des étudiants dahoméens en France (AEDF) créées en 1948 ; l'Association des étudiants gabonais en 1949 ; l'Association des étudiants de Haute-Volta en France (AEVF) et l'Association des étudiants guinéens en France (AEGF) créées en 1950. Plus tard seront créées : l'Association des étudiants soudanais en France (AESF) en 1951 ; l'Association des étudiants congolais (AEC) en 1952 ; l'Association des étudiants nigériens en France (AENF) déclarée à la préfecture de police de Paris le 7 décembre 1953 ayant son siège au 47 Boulevard Jourdan et devenue peu après l'Association des étudiants et stagiaires nigériens en France (AESNF) avec une quarantaine de membres et trois sections académiques (Paris, Montpellier, Toulouse); l'Association des étudiants tchadiens en France (AETF) en 1954 ; l'Association des étudiants oubanguiens en France (AEOF) en 1955 ; l'Association des étudiants de la Mauritanie en France (AEMF) en 1956 (Dieng 2009:39-42).

L'idée d'un organe fédéral à l'échelle de la France est venue des associations académiques provinciales qui ont souligné la nécessité d'un bureau central à Paris. C'est l'association de Montpellier qui a conçu et présenté le premier projet de statuts ayant servi de base de discussion au premier congrès préliminaire de la FEANF, réuni à Lyon les 5, 6 et 7 avril 1950 avec la participation des délégués de Bordeaux, Lyon, Paris, Montpellier et Toulouse. La création de la Fédération fut reportée en raison de divergences politiques profondes intervenues au sein de l'Association des étudiants africains de Paris désormais composée de deux associations dissidentes regroupant d'une part les membres de l'AERDA et d'autre part ceux du GAREP. Abdou Moumouni a pris une part active dans cet épisode crucial de l'histoire de l'AEAP, comme l'a rapporté Khalilou Sall :

> Tous les anciens étudiants africains se rappellent, dans les réunions, ce grand gringalet, têtu mais d'une rare intelligence avec une capacité d'analyse hors du commun. C'était l'époque des grandes discussions au sein de l'Association des étudiants africains de Paris (AEAP), entre les différents clans d'étudiants. Il y avait le GAREP, les étudiants du RDA, les étudiants communistes du groupe de langue, le groupe balbutiant des futurs dirigeants du MLN (Mouvement de libération natinale , parti politique créé par Joseph Ki-Zerbo) Sall 1993:47.

La réconciliation étant intervenue entre les deux camps à la rentrée universitaire de novembre 1950, le deuxième congrès put se réunir à Bordeaux les 28, 29 et 30 décembre 1950 ; la FEANF est créée dans cette ville dans la nuit du 31 décembre 1950 au 1er janvier 1951 par les associations académiques de Montpellier, Toulouse, Bordeaux et Paris. En attendant la tenue du premier congrès fédéral chargé de l'élection du Comité exécutif, Amadou Mahtar Mbow du Sénégal et Louis Atayi du Dahomey sont élus membres du secrétariat provisoire respectivement au poste de président et de secrétaire général.

Dans ses statuts, la Fédération se fixe six objectifs principaux :

a. Grouper toutes les associations d'étudiants d'Afrique noire en France

b. Défendre les intérêts matériels et moraux de ses membres

c. Établir et entretenir des relations avec :
  - les associations d'Afrique noire dont les activités sont comparables avec celles de la fédération
  - les instituts scientifiques et les établissements d'enseignement d'Afrique noire
  - les associations et fédérations françaises ou internationales dont les activités sont compatibles avec celles de la Fédération

d. Représenter officiellement les associations d'étudiants d'Afrique noire auprès de toutes les autorités administratives et universitaires ; envoyer si besoin est des délégations chargées de défendre leurs intérêts auprès des autorités administratives locales, métropolitaines et africaines,

e. Étudier les problèmes relatifs à l'Afrique noire, diffuser par tous les moyens la connaissance des milieux africains et faire connaître à ses membres les milieux français et étrangers,

f. servir d'intermédiaire entre ses membres et les comités et associations d'aide aux étudiants (FEANF 1951a).

Les mêmes statuts soulignent à l'article 4 l'apolitisme de la FEANF et son autonomie par rapport aux partis ou groupements politiques : « La Fédération n'adhère à aucun parti politique et ne prend part à aucune manifestation organisée par un groupement politique » (FEANF 1951 a). Cette disposition met en relief les préoccupations syndicales et corporatistes de la FEANF à ses débuts. Ce fut le fruit d'un compromis afin de rassembler tous les étudiants africains, quelle que soit leur affinité politique. Elle procède également d'un souci tactique de ne pas compromettre la légalisation de la Fédération auprès de la police française. La question de l'apolitisme continuera d'être âprement débattue et sera au centre de l'élection des organes de l'organisation. La Fédération est dirigée par un Conseil d'administration, composé de deux délégués par association membre (à l'exception de l'Association des étudiants africains de Paris qui en a six) et d'un Comité exécutif qui la représente dans la vie civile et judiciaire et veille à l'exécution des décisions du Conseil d'administration. Le Comité exécutif comprend quatre membres : un président, un secrétaire général, un secrétaire général adjoint et un trésorier général. Le Conseil d'administration contrôle les activités du Comité exécutif, fixe l'ordre du jour, la date et le lieu du Congrès.

Abdou Moumouni est cité parmi les membres fondateurs de la FEANF. Lorsqu'il participe à la création de celle-ci, c'est déjà un militant aguerri, qui a beaucoup lu et voyagé en Europe de l'Est et en Chine, avec une riche expérience de militant de plusieurs associations d'étudiants, d'organisations anticolonialistes et de partis politiques (PCF et RDA). Bref, un véritable activiste politique. Amadou Mahtar Mbow évoque son courage et son engagement politiques au sein du mouvement étudiant :

> Moumouni a été très actif dans l'élaboration du statut de la FEANF et par la suite dans toutes les activités sociales et politiques de l'organisation. Il avait une influence intellectuelle à cause de son engagement politique. Il avait des idées claires et nettes et exprimait avec force ses opinions. Il était certes timide et réservé, mais exprimait avec force ses idées et avec beaucoup de clarté. Mais ce n'était pas un tribun. Il était l'un des plus courageux d'entre nous parce qu'il assumait pleinement ses opinions, alors que certains camarades n'osaient pas s'exprimer clairement et prendre des positions de gauche dans certains débats ou par rapport à certains événements. (Entretien avec Amadou Mahtar Mbow, Dakar, 3 janvier 2012.)

Khalilou Sall confirme que « Moumouni a joué un rôle important dans le syndicalisme étudiant comme dirigeant de la FEANF et dans toutes les luttes que nous avons menées au quartier latin » (Sall 1993:47-48). Ce charisme, cette rigueur intellectuelle et morale lui ont valu d'être parmi les membres du premier Comité exécutif de la FEANF dès le premier congrès fédéral réuni à Paris les 21 et 22 mars 1951, et cela pendant trois années consécutives.

L'énumération qui suit indique la composition des trois premiers comités exécutifs auxquels Abdou Moumouni a participé ainsi que les appréciations des services de police français sur la coloration politique des membres.

1. Premier Congrès fédéral : Paris, 21 au 22 mars 1951

   Membres du Comité Exécutif :

   - Présidente : Solange Faladé, Dahoméenne, étudiante en médecine, de tendance favorable aux Indépendants d'Outre-Mer (IOM)
   - Secrétaire général : Amadou Mahtar Mbow, Sénégalais, étudiant en droit, de même tendance IOM
   - Secrétaire adjoint : Traoré N'Ki, Guinéen, étudiant à l'école Scienta, secrétaire de l'association communisante des étudiants RDA
   - Trésorier général : Abdou Moumouni, étudiant en sciences, Soudanais, rédacteur au journal Étudiants anticolonialistes

2. Deuxième Congrès fédéral : Paris, 14 au 15 avril 1952

   - Président : Édouard Sankalé, étudiant en médecine, Sénégalais, membre du Comité directeur de l'Association des étudiants RDA
   - Vice-président : Mamadou Samb, étudiant en lettres, Sénégalais, membre du Comité directeur de l'Association des étudiants RDA
   - Secrétaire général : Alioune Ba, étudiant en droit, Sénégalais, membre de l'Association des étudiants RDA
   - Premier secrétaire adjoint : Youssoufa Sylla, étudiant en médecine, Sénégalais, membre de l'Association des étudiants RDA
   - Deuxième secrétaire adjoint : Babacar Niang, Sénégalais, étudiant en sciences, responsable du journal La voix de l'Afrique noire et vendeur de *L'Humanité*
   - Trésorier général : Abdou Moumouni, Soudanais, étudiant en sciences, communiste convaincu

2. Troisième Congrès fédéral : Paris, 8 avril 1953

   Président : Mamadou Dia, étudiant en médecine, Sénégalais, membre du Parti communiste français et de l'Association des étudiants anticolonialistes

   - Vice-président : Alioune Ba, secrétaire général du précédent Comité
   - Secrétaire général : Babacar Ba, étudiant en droit, Sénégalais, ex-membre du Comité directeur du GAREP
   - Trésorier général : Abdou Moumouni, même fonction que dans le précédent Comité
   - Trésorier adjoint: Ignace Yace, étudiantensciences, Ivoirien(République française 1958:9-11).

Si l'Administrationfrançaise – sur la base des rapports des services derenseignement – a émis une opinion favorable sur le premier Comité exécutif avec deux étudiants considérés comme modérés (Solange Falandé et Amadou Mahtar Mbow), les autres membres du bureau n'étaient guère rassurants. La présence d'Abdou Moumouni

« étudiant anticolonialiste et communiste convaincu » et Traoré Nki « secrétaire de l'association communisante des étudiants RDA » inquiétait l'administration coloniale qui envisage la création d'une association parallèle :

> N'Ki Traoré et Abdou Moumouni sont bien connus pour leurs opinions politiques avancées : ils représentent la frange procommuniste des étudiants RDA… Il serait difficile d'obtenir l'élimination de l'Association des étudiants trop « engagés ». Il ne faut pas se dissimuler en effet que de nombreux étudiants sont plus ou moins acquis aux idées du RDA et que la création de la nouvelle Fédération, où l'on peut compter des éléments modérateurs, constitue sans doute un moindre mal. (Archives nationales du Sénégal, 17-9-269, Note 0695INT/ AP/R de M.A. Thomas, Affaires politiques, Direction générale de l'Intérieur du Haut Commissariat, Renseignements gnéraux).

La question préoccupait également les acteurs de la politique africaine en France. Amady Dieng rapporte les craintes du député RDA Ouezzin Coulibaly, partisan de l'assimilation et défenseur sans réserves de l'ordre colonial, qui considère que cette présence des deux étudiants communistes ou « communisants » est due à l'action de Gabriel d'Arboussier, appartenant à la tendance procommuniste du RDA :

> Gabriel d'Arboussier n'est pas resté inactif. Plus de 30 % des étudiants africains, particulièrement en province, partagent maintenant ses opinions communistes. Nous aurons fort à faire pour prendre en main la fédération. Mademoiselle Falandé est peu dynamique et c'est une femme. Le secrétaire général Amadou Mahtar Mbow qui nous était fidèle, va incessamment retourner en Afrique. Nous allons donc assister à un regain d'activité de la part des éléments d'extrême gauche (Dieng 2003:172).

Malgré les manœuvres de diversion visant au démantèlement de la Fédération menées par le secrétariat d'État à la France d'Outre-Mer, qui tenta de la mettre sur le même plan que les associations territoriales, le premier Comité exécutif a pu maintenir l'unité des étudiants africains et s'imposer comme seul habilité à représenter ces derniers, en dépit des tergiversations des associations des étudiants dahoméens et camerounais qui fallirent se prêter au jeu de la division. À la fin de son mandat, la FEANF regroupait un millier d'adhérents qui s'impliquaient de plus en plus dans la politique. On remarque, en effet, que le deuxième Comité exécutif est dominé par des étudiants procommunistes du RDA établissant des liens de plus en plus étroits avec l'Union internationale des étudiants qui accueillait depuis 1951 dans ses différents congrès de Berlin, Varsovie et Prague tous les membres du troisième Comité exécutif (République française 1959:11).

La tendance progressiste du Comité exécutif se confirme à l'issue du troisième congrès, en même temps que des éléments radicaux, tels que Khalilou Sall, les Camerounais Benoît Balla et Joseph Etoundi ainsi que le Soudanais Amadou Sy, tous membres du RDA et du PCF, prennent la tête de l'Association générale des étudiants de Paris. Désormais impuissants, les responsables du ministère de l'Outre-mer prennent acte et proposent une approche plus conciliante :

> L'étudiant africain constituera l'interlocuteur que l'Administration trouvera en face d'elle, le remplaçant à qui elle aura un jour à passer les consignes et les rênes. Si l'on veut que l'œuvre française se poursuive et se perpétue, il importe que l'élite que nous aurons formée se souvienne avec émotion de notre sollicitude à son égard et reste notre amie reconnaissante. (Archives nationales du Sénégal, 21-9-209, Etude sur l'état d'esprit des étudiants africains, Rapport n° 3959/558/PS/R/C du 26 février 1952).

Abdou Moumouni, trésorier général de la FEANF (mars 1951-décembre 1953)

Abdou Moumouni devient le premier trésorier général de la FEANF aux élections du premier Congrès fédéral tenu à Paris les 22 et 23 mars 1951, poste qu'il sera le seul dans l'histoire de l'organisation à occuper pendant trois années de suite, et à être reconduit au cours de trois congrès consécutifs. C'est assurément un record et il faut attendre le cinquième congrès fédéral (27-30 décembre 1954) pour voir l'élection d'un autre nigérien au du bureau de la FEANF au poste de Secrétaire adjoint en la personne de Maidanda Djermakoye Saïdou « étudiant en médecine de la famille des chefs coutumiers nigériens » selon le rapport secret des services de renseignement français sur la FEANF (République française, 1958 :12).

À première vue, cette fonction ne met pas Abdou Moumouni en première ligne ; on a l'impression qu'il s'est volontairement placé dans un rôle secondaire. En réalité, cela n'est que pure apparence car il a pris une part active, dès les premiers pas de la FEANF, pour en faire une organisation unie et responsable, tant au plan corporatiste que politique.

Les procès-verbaux des sessions des Conseils d'administration – qui statutairement se réunissent deux fois par an – permettent de relever les principaux points de débats ainsi que les positions défendues par Abdou Moumouni au sein de cette instance. Les réunions des trois premières années se sont penchées sur quatre questions principales intéressant non seulement les conditions de vie et de travail des étudiants africains mais aussi les rapports de l'organisation avec la politique : (i) les relations entre la Fédération et les assemblées territoriales ; (ii) les bourses ; (iii) la gestion des finances de la Fédération (iv) la FEANF et la politique. Sur toutes ces questions, Abdou Moumouni s'est exprimé clairement et a assumé pleinement ses opinions.

Les relations entre la Fédération et les associations territoriales

La question des associations territoriales a été au centre des préoccupations de la FEANF pendant les cinq années qui ont suivi sa création. La structuration de la Fédération sur la base des sections académiques fut mise en cause par les responsables des associations territoriales. Le problème était d'autant plus grave qu'il constitua une menace constante à l'unité de l'organisation avec deux courants opposés : la thèse territoriale et la thèse académique. Les étudiants favorables à la première soutenaient que les associations territoriales devraient rester compétentes pour toutes les questions relevant des régions ou des différents pays tandis que la Fédération ne s'occuperait que des questions d'intérêt général. Ils étaient discrètement soutenus d'une part par les parlementaires africains qui accordaient des subventions aux associations territoriales utilisées par ailleurs dans les pays comme instruments de campagne électorale et d'autre part par l'administration française. Celle-ci, dans un contexte de guerre froide, ne voulant pas de la Fédération, considérée comme sans représentativité et regroupant des activistes politiques à la solde du PCF et de l'URSS, mit en œuvre une politique de « diviser pour régner », en encourageant la création d'associations fantoches favorables aux positions françaises en matière de politique africaine et en menaçant de suspendre ou réduire les subventions des associations territoriales affiliées à la FEANF au prétexte que celles-ci bénéficiaient de subventions du Gouvernement général. La Fédération impliquait implicitement le fédéralisme politique qui s'oppose à la balkanisation de l'Afrique noire ; la France n'en voulait pas, préférant une Fédération des étudiants d'AOF, une Fédération d'étudiants d'AEF, une Association d'étudiants du Cameroun et une Association d'étudiants du Togo. Ces manœuvres de division étaient en parfaite contradiction avec la situation en France où l'Union nationale des étudiants de France (UNEF) regroupait des associations d'étudiants des différentes académies.

Les partisans de la thèse académique affirment que la Fédération a déjà une base académique avec des associations qui fonctionnent bien, tant à Paris que dans les provinces. En outre, ils soutiennent que les associations académiques sont moins vulnérables aux manœuvres de toutes sortes (corruption et division) menées par l'administration française, et enfin qu'elles contribuent au renforcement de la solidarité entre les étudiants africains, quel que soit leur pays d'origine.

Les manœuvres pour opposer les étudiants africains aux étudiants africains commencèrent dès la naissance de la FEANF. La première session du Conseil d'administration (session du 11 juillet 1951) a eu à examiner la mise en cause de la représentativité de la Fédération par les services du ministère de la France d'Outre-Mer, à l'occasion d'une demande d'organiser des camps de vacances au lycée de Bayonne formulée par l'Association des étudiants dahoméens, l'Association des étudiants de Côte-d'Ivoire et la Fédération. Ce fut la première occasion pour débattre des rapports entre la Fédération et les associations territoriales. Abdou Moumouni, en tant que trésorier directement impliqué dans l'organisation des camps de vacances, apporta des éclaircissements sur le cas de l'Association des étudiants dahoméens :

Il y a un autre élément où les difficultés se sont produites avec une association territoriale, celle des étudiants dahoméens, quand le Comité exécutif a eu à discuter avec le ministère de la France d'Outre-mer sur les résolutions du Congrès de la Fédération et sur l'aboutissement des revendications qui concernent ces résolutions. D'une part, encore sur le même problème des camps de vacances ou alors, du moins d'après les renseignements que nous avons eus, les autres présidents d'associations sont intervenus en disant que la Fédération organisait des camps de vacances et qu'ils n'en avaient pas organisé. Le représentant du Dahomey a défendu le point de vue qui consiste à dire que, eux, ils avaient besoin d'organiser un camp. C'était un premier point et sur l'ensemble des résolutions, d'après les renseignements que nous avons eus toujours, les résolutions du Congrès n'engageaient en aucune façon les étudiants dahoméens, si je ne me trompe, c'est bien ce que nous avons appris et je crois que c'est aussi là un problème important (FEANF 1951b:7-8).

Ensuite, Abdou Moumouni écoute longuement les débats et pose plusieurs questions. Enfin, dans une longue intervention, il fait la genèse du problème tout en esquissant des pistes de réflexion :

Ces questions étant précisées, je poursuis… Jusqu'ici on a discutaillé surtout, à mon avis et je l'ai dit il y a quelques instants au conseil d'administration, il ne faut pas venir ici pour déclarer : les associations existent ou non, elles doivent ou non exister ; elles existent, c'est un fait. C'est mon avis personnel, je l'ai exprimé au conseil d'administration : on a délibéré mais on n'a pas nié l'existence des associations territoriales et si en ce moment, on veut parler de l'unité des étudiants, il faut prendre la vérité concrète, c'est-à-dire qu'en ce qui concerne les problèmes posés, les discussions font apparaître ici d'une part que le centre du problème est l'association de Paris, il faut avoir l'honnêteté de le dire et, d'autre part, le centre du problème est la façon dont la masse des étudiants conçoit les rapports des associations territoriales avec la Fédération. Sur quoi repose tout ceci ? Cela devrait reposer normalement sur la façon dont ces étudiants ont mandaté leurs représentants au congrès constitutif de la Fédération. Cela démontre tout simplement qu'à la base – et je crois que ce sont les présidents des associations territoriales qui en diront quelque chose ou non – il n'y a pas une participation vraiment effective, une volonté vraiment nette de la part des étudiants pour mandater les gens à la Fédération ou tout au moins au congrès constitutif.

C'est exact, et même au premier congrès, il faut le dire, le travail préparatoire a été fait en quinze jours ; depuis le congrès constitutif, on n'en a pas parlé. Quand il s'est agi de préparer le congrès, on a élu des délégués, mais ce n'est pas une méthode pour que l'idée de Fédération pénètre dans la masse des étudiants, c'est un fait. Nous avons eu ce congrès et ici les gens ont tous dit qu'ils ne savaient rien des résolutions, qu'ils ne les ont pas vues. C'est exact et il faut prendre cela en considération.

Si nous voulons unir les étudiants, ce n'est pas en essayant de leur dire : voici ce que nous voulons, nous, vos dirigeants, et vous allez accepter. Non, il faut d'abord que les étudiants prennent conscience de ces faits. On a beau dire, on ne fera jamais prendre aux étudiants une position s'ils n'ont pas compris le problème (FEANF 1951b:59-60).

Pour Abdou Moumouni, l'origine du problème remonte au congrès constitutif de la FEANF qui a été préparé dans la précipitation, n'a pas suffisamment sensibilisé la majorité des étudiants à l'idée de la Fédération et enfin qui n'a pas développé des actions d'information, de formation et de communication. Il fustige l'autoritarisme des dirigeants qui imposent leurs points de vue au lieu de la discussion et la concertation avec la base. Ce comportement autocratique ajouté aux défaillances relevées plus haut fait que la masse des étudiants se sent plus concernée par les associations territoriales que par la Fédération qui apparaît distante. Sur tous ces plans, il met en cause l'organisation de l'Association des étudiants africains de Paris (AEAP) et son président Amadou Mahtar Mbow, en même temps secrétaire général de la FEANF. Les deux hommes se sont vivement opposés dans les débats, Abdou Moumouni reprochant à l'AEAP son laisser-aller, qui explique que les présidents des associations territoriales soient plus proches des étudiants.

La question reste en débat pendant encore plusieurs années. En 1954, Albert Franklin, président de la FEANF considère encore la thèse territoriale comme une manœuvre sournoise de division et ne lui reconnaît que des inconvénients :

> La base territoriale cristalliserait plutôt l'individualisme régionaliste : au lieu de chercher ensemble des solutions communes à des problèmes communs, les délégations territoriales viendraient à la table ronde, préoccupées de sauvegarder des « intérêts » particuliers. Ce ne serait plus une Fédération travaillant comme un seul homme, mais une confédération plutôt verbale que réelle qui serait en permanence à la recherche de son équilibre. Les questions d'« intérêts » et singulièrement d'argent ne sont pas les moindres dans ce conflit... Les associations territoriales sont très influençables du dehors et ce n'est pas un hasard si les personnalités administratives souhaitent ouvertement cette formule (Albert Franklin cité par Dieng 2003:360).

En définitive, après audition de tous les présidents des associations territoriales, le Conseil d'administration décide que la Fédération doit rester sur la base académique et que désormais seuls les représentants des associations académiques seront délégués au sein de cette structure et du Congrès. Les associations territoriales ne sont pas exclues dans la mesure où leur représentation s'opère à travers les associations académiques dont elles relèvent. Enfin, sur proposition d'Abdou Moumouni, le Conseil d'administration demande à l'AEAP de rendre plus effective la représentation des associations territoriales en son sein et d'améliorer son mode de gouvernance en vue d'associer plus étroitement et plus régulièrement les étudiants à la vie de cette structure (FEANF 1951b:68-69).

Tout cela ne sera que de courte durée car la question de la territorialisation ressurgit avec le vote en 1956 de la loi-cadre Gaston Deferre qui, dans les faits, constitue le premier acte officiel de liquidation de la FEANF. Le nationalisme territorial prenait sa revanche. L'adoption de l'autonomie interne des colonies entraîne la balkanisation du continent à la suite de la disparition des deux grandes entités administratives de l'Afrique occidentale et de l'Afrique équatoriale. Les affaires politiques, économiques, sociales et culturelles sont désormais traitées exclusivement au niveau des territoires. Les gouvernements africains de la loi- cadre se substituent au gouvernement français et aux fédérations d'AOF et d'A.E.F. comme seuls interlocuteurs des étudiants africains en France. À la suite des indépendances de 1960, la FEANF va être davantage affaiblie. Les associations territoriales traitent directement avec les ambassades de leurs pays pour tout ce qui concerne les problèmes de leurs membres : bourses, logement, passeports, etc.

Les bourses

Durant ses trois mandats au sein du Comité exécutif, Abdou Moumouni s'est fait remarquer dans le combat pour l'égalité des droits entre étudiants africains et étudiants français, particulièrement dans les domaines de la formation et des bourses. Celles-ci ont été au centre de la lutte de la FEANF qui, durant ses premiers pas, concentra l'essentiel de ses efforts à la défense des intérêts matériels et moraux de ses membres. Elle considérait que « ces bourses auxquelles les étudiants africains ont droit sont essentiellement payées par le labeur des paysans, par les travailleurs d'Afrique noire ». La bourse « n'est pas une faveur ou une libéralité du colonisateur mais un droit ; elle bénéficie à l'économie française dans la mesure où cet « argent des paysans africains » est dépensé sur place en France et constituerait un apport aussi précieux que les devises des touristes étrangers » (République française 1959:76).

La FEANF siège dans les commissions fédérales des bourses de l'AOF et de l'AEF C'est à ce titre qu'Abdou Moumouni la représenta en 1953 au sein de la commission des bourses du gouvernement général de l'AOF qui se tenait chaque année au mois de juillet à Dakar. Amady Aly Dieng, à l'époque secrétaire général de l'Association générale des étudiants de Dakar (A.G.E.D.), l'a rencontré et garda le souvenir d'« un garçon calme, à la limite timide mais très intransigeant sur les principes ». (Entretien avec Amady Aly Dieng, Dakar, 2 janvier 2012).

La lutte pour les revendications sociales n'est qu'en apparence « corporatiste ». Elle a également un caractère politique puisqu'elle est dirigée contre les prétentions du ministère de la France d'Outre-mer à régir à sa guise les étudiants africains. C'est dans ce sens qu'à la première session du Conseil d'administration de la FEANF en sa séance du mardi 10 juillet 1951, Abdou Moumouni s'élève contre les nouvelles modalités d'attribution des bourses fixées par l'administration française (voir l'intervention en annexe II). Il dénonce les trois mesures draconiennes suivantes qui stipulent que :

- La réussite au baccalauréat n'est plus une condition suffisante pour l'attribution par l'AOF d'une bourse d'enseignement supérieur.
- L'accomplissement d'études secondaires en France ne donne pas le droit d'y être maintenu comme boursier d'enseignement supérieur.

-   L'attribution de la bourse sera conditionnée par le choix de filières de formation qui présentent un intérêt pour l'AOF.

Dans son argumentation, il soutient que tout bachelier doit avoir une bourse d'enseignement supérieur d'autant plus qu'il n'y a pas assez de bacheliers en AOF. Quant à la deuxième mesure, il dénonce l'obligation faite à un étudiant déjà inscrit en France de retourner faire ses études en Afrique au prétexte que la discipline existe en Afrique.

L'augmentation des bourses en nombre et en valeur fut la préoccupation principale du premier Comité exécutif. De 4 500 F en 1946, le montant de la bourse était passé à 16 000 F en 1950 puis à 18 000 F en 1951. La première session du Conseil d'administration de 1951 propose qu'il soit porté à 25 000 F et discute des moyens d'action en vue de faire aboutir les revendications : « Certains sont pour les moyens d'action pacifiques. D'autres sont pour la violence et demandent l'organisation de manifestations devant le ministère de la France d'Outre-mer. C'est la position d'Abdou Moumouni » (Dieng 2003:178).

En définitive, les éléments radicaux se rangent du côté d'Abdou Moumouni et optent pour plusieurs formes d'agitation, en particulier des marches et des meetings avec signature de pétitions, distribution de tracts et déploiement de banderoles. À l'occasion de la célébration de la fête du 1er mai (fête des Travailleurs) 1952, les étudiants RDA de Paris regroupés avec les Vietnamiens et les Nord-Africains organisent une marche de la Nation à la Bastille avec des pancartes où il était écrit : « L'Afrique noire salue le peuple français. Des bourses pour les étudiants africains. À bas le colonialisme. Premier mai contre le racisme et pour la paix » (Archives nationales de France/section Outre-mer, Aix-en Provence, carton 2265, dossier 1, note de renseignement du 6 mai 1952). Le même rapport de police rapporte que les principaux leaders des mouvements étudiants et nationalistes prirent part à la marche : Édouard Sankalé, Abdou Moumouni, Cheick Anta Diop, etc.

Abdou Moumouni eut à dénoncer un enseignement supérieur au rabais dispensé à l'Institut des hautes études de Dakar faisant office d'université mais ne disposant pas de professeurs qualifiés.

> En ce qui concerne la question d'orientation, il se passe une chose suivante : on peut accorder une bourse à quelqu'un de telle façon qu'on exige que ce soit dans une branche de faculté existant en Afrique et à ce moment-là on le force à rester là-bas. À mon avis, il faut s'élever contre cette manière de procéder et je crois qu'on ne peut pas poser le problème sans, au fond, lui adjoindre le problème de la qualité des professeurs et de l'Institut des Hautes Études de Dakar. Ce n'est évidemment pas le problème fondamental quand on veut discuter de question de bourses, mais on ne peut cependant pas, de toute façon, le dissocier. Si les étudiants ne veulent pas aller en Afrique, ce n'est pas parce qu'ils ne veulent pas rester en Afrique mais c'est parce qu'il n'y a pas de professeurs qualifiés, il y a un enseignement inférieur, il faut bien le dire (FEANF 1951b:52).

L'Institut des hautes études de Dakar créé en 1950 (institué en 1957, dix-huitième université française après l'université d'Alger) avec quatre écoles (École supérieure de droit ; École préparatoire de médecine et de pharmacie ; École supérieure de lettres ; École supérieure de sciences) est mis en cause tant par les étudiants que par les hommes politiques africains, qui expriment des réserves sur la qualité de l'enseignement qui y est dispensé. Dans un rapport au Grand conseil de l'AOF, Léopold Sédar Senghor expose ce souci.

> Notre intention à nous parlementaires d'AOF, était de faire créer seulement une académie, non pas une Université, encore moins un Institut des Hautes Études. Vous le savez, l'Académie est une organisation administrative qui assure l'autonomie de l'enseignement en le soustrayant à la tutelle du politique, tandis que l'Université est l'ensemble des Écoles d'Enseignement supérieur appelées Facultés… J'ai toujours, pour des raisons de pratique, fait des réserves sur la création de l'Université, singulièrement des Écoles de Lettres et de Sciences… Comment former de bons professeurs de lettres et de sciences sans expérience métropolitaine ? Il n'est pas seulement question de bibliothèques et de laboratoires, mais surtout de cet air intellectuel, tonique et vivifiant, qu'on ne respire qu'à Paris et dans quelques villes de province. Il ne faut pas s'y tromper : nos Écoles de Lettres et de Sciences ne mèneront nos étudiants, sauf exception qu'à la licence, c'est-à-dire au poste d'adjoint d'enseignement. Or, la Haute administration n'a pas le droit de confiner les élites africaines qui se destinent à l'Université aux postes subalternes de l'enseignement du second degré… Le pourcentage des échecs (dans nos écoles) va en croissant et prouve l'inutilité des Écoles précitées. (Bulletin du Grand Conseil de l'AOF, n°16, 2ème session ordinaire de 1953, séance du 14 novembre, p 17).

L'inexistence d'un environnement intellectuel stimulant en Afrique est au centre du débat :

> Il faut que les professeurs rentrent au bout de 5 ou 10 ans au maximum, car passé ce laps de temps Outre-mer ou à l'étranger, ils ne peuvent plus être de bons professeurs s'ils ne se retrempent pas durant quelque temps dans l'ambiance enrichissante de la Métropole (de Benoist, 1982:272).

Assane Seck, militant de la FEANF dans les années 1950 et partisan de l'assimilation, ne voulait pas d'une université au rabais en Afrique, mais d'instituts spécialisés :

> Nous ne sommes pas éloignés de souscrire entièrement à l'opinion de ce professeur de Sorbonne (Jean Dresch) qui se demande si l'université de Dakar, conçue comme une université métropolitaine, n'est pas une erreur. Peut-être eut-il mieux valu, pense-t-il, continuer encore longtemps à envoyer des hommes en Europe pour leur formation générale et ne conserver en Afrique que des instituts spécialisés dans l'étude des problèmes africains et où les étudiants qui retournent chez eux feraient des stages pour mieux connaître leur pays et ses problèmes (Seck:11-12).

Tous ces arguments vont dans le sens de la position d'Abdou Moumouni qui s'oppose à un enseignement supérieur au rabais ne disposant ni d'un environnement intellectuel ni d'un personnel enseignant qualifié, toutes choses qui sont la condition sine qua non d'une université digne de ce nom, pleine et entière, offrant les mêmes formations et les mêmes débouchés que les universités de la métropole. Moumouni considère que toute la politique de sélection des boursiers et d'imposition des carrières en fonction des besoins de l'AOF vise à freiner la formation d'une élite et à compromettre les aspirations de la jeunesse africaine à des postes de responsabilité pour la réduire à des emplois subalternes en vue de mieux exploiter les populations africaines.

La gestion des finances de la Fédération

Le fait d'avoir été élu trois fois sans interruption trésorier général de la FEANF montre bien toute la confiance que les étudiants africains avaient en Abdou Moumouni et l'appréciation positive de sa gestion des affaires financières, qui combine probité, transparence et intégrité. Le rapport financier qu'il exposa à la première session du Conseil d'administration en ses séances des lundi 9 et mardi 10 juillet 1951 est présenté dans son intégralité à l'annexe 3. C'est un texte concis qui présente la situation des recettes et des dépenses depuis le Congrès qui l'a élu au poste de trésorier ainsi que quelques recommandations en vue d'une meilleure gestion financière. Il insiste principalement sur la recherche de nouvelles sources de financement afin d'assurer à l'association une totale autonomie financière vis-à-vis du ministère en charge des Colonies.

Le rapport est approuvé à l'unanimité sans observations majeures. Cependant, le Conseil d'administration procède à la révision de l'alinéa 4 de l'article 8 ainsi libellé : « Le trésorier général gère les fondsdela Fédération». La révision permettrait au président de procéder à des opérations financières pour le compte de la FEANF en cas d'empêchement du trésorier général. La modification suivante devrait être présentée au prochain congrès : « Le président assure l'ordonnancement des dépenses. En cas d'empêchement du trésorier général, le président du Comité exécutif peut remplir les mêmes fonctions » (FEANF 1951a).

La FEANF et la politique

La FEANF n'a jamais été un ensemble monolithique. Elle fut créée sur la base d'une plate-forme minimale, en vue d'intégrer dans un large front anti-impérialiste et anticolonialiste diverses sensibilités idéologiques et politiques. Catholiques et musulmans pratiquants côtoyaient des marxistes convaincus ; des modérés adeptes de la non-violence faisaient bon ménage avec des purs et durs jusqu'au- boutistes partisans des méthodes musclées. Il y avait d'autre part des militants du PCF, ceux qui étaient au RDA, des trotskistes, des maoïstes, des staliniens, les adeptes des thèses nationalistes de Cheikh Anta Diop, et enfin les apolitiques, les sans-parti. Abdou Moumouni a reconnu ces clivages mais précise qu'« on ne pouvait empêcher quelqu'un, s'il le désire, indépendamment du rôle qu'il joue au sein de l'association, d'avoir des rapports avec les partis politiques français » (SNECS 1993:42). Pour lui, cet engagement multipolaire était même « un droit » (SNECS 1993:41). Tout ce beau monde appartenait à un ensemble supra territorial appelé FEANF, qui était à la fois une école de démocratie et un cadre de solidarité, où on est avant tout Africain avant d'être Nigérien, Congolais, Togolais ou Camerounais, etc. Les affiliations politiques n'engageaient que les individus ; la Fédération s'étant toujours efforcée d'observer une neutralité politique.

L'apolitisme de la Fédération et son autonomie par rapport aux partis ou groupements politiques, proclamés à l'article 4 du statut, vont être rapidement mis à rude épreuve sous la pression des événements et des exigences sociales en particulier : l'application timide de la loi abolissant le travail forcé ; les événements de Dimbokro et la répression sanglante en Côte-d'Ivoire en 1950 ; la victoire du Convention People's Party (CPP) aux élections en Gold Coast ainsi que la libération de prison de son leader Kwamé Nkrumah, nommé l'année suivante au poste de Premier ministre, etc. Les étudiants africains sont interpellés sur la lutte de libération des peuples coloniaux et sollicités pour prendre des positions dans les débats, les journaux ou à travers la participation à des manifestations de solidarité. Le premier Conseil d'administration a eu à débattre largement des rapports de la FEANF à la politique. Deux camps aux positions nettement tranchées s'opposaient : ceux qui voulaient s'en tenir strictement aux revendications corporatistes ou syndicales par la voie pacifique, et les partisans d'un syndicalisme révolutionnaire qui souhaitaient que la Fédération se réserve le droit, d'une part, de se prononcer sur des problèmes politiques et sociaux relatifs à l'Afrique noire, et d'autre part, d'utiliser la force comme moyen d'action pour faire aboutir ses revendications. Abdou Moumouni défend cette tendance en ces termes : « Il est dit que notre Fédération n'adhère à aucun parti politique mais nulle part, dans nos statuts, il n'est dit que notre Fédération ne fait pas de politique » (FEANF 1951b:787). Finalement, après d'âpres discussions et deux tours de vote, le principe de manifester fut adopté et l'article 4, révisé en ces termes :

> La Fédération n'adhère à aucun parti politique et ne prend part à aucune manifestation organisée par un parti ou un groupement politique. Toutefois, elle peut prendre des décisions importantes dans le cadre des problèmes d'Afrique noire à la majorité des 4/5 de son Conseil d'administration (FEANF 1951a:5).

Cet épisode constitua un tournant capital dans l'histoire de la FEANF. Il inaugurait une ère nouvelle, celle de la politisation de la FEANF. Désormais,   la lutte était à la fois corporatiste et politique. Sur ce dernier point, il ne fallait pas se contenter de suivre les événements et d'y réagir. La bataille politique a également d'autres exigences : en premier lieu l'adhésion aux principes des droits de l'homme à disposer d'eux-mêmes et le rejet de toute forme d'exploitation de l'homme par l'homme ; en second lieu la réflexion sur les stratégies de libération de l'Afrique noire et le projet de société à construire. Cette démarche encourage la lutte anticoloniale et la revendication de l'indépendance. Les débats sur ces questions apparaissent dès 1951 à la suite de la publication par *Présence Africaine* d'un article de l'étudiant en médecine sénégalais Majhemout Diop qui rejette sans ambages l'assimilation et l'Union française, optant pour l'indépendance totale immédiate :

> Car le désir d'indépendance est le seul dénominateur commun actuel entre les adeptes de toutes les doctrines, de toutes les idéologies, de toutes les religions africaines. Il ne fait appel qu'au désir de chaque individu de vivre libre ; il s'agit simplement de vouloir l'indépendance de l'Afrique et d'y travailler. Cette Union n'exclut que ceux qui pensent que l'esclavage doit durer éternellement, et qu'il vaut mieux servir fidèlement les maîtres étrangers en se contentant de leurs reliefs de récompenses ; ou encore, ceux qui se complaisent dans des rêves idéalisés d'assimilation intégrale. En dehors de ce front de lutte, nulle doctrine, quelle qu'elle soit, n'est capable de rallier tous les Africains sous la même bannière… On comprend donc que ce ne sera pas en envoyant des parlementaires éternellement en minorité à la Chambre que nous résoudrons nos difficultés. Il faut que tout le peuple sache, tout comme nos parlementaires, que ce moyen n'est qu'un pis-aller qu'on ne doit pas en attendre la fin de tous nos maux… La seule vraie fin est l'indépendance totale (Diop 1953:150-152).

Abdou Moumouni contribua activement à cette avancée majeure dans la radicalisation du mouvement étudiant africain. La FEANF durcit sa position et se prononce clairement en faveur de l'unité, de l'indépendance totale et immédiate du continent. La radicalisation se renforce à partir de 1954 sous la pression d'événements extérieurs :

En mai 1954, la défaite des troupes françaises à Dien Bien Phu ;

- La même année, au mois de novembre, le début de la guerre d'Algérie sous la bannière du Front de libération nationale (FLN) ;
- Au Cameroun, l'entrée en rébellion armée de l'Union des populations du Cameroun (UPC) dirigée par Um Nyobé ;
- La violente répression du mouvement nationaliste Mau Mau au Kenya par les Anglais ;
- En 1955, la Conférence afro-asiatique de Bandoeng réclamant l'émancipation des peuples d'Asie et d'Afrique du joug colonial et à laquelle la FEANF envoya deux délégués (Benoît Balla du Cameroun et Diallo Ogo Kane du Sénégal) alors qu'aucun leader politique d'Afrique noire n'était présent ;
- L'année d'après, toujours à Bandoeng, la Conférence des étudiants afro-asiatiques ;
- La promulgation de la loi-cadre donnant en 1956 l'autonomie à chaque territoire français ;

- Le premier Congrès des écrivains noirs à Paris en septembre 1956 ;
- En 1957, la proclamation de l'indépendance de la Gold Coast qui devient Ghana.

L'apport d'Abdou Moumouni au mouvement étudiant en France a été immense. Au moment où il quitte le Comité exécutif de la FEANF en décembre 1953, celle-ci comptait 1 600 membres contre un millier deux ans auparavant. Le Comité de liaison des associations d'étudiants anticolonialistes contribua activement à la radicalisation de ses membres et fut à l'avant-garde de toutes les manifestations contre le colonialisme et l'impérialisme. C'est pour affirmer ouvertement, avec la plus grande rigueur, son engagement politique et aller au-delà de la réflexion théorique, des dénonciations et des manifestations, qu'Abdou Moumouni adhéra à des structures politiques formelles telles que le PCF et le RDA, pour mieux assimiler la pratique de la lutte politique et la mener sur le terrain en contact direct avec la classe ouvrière en France et les masses africaines.

Actualité d'Abdou Moumouni

Le combat politique d'Abdou Moumouni ne s'est pas limité au mouvement associatif étudiant. C'est en France, en tant qu'étudiant, qu'il acquiert deux traits fondamentaux de son caractère qui vont être une constante tout au long de sa vie : la rigueur et la mystique du travail. La mystique du travail renferme chez lui deux aspects : le dépassement de soi et le travail comme action politique.

Le dépassement de soi dans le travail implique la rigueur, l'honnêteté et le désintéressement. Déjà, entre 1948 et 1950 alors en classes préparatoires aux grandes écoles en Maths sup et Maths spé au lycée Saint-Louis à Paris, sa devise était : M S KOH qui signifiait « Aime, souffre et potasse (potasser signifie travailler dur) ». Il a toujours refusé les solutions de facilité et a pu relever de grands défis par le travail, en particulier l'admission en préparation aux grandes écoles et l'agrégation de physique à une époque où le colonisé était exclu ou tout au moins sous-représenté dans les filières scientifiques.

Le souvenir qui revient dans tous les témoignages est celui d'un bourreau de travail. Khalilou Sall évoque « un modèle de rigueur pour la jeunesse estudiantine… » (Sall 1993:80). Pour illustrer ses propos, il évoque cette anecdote de l'admission d'Abdou Moumouni à l'agrégation :

> Quand il passa l'agrégation, il l'avait réussie et bien mais il n'était pas content parce qu'il n'était pas parmi les premiers et c'est lui qui m'a raconté ça. Il va voir son professeur qui lui dit que ça s'est bien passé, « je suis bien heureux pour vous, vous avez obtenu l'agrégation, vous savez c'est une agrégation très difficile l'agrégation de physique. Les mathématiciens restent dans le domaine de la pensée et ils peuvent spéculer. Le physicien doit faire les deux : il faut qu'il soit un spéculateur intellectuel et en même temps un praticien. C'est pourquoi l'agrégation de physique est difficile

». Alors Moumouni, toujours grognon dit qu'il aurait quand même pu avoir un rang intéressant. Le professeur lui répondit : « Vous venez d'Afrique. Vous êtes sixième après les normaliens, vous savez il y a beaucoup de Français qui aimeraient être à votre place ! » C'est vrai qu'il n'était pas très content parce qu'il savait qu'il avait travaillé plus que ça. C'était un rang honorable, mais pour Moumouni, sixième après les normaliens… (Sall 1993:80-81).

Comment la nouvelle de cette admission fut-elle accueillie au Niger ? Voici le témoignage de son ancien élève Albert Wright :

En juillet 1956, Abdou Moumouni Dioffo devient le premier Africain à réussir l'agrégation de physique sous le régime colonial… La nouvelle explosa à la manière d'un bouquet de feux d'artifice tant au Niger qu'ailleurs dans l'Afrique colonisée… J'étais élève au collège classique et moderne de Niamey (devenu Lycée national en 1960 et actuel lycée Issa Korombé). La sensationnelle nouvelle suscita dans tout le collège fierté, admiration et émerveillement ! (Wright 2009:1-2).

Abdou Moumouni était un maniaque du travail bien fait dans tous les différents aspects de sa vie : étudiant, militant du mouvement syndical, membre fondateur de la FEANF, militant politique (membre fondateur du Parti africain pour l'indépendance/PAI), enseignant et chercheur.

C'était un puriste dans la conception et dans ce qu'il faisait, malgré les apparences… C'est ça le côté puriste de Moumouni que les gens ne connaissaient pas et pourtant c'est sa vie constante (Sall 1993:80).

Il s'est toujours fait remarquer par son engagement total et désintéressé. Cette ténacité a été constante jusqu'à la fin de sa vie. Dans une interview accordée au journal *Bingo* en 1988, on lui a demandé de formuler un vœu et il répond en ces termes :

Que les jeunes Africains travaillent pour leur pays. Qu'ils n'attendent pas d'avoir des récompenses (SNECS 1993:24).

C'est à ce niveau qu'interviennent le chercheur désintéressé et le patriote intransigeant. Bachir Attouman a eu à faire la même remarque :

Il y avait une idée constante chez lui, un principe, c'était l'intérêt particulier qu'il avait pour le travail qui chez lui semblait être la valeur suprême… Pour lui, les Africains devaient avant tout faire la preuve de leur compétence, de leur capacité à égaler et même dépasser les Européens… Cette valorisation du travail était une donnée permanente chez lui et il exigeait peut-être trop des autres… (SNECS 1993:79-80).

Abdou Moumouni développe lui-même sa position sur la question au cours de sa dernière allocution publique prononcée à Niamey le 5 mai 1988 à l'occasion de la présentation officielle du diplôme et de la médaille d'or décernés par l'organisation mondiale de la propriété intellectuelle. Ce discours très court mais très dense a été considéré comme son « testament intellectuel ». C'est la première fois qu'il expose sa vision de la vie où, encore une fois, le travail occupe une place centrale. On y découvre la modestie et l'humilité du savant. Il est intéressant de prendre connaissance de la partie principale de ce texte :

> Comme il est de tradition en de pareilles circonstances, vous me permettrez, Mesdames et Messieurs, de développer et exposer quelques réflexions qui me sont chères.
>
> La première découlant de l'expérience que j'ai vécue est que nul n'est prophète en son pays et qu'il est fondamental dans la vie d'un homme de s'attacher à un idéal et une vision de l'avenir de son pays et plus généralement de l'humanité entière plutôt que de se cantonner à une courte vue basée sur des calculs souvent sordides et conduits au jour le jour.
>
> La deuxième est que seul le travail compte et peut permettre de léguer un héritage à la postérité et peut-être un exemple à ceux qui nous suivent. Sur ce plan, comme j'aime à le dire à mes étudiants, la pensée d'Ibsen me semble d'actualité : « Homme de la plaine, pourquoi grimpes-tu sur la montagne ? – Parce que je ne découvre la beauté de la plaine que du haut des sommets ».
>
> Vous me permettrez de conclure cette intervention par un encouragement en direction de mes collègues cadets et de nos étudiants. Un encouragement au travail d'abord, et au travail bien fait (autant qu'un homme puisse y prétendre) dans la modestie et l'humilité que l'on acquiert quand on aborde sérieusement ce qu'on fait.
>
> Mesdames, Messieurs, je voudrais finir sur une note d'humour ; quand j'étais en Maths sup et Maths spé à Paris, il y avait une devise encadrée de façon permanente au tableau : M S KOH qui, traduite du jargon qui était le nôtre, signifiait : Aime, Souffre et Potasse. L'amour est évidemment une composante de la vie d'un homme ; de même la souffrance et le travail (potasser signifiait travailler). Je voudrais transmettre ce message à nos étudiants (SNECS 1993:8-19).

D'aucuns ont reproché à Abdou Moumouni cette mystique du travail particulièrement vers la fin de ces jours comme s'il était passé d'un militantisme radical à une sorte d'exaltation du travail comme valeur suprême, comme refuge en lieu et place du combat politique. Pour comprendre cette dimension du personnage, il faut remonter aux luttes qu'il a menées dans le contexte colonial. Déjà, à cette époque, il considérait *le travail comme une action éminemment politique*. Il l'a illustré en devenant en 1956 le premier agrégé de sciences physiques de l'Afrique francophone « au moment où le Noir dans nombre d'esprits passait pour congénitalement inapte aux mathématiques et à la physique. Il devint donc un mythe vivant, destructeur d'un mythe obscurantiste » (Ki-Zerbo 1999:54). Toute sa vie, il a combattu les solutions de facilité. C'est la raison pour laquelle il a eu un parcours scolaire fulgurant depuis l'École primaire supérieure de Niamey jusqu'à l'Université de Paris, parce que démystifier est pour lui la première chose à faire pour redonner à l'Afrique sa dignité et le respect qu'elle mérite. Il a levé ce défi grâce au travail par lequel il a prouvé au colonisateur que le Noir était intellectuellement capable d'accéder à ce niveau de formation et qu'il était capable de se libérer du complexe et du mépris intellectuel dans lesquels le système colonial le confinait. Cheikh Hamidou Kane a bien mis en exergue l'obsession de cette première génération d'intellectuels africains, leur combat acharné pour franchir les barrières et sortir du ghetto intellectuel dans lequel le système colonial voulait les enfermer. Senghor, Alioune Diop, Ki-Zerbo, Abdou Moumouni et tant d'autres, ont démontré par le travail « que le savoir, la science et l'intelligence ne devaient pas être un monopole dont notre race noire devait être exclue comme le colonisateur tentait de nous le faire croire à l'époque, pour nous maintenir dans sa sujétion » (Cheikh Hamidou Kane 2006:70).

Aujourd'hui encore en 2012, vingt ans après la disparition d'Abdou Moumouni, la situation est demeurée fondamentalement la même. C'est en ce sens qu'il a été un visionnaire et il en a fait un cheval de bataille jusqu'à la fin de ces jours. Son dernier message à l'endroit de ses jeunes collègues et des étudiants, portait sur « un encouragement au travail d'abord, et au travail bien fait (autant qu'un homme puisse y prétendre) dans la modestie et l'humilité que l'on acquiert quand on aborde sérieusement ce qu'on fait » (Moumouni 1988c). Un travail bien fait mais aussi un travail désintéressé : « Que les jeunes Africains travaillent pour leur pays. Qu'ils n'attendent pas de récompense ». Tel fut le vœu qu'il a formulé au cours d'un entretien avec Mathieu Mbarga, journaliste au magazine *Bingo*. Il a été un bel exemple d'altruisme qui amène certains de ses compagnons à le qualifier de « *presque maladivement désintéressé* » (Ki-Zerbo 1991).

Cette position explique son attitude sans équivoque à l'égard du politique. Au cours d'une interview au journal *Bingo*, à la question « Quelle doit être l'attitude de l'intellectuel que vous êtes face à la politique ? » Abdou Moumouni a donné la réponse suivante :

> Moi, je ne suis pas un griot. En tant que citoyen de ce pays, j'ai des droits et des devoirs. Par conséquent, je crois qu'il est tout à fait normal que je donne mon opinion sur la politique qui est menée non seulement dans mon pays mais aussi sur le plan africain. Par contre, je ne cautionne pas l'attitude de certains intellectuels africains qui occupent des postes politiques. Je pense qu'ils sont mieux dans leur domaine respectif, ce qui ne les empêche pas de donner leur avis sur les questions politiques de leur pays (*Bingo* 1988).

L'Afrique passe encore dans nombre d'esprits pour un continent attardé dont le salut se trouve dans l'aide extérieure. Bien qu'ayant fêté parfois bruyamment le cinquantenaire de son indépendance, l'Afrique n'en demeure pas moins dominée sur les plans économique, scientifique et technique, en raison principalement de la marginalisation, voire la mise à l'écart, de ses intellectuels, en faveur des experts européens et américains, et sans doute bientôt chinois. La grande faillite des indépendances africaines, c'est l'exclusion de ses ressources humaines des centres de décision. Ce qui n'a pas marché avec les indépendances, c'est la façon dont les plans de développement ont été conçus. Aussi longtemps que vous confiez votre cerveau à quelqu'un, il ne le développera pas à votre place. Le développement en lui-même ne constitue pas le défi majeur de l'Afrique. Le principal enjeu ce sont les puissances mondiales qui excluent les Africains des débats et des décisions portant sur les priorités pour le développement de l'Afrique. Pour Abdou Moumouni, la mystique du travail vise avant tout la confiance en soi en vue de se libérer de tout complexe pour bâtir un développement endogène axé sur les besoins africains, par les Africains et pour les Africains. C'est le rempart contre le mimétisme, le « développement importé », le « développement clés en main », « le développement made in Washington ou Bruxelles version Banque mondiale ou Union européenne ». L'idée centrale est que personne ne construira l'Afrique à la place des Africains, car comme l'a dit Ki-Zerbo « on ne développe pas, on se développe ». Il y a une parfaite identité de point de vue entre Abdou Moumouni et ce dernier qui rappelle en historien émérite que, comme jadis sous la colonisation, les Africains sont encore tenus dans une espèce de mépris intellectuel :

> Le vrai développement qui consiste à partir de soi-même est inhibé. Le regard des autres déclenche chez bon nombre d'Africains des complexes paralysants, et ce manque d'assurance amorce le cercle vicieux du sous-développement. Car la confiance en soi est le premier pas du développement ; c'est le capital le plus précieux, l'énergie autonome toujours renouvelable. (Ki-Zerbo 2006:4)

Pour Abdou Moumouni, la mystique du travail est une des composantes essentielles de la responsabilité sociale et de l'engagement politique de l'intellectuel africain car comme il le disait « seul le travail compte et peut permettre de léguer un héritage à la postérité et peut-être un exemple à ceux qui nous suivent » (Moumouni 1988c). La mystique du travail est une composante essentielle de la « confiance en soi » qui, elle-même, est un préalable pour le « penser par soi-même ». Abdou Moumouni l'a non seulement pensé, mais il l'a traduit en actes en tant qu'intellectuel engagé, homme d'effort incessant et bourreau de travail.

Conclusion

Les organisations d'étudiants de l'après-guerre ont été une composante importante des mouvements de libération nationale qui ont assuré aux peuples d'Asie et d'Afrique leur indépendance politique. Elles assuraient l'encadrement idéologique, politique et syndical et ont été pour ces jeunes privilégiés, petits bourgeois, des écoles de formation à la théorie révolutionnaire, à l'action politique et aux revendications syndicales. Abdou Moumouni s'y est intégré très tôt.

Avec un parcours scolaire exceptionnel, il faisait partie de la faible minorité des intellectuels africains qui avaient pu forcer les barrages de la colonisation pour échapper à un enseignement au rabais et accéder à la culture moderne. Dès son jeune âge, il a été un intellectuel complet dans la mesure où, dans sa vie, activités politiques, intellectuelles et syndicales furent intimement imbriquées voire confondues. Il a réuni les caractéristiques essentielles de la fonction d'intellectuel en l'occurrence l'engagement et la responsabilité d'incarner des idéaux en vue du changement et du progrès. Très tôt, encore adolescent de 18 ans au lycée Van Vollenhoven, il a compris l'injustice et l'illogisme du système colonial et refusé d'être un petit-bourgeois au service d'une idéologie paternaliste et assimilationniste. De sa première participation à une grève dans cet établissement à son activisme politique au sein de la FEANF, il s'est affirmé dix années durant comme un créateur d'idées, un défenseur de l'homme, un militant du progrès en se démarquant d'un corporatisme démobilisateur pour un engagement politique sans équivoque. La suite de sa vie sera dans le sillage de ces premiers pas d'intellectuel engagé.

Quelques Conclusions

De cette situation financière, je tire quelques conclusions dont voici la première : c'est que nous avons une situation financière qui n'est pas déplorable, mais je souligne au Comité exécutif que c'est dû à un fait qui n'était pas prévu, c'est la remise de cette somme importante de la kermesse organisée à Dakar par Mme Lamine Gueye. Et c'est un fait qui souligne qu'on doit se pencher avec beaucoup de soins sur les moyens de financement des dépenses de fonctionnement de la Fédération. Au cours des réunions du Comité Exécutif, nous avons pensé que la Fédération pourrait s'adresser à certaines organisations en Afrique (des jeunes, d'étudiants, de municipalités) qui pourraient accepter de nous venir en aide en organisant des fêtes comme l'a fait Mme Lamine Gueye et son Comité pour nous venir en aide.

En tout cas, je souligne que si la Fédération, comme c'est stipulé dans l'article 4 de ses statuts qui doit être modifié par le présent Conseil d'administration, veut garder une indépendance totale vis-à-vis des services du ministère, en particulier, avec qui elle a mené une lutte syndicale et avec qui elle a encore à mener cette lutte, il faut que le Conseil d'administration envisage les problèmes financiers posés par le fonctionnement de la Fédération et les moyens propres à les résoudre en ne perdant pas de vue que, cette année, si la situation est assez favorable, on le doit à quelque chose d'assez imprévu, la recette de Dakar remise par Mme Lamine Gueye.

C'est tout ce que j'avais à dire au point de vue de la situation financière. (FEANF 1951b : 3-6)

Bibliographie

Aduayom, A. M., 1992, « La fédération des étudiants d'Afrique noire en France (FEANF) dans la lutte anti-coloniale (1950-1960) », in Coquery-Vidrovitch, Catherine et Hélène d'Almeida-Topor, éds, *Les jeunes en Afrique : la politique et la ville*, tome II, Paris, l'Harmattan.

Angelo, C., 1993, « Hommage à Abdou Moumouni », in *L'Université rend hommage à Abdou Moumouni*, p. 10.

Amin, S., 1993, « Hommage à Abdou Moumouni », in *L'Université rend hommage à Abdou Moumouni*, p. 55.

Badini, A., 1999, « Joseph Ki-Zerbo », *Perspectives*, vol XXIX, n° 4, 1999, p. 699-711.

Bah, T., 1992, « Les étudiants de l'Afrique noire et la marche à l'indépendance » in Ageron, Robert et Marc Michel, *L'Afrique noire à l'heure des indépendances*, Paris, Éditions du CNRS, p. 41-56.

Bah, T., (dir), 2005, *Intellectuels, nationalisme et idéal panafricain : perspective historique*, Dakar, CODESRIA, 186 p.

Bakary, Djibo, 1992, *Silence ! On décolonise*, Paris, L'Harmattan.

Beckman, B. & Adeoti, G., eds, 2006, *Intellectuals and African Development : Pretension and Resistance in African Politics*, Dakar/London/Pretoria, CODESRIA/Zed Books/ UNISA Press, 177 p.

Benoist, J.-Roger., de, 1982, *L'Afrique occidentale française : de la Conférence de Brazzaville (1944) à l'indépendance (1960)*, Dakar, Les Nouvelles Éditions Africaines.

Benoist, J.-Roger., de, 1990, « Du Parti Progressiste Nigérien au Sawaba : Djibo Bakary parle », *Politique Africaine*, n° 38, juin 1990.

Benoist, J.-R., de, 1992, « Entre la World Assembly of Youth (W.A.Y) et la Fédération Mondiale de la Jeunesse Démocratique (F.M.J.D) : les Conseils de la jeunesse de l'Afrique Occidentale française » in Coquery-Vidrovitch, Catherine et Odile Goerg, éds, *Les jeunes en Afrique : la politique et la ville*, Paris, l'Harmattan, pp. 142-156.

Benoist, J.-R., de, 1993, « La FEANF et les autorités coloniales » in UNESCO/ L'HARMATTAN, *Le rôle des mouvements d'étudiants dans l'évolution politique et sociale de l'Afrique de 1900 à 1975*, Paris.

Benot, Y., 1969, *Idéologies des indépendances africaines*, Paris, Maspéro.

Benot, Y., 1989, *Les députés africains au Palais Bourbon de 1914 à 1958*, Paris, Chaka. Césaire, Aimé, 1950, « Discours sur le colonialisme » (extraits), *Étudiants anticolonialistes*, n° 8, novembre 1950.

Dewitte, P., 2005, « Cent cinquante ans d'immigration : Haro sur l'étranger », *Hommes et migrations*, n° 1257, septembre-octobre 2005, p. 22-24.

Dia, M., 1949, « Une université à Dakar », *Étudiants anticolonialistes*, n° 2, décembre 1949.

Dieng, A. A., 1993, « Hommage à Abdou Moumouni », in *l'Université rend hommage à Abdou Moumouni*, p. 54-55.

Dieng, A. A., 2011, *Mémoires d'un étudiant africain, volume I : De l'École régionale de Diourbel à l'Université de Paris (1945-1960)*, Dakar, Codesria.

Dieng, A. A., 2011, *Mémoires d'un étudiant africain, volume II : De l'Université de Paris à mon retour au Sénégal (1960-1967)*, Dakar, Codesria.

Dieng, A. A., 2011, *Histoire des organisations d'étudiants africains en France (1900- 1950)*, Paris, L'Harmattan.

Dieng, A. A., 2009, *Les grands combats de la FEANF/de Bandoung aux indépendances (1950-1960)*, Paris, L'Harmattan.

Dieng, A. A., 2003, *Les premiers pas de la Fédération des étudiants d'Afrique noire en France (FEANF) : de l'Union française à Bandoung* (1950-1955), Paris, L'Harmattan. Dieng, Amady Aly, 2005, « Nationalisme et panafricanisme », in Bah, T., (dir), 2005, *Intellectuels, nationalisme et idéal panafricain : perspective historique*, Dakar, CODESRIA, p. 57-69.

Diop, M., 1953, « L'unique issue : l'indépendance totale, la seule voie : un large mouvement d'union anti-impérialiste », in *Présence Africaine, Les étudiants noirs parlent*, 1953, pp. 145-181.

Felessi, P. K., et Jacques, V., 2005, *Jacques Vergès, l'anticolonialiste*, Paris, Éditions du Félin.

Fédération des étudiants d'Afrique noire en France (FEANF), 1951 (a), *Statuts*, document ronéoté.

Fédération des étudiants d'Afrique noire en France (FEANF), 1951 (b), *Procès-verbaux du Conseil d'administration, 1951*.

Fluchard, C., 1995, *Le PPN/RDA et la décolonisation du Niger (1946-1960)*, Paris, L'Harmattan.

Franklin, A., 1954, *Les problèmes de l'unité ou la question des associations territoriales*, document ronéoté, 23 p.

Guimont, F., 1997, *Les étudiants africains en France (1950-1965)*, Paris, L'Harmattan, 333 p.

Kane, C. H., 2006 « Joseph Ki-Zerbo, portrait d'une génération africaine sous influence coloniale », *Bulletin du Codesria*, n° 3 & 4 p. 70-76.

Ki-Zerbo, J., 1991, « Hommage à Abdou Moumouni », in *L'Université rend hommage à Abdou Moumouni*, 1993, p. 53-54.

Ki-Zerbo, J., 2005, « African Intellectuals, Nationalism and Pan-Africanism : A Testimony » in Mkandawire, Thandika éd, *African Intellectuals : Rethinking Politics, Language, Gender and Development*, Dakar, Codesria/Zed Books, pp. 78-93.

Ki-Zerbo, J., 2006, « Où va l'Afrique ? », Bulletin du Codesria, n° 3 & 4, p. 4-9.

Ki-Zerbo, Joseph, 2007, *Repères pour l'Afrique*, Dakar, Panafrika/Silex/Nouvelles du Sud. Kriegel, Annie, 2002, « Histoire du communisme », in *Encyclopaedia Universalis*, n° 6, p. 133-140.

Madjarian, G., 1977, *La question coloniale et la politique du Parti communiste français, 1944-1947 : crise de l'impérialisme colonial et mouvement ouvrier*, Paris, Maspéro, 283 p.

Moumouni, A., 1964, *L'éducation en Afrique*, Paris, Maspéro.

Moumouni, A., 1988, *Allocution prononcée à l'occasion de la présentation officielle du diplôme et de la médaille d'or décernés par l'organisation mondiale de la propriété intellectuelle*.

Niandou, H., 1989, *Entretien avec Abdou Moumouni*.

Nicolas, A., 1950, « Obscurantisme et civilisation », *Étudiants anticolonialistes*, n° 6, juin 1950.

Parti Africain de l'Indépendance (PAI), 1957, *Manifeste du parti africain de l'indépendance*, La Lutte, n° 3, novembre 1957.

Présence Africaine, 1954, « Les étudiants d'Afrique noire parlent », n° 1.

République française/Ministère de l'Intérieur/Direction générale de la sûreté nationale/ Direction des renseignements généraux/Sous Direction de l'information, 1959, *La Fédération des étudiants d'Afrique noire en France (FEANF)*, Rapport secret, 280 p.

Rouch, J., 1991, « Sambalabé « Chute du grand ciel ». Pour un savant nigérien : Abdou Moumouni 1929-1991 », *Sahel-Dimanche* du 22 avril 1991, p. 96-98.

Sadji, A. B., 2006, *Le rôle de la génération charnière ouest-africaine : indépendance et développement*, Paris, L'Harmattan, 430 p.

Sall, K., 1993, « Hommage à Abdou Moumouni », in *l'Université rend hommage à Abdou Moumouni*, 1993, p. 47-51.

Sall, K., 1993, « Témoignages sur Abdou Moumouni : Entretien avec Bachir Attouman » in SNECS, *L'Université rend hommage à Abdou Moumouni*, p. 73-87.

Sarraut, A. 1931, *Grandeurs et servitudes coloniales*, Paris, Éditions du Sagittaire.

Syndicat national des enseignants et chercheurs du Supérieur (SNECS), 1993, *L'Université rend hommage à Abdou Moumouni*, Niamey, Nouvelle Imprimerie du Niger, 99 p.

Wright, A., 2009, *Hommage au Pr Abdou Moumouni Dioffo*, 6 p.

Journaux/revues d'époque consultés

1. *Étudiants anticolonialistes, Organe du Comité de liaison des associations d'étudiants anticolonialistes* (consultation en microfilms à la Bibliothèque nationale de France François Mitterrand) : n° 1, novembre 1949 ; n° 2, décembre 1949 ; n° 3 janvier-février 1950 ; n° 4, mars 1950 ; n° 5 avril 1950 ; n° 6, juin 1950 ; n° 7, juillet- août 1950 ; n° 8, novembre 1950 ; n° 9 décembre 1950-janvier 1951 ; n° 10, janvier-février 1951 ; n° 11, mars-avril 1951 ; n° 12, juin 1951 ; n° 13, décembre 1951 ; n° 14, février 1952 ; n° 15, décembre 1952 ; n° 16, février 1953.

2. *La voix de l'Afrique noire, Bulletin mensuel de l'Association des étudiants RDA* N° 1, février 1952 à n° 1, janvier-février1956.

3. *L'étudiant d'Afrique noire* No 1, janvier 1954 à no 23, 1955.

4. *Présence Africaine : Revue culturelle du monde noir* (consultation en microfiches à la Bibliothèque nationale de France François Mitterrand) : n° 1 octobre-novembre 1947 à n° 29, mars 1959.

5. *Revue du Groupe d'études et de recherche sur les mouvements étudiants :* n° 1, 1996 ; n° 2, 1997 ; n° 22-23-24, 2002 ; n° 25, 2005 ; n° spéciaux : Engagements étudiants (vol I) ; Engagements étudiants (vol II) ; Internationales étudiantes.°

Annexes

Annexe I : L'exclusion d'Abdou Moumouni du lycée Saint-Louis

« *Racisme et colonialisme à l'Université : un étudiant africain exclu du lycée Saint-Louis* »

Nos lecteurs suivent la bataille que, dans tous leurs hôtels, les étudiants anticolonialistes mènent pour la défense de leurs libertés menacées. Nos lecteurs connaissent déjà les brimades exercées contre Daniel Lallemand et Henri Bangou. Nos lecteurs connaissent certaines directives rectorales pour violer la correspondance des étudiants vietnamiens. Voici le cas d'Abdou Moumouni. Notre camarade a 21 ans. Il est interne au lycée Saint-Louis. Il est en deuxième année de préparation aux grandes écoles (Centrale). Et ses notes ne sont sans doute pas mauvaises puisqu'il a été premier en français, premier en Philo et trentième en Maths sur quatre-vingts élèves. Seulement, il est Africain – « il est noir ! » – et n'accepte pas pour cela d'être traité en « inférieur ». Il est anticolonialiste. Deux crimes aux yeux des racistes chargés de l'éducation nationale.

Les nouveaux devoirs des enseignants

Le vendredi 10 mars au soir, notre camarade, avant de monter au dortoir, ferme sa serviette dans son casier. Le samedi soir à 19 heures, il s'aperçoit en rentrant du cours qu'elle a disparu. Il va voir le surveillant général, M. Sigaut, qui, la veille, écoutait les conversations des élèves dans l'escalier et lui avait conseillé de « ne pas faire de politique ». M. Sigaut est très étonné et lui répond qu'il ne sait rien.

Trois jours après, Moumouni est convoqué chez le censeur qui lui reproche d'avoir eu dans sa serviette *Le Marxisme et la question nationale et coloniale* de J. Staline et des exemplaires du journal de la cellule communiste du lycée Saint-Louis. Comme Moumouni répond au censeur qui lui en fait le reproche que c'était son droit, celui-ci répond : « vous avez vos droits, nous avons nos devoirs ». Le devoir des enseignants, tel que l'entendent les serviteurs zélés du gouvernement, est maintenant, on le voit, d'écouter aux portes, d'ouvrir les casiers avec de fausses clefs, de mentir aux élèves et de moucharder les coloniaux et les progressistes aux différentes polices chargées aujourd'hui des étudiants.

Moumouni est traduit, sans avertissement, devant un conseil de discipline et exclu du lycée. Notre camarade avait eu le temps de démasquer le surveillant général, M. Sigaut, qui dut avouer avoir ramassé la serviette le samedi matin, alors qu'il affirmait le contraire le samedi soir, et qu'« il avait eu la curiosité de voir ce qu'il y avait dans celle-là » (plutôt que dans celle des élèves). Un rapport fut envoyé à l'Éducation nationale et un autre au ministère des Colonies.

Les « offres » du ministère des Colonies

Le jeudi suivant, notre camarade fut convoqué au ministère des Colonies où M. Fournier, directeur de l'enseignement, joua le bon père la famille, le paternaliste de service. « Vous auriez mieux fait, lui dit-il, d'acheter du chocolat plutôt que de tels livres », laissant ainsi éclater le mépris des colonialistes pour les « grands enfants » que malgré l'histoire nous continuons d'être à leurs yeux. « Le proviseur insiste sur votre bon travail en classe. Comment pouvez-vous vous laisser aller (!). Évidemment, vous êtes isolé. L'inspecteur d'Académie de Paris a décidé votre exclusion de tous les lycées de Paris. Maintenant, je vous ai cherché une place en province : seul le lycée de Nice peut vous prendre… Je vous avertirai d'ici deux ou trois jours. »

Or, le jour même, M. Fournier, au cabinet de M. Delbós, un secrétaire, affirmait à M. Hamani Diori, député du Niger, qu'aucune décision n'avait été prise. De sorte que nous sommes devant ce dilemme : ou bien vous, ou bien votre collègue au cabinet de M. Delbós est un menteur. Comme votre passé colonialiste est plus vieux, nous avons toutes les raisons de croire que c'est vous.

Puis, M. Fournier menaça : « Il faudra que vous soyez admis cette année ! », alors que c'est la première fois que Moumouni se présente à ce concours.

Ils ont honte

C'est justement la veille des vacances, lorsque tous les élèves étaient partis que le proviseur du lycée Saint-Louis prévint Moumouni de sa mutation pour Nice – nous montrant ainsi, par la peur qu'il en a, comment une action de masse peut être efficace jusqu'à les faire reculer. Le Censeur que Moumouni alla voir ensuite dut avouer qu'aucune décision n'avait été prise, qu'il ne pouvait lui donner un papier officiel d'exclusion des lycées de Paris et de mutation pour Nice. Il ne pouvait que lui certifier d'une communication téléphonique en date du 1er avril… etc.

Organisation de la solidarité

Il faut empêcher le départ de Moumouni. Nous ne pouvons permettre que passe « en douce » un précédent dangereux pour nos libertés. Nos camarades français et les Enseignants ne peuvent non plus laisser déshonorer leur université par de pareils actes racistes.

Il faut soutenir Moumouni. Déjà, sur proposition du Comité de liaison, nos camarades Nord-Africains s'offrent pour nourrir Moumouni jusqu'à ce que sa bourse lui soit rétablie. Nos camarades Réunionnais s'offrent à le loger. Le comité de rédaction d'Étudiants anticolonialistes offre aux lycéens de Paris 500 exemplaires de son journal dont la vente doit permettre à Moumouni de subvenir à ses autres besoins.

Contre le racisme à l'Université, tous à l'action ! [Étudiants anticolonialistes, n° 6, juin 1950].

Annexe II : Abdou Moumouni s'élève contre les nouvelles modalités d'attribution des bourses en AOF

Dans le texte qui a été envoyé d'ailleurs, je crois, à toutes les associations, émanant du Secrétariat à la France d'Outre-mer, il y a des mesures draconiennes contre lesquelles on doit s'élever d'une façon générale, en ce qui concerne les délais de dépôts soit de demandes de bourses soit de certaines pièces nécessaires. Je pense que le Conseil d'administration doit prendre une attitude précise vis-à-vis de ces mesures draconiennes, d'une part.

D'autre part, pour ce qui est de la demande de bourse nouvelle, je relève quelque chose qui, à mon avis, est très important et contre laquelle il faut s'élever, c'est mon avis personnel et je pense que le Conseil d'administration sera d'accord avec moi, c'est qu'à l'heure actuelle on n'a pas assez de bacheliers en Afrique pour dire que le bachot n'est pas une condition suffisante pour obtenir une bourse d'enseignement supérieur. Je crois que là encore le Conseil d'administration doit prendre position. Il est écrit en toutes lettres dans l'arrêté : « *le titre de bachelier sera la condition nécessaire à l'attribution par l'AOF d'une bourse d'enseignement supérieur.* » Ensuite, il y a aussi que : « *le fait d'avoir accompli ses études secondaires dans la métropole n'entraînera pas le droit d'y être affecté, comme boursier d'enseignement supérieur.* »

Là, on peut même vis-à-vis de l'AOF présenter certains arguments financiers en parlant du transport des étudiants mais c'est surtout au point de vue fondamental qu'il faut prendre position. Je ne vois pas pourquoi si quelqu'un demandait une bourse, étant sur place où il peut faire des études dans n'importe quelle branche, sous prétexte que cette branche existe en Afrique, on va le forcer à retourner en Afrique pour faire ces études-là.

Ensuite, il y a un chapitre qui, à mon avis, est un des plus importants et pose le problème avec beaucoup plus de précision et dans son fond même dit ceci : « *Il est à présumer que les autorités compétentes limiteront l'attribution des bourses à la préparation de carrières présentant un intérêt pour l'AOF.* » Je pense que si c'est l'Administration qui doit déterminer les carrières intéressant l'AOF nous devons évidemment nous attendre à de grandes surprises et le texte ajoute :

« *et refuseront les bourses demandées pour des études ne correspondant pas à l'intérêt général, en même temps qu'aux aptitudes des candidats.* » Tout cela sera défini par l'Administration. Je crois que vis-à-vis de ces points précis, il faudra donner un mandat précis au camarade qui va nous représenter et je pense d'abord que les mesures telles que « *toute inobservation de clauses entraîne la nullité des demandes* » doivent être rapportées.

Pour les bourses nouvelles, je pense que le titre de bachelier, peut-être sans être une condition nécessaire, est en tout cas suffisant pour être boursier d'enseignement supérieur, puisque c'est une condition nécessaire pour être dans une faculté, c'est une condition suffisante pour être boursier parce qu'à l'heure actuelle on n'en a pas plus de trente par an – peut-être un peu plus depuis quelque temps – mais enfin on n'en a pas une quantité telle qu'on puisse dire que l'AOF n'a pas besoin d'envoyer tous ses bacheliers faire de l'enseignement supérieur. Je pense que nous devons donner un mandat au camarade pour soutenir que tout bachelier doit avoir une bourse d'enseignement supérieur. Ensuite, pour ce qui est de présumer de la limitation du nombre, je pense que c'est une question qui se lie à celle de la condition nécessaire ou suffisante. » (FEANF : 1951b : 41-43)

Annexe III : Rapport financier 1950-1951 établi par Abdou Moumouni, trésorier général de la FEANF

Je vous préviens que mon rapport sera court. J'ai analysé la situation financière de la Fédération de la façon suivante : situation à la fin du Congrès au moment où je suis venu à la fonction de Trésorier, les recettes de la Fédération depuis le Congrès ainsi que les dépenses. Ensuite, j'ai tiré quelques conclusions sur la façon dont marchaient les finances de la Fédération.

- **Situation à la fin du Congrès :**

À la fin du premier Congrès de la Fédération dont les frais sont montés à 202 398 F, la Fédération avait un déficit puisque les recettes lors du Congrès s'élevaient à 144 500 F. Il m'est difficile de donner en détail les dépenses de cette époque, étant donné d'une part que je n'étais pas en fonction et d'autre part, les pièces justificatives sont trop nombreuses pour que je me permette de les citer en détail ici.

Recettes depuis le Congrès :

D'une part les cotisations des associations fédérées qui se répartissent comme suit :

MONTPELLIER…	3 975 F
LYON…	1 450 F
PARIS…	8 050 F
Soit un total…	13 475 F

D'autre part, le montant de la somme recueillie par le Comité organisateur de la Kermesse en faveur des étudiants africains tenue à Dakar. Cette somme, soit 1 787 300 F, a été remise à la Fédération par Madame Lamine Gueye, présidente du Comité, le 16 mai 1951.

En sorte que les recettes de la Fédération s'établissent comme suit :

Recettes relatives au Congrès…	144 500 F
Cotisations…	13 475 F
Somme provenant de la Kermesse….	1 787 300 F
Soit…	1 945 275 F

Je dois signaler que deux associations ne se sont pas acquittées de leurs cotisations, ce sont Bordeaux et Toulouse, et que les autres ne s'en sont acquittées pour la plupart que partiellement.

Dépenses faites depuis le Congrès

Pour ce qui est des dépenses faites depuis le Congrès, elles consistent principalement en dépenses de fonctionnement du Comité Exécutif de la Fédération et en aide de la Fédération, à des associations soit en difficulté soit chargées de missions par la Fédération (Organisation de camps de vacances). Elles ont été couvertes pendant un certain temps par la Caisse de l'Association des étudiants africains de Paris (AEAP) c'est-à-dire pendant le laps de temps qui s'est écoulé entre le Congrès et le moment ou Mme Lamine Gueye a remis la somme qu'elle avait recueillie à Dakar.

On peut répartir ces dépenses de la façon suivante :

Avances à l'AEAP (sur recommandation de Mme Lamine Gueye) 550. 000,00 F

Correspondance…	8 429 F
Frais divers…	11 640 F
Préparation camps de vacances…	65 000,00 F
Total Dépenses…	635 069 F
Dépenses Congrès…	202 298 F
Total général…	837 367 F
En Caisse :	1 945 275 F - 837 367 = 1 107 908 F

Je dois vous dire tout de suite qu'il ne reste pas à l'heure actuelle cette somme indiquée ci-dessus en Caisse car les comptes ont été arrêtés à la fin du mois de juin et qu'il y a certaines dépenses qui sont faites mais qui n'ont pas été réglées. Compte tenu de cette remarque, on peut considérer qu'on a en caisse, à l'heure actuelle, 1 107 908 F.

DEUXIÈME PARTIE

Les intellectuels dans l'espace public

5

Djibo Bakary et Abddoulaye Mamani : intellectuels et hommes politiques

Mahamane Mallam Issa

Introduction

Les réformes politiques d'après-guerre entreprises dans les territoires coloniaux ont été le point de départ de l'engagement des intellectuels nigériens dans le mouvement nationaliste. L'oppression coloniale, essentiellement le racisme dont ils étaient victimes, développa chez les « évolués » un processus de frustration, de prise de conscience et de révolte contre le système en place (Issa 1976). Jusque-là à la remorque de la machine administrative, les « évolués » africains, sortis, pour le cas des colonies françaises, en majorité de l'École normale William Ponty, cessèrent progressivement de se comporter en simples auxiliaires et agents dociles de l'asservissement de leurs congénères. Forts de l'instruction reçue, ils prirent conscience de leurs responsabilités sociales et engagèrent les mouvements dans la lutte pour l'émancipation politique, la conquête de la souveraineté et la valorisation de la culture et de l'identité (Baba Kaké 1987:21). De ce fait, ils se présentèrent comme les interprètes actifs des aspirations du peuple à la liberté, les véritables catalyseurs de sa lutte et l'alibi de son espérance pour un avenir meilleur.

Joseph Ki-Zerbo (Mkandawiré 2005) considère que l'implication des intellectuels africains dans la lutte nationaliste était « structurellement programmée comme une rupture dialectique et antagoniste avec le système colonial ». Cet engagement ne s'exprime pas exclusivement dans le cadre d'une structure politique, il s'exerce tout autant dans divers cadres qui permettent aux couches les plus progressistes de la société de « développer une neutralité active, une autonomie positive car opposée à celle qui est inerte, amorphe et muette ».

La définition de la figure de l'intellectuel varie d'un auteur à l'auteur pour la bonne et simple raison que le contenu par lequel s'apprécie la portée réelle de l'œuvre d'une catégorie sociale est fonction du contexte historique. Selon Bamba, un intellectuel est « un lettré – ou un illettré – qui réfléchit sur l'existence de la cité et sur les conditions pour la comprendre et éventuellement contribuer à la transformer qualitativement. Il est, par essence, un homme de réflexion, de critique sociale » (Bamba 2009a :21). Selon le même auteur, citant Ignace Lepp, « le véritable intellectuel est celui dont les vues ne se limitent pas à sa spécialité » (Lepp 1966:12). Si nous nous en tenons à cette définition, on peut retenir que le terme *intellectuel* ne rime pas forcément avec le statut d'universitaire et la détention de « gros diplômes », mais avec un certain niveau culturel et une forme d'autorité « que l'on met à profit pour persuader, proposer, débattre, permettre à l'esprit critique de s'émanciper des représentations sociales communément admises ». En d'autres termes, l'intellectuel, qui ne se confond pas avec le mandarin, est celui qui ne se contente pas de sa spécialité mais porte son regard sur la justice en intervenant sur la scène publique pour contribuer à l'avènement d'une société imprégnée de nouvelles valeurs positives, de nouveaux rapports sociaux plus équitables. L'auteur met ici en exergue l'esprit critique, l'intellectuel est assimilé à l'homme de réflexion et de critique sociale.

Pour Gramsci, dont la réflexion se faisait dans le contexte d'une société européenne déchirée par des conflits de classes, l'intellectuel est celui qui contribue à l'émergence d'une nouvelle culture universelle au niveau d'une classe sociale ou d'un groupe en pleine mutation. Plus circonstancié, Samir Amin donne sa définition en prenant appui sur sa théorie du centre et de la périphérie du capitalisme.

Pour lui, l'intellectuel n'est pas défini par son origine sociale mais par sa position anti-capitaliste, sa capacité à analyser les contradictions dans le monde ainsi que sa capacité à rester en étroite communion avec les classes populaires, à partager leur histoire et leur expression culturelle (Amin 1990:136).

Dans sa définition, Samir Amin présente sa compréhension de l'intellectuel dans les pays du Tiers-monde. Pour lui, l'intellectuel est avant tout un opposant au système d'exploitation de l'homme par l'homme qu'est le capitalisme, source de tous les maux dont souffrent les peuples de l'Afrique et d'ailleurs. Samir Amin, penseur marxiste et anti-impérialiste, définit l'intellectuel comme une personne, détentrice d'un savoir, capable de comprendre la marche de sa société, proche des milieux exploités et ouverte à la culture universelle de notre temps. Dans cette définition, l'intellectuel apparaît comme un savant socialement engagé.

Dans son interprétation du même terme, Ali Mazrui met plutôt en exergue la dimension savante. En effet, pour lui, l'intellectuel peut être défini comme « une personne qui est fascinée par les théories et a acquis l'habileté de les manipuler effectivement » (Makandawiré 2005:56). À nouveau, il nous plonge au cœur d'une interprétation classique du concept qui a connu son temps de gloire et pour laquelle l'intellectuel est une personne dotée d'une grande aptitude théorique c'est-à-dire de connaissances qu'il manipule à sa guise.

Des réflexions émises par tous ces auteurs, nous retenons deux éléments qui nous paraissent fondamentaux pour déterminer la figure de l'intellectuel africain : la détention du savoir théorique et l'engagement social ou politique. En d'autres termes, l'intellectuel est un savant dont le savoir dépasse la spécialité et le conduit à s'intéresser aux choses de l'esprit, à exercer la critique sociale en vue d'un changement positif dans les rapports sociaux internes à sa société ou dans les rapports de dépendance de sa société avec l'extérieur. L'intellectuel, en cherchant à mettre son savoir au service du progrès social de sa société et même au-delà de celle-ci, se présente, de fait, comme un guide, un éveilleur des consciences des peuples (Bamba 2009b:10). La réflexion à laquelle il s'adonne peut le conduire jusqu'à l'élaboration d'un contre-discours identitaire nécessaire à la reprise de l'initiative historique.

Quel statut peut-on, sur la base de ces définitions, donner aux figures de proue du Sawaba comme Djibo Bakary, Mamani Abdoulaye ? Étaient-ils de simples agitateurs politiques ou s'agit-il d'authentiques intellectuels ? L'examen des trajectoires de ces personnalités nous permettra d'apporter des éléments de réponse à cette question.

Djibo Bakary, figure éminente du nationalisme nigérien

Le Manifeste de l'Union démocratique nigérienne (UDN-Sawaba), document de base du parti créé en 1954 par Djibo Bakary, met l'accent sur la nécessité du cadre organisationnel et de l'esprit de sacrifice pour reconquérir la liberté perdue. « Aucun peuple, signale-t-il, n'a progressé sans lutte, sans sacrifice. La clé de notre émancipation et de la conquête de notre bien-être réside dans l'organisation des masses populaires ».

Dans le même document, les rédacteurs donnent leur compréhension du rôle des cadres patriotes à travers les quatre interprétations du terme « agir » que voici :

1. Agir, c'est aider les diverses couches de la population à s'organiser pour mieux se défendre, c'est faire l'éducation politique des masses populaires ; c'est imposer le triomphe de la cause de l'ensemble des Talaka face aux forces de régression.

2. Agir : c'est défendre sans faiblesse les opprimés et les exploités, c'est combattre toutes les discriminations nuisibles à l'entente entre les hommes de bonne volonté.

3. Agir : c'est demeurer fidèle à ses engagements, à ses amis, à ses frères d'Afrique sans distinction de races, d'origine ou de catégorie sociale ; c'est garantir les aspirations de notre peuple contre toutes les tentatives de diversion.

4. Agir : c'est en un mot accepter les sacrifices de toute nature pour que l'Afrique noire sorte des ténèbres, de l'ignorance, des déficiences, de la sous-alimentation, des maladies contagieuses, de l'humiliation et de la médiocrité économique.

Ce paragraphe du manifeste, texte fondateur du Sawaba, nous donne à travers l'interprétation du terme « agir » un avant-goût de l'idée que le fondateur du parti se fait de sa mission dans un contexte politique marqué par la domination coloniale de son pays. Il s'agit surtout et avant tout d'organiser l'ensemble des groupes sociaux opprimés, les Talaka, pour qu'ils prennent conscience des sources de leur misère afin d'y remédier. La bonne action des élites consiste selon le texte à faire sortir le peuple des ténèbres et de l'ignorance et à l'amener à sortir du fatalisme pour se débarrasser des maladies et de la faim. Cette entreprise, pour réussir, va reposer sur des principes clairs, à savoir le rejet de toute forme de discrimination et de racisme, et sur des valeurs morales, notamment le respect des engagements, le sens du sacrifice et du devoir. En résumé, on peut retenir, à travers les engagements contenus dans le manifeste, que les cadres du Sawaba se proposent d'utiliser leur savoir pour amener le peuple exploité et opprimé du Niger à s'organiser afin d'ouvrir la voie de son émancipation sociale, politique et économique. Cet engagement, par les modalités de sa mise en œuvre et ses objectifs, participe, sans nul doute, d'un comportement digne d'être considéré comme *intellectuel*. Toute la question est de savoir comment les cadres du Sawaba vont, à titre individuel, le traduire en actions concrètes, visibles sur le terrain de l'émancipation du peuple nigérien.

Parmi les personnalités historiques du Sawaba, se dégagent plusieurs figures d'intellectuels, formés dans les écoles coloniales pour travailler comme agents auxiliaires au service d'un système d'oppression contre lequel ils ont fini par se retourner. Il s'agit de Mamani Abdoulaye et de Djibo Bakary, dont le rôle a été déterminant dans l'évolution politique et syndicale du pays.

Auregard du rôle qu'il a joué dans la mise en place des organisations des travailleurs et la création de l'UDN-Sawaba, le seul parti nationaliste de masse du pays, Djibo Bakary peut être considéré comme l'artisan du nationalisme nigérien, c'est-à-dire l'inspirateur du combat de libération du joug colonial français et l'organisateur du mouvement social destiné à lutter contre l'oppression sociale, qu'elle soit interne comme celle de la chefferie ou externe, à travers l'exploitation imposée par les entreprises européennes. Après le rapprochement du RDA avec le colonisateur, il écrit : « Nous restons fidèles à l'esprit qui a présidé à la naissance du RDA. Aucun peuple n'a progressé sans lutte, sans sacrifice ». S'agissant des moyens de ce progrès, il écrit encore : « La clé de notre émancipation et de la conquête de notre bien-être réside dans l'organisation des masses populaires ». Ce sont là des propos pertinents qui montrent que le leader du Sawaba a une conscience claire des rapports internationaux. Toute la question est d'identifier le contenu de cette lutte sur le terrain.

Formation scolaire et premiers pas dans la vie associative et politique

Né à Soudouré, cercle de Niamey en 1922, Djibo Bakary a grandi avec son oncle à l'intérieur du pays, à Tahoua, ce qui lui a permis de maîtriser le haoussa, principale langue de communication du pays. Il a franchi avec succès les différentes étapes de formation que le système colonial réservait aux brillants élèves « indigènes ». C'est ainsi qu'après avoir fréquenté l'école élémentaire à Tahoua, il atterrit à l'école régionale et à l'école primaire supérieure de Niamey. Dans ce dernier établissement, il ne passa que deux années d'études, là où il est prévu d'en passer trois, sa maîtresse d'origine française ayant constaté son bon niveau et considéré qu'il perdrait inutilement du temps à y rester plus longtemps (Bakary 1990:98). Admis au concours d'entrée à l'École normale William Ponty, il rejoint en janvier 1938 Sobikhotane où l'école est transférée. Après l'obtention de son diplôme d'instituteur en 1941, il regagne le pays, où il va servir comme instituteur à l'école élémentaire de Niamey d'abord, puis de Konni avant d'être affecté à Agadès.

L'enfance de Djibo Bakary fut marquée par de brillantes études. On peut facilement imaginer, à travers les citations de grands écrivains et humanistes français qu'il faisait dans ses écrits, que son engagement citoyen est la conséquence de la rupture entre les pratiques racistes du système et le contenu républicain de l'enseignement colonial. Son séjour à Sobikhotane n'a pas été seulement une occasion de formation à son futur métier d'enseignement, ce fut aussi une occasion d'initiation à la vie associative qui allait plus tard marquer son destin. Ses premiers pas dans la vie associative, Djibo Bakary les a accomplis dans le cadre d'une organisation de scoutisme, *Les Éclaireurs de France*. De retour au pays, il met en place une troupe de scoutisme portant le nom de Monteil. C'était le temps de l'autorité du gouvernement de Vichy et Djibo suscitait la méfiance, car son association chantait autre chose que « Maréchal, nous voilà… », chant qui était à l'époque une sorte d'allégeance au Maréchal Pétain. En réplique à ces activités de scoutisme, il est affecté de Niamey à Birnin Konni, au centre sud du pays, puis à Agadès, dans la partie saharienne du pays. Dans la capitale de l'Ayir, Djibo élargit ses activités en introduisant des soirées récréatives et en faisant jouer des saynètes qui ne manquèrent pas d'intéresser « les quelques bourgeois et marabouts de la ville » qui étaient contents de l'animation ainsi créée (ibid.).

Quoiqu'apolitique, le groupe d'animation commença à porter son attention sur les exactions du régime colonial. Il faut préciser que dans le cercle d'Agadès, considéré comme non pacifié, sévissaient des administrateurs militaires qui avaient installé un régime des plus répressifs. Les réformes en cours, notamment la suppression de l'affreux régime de l'indigénat et des travaux forcés, avaient créé de nouvelles conditions favorables aux interventions contre l'arbitraire de l'administration. Djibo intervint, par exemple, auprès de l'administrateur pour demander de mettre fin à la réquisition des femmes, contraintes à piler le mil sans rémunération dans les garnisons et au camp militaire. Il intervenait aussi dans des tribunaux indigènes pour sauver des citoyens, victimes des machinations de l'administration et des chefs coutumiers.

Cette propension à assister les plus faibles a fait de lui une personnalité connue et présentée comme « le redresseur des torts », autour duquel couraient déjà mythes et légendes faisant de lui « l'invulnérable, le prophète qui se déplace à dos de chameau, allant d'une ville à l'autre, apportant aux malheureux et aux victimes d'injustices sociales son assistance » (Fluchard 1995 :140). L'homme s'est engagé de plain-pied dans la lutte citoyenne et la reconquête de la dignité de l'Africain.

En octobre 1945, les colonies françaises vont pour la première fois voter pour désigner leurs représentants à la première Assemblée nationale constituante française. Djibo Bakary fit campagne en faveur de Fily Dabo Cissoko, candidat au deuxième collège contre Henri Monchamp, un gaulliste candidat de l'administration. Le 12 mai 1946, le Parti progressiste nigérien (PPN) est créé sur le modèle du Parti progressiste soudanais. Djibo adhéra immédiatement à cette formation ; un nouveau pas venait d'être franchi dans le sens de son déploiement dans l'espace public. On peut, sans risque de se tromper, considérer Djibo Bakary comme la première personnalité de l'échiquier politique nigérien, tant par son engagement politique et syndical que par les responsabilités politiques et administratives assumées, depuis l'ouverture démocratique d'après-guerre jusqu'au référendum gaullien de septembre 1958.

Djibo Bakary, le dirigeant du premier parti politique nigérien

L'après-guerre a été marqué par un événement politique majeur dans les colonies françaises de l'Afrique, la création du RDA, à l'intérieur duquel s'expriment les premiers ferments nationalistes stricto sensu (Coquery-Vidovitch 1993:225). Djibo Bakary fait partie des premiers intellectuels nigériens à adhérer au Parti progressiste nigérien (PPN) qui devint une section territoriale du RDA à la suite de l'assemblée générale du 19 septembre 1947. Élu secrétaire général du PPN-RDA en septembre 1947, il assurera cette haute fonction jusqu'en octobre 1951. Soucieux de son implantation sur le terrain, il quitta Zinder pour regagner Niamey, la capitale. Il demanda alors une disponibilité sans solde et s'installa dans la capitale. Il venait par là même de sacrifier sa carrière d'instituteur pour se mettre au service de son parti. Il se contentera en retour des versements irréguliers des indemnités promises (Fluchard 1995:111). Pendant ce temps Diori et Boubou Hama percevaient chacun une indemnité parlementaire mensuelle de 120 000 F.

Quatre années durant, il animera le PPN-RDA, la première force politique du pays. Le parti œuvrait alors dans le sens du progrès, de l'émancipation économique, sociale et politique du Niger, ce qui lui a conféré une dimension nationaliste irréfutable. La chefferie traditionnelle et l'administration coloniale, responsables de nombreux abus et exactions à l'encontre des populations, étaient vivement dénoncées. Les mutations subies par le parti après la désignation de

Djibo Bakary à sa tête donnent une idée du travail accompli. Avant son arrivée, le parti ressemblait à « une simple officine électorale dont la majorité s'intéressait bien plus aux moyens propres à assurer leur désignation à tel ou tel poste électoral qu'à la prise de mesures susceptibles d'améliorer le sort des populations dont ils briguaient les suffrages » (Bakary 1993:70-71).

Après la prise en main du parti par Djibo Bakary, la jeune formation amorce un tournant décisif. À partir de 1947, il se mit à restructurer le parti et à inciter ses concitoyens à y adhérer, car le parti tirait ses ressources des cotisations de ses militants. Il organisa des tournées en direction des sous-sections de l'intérieur en compagnie de personnalités en vue comme Diori Hamani ou Boubou Hama. Cessant de se présenter comme une structure de promotion de quelques « évolués », le PPN s'affirme comme une véritable arme de combat contre les exactions de l'administration, notamment dans la constitution et la gestion des greniers de réserve, considérés par les paysans comme un second impôt. Le parti porte un grand intérêt à la jeunesse, son fer de lance. Elle fut restructurée sur le modèle de la Samaria, organisation *traditionnelle* connue en pays haoussa où filles et garçons disposent de cadres séparés mais se retrouvent pour accomplir des tâches communes de manifestations de solidarité.

En janvier 1949, Djibo Bakary prit part au congrès interterritorial du RDA tenu à Abidjan. Le congrès d'Abidjan, préparé par une école des cadres destinée à la formation, fut une instance de durcissement. Djibo Bakary regagna le pays avec le statut de membre du comité de coordination du RDA. C'est sans doute la preuve que son passage à Abidjan n'est pas passé inaperçu. Candidat aux élections législatives de 1951 avec le député sortant Diori Hamani, Djibo Bakary, comme ce dernier d'ailleurs, n'a pas pu acquérir le siège convoité en raison des fraudes massives organisées par l'administration. L'impulsion donnée au parti faisait peur et, par diverses manœuvres allant de l'interpellation à des poursuites, l'administration se mit à chercher les voies et moyens de conduire la réforme selon ses prévisions. Elle trouva à travers le RDA un mouvement qui accepta de faire son jeu.

À sa création à Bamako, le Rassemblement démocratique africain (RDA) s'est fixé comme objectif l'émancipation des peuples africains du joug colonial, ce qui passait par la coordination de l'ensemble des formations politiques des colonies françaises d'Afrique noire et une alliance stratégique avec les forces progressistes de la métropole, au premier rang desquelles se trouvait le Parti communiste français (PCF). Une telle vision, fondée sur la solidarité entre le peuple français et les peuples africains, s'est matérialisée au plan institutionnel par le rapprochement entre les groupes parlementaires du RDA et du PCF. Le président du RDA a prononcé en octobre 1950, à Abidjan, un discours dans lequel il annonça l'affiliation à l'UDSR. Le RDA venait ainsi d'infléchir sa position à droite pour se rapprocher de l'UDSR (Union démocratique et socialiste de la résistance) de François Mitterand, alors ministre français des Colonies.

En décembre, Diori qui vient de perdre son siège de député au profit de l'UNIS, un parti soutenu à bout de bras par l'administration et la chefferie, se rallia à la nouvelle politique de Félix Houphouët Boigny qui « *ouvrait, selon lui, une ère d'union* ». Son ralliement à la politique coloniale de la Quatrième République, en signant « la paix coloniale » et en acceptant l'Union française et la scission d'avec le PCF au profit de l'UDSR, provoqua une grave crise au sein du RDA. Le réformisme du RDA entraîna une vive réaction de la part des militants les plus dynamiques, notamment les milieux syndiqués au Cameroun et au Niger qui envisagèrent la radicalisation pour la prise en compte des revendications populaires (Coquery-Vidovitch 1992:359).

Au Niger, Djibo Bakary, opposé à la nouvelle orientation de collaboration entre le « cavalier et le cheval », quitta le PPN (Bakary 1990:103). Il abandonna le poste stratégique et convoité de secrétaire général et la structure politique à la consolidation de laquelle il avait consenti d'énormes sacrifices. Le « repli tactique » du RDA consacré par le désapparentement est perçu, d'ailleurs à juste titre, par lui, tout comme par les éléments de la gauche africaine, comme un renoncement à la ligne nationaliste. Son geste administre la preuve de son attachement à des principes politiques et non à des intérêts personnels (*Le Démocrate* du 4 février 1956, publié à Niamey). La décision de Djibo Bakary de dénoncer le désapparentement l'a fait indexer comme un « communiste » (Benoist 1990:104). Dans le contexte de la guerre froide, un tel qualificatif, assimilable à la peste, signifie un ennemi à abattre. Son départ ne sera pas synonyme de repos, bien au contraire, il va entreprendre un gigantesque travail de construction d'un véritable parti de masse, pour répondre à l'attente du peuple nigérien : la reconquête de sa dignité et de sa liberté.

Djibo Bakary, le fondateur du premier parti de masse

Après la rupture avec le PPN-RDA, il mit en place une nouvelle structure politique, l'Entente Nigérienne, grâce à laquelle il prit part aux élections du 30 mars 1952. Ses résultats peu concluants le poussèrent vers le terrain de la lutte citoyenne et syndicale que nous allons aborder par la suite. La création des corporations des travailleurs lui a en effet permis de s'investir activement dans le syndicalisme avant d'opérer quelques années plus tard un retour en force à la politique.

Sa notoriété d'homme politique désormais établie, il en profite pour créer un nouveau parti politique le 16 avril 1954. Moins de deux années après la création de cette formation, elle va présenter des candidatures aux élections législatives du 2 janvier 1956, élections à l'issue desquelles sans être élu, son leader obtint des résultats impressionnants.

L'engagement social de Djibo Bakary se lit à travers son credo : agir et ne pas se laisser abattre par la fatalité. Cette action répond à des préoccupations précises et généreuses.

Agir, écrit-il, c'est aider les diverses couches de la population à s'organiser pour mieux se défendre, c'est faire l'éducation politique des masses populaires ; c'est imposer le triomphe de la cause de l'ensemble des *Talaka* face aux forces de régression. Agir, c'est défendre sans faiblesse les opprimés et les exploités, c'est combattre toutes les discriminations nuisibles à l'entente entre les hommes de bonne volonté.

Les succès engrangés dans les luttes corporatistes ont favorisé sans doute la prise de conscience de la nécessité d'agir par soi-même. La lutte corporatiste servira de point d'appui à la constitution d'un parti de masse regroupant les jeunes syndicalistes servant comme ouvriers ou petits employés, les petits commerçants locaux, militants tous convaincus de la nécessité de la lutte, aussi bien que les congénères de la confrérie Tijaniya, économiquement actifs et opposés à l'ordre traditionnel animé par la chefferie, contre laquelle Djibo Bakary s'est dressé au début de sa carrière politique. Ces militants, dévoués, résidant dans les centres urbains, ont réussi à diffuser le message du parti, notamment dans les villes de l'Est comme Maradi, Tasawa ou Zinder, qui ont échappé au contrôle du PPN, allié du colonisateur.

Avec l'appui de ses lieutenants, le leader syndicaliste et homme politique nigérien progressiste veut unir les Nigériens, « aider les masses à s'organiser et à lutter » pour se débarrasser de la domination étrangère sous toutes ses formes. Sa vision de l'avenir du Niger est celle de l'indépendance véritable dans le cadre d'un ensemble puissant, les États Unis d'Afrique. Son programme politique anti-impérialiste et panafricain (adhésion aux partis panafricains comme le MSA ou le PRA) a suscité auprès des populations beaucoup d'espoir, d'où le slogan « Sawaba sawki » pour réclamer le soulagement, la liberté et l'indépendance. Sawaba sera désormais le slogan, le mot de ralliement de l'UDN et des autres formations politiques dont elle fera partie.

L'africanisation de la vie politique, avec l'instauration d'un collège électoral unique institué par la Loi-cadre du 24 mars 1956, ouvre de nouvelles perspectives à l'action politique de Djibo Bakary. Les organisations de masse pour soutenir le travail de propagande se renforcent. C'est ainsi qu'au niveau de la jeunesse, deux associations virent le jour. La première, connue sous la dénomination de la *Samaria*, est une institution traditionnelle de la jeunesse en pays haoussa, qu'il fallait réhabiliter pour disposer d'un cadre organisationnel de mobilisation de la jeunesse, notamment en milieu rural. Le deuxième cadre organisationnel mis en place est l'Union de la jeunesse progressiste du Niger (UJPN) pour organiser la jeunesse scolaire et estudiantine. La jeunesse estudiantine constituant le fer de lance de la construction de la nation africaine, aucun parti crédible ne saurait la négliger ; c'est pour cela que l'UJPN a des sections dans les centres universitaires où les étudiants sawabistes sont nombreux (pays amis de l'Europe de l'Est et de l'Afrique du Nord comme l'Algérie et le Maroc). Alfari Kairo, envoyé en formation en URSS, est le premier président de l'UJPN. Les femmes ont pris une part active à l'implantation, grâce leur association. De leur côté, les militants syndicaux ont joué le rôle d'une véritable avant-garde du mouvement nationaliste.

Conscient du rôle de la communication, dans la mobilisation politique, il met en place, en dépit des moyens limités, des organes de propagande, à savoir les journaux tels *Le Démocrate, Le Talaka, Le Sawaba,* animés par des cadres convaincus et désintéressés comme Mamani Abdoulaye ou Adamou Sékou, toujours disposés à porter plus loin le message du parti. Des griots artistes célèbres comme Garban Bojo de Maradi ont constitué d'efficaces relais pour la diffusion du message du parti dans les milieux ruraux. À tous ces atouts organisationnels s'ajoutent les atouts personnels du Djibo, un leader charismatique et infatigable, un tribun hors pair qui a constitué autour de lui une équipe d'hommes de valeur mus par un sens élevé de la justice sociale, de l'intérêt général et de la dignité. La création ex nihilo de l'UDN-Sawaba par la seule volonté d'un seul homme, montre la forte personnalité de Djibo Bakary et surtout la pertinence de sa démarche, attestée par des succès électoraux. C'est ainsi que le 18 novembre 1956, il est conseiller municipal de Niamey sur la liste UDN. Il parvient à se faire élire maire de Niamey, privant le candidat du PPN-RDA, Boubou Hama d'un poste tant convoité. Il occupera cette fonction jusqu'à la dissolution du Conseil municipal le 23 janvier 1959. Élu le 31 mars 1957 conseiller territorial de la circonscription territoriale de Tahoua sur la liste du Mouvement socialiste africain (MSA-Sawaba), nouvelle formation issue de la fusion de l'UDN avec le Bloc nigérien d'action de Djermakoye Saidou Issoufou, Djibo Bakary est propulsé à la prestigieuse fonction de vice-président du Conseil du gouvernement du territoire du Niger à l'issue des élections organisées dans le cadre de la mise en place de la loi-cadre n° 56-619 du 23 mars 1956. Il cumula cette fonction avec celle de ministre de l'Intérieur et celle de maire élu de Niamey, la capitale. À partir de ce moment, Djibo Bakary fut à la tête d'un gouvernement. L'ascension fulgurante du leader nigérien sera brutalement arrêtée peu après le référendum gaullien.

Le « Non » héroïque au général de Gaulle

Face à la crise qui secoue l'empire colonial, de nouvelles réformes institutionnelles pour sauver l'Empire français, c'est-à-dire sauvegarder des sphères de domination en Afrique, sont entreprises. De Gaulle, de retour aux affaires, propose l'instauration de la Cinquième République dont la Constitution a prévu une communauté entre une grande puissance, la France et des Républiques autonomes sans existence sur le plan international. Au moment où le général de Gaulle est revenu aux affaires pour sauver ce qui peut l'être de l'empire colonial, le leader du Sawaba est déjà devenu une des personnalités politiques les plus respectées et écoutées à la fois dans les milieux des mouvements nationalistes et dans les milieux syndicaux.

La percée politique du leader sawabiste a commencé, à l'occasion des élections à l'Assemblée nationale du 2 janvier 1956. Au cours de ce scrutin tenu deux années à peine après la création de l'UDN, ce parti réalisa une véritable prouesse en récoltant 25 pour cent des suffrages exprimés. Djibo Bakary aurait même été élu à ce scrutin et, en lieu et place de Diori Hamani, élu du PPN. Djibo Bakary aurait été député si le gouverneur n'avait pas falsifié les résultats pour lui fermer la porte du Palais Bourbon (Bakary 2001:54). Le deuxième test fut le scrutin municipal du 18 novembre 1956. L'occasion était belle pour une campagne sans concession contre les rivaux du PPN-RDA. Dans un article intitulé « L'entêtement des faits » paru dans le *Démocrate* n° 65 du 17 novembre 1956, à la veille des élections municipales des villes de Niamey et Zinder, il écrit :

> « Parce qu'il y a des voix à gagner, parce qu'il y a la mairie de Niamey à diriger, parce qu'il y a le conseil municipal de Zinder à s'acquérir, les hyènes voudraient se transformer en agneaux, les embusqués en combattants, les engraissés en martyrs, les mécréants en défenseurs de la foi, les couards en batailleurs farouches. On aurait tant voulu que ceux qui, non seulement ne participaient pas à la lutte, mais faisaient tout pour détruire la moindre velléité de résistance au colonialisme oppresseur, se présentent aujourd'hui sous l'aspect des combattants suprêmes. Mais les faits sont têtus, surtout quand ils sont éclairés par le brûlant soleil d'Afrique ».

Dans le même article, on parle des « lâches du B.N.A. », des « hésitants de l'U.N.I.S. », des « matamores du P.P.N. qui, au surplus, faisaient battre le tam-tam pour briser les grèves organisées en vue d'améliorer le salaire des ouvriers ». Le texte lance un appel en faveur de l'U.D.N. en ces termes :

> « En votant pour l'U.D.N., vous voterez pour le Parti qui, demain, sera notre parti à tous parce qu'il exprime les profondes aspirations qui résident au fond du cœur de tous les Africains. Ainsi vous aiderez le grand soleil d'Afrique à donner aux faits toujours plus d'éclat afin qu'ils étouffent définitivement les mensonges, la lâcheté et les spéculations honteuses qui ne sont plus de saison ».

Élu conseiller municipal de Niamey, Djibo Bakary deviendra peu après le premier maire élu de la commune de plein exercice de Niamey contre Boubou Hama, président du PPN-RDA et candidat de l'administration. Le succès électoral est favorisé par une fusion entre l'UDN et le Bloc nigérien d'action (BNA), ce qui a donné naissance à la section nigérienne du Mouvement socialiste africain, le MSA. Sous la bannière du MSA, le Sawaba obtient à l'issue des élections législatives pluralistes le 31 mars 1957, 41 sièges contre 19 au PPN-RDA. L'alliance opérée avec le BNA, un parti proche de la chefferie, a permis au Sawaba de battre la formation rivale du PPN-RDA. Djibo Bakary est élu conseiller territorial sur la liste de la circonscription de Tahoua. Sa carrière politique culmina avec son élection à l'Assemblée territoriale et sa nomination au poste de vice-président du Conseil du gouvernement, la présidence étant entre les mains du gouverneur Bordier Paul.

C'est donc à la tête d'un parti gouvernemental que Djibo Bakary va opposer un « Non » catégorique à de Gaulle, le maître d'œuvre du référendum de septembre 1958. L'option en faveur du Non n'était pas une position d'un leader isolé. En effet, le 18 janvier, la centrale UGTAN tient son congrès à Conakry, en présence des délégués de tous les pays francophones, excepté la Côte-d'Ivoire mais avec les délégués du Ghana. Le congrès se dote d'un comité directeur dont le président est Ahmed Sékou Touré et Djibo Bakary, un des deux vice-présidents. La centrale syndicale se prononce en faveur de « la lutte pour la liquidation du système colonial et pour la conquête et la consolidation de l'indépendance ».

De son côté, le congrès constitutif du Parti du regroupement africain (PRA), tenu à Cotonou du 25 au 27 juillet 1958 et auquel Djibo Bakary a pris une part très active, a retenu le principe de base selon lequel « les rapports avec la France passent obligatoirement par l'indépendance », d'où le slogan lancé par lui : « l'indépendance d'abord, le reste ensuite ». Pendant toute la durée du congrès, qui s'est déroulé sur le mot d'ordre d'indépendance immédiate, cette position officielle du congrès courageusement défendue par Djibo Bakary fera l'objet d'une résolution. Ce n'est certainement pas par l'effet du hasard que cette figure de proue du PRA est désignée comme secrétaire général. La réclamation de l'indépendance immédiate n'est pas cependant synonyme de rupture avec la France. Djibo Bakary s'en est vivement défendu.

Le général de Gaulle, inquiet de la perspective de rendre caduc ses projets de réforme, va tenter de ramener Djibo Bakary dans son jeu. Fort de son charisme indéniable, le Général pensait qu'une rencontre avec le leader nigérien suffirait à le faire changer d'avis. La rencontre eut lieu à Dakar le 26 août 1958 mais l'homme du 18 juin ne parvint pas à ses buts, son interlocuteur nigérien reste ferme sur ses positions. De retour à Niamey, comme pour entretenir la flamme de la résistance au projet néocolonial gaullien, il déclara : « L'Afrique ne peut plus renoncer à recouvrer son indépendance parce qu'un tel renoncement équivaudrait à un véritable suicide national. Aucune force, aucune pression ne pourra nous amener à hypothéquer l'avenir de notre pays ». On peut facilement penser que cette détermination découle des soutiens dont bénéficie la résolution de Cotonou, tant de la part du regroupement politique constitué par le PRA, son initiateur, que du regroupement des organisations des travailleurs formés par l'UGTAN, dont le comité directeur, présidé à Dakar par Djibo Bakary et Sékou Touré, a soutenu justement la résolution. En réalité, cette détermination est avant tout celle d'un homme et de ses compagnons car, malgré le renoncement du comité directeur du PRA au respect de sa propre résolution, à sa rencontre du 15 septembre à Niamey, le Sawaba va annoncer officiellement sa position de faire voter « NON » lors du référendum, le 28 septembre 1958.

L'option ferme pour l'indépendance a constitué, de toute évidence, une source de grave préoccupation pour le gouvernement français dont le propre projet de réforme pour maintenir le Niger dans sa sphère de domination risque d'être dépassé (Chaffard 1967:270). Le sénateur français Borg, envoyé spécial du gouvernement français au Niger, a le mérite de dire de façon crue l'intérêt géostratégique de ce pays pour la France et la détermination des milieux néocoloniaux métropolitains pour abattre par tous les moyens l'irréductible opposant quand il dit :

> Si nous perdons le Niger, nous perdons l'Algérie. Nous ouvrons la voie à Nasser. Nous permettons la créationd'ungrand Étatmusulmande Lagos aux frontières algériennes. Djibo Bakary n'est pas seulement un agent du communisme international, c'est un musulman fanatique, adepte de la secte sénoussiste (Comte 1971).

Le prétexte est ainsi trouvé pour livrer une guerre sans merci, conduite contre le dirigeant nigérien à travers l'« opération Colombani », du nom du gouverneur réaffecté spécialement au Niger pour vaincre Djibo Bakary. Au cours de « l'opération Colombani », le leader sawabiste a été kidnappé par les parachutistes français venus d'Algérie au moment de la campagne référendaire, son véhicule brutalement arraché (Benoist 1990:110).

L'ampleur des forces armées engagées dans la répression, la bassesse des messages ethnocentristes utilisés et la multitude des complices ne laisseront aucune chance au leader nationaliste. En dépit de nombreux actes de sabotages montés, il a fallu inclure dans l'« opération Colombani » les services d'une gigantesque machine de fraudes massives pour mettre en échec le « Non » avec 102 395 voix contre 372 383 aux partisans du « Oui ».

Colombani n'a pas hésité à dire : « Il fallait être fou pour penser que la France allait accepter de laisser partir à l'indépendance un pays qui avait 1 500 km de frontière avec l'Algérie rebelle » (Benoist 1990:110). L'élimination de l'homme d'État nigérien de la scène politique par des procédés d'un autre âge n'a certainement pas pour seule motivation la volonté de préserver l'Algérie dans l'Empire français. C'était aussi un stratagème pour se débarrasser d'un leader dont le nationalisme indéniable était de nature à faire sortir le Niger, un pays dont la position géostratégique est importante, du giron français. L'échec du « Non » entraîne la démission du gouvernement le 19 octobre 1958, suivie de la dissolution de l'Assemblée territoriale le 14 novembre suivant. Le référendum gaullien a constitué un tournant qui a porté un arrêt brutal à la carrière politique du leader nigérien mais sur un tout autre plan, il a eu l'avantage de montrer à la face du monde l'attachement de Djibo aux principes et à la cause nationale.

Djibo Bakary, pionnier du syndicalisme nigérien et intellectuel convaincu

Les réformes entreprises avec l'application du code de travail en 1953, ont conféré aux travailleurs africains les mêmes droits que les travailleurs métropolitains. Mais, entre la reconnaissance officielle des droits par l'administration et leur jouissance effective par les travailleurs des colonies, un grand travail d'organisation et beaucoup de luttes et de sacrifices vont s'avérer nécessaires.

Des intellectuels nigériens de gauche comme Djibo Bakary à Niamey, Mamani Abdoulaye à Zinder, se mettent à organiser les travailleurs. De l'avis unanime, le mouvement syndical nigérien a pour principal leader Djibo Bakary. Boureima Mainassara, ancien secrétaire général de l'Union syndicale des travailleurs nigériens (USTN), l'unique centrale syndicale du pays, affirme à juste titre, que Djibo Bakary est considéré comme le principal pionnier du syndicalisme nigérien (Boureima 1999:36).

Après son départ du PPN-RDA, qu'il a accusé de trahison de la cause nationale, Djibo Bakary se lança dans le syndicalisme. De l'avis unanime au Niger, le mouvement syndical a vu le jour et s'est développé grâce à l'action de Djibo Bakary et de ses collaborateurs comme Mamani Abdoulaye.

Du syndicat des jardiniers à la mise en place de l'USCN, première centrale syndicale

L'instituteur en chômage retourne alors dans son village et se consacre au jardinage. Il créa un jardin dans son village de Soudouré et devint le secrétaire général du syndicat des jardiniers qu'il venait de constituer. Le regroupement de différentes branches aboutit à la naissance de l'Union des syndicats confédérés du Niger (USCN), première centrale syndicale du pays. Pour assurer l'influence du syndicat, il créa le 28 avril 1952 un journal, *Talaka* (homme du commun en haoussa). Après Djibo Bakary, remplacé en juin 1952 par Hima Dembélé, le journal est dirigé en 1955 par Saloum Traoré. Cet outil de propagande lui permit de dénoncer les exactions de l'administration et celles des employeurs du secteur privé.

Des cellules syndicales, mises en place dans les grands centres urbains (Zinder, Maradi, Tahoua, Niamey), ont constitué des structures efficaces pour intensifier ses activités en direction de la masse urbaine, d'où il pourrait toucher les zones rurales. Djibo Bakary accordait le plus clair de son temps à la défense des droits des travailleurs. Une de ses premières réalisations syndicales : la création d'une « efficace société coopérative ouvrière de consommation, en 1953, qui réunit tous les travailleurs de Niamey » (Talba cité par Fluchard 1995:140).

Les premières grèves des travailleurs vont commencer au Niger. En dépit des réformes institutionnelles, le Conseil général n'est pas une institution délibérante ; le gouverneur reste tout-puissant, d'où la poursuite des exactions. Les luttes ne tardèrent pas à s'orienter vers les revendications salariales, les salaires payés au Niger étant les plus bas de l'AOF et hors de rapport avec le coût de la vie. Le Code du travail accordant, à partir de 1953, aux syndicats africains les mêmes droits qu'aux syndicats métropolitains, Djibo Bakary et Mamani Abdoulaye organisèrent respectivement à Niamey et à Zinder, en juillet et août 1953, une série de grèves. Dans le but de casser le mouvement de débrayage, l'administration eut recours à des menaces à l'encontre des dirigeants du mouvement. C'est ainsi que Djibo Bakary comparut devant la justice pour entrave au travail. En dépit des menaces de l'administration, les premières luttes syndicales des travailleurs aboutirent à une importante augmentation des salaires des ouvriers en 1953 et 1954. En d'autres termes, le mouvement fut couronné de succès. Ce fut une démonstration pratique de la nécessité de la lutte. Les organisations syndicales attirèrent un nombre important de travailleurs et le prestige du leader allait en s'accroissant (Chaffard 1965:140).

Sa capacité à mettre la masse des travailleurs des villes en mouvement fit de Djibo Bakary un leader syndical d'une envergure nationale, ce qui se traduisit sur le terrain par le regroupement des différentes branches des organisations des travailleurs d'où naquit l'Union des syndicats confédérés du Niger (USCN), la première centrale syndicale de l'histoire du pays. Le cadre organisationnel ainsi mis en place attira un nombre important de travailleurs et le prestige de Djibo Bakary s'accrut de façon irrésistible [Entretien avec Ousman Dan Galadima, à Madawa]. Dans le contexte de domination coloniale où l'Africain est régi de fait, par le code de l'indigénat, l'engagement de Djibo Bakary fait de lui un héros national. Djibo Bakary était alors présenté comme « le redresseur des torts ». Selon Adamou Mayaki qui ne l'épargne guère :

> Il tentera, (rapporte Adamou Mayaki), ça et là de remettre en cause les jugements qu'il estimait injustes, interviendra à tort ou à raison en faveur de ses adeptes, sèmera le trouble et la perturbation dans les esprits en opposant les ouvriers à leurs employeurs ; il parviendra à se tailler une popularité légendaire auprès, non seulement des ouvriers qui lui sont totalement acquis, mais aussi auprès de la masse paysanne, voire d'une certaine élite intellectuelle (Talba 1984:86).

Ce témoignage d'Adamou Mayaki dont on sait le peu de sympathie qu'il éprouvait pour le leader nigérien, montre l'ampleur de son action syndicale et sa portée multiple, se traduisant par des interventions auprès des tribunaux, dans la presse qu'il gère avec peu de moyens, et dans la mise en place d'un cadre organisationnel qui a abouti au regroupement des travailleurs sur la base de leurs intérêts professionnels, au-delà des affinités ethniques : une nouvelle conscience collective au sein des travailleurs qui se sentent solidaires les uns à l'égard des autres est en train de voir le jour. Au moment du référendum, l'Union territoriale des syndicats du Niger (UTSN-UGTAN) a apporté son soutien à l'UDN-Sawaba et a réaffirmé son engagement pour la lutte de libération nationale.

Conscient de la faiblesse du mouvement syndical à l'échelle territoriale, Djibo Bakary chercha à le renforcer par le rapprochement avec une centrale métropolitaine, la CGT et ses sections ouest-africaines. L'intégration des organisations syndicales du Niger dans un cadre plus vaste était, de toute évidence, le moyen le plus sûr de leur faire profiter des expériences de luttes et de la solidarité des autres organisations de la sous-région afin d'accroître leur force de frappe. C'est ainsi que Djibo Bakary créa au Niger la première section territoriale de la Confédération générale du travail (CGT) de France.

Il est élu, en février 1954, coordonnateur des Unions syndicales territoriales de l'AOF et du Togo (CGT) en 1954, avec 12 voix contre 11 à Sékou Touré, son grand ami avec lequel, lui et d'autres leaders syndicaux de l'Ouest Africain francophone, ont créé, à la conférence de Cotonou en 1957, l'Union générale des travailleurs d'Afrique noire (UGETAN) pour faire face à « la nécessité de libérer le continent africain de la domination étrangère » (Boureima 1999:29). Sa stature de leader syndical au niveau national et régional lui ouvre l'accès au poste de conseiller technique et à ce titre, il représente le mouvement syndical africain à la 39e session de l'OIT en Suisse (*Le Démocrate* n° 56 du 2 juin 1956). Il est également représentant de la CGT Afrique au Conseil économique qui est la quatrième Assemblée de la Quatrième République. On profite de l'ignorance de la population au sujet du Conseil économique pour faire comprendre que Djibo Bakary a été coopté par le Parti communiste et que lui-même est communiste (Le Démocrate n° 58 du samedi 7 juillet 1956).

Les années 1956-1957 ont constitué un tournant décisif pour le mouvement syndical en Afrique de l'Ouest d'expression française d'une manière générale et au Niger en particulier. C'était l'époque de la loi-cadre, de la semi-autonomie et de nouvelles réformes institutionnelles qui créèrent une certaine effervescence politiquedansle pays. Onassista à la radicalisationdumouvementsyndicalnigérien en raison de l'apparition d'une nouvelle revendication à caractère politique qui vint se greffer à la revendication professionnelle. Appréciant la portée de l'action syndicale de Djibo Bakary, Boureima Mainassara, ancien secrétaire général de l'USTN écrit : « L'œuvre de Djibo en faveur des travailleurs dans le cadre de la défense de leurs intérêts généraux et dans la prise de conscience des bienfaits du mouvement syndical ne peut être que saluée par la jeune génération des militants syndicaux, cadres et dirigeants » (Boureima 1999:29).

Un intellectuel non conformiste

Djibo Bakary est incontestablement un intellectuel qui agit sur la base des convictions. On peut illustrer cette affirmation à travers ses interventions devant les tribunaux ou les administrateurs pour remettre en cause des jugements arbitraires prononcés à l'encontre de simples citoyens. Mais le premier exemple remarqué de cet engagement intellectuel est donné par son adhésion au PPN-RDA et la haute responsabilité assumée à la tête de cette structure qui, malgré son programme politique réformiste, peut être considérée comme un mouvement progressiste en tant que première « force sociale organisée avec une structure fédérative permettant l'unité d'action des peuples colonisés dont le futur développement pouvait mettre fin à l'ordre colonial » (Sékou Touré 1968:42-43).

Intellectuel conséquent, Djibo Bakary à l'instar des leaders de l'Union des peuples du Cameroun (UPC), au premier rang desquels Um Nyobé, s'est énergiquement opposé à la collaboration du RDA avec les partis coloniaux à travers le désapparentement avec le groupe parlementaire du Parti communiste français. La nouvelle orientation du RDA confirme les propos de Sékou Touré selon lesquels « le RDA n'appartenait pas au peuple : le peuple lui servait d'instrument » (Sékou Touré 1968:44). Dans ces conditions, les intellectuels conséquents ne pouvaient que bouder ce mouvement politique, telle fut l'option de Djibo Bakary. Malgré la place prestigieuse de premier secrétaire général du bureau politique du PPN-RDA qu'il occupait, il décida purement et simplement de rompre avec ce mouvement et de repartir à zéro. L'ancien dirigeant du PPN-RDA ne baissa pas pour autant les bras. Il décida de prendre le taureau par les cornes en s'attelant à la mise en place des structures syndicales pour l'éveil des travailleurs et leur engagement dans la lutte corporatiste, tremplin vers leur implication dans la lutte politique. La pratique syndicale et politique s'est accompagnée d'une intense activité intellectuelle à travers des prises de position et de nombreux écrits dans des journaux (*Le Talaka, Le Sawaba*). Son écrit le plus important est *Silence ! On décolonise. Itinéraire politique et syndical d'un militant* (1992). C'est ainsi qu'il parvint à utiliser efficacement le cadre syndical comme tremplin pour constituer son propre parti afin d'évincer ses concurrents et anciens amis du RDA (Boureima 1989:37-38). La pertinence de sa vision politique lui a permis d'élaborer une stratégie laborieuse mais efficace, qui fut à l'origine de son élection à la fonction de maire de la commune de Niamey et vice-président du conseil de gouvernement, la plus haute responsabilité politique et administrative occupée par un ressortissant du pays.

Djibo Bakary n'était pas un simple praticien de la politique. Sans atteindre l'envergure des grands théoriciens africains comme Julius Nyéréré, Kwame Nkrumah ou Amilcar Cabral, il demeure néanmoins un théoricien de la lutte de libération nationale. Comme on le sait, l'engagement dans une lutte politique ou même sociale participerait de l'amateurisme et s'exposerait à un fiasco inévitable dès lors que celle-ci ne serait pas, au préalable, appréhendée dans ses dimensions théoriques, c'est-à-dire les conditions objectives et subjectives de son entreprise. Dans le cas de la lutte de libération nationale, Djibo Bakary a identifié le facteur objectif qui rendait nécessaire cette lutte, à savoir la réalité de l'oppression coloniale et « féodale » ; quant au facteur subjectif c'est-à-dire la prise de conscience de la nature de cette dernière, c'est à l'organisation politique de trouver les voies et moyens de sa réalisation. Djibo Bakary a cherché à intellectualiser la question coloniale à travers l'identification des contradictions internes et externes qui bloquent l'évolution de la société et la nécessité de mettre en place des cadres d'organisation supra-ethniques. C'est ainsi qu'il a relevé la double oppression dont sont victimes les *Talaka* à savoir celle des colonisateurs sur l'ensemble des populations et celle des chefs traditionnels sur les *Talakawa*, la masse du peuple. Sa perception des rapports sociaux est exempte de tout dogmatisme, de tout a priori. « Il est clair, écrit-il que si nous avons des amis sincères parmi les chefs traditionnels, il serait erroné de croire que nous pouvons compter sur l'amitié de tous les chefs traditionnels par le canal de quelques associations appropriées. »

Sur le plan des questions théoriques, on peut également rappeler sa discussion avec Léopold Sédar Senghor à propos du rapport entre l'indépendance et la nation. Pour Senghor, la communauté semble un choix pertinent car il est erroné de réclamer une indépendance pour un pays africain alors qu'il n'a pas atteint le stade de la nation. Pour Djibo Bakary, la colonisation étant en soi un obstacle à toute forme de développement des sociétés africaines, la meilleure solution pour construire la nation, c'est d'être indépendant et souverain.

Un grand stratège des luttes sociales

Le Niger, colonie délaissée sur tous les plans, notamment au niveau de l'enseignement, est naturellement handicapé du point de vue de la capacité de la population à s'engager dans les formes de luttes politiques modernes. Comment amener les citoyens à prendre en charge les questions de libération nationale alors même qu'ils ont du mal à comprendre leur situation individuelle ? La réponse à cette question passe par la mise en place des structures d'appui à la lutte, d'où le recours aux syndicats comme force d'appoint à l'action politique, qui s'avère nécessaire car si le cadre syndical est la structure appropriée de la défense des intérêts personnels et immédiats des travailleurs, c'est aussi le cadre à l'intérieur duquel les travailleurs prennent conscience de la nécessité de la lutte, de la nécessité d'une organisation commune, du sens du sacrifice et de la solidarité pour faire aboutir leur lutte légitime face à un maître dont la force est entretenue par leur éparpillement. On voit l'enseignant à l'œuvre dans cette école de la vie, cherchant à inculquer à ses compatriotes les rudiments de nouvelles formes d'organisations modernes pour prendre eux-mêmes en charge la défense de leurs intérêts matériels et moraux immédiats et concrets.

Après des années de formation, les syndicalistes ont pris conscience des liens qui existent entre leur statut d'exploités et la situation coloniale du pays. La stratégie de mobilisation sociale de Djibo Bakary est révélatrice de ses capacités d'imagination et d'organisation. En effet, il s'agit de partir de l'intérêt concret et immédiat de la population, pris en charge par le syndicat, pour aller vers l'intérêt général pris en charge par une structure politique. À partir d'un certain moment, le combat syndical prend une dimension politique, l'oppression politique et l'exploitation sociale ayant la même source à savoir l'État colonial et les entreprises métropolitaines. Dans ces conditions, il serait illusoire de séparer le combat politique pour l'indépendance de la lutte corporatiste pour l'équité sociale.

Le travail d'éveil politique des militants est entretenu et renforcé par une éducation politique et idéologique destinée à en faire une véritable élite nationale : il cherche à pousser ces derniers à ne plus être à la remorque des événements et à prendre les devants de la lutte. Djibo Bakary montre la voie à suivre en mettant l'accent sur ce que doit être le rôle des élites.

> À l'UDN, écrit-il, nous continuerons la seule action digne des élites et du peuple de ce pays. Celle qui consiste à dire ce qui ne va pas et à préconiser des solutions constructives. Si c'est cela l'opposition, que l'on ne nous pardonne pas et qui sert de prétexte à nous envoyer en prison, alors que l'on se prépare à ouvrir de nouvelles prisons. Nous ne reculerons pas quand l'honneur et l'intérêt de notre pays sont en jeu (*Le Démocrate* n° 53:4).

Après l'arrestation de Mamani Abdoulaye et de Hima Dembélé, il minimise la portée de la mesure d'intimidation de l'administration et exhorte les militants à la lutte :

> Ils se trompent, avise-t-il, quand ils font croire que nous craignons les prisons politiques. Nous nous défendons contre l'injustice et la calomnie, mais nous ne fuyons jamais nos responsabilités. L'emprisonnement de Mamani et de Hima n'a fait qu'insuffler à nos militants une plus grande volonté de lutte (*Le Démocrate* n° 53).

À chaque étape de l'évolution du territoire marquée par des réformes conçues par la métropole pour consolider sa domination, il faut ajuster la forme et la stratégie de la lutte. Après la publication par le JO de la République française du 24 juin 1956 de la loi-cadre no 56-619 du 23 juin 1956 autorisant le gouvernement à mettre en œuvre les réformes et à prendre les mesures destinées à assurer l'évolution des territoires d'Outre-mer de l'AOF et de l'AEF, une étape importante pour l'émancipation des TOM est ouverte dans tous les domaines. Djibo Bakary écrit un article intitulé « Le vent de l'unité » dans lequel il conclut :

> Quelle que soit la valeur de la Loi – cadre, elle ne constituera pour l'Afrique un pas en avant que dans la mesure où elle sera appuyée par des cadres politiques valables ayant des perspectives claires et décidés à tout sacrifier pour l'avenir de leur pays : l'Afrique noire a plus que jamais besoin de l'union de ses enfants (*Le Démocrate* n° 57:3-4).

Le dirigeant de l'UDN préconise dans *Le Démocrate* n° 56 du samedi 2 juin 1956, une « large union des éléments politiques valables – et sincères – du pays pour qu'ensemble ils créent les conditions de l'émancipation. Les dirigeants de l'UDN affirment leur disposition à reconnaître au PPN sa qualité de section territoriale du RDA. »

La démarche intellectuelle va de pair avec la capacité de prévision et d'anticipation, c'est une des grandes qualités de Djibo Bakary. C'est ainsi que parallèlement à la lutte pour l'accession au pouvoir, Djibo Bakary a mis en place une politique efficace de formation de cadres à l'extérieur. De nombreux élèves et jeunes fonctionnaires quittent clandestinement le pays pour se rendre au Maroc. Ils sont accueillis au collège Moulay Rachid à Casablanca ou au lycée Moulay Rachid à Rabat d'où ils vont se préparer pour le supérieur. Les centres de formation des pays socialistes ont constitué la principale destination des jeunes nigériens proches du Sawaba. Certains y passent leur diplôme de fin d'études secondaires avant de se répartir dans diverses branches de l'enseignement supérieur général ou professionnel qui leur assurent une formation dans divers domaines. La dernière promotion des élèves envoyés à l'extérieur date de 1962 (entretien avec I. Zoumari, le 29 août 2012). Parmi les jeunes Nigériens formés en URSS, en Allemagne de l'Est et dans les autres pays du bloc socialiste, certains viennent en France pour compléter leur formation ou participer à des stages. C'est le cas, par exemple, de Kairo Alfari.

Né en 1936 à Tillabéry, Kairo Alfari a servi comme jeune agent d'agriculture à l'intérieur du pays lorsqu'il obtient une autorisation d'inscription en URSS. À Moscou, il passa d'abord trois ans pour parachever sa formation secondaire. Il entra, par la suite, dans une école d'ingénieurs pour une formation de cinq ans. Il en sortit ingénieur principal des travaux publics. Il gagna par la suite la France où il s'inscrit à l'École normale supérieure où il se spécialisa en mécanique des solides. Admis à l'École centrale des arts et manufactures de Paris, il fit une année de spécialisation. Il perfectionna ses connaissances à l'Institut de l'administration des entreprises. Un séjour de 3 mois à Lausanne lui a permis de faire un stage sur les questions de l'environnement. De retour à Paris, il boucle le cycle de sa formation par un stage à la Régie autonome des transports parisiens (RATP). L'objectif du Sawaba est de former des cadres de haut niveau, compétents et dévoués pour ne pas tomber, après la libération, dans la dépendance technique vis-à-vis de la France.

À la fin de sa formation, il s'installe comme bon nombre de cadres formés par le Sawaba, en Algérie, où il est engagé par l'État. C'est là que le chef de l'État Kountché l'a rencontré, avec Sani Koutoubi, un géophysicien formé par le Sawaba, pour leur demander de rentrer au pays afin d'y apporter leur expertise. Ils acceptèrent l'offre, comme tant d'autres cadres formés par le Sawaba à qui le régime militaire a confié de hautes responsabilités techniques mais aussi politiques. Alfari Kairo, que le général Seyni Kountché nomma directeur de l'urbanisme, nous a présenté tout un répertoire des équipements urbains dont il a supervisé la mise en place [Entretien avec Alfari Kairo à Niamey le 27 août 2012]. C'est ainsi qu'il a dirigé la conception et l'exécution d'une grande partie des travaux d'aménagement et de construction des grands édifices publics de la capitale réalisés sous le régime militaire : le Palais des congrès construit pour abriter les conférences internationales, les installations du service de la Douane rive droite, pour une meilleure mobilisation des ressources fiscales, le camping touristique de Yantala et le stade général Seyni Kountché pour assurer à la jeunesse des centres de loisirs et de sport, etc. Chacun des ouvrages d'équipement proposés à la demande du chef de l'État a représenté, compte tenu du choix du site, une opération d'aménagement urbain. Alfari Kairo, ce cadre formé par le Sawaba, a été probablement un des grands bâtisseurs de la capitale.

Une vision théorique et pratique du panafricanisme

Djibo Bakary a fait preuve d'intelligence politique en relevant les dangers de la balkanisation territoriale au moment des réformes institutionnelles devant aboutir à la loi-cadre. Il a déploré la suppression de l'exécutif fédéral et s'est présenté en théorie comme en pratique en adversaire acharné de la balkanisation et en partisan inconditionnel de l'intégration politique africaine. Pour lui, l'unité politique de l'Afrique passe par l'unification des partis politiques, d'abord au sein de chaque territoire ensuite sur le plan fédéral. Cette vision idéaliste n'a pas pris en compte les différences politiques et idéologiques existant entre les partis d'un même territoire, d'où les difficultés de sa mise en œuvre. À défaut de cela, il s'est engagé dans un processus d'intégration des partis politiques à l'échelle ouest-africaine. La mise en place de ces cadres de solidarité apparaît comme le seul moyen de donner aux Africains les moyens de se débarrasser de toutes les strates nées de la domination et de l'oppression étrangères.

La question de l'unité du continent ne doit pas rester une simple vue de l'esprit mais elle doit se traduire par un engagement concret au quotidien. C'est sans doute danscesouci que Djibo Bakarys'estdécidéàs'investirdanslesorganisationspolitiques regroupantdespartisissusdeplusieurspaysafricainscomme le Mouvementsocialiste africain (MSA). L'engagement de Djibo Bakary était si remarquable qu'il fut élu au poste de secrétaire général adjoint de ce regroupement au congrès de Conakry, tenu du 10 au 13 janvier 1957. Au congrès de Cotonou, tenu en juillet 1958, Djibo Bakary fut élu au prestigieux poste de secrétaire général du Parti du regroupement africain (PRA) formation née de la fusion de MSA avec la Convention africaine et dont l'option pour l'indépendance immédiate des territoires d'Outre-Mer ne laissait place à aucune tergiversation. Devenu une section territoriale du PRA, le MSA-Sawaba prend la dénomination du PRA-Sawaba. Le PRA s'étant transformé en Parti de la fédération africaine (PFA), Djibo Bakary devient vice-président et en même temps président de la section nigérienne. Ses qualités de meneur d'hommes, son esprit d'initiative, son courage politique expliquent une telle percée sur l'arène politique et syndicale régionale.

En résumé, on peut dire que l'œuvre de Djibo Bakary rend bien compte de sa dimension d'intellectuel engagé ; elle est grande dans la mesure où elle a abouti à la création d'une organisation des travailleurs pour la défense de leurs intérêts matériels et moraux. Adamou Mayaki, un des plus grands adversaires de Djibo Bakary, évoque sa dimension de « syndicaliste consommé » et de « politicien habile et rusé ». Par son engagement sur le terrain, sa vision de l'unité des forces anticoloniales, sa pédagogie dans l'initiation des Nigériens aux formes modernes des luttes politiques et corporatistes tout autant que par ses initiatives en matière de formation de cadres techniques pour créer les conditions de viabilisation de la future indépendance du pays, Djibo Bakary s'est hissé incontestablement au rang des intellectuels africains progressistes. Sa quête d'un avenir de liberté et de dignité pour le peuple nigérien a fini par contrarier le projet de réforme de la métropole, ce qui a précipité sa chute après la victoire forcée du « Oui » au référendum gaullien de septembre 1958 et la présentation de la démission de son gouvernement le 19 octobre 1958.

Mamani Abdoulaye : un intellectuel au service de son peuple

Écrivain, poète, dramaturge et journaliste, Mamani Abdoulaye est un exemple remarquable d'intellectuel prodige, de syndicaliste dévoué à la cause des travailleurs et d'homme politique courageux. Ses nombreux séjours dans les geôles infernales du PPN-RDA et du régime de Seyni Kountché après un long exil à l'étranger furent, certes, autant de dures épreuves mais qui ne sont jamais parvenues à ébranler sa foi dans le combat politique et culturel. Son séjour en Algérie comme coordonnateur du parti lui a permis de développer ses talents d'écrivain engagé.

Au cours de sa riche carrière politique, syndicale et d'homme de lettres, il occupa plusieurs responsabilités au niveau local, national et international.

Un engagement social et politique remarquable

Les activités syndicales et politiques de Mamani Abdoulaye ont révélé son envergure intellectuelle, celle d'un homme politique et d'un homme de culture à l'écoute de ses concitoyens. À l'instar de Djibo Bakary, Mamani Abdoulaye, toute sa vie durant n'a cessé de mener le combat pour la conquête des droits de ses concitoyens.

Quels sont les débuts de ce cadre sawaba de premier plan ? Né en 1930 à Mainé Soroa, dans la partie orientale du pays, il commença sa carrière professionnelle à Zinder, au centre du pays comme employé de la SCOA, une des plus grandes firmes européennes actives dans le commerce de traite. Il s'engagea dans le mouvement syndical nigérien et en devient un membre actif. Il se hissa au rang de secrétaire général du STACIB, un syndicat membre de l'Union des syndicats confédérés du Niger – CGT. À ce titre, il a réussi à rassembler des travailleurs d'origines diverses à l'intérieur d'une même organisation et est parvenu à organiser avec succès en juillet et août une série de grèves qui sont couronnées de succès (Chaffard 1965:140). Il développe des initiatives semblables à celles mises en œuvre par Djibo Bakary, qui a créé une dynamique association ouvrière de consommation. Il remporte des succès incontestables malgré la concurrence faite par l'Association professionnelle créée par le Sultan de Zinder au service de l'administration coloniale.

Mamani Abdoulaye a pris part très tôt à la vie politique de son pays. Il fit ses premiers pas dans le cadre du PPN d'abord, aux côtés de Diori Hamani, Boubou Hama et Djibo Bakary, puis en tant que membre du bureau politique de l'UDN. En 1956, il n'a que 25 ans quand il est élu député de Zinder sur la liste de l'UDN Sawaba, puis conseiller territorial en 1957 au titre de la circonscription de Zinder.

Il est élu conseiller municipal toujours à Zinder avant d'être élu premier adjoint du Conseil municipal de cette ville. Le succès remporté aux élections municipales de Zinder a fait de cette cité, comme d'ailleurs de bon nombre d'autres centres urbains de l'Est nigérien (Maradi, Tasawa, etc.), des fiefs électoraux du Sawaba qui occupe de loin la première place.

En l'espace de quelques années, le syndicaliste s'est retrouvé avec des responsabilités municipales et politiques au niveau territorial et fédéral de l'AOF. Les activités politiques de Mamani Abdoulaye débordent le territoire nigérien. C'est ainsi qu'après avoir été élu grand conseiller de l'AOF, il devient membre suppléant de la Commission des affaires permanentes du grand conseil et délégué au Conseil de la Fédération mondiale de la jeunesse démocratique (FMJD) à Pékin en 1954. Dans le même temps, il contribue à l'animation du parti et surtout de sa presse.

Un homme de culture engagé

Syndicaliste et homme politique de premier plan, Abdoulaye Mamani est incontestablement un homme de culture au regard de la diversité de ses écrits journalistiques, poétiques, romanesques etc. « La culture, écrit-il, n'est pas le panégyrique d'un régime. Les régimes passent, la culture reste. Un homme de culture crée ou il se tait ». Son savoir et sa culture, il les investira surtout dans l'élargissement du champ des libertés démocratiques grâce à des articles dans la presse.

L'acquisition de la liberté d'association dans les territoires d'Outre-Mer par les décrets du 13 mars et du 16 avril 1946 (Fluchard 1995:38) a donné aux Africains le statut de citoyens mais cette nouvelle disposition si essentielle dans le processus d'émancipation des Africains doit se matérialiser sur le terrain de la réalité pour devenir un acquis irréversible. Des intellectuels comme Mamani Abdoulaye s'engagent à lui donner corps et à dénoncer les manquements, malgré les nombreux risques auxquels ils s'exposent. C'est ainsi que ce dernier accepte d'être un des grands animateurs des organes du parti, à savoir Le Démocrate, puis de servir comme directeur de publication d'un autre organe du parti, le *Sawaba*.

En dépit de nouvelles institutions et de l'acquisition de la liberté de presse, l'entreprise était périlleuse : à peine l'activité commencée, les journalistes font l'objet d'intimidations et d'emprisonnement. Les anciens réflexes liberticides sont de rigueur. C'est ainsi que Mamani Abdoulaye et Hima Dembélé sont mis aux arrêts (*Le Démocrate* n° 53). À peine libéré de prison, Mamani Abdoulaye reprend la plume qu'il continuera à manier avec la même verve jusqu'à la fin de sa vie. Son article « Tessaoua, repère du colonialisme », écrit en 1955, fait remarquer que « quinze ans après (le régime de Vichy), Tessaoua vit à peu près sous le même régime ». Parmi les pratiques en vogue, il cite le « Macou », cette institution de coups de sifflet aux premières heures de la nuit pour contraindre la population à rentrer au bercail et surtout à observer le silence total pour ne pas perturber le sommeil des « toubabs ». L'auteur dénonce les abus des administrateurs qui se basent sur de fausses déclarations de leurs agents de renseignements pour entraver la liberté d'opinion et intimider les représentants des partis politiques légalement constitués.

Les mesures de répression n'arrivent pas à faire taire Mamani et ses camarades. Un an plus tard, un autre de ses articles, cosigné avec Boukary Dan Karémy dans *Le Démocrate* n° 48 du 1er mars 1956, a été jugé diffamatoire à l'égard du directeur de la Sûreté et du questeur de l'Assemblée territoriale. Ils ont été condamnés à quatre mois de prison ferme et 400 000 F d'amende.

Les emprisonnements et les exactions, loin de le dissuader, ont, au contraire, raffermi sa foi dans l'entreprise journalistique en tant qu'instrument privilégié du combat nationaliste. Sa vision d'un journalisme engagé, il l'a exposée à l'occasion de sa participation à une conférence internationale des journalistes afro-asiatiques en avril 1963 à Djakarta. Les journalistes afro-asiatiques doivent, selon lui, sensibiliser pour :

> Le nouveau combat pour l'indépendance effective, la consolidation de cette indépendance et pour le maintien de la paix dans le monde. Informer objectivement, ajoute-t-il, éduquer, connaître et faire connaître la vie de nos peuples : tels seront les objectifs fondamentaux qui doivent guider les journalistes afro-asiatiques. Nous ne devons jamais perdre de vue, contrairement aux journalistes à sensation et aux trafiquants de nouvelles, que nous sommes des journalistes engagés, des militants conséquents, les interprètes fidèles et honnêtes des intérêts de nos peuples. À ce titre, le journalisme ne doit pas être pour nous un simple moyen d'information, mais une véritable arme de combat contre le mensonge et l'obscurantisme. Nous devons par la loyauté, la clarté et la valeur de ce que nous écrivons, orienter l'opinion publique vers les nobles principes de liberté, de démocratie et de paix dans le monde.

Il préconise de mettre la plume au service exclusif du peuple, « l'engager résolument dans le combat contre le racisme et tout ce qui porte atteinte à l'honneur et à la dignité de l'homme ». La vision du journalisme engagé de Mamani Abdoulaye épouse bien le comportement de l'intellectuel dans la mesure où elle cherche à éclairer les populations sur les véritables sources de l'oppression sociale, à les éduquer en vue de leur émancipation politique et citoyenne de la domination et de l'exploitation étrangères. La plume est devenue une précieuse arme de dénonciation des abus et de formation des concitoyens en vue de la transformation des rapports sociaux dans le sens du respect de la justice sociale. Dans un passage de son chant, le célèbre chanteur, Garban Bojo, a fait cas du courage de Mamani Abdoulaye en ces termes emplis de sens : « *A koy Mamani Abdoulahi, wanda baya tsoran chara'a* », ce qui veut dire « Il y a parmi les hommes de valeur (sous entendu au Sawaba) Mamani Abdoulaye, l'homme qui n'a pas peur de comparaître devant les tribunaux ». La dimension intellectuelle et éthique du journaliste apparaît au grand jour.

L'exil, un moment d'une riche production littéraire

La décision de l'UDN de voter en faveur du « Non » au référendum gaullien du 28 septembre 1958, pour faire échouer le projet de mise en place de la France Afrique dans sa version la plus grossière et la plus clientéliste, eut pour conséquence une vaste mobilisation de l'administration pour écarter par tous les moyens les leaders du Sawaba de la scène politique et favoriser l'avènement des intellectuels « collabo » du PPN-RDA aux affaires. Le 12 octobre 1959, ces derniers décident de dissoudre le Sawaba. En dépit de ce contexte nouveau marqué par le bâillonnement des libertés démocratiques, Mamani continua à diriger le journal du parti. En juin 1960, 18 militants et cadres sawabistes dont Mamani Abdoulaye, Adamou Sékou et Issaka Koké furent arrêtés par la police du nouveau régime qui les accusa de conspiration. Mamani Abdoulaye fut frappé de la charge la plus lourde à savoir deux ans d'emprisonnement. En septembre 1960, un mois après l'accession à l'indépendance du Niger, les leaders du Sawaba incarcérés furent libérés et réintégrés dans la fonction publique, ce qui montre le caractère préventif de leur arrestation. L'indépendance du pays, loin d'instaurer une nouvelle ère d'espoir et de liberté installe une période de suspicion, de délation et d'arbitraire. L'interdiction des journaux de l'opposition acculait Abdoulaye Mamani à la semi-clandestinité. Devant la persistance des menaces, il décida de concert avec Adamou Sékou, le coordonnateur intérieur du parti, de quitter le pays. C'est ainsi qu'un mécanicien de la place, Ibrahim Tri, a réussi à le conduire à Ouagadougou après avoir contourné plusieurs obstacles et survécu miraculeusement à un accident survenu près de Ouagadougou.

Pendant son exil qui a duré 14 ans, l'écrivain voyage beaucoup dans les pays dits progressistes à savoir le Mali, l'Algérie, le Ghana, l'Égypte où il continue ses activités d'écrivain engagé, parallèlement à ses activités politiques. En tant qu'homme de lettres et de culture, il a eu à rencontrer des sommités de la littérature comme Aimé Césaire, Wolé Soyinka, Léopold Sédar Senghor, qui sont autant de sources d'inspiration.

Poète, dramaturge, romancier, nouvelliste, sa production littéraire, publiée dans des maisons d'édition célèbres est nombreuse et diversifiée. Il publie, en Algérie, au cours de la même année 1972, deux œuvres poétiques à savoir *Poémériques et Eboniques*. Un an plus tard, en 1973, il écrit une pièce théâtrale intitulée Le balai suivie par une nouvelle *Une nuit au Ténéré*. Autre ouvrage : *Rêves d'enfants*. Sa dernière œuvre poétique est une *Anthologie d'une poésie de combat*.

Après de longues années en exil, Mamani Abdoulaye regagna le pays à la faveur du coup d'État du lieutenant-colonel Seyni Kountché intervenu le 15 avril 1974. La chute du régime du parti unique du PPN-RDA, ennemi mortel du Sawaba, a poussé les leaders du Sawaba y compris Djibo Bakary à regagner le pays. À la surprise générale, le nouveau chef de l'État, à la recherche des voies et moyens de consolidation de son pouvoir fraîchement acquis, intervint en août 1975 à travers une déclaration dans les médias d'État, pour accuser les leaders du Sawaba d'avoir fomenté une conspiration de concert avec Sani Souna Siddo, l'homme fort du régime. Mamani Abdoulaye retrouve, à nouveau, la route de la prison en même temps que certains de ses colistiers du parti, parmi lesquels se trouve Djibo Bakary. Il y côtoie un autre écrivain Issa Ibrahim.

Après sa sortie des geôles du général Kountché, il poursuit le combat sous un angle culturel pour inscrire l'entreprise de résistance dans la durée. Son chef-d'œuvre, auquel il s'identifie et qui a fait de lui l'un des plus grands écrivains nigériens est, sans nul doute, ce célèbre roman *Sarauniya*. Le titre *Sarauniya* du roman veut dire reine hausa en langue hausa. C'est un roman historique qui évoque l'épopée d'une reine d'une communauté nigérienne, les Arawa, qui s'est dressée en 1899 contre l'avancée de la mission Voulet-Chanoine, la tristement célèbre colonne française en route pour le Tchad. Ce grand hommage à la gent féminine et ce rappel de sa place dans la société africaine précoloniale ont eu un grand retentissement auprès du public nigérien.

Chef-d'œuvre romanesque, *Sarauniya* n'est pas, selon Antoinette Tidjani :

> Une simple reproduction d'une littérature orale en tant qu'expression esthétique, morale ou sociale, car elle est élaborée aussi en référence à l'histoire précoloniale et coloniale et en référence aussi au processus de décolonisation en cours. Le roman, ajoute-t-elle, déborde largement le cadre culturel et idéologique local car l'auteur l'a marqué de sa créativité faite de refus, d'antagonisme et d'efforts de déformations et de transformation de ces traditions orales.

Elle relève, dans cette œuvre si riche, une vision du monde née d'une expérience historique. Le roman participe d'un devoir de mémoire et de riposte à partir d'éléments servant de contre discours identitaire.

La richesse de sa production littéraire a été reconnue au plan national et international. C'est ainsi qu'il a été honoré par la France, en 1990, des Palmes académiques des lettres et des arts ; en 1993, c'est au tour du Niger de reconnaître enfin le mérite de son plus grand écrivain à travers l'attribution du Prix Boubou Hama, la plus haute distinction littéraire nationale. Abdoulaye Mamani reste l'écrivain nigérien le plus connu au-delà des frontières nationales. Au Niger, sa réputation d'homme de culture n'a pas été reconnue par les dignitaires du PPN-RDA. Comme écrivain, il n'a connu que mépris, frustration et indifférence de la part de ces derniers, mais aussi de la part du général Seyni Kountché, les premiers comme le second n'ont gardé de lui que l'image d'un opposant politique irréductible.

Le chantre et acteur du journalisme engagé et le militant dévoué de la libération nationale a trouvé la mort en 1993 dans un accident de la route. Il venait de recevoir la plus importante distinction du pays pour la création culturelle qui porte le nom d'un adversaire acharné des intellectuels à savoir Boubou Hama.

Le comité d'attribution du Prix Boubou Hama, à travers ce geste, venait enfin de reconnaître le mérite littéraire de l'un des fils les plus prodiges du Niger.

Conclusion

L'œuvre politique et syndicale de Djibo Bakary et Mamani Abdoulaye est immense. Par leur audace, leur sens du sacrifice et de l'organisation, ils se démarquent nettement des autres éléments de l'élite nationale restés à la remorque des événements. La capacité de mobilisation sociale des intellectuels à travers la constitution d'organisations syndicales a permis de regrouper les Africains sur une base professionnelle ou politique pour lutter contre l'exploitation de l'homme par l'homme sur laquelle se fonde le capitalisme colonial. Ce nouveau cadre de regroupement a favorisé le dépassement des clivages ethniques, régionaux et religieux et la gestation d'une nouvelle vision des rapports sociaux. Toutes ces données permettent de reconnaître la dimension intellectuelle de ces cadres du Sawaba et leur précieuse contribution à l'accession du Niger à l'indépendance.

Par leurs activités politiques, syndicales et culturelles, ces cadres du Sawaba ont individuellement éclairé les populations sur la nature rétrograde du régime colonial et néocolonial et sur le caractère oppressif de la chefferie traditionnelle. Dans leur quête de justice sociale et de liberté, ils ont mis en place des structures syndicales et politiques regroupant des militants d'origines ethniques diverses mais de plus en plus unis par les luttes communes pour la défense de leurs intérêts corporatistes et citoyens. Ils ont mené un travail de conscientisation, d'orientation et de formation civique et idéologique par les journaux du parti, les centres de formation à l'intérieur et à l'extérieur… La mise en œuvre de leur engagement politique et social leur a coûté de durs sacrifices. Par ces actions de guides, d'éclaireurs et de catalyseurs de changement social, ancrés sur l'identité culturelle nigérienne mais prenant en compte les expériences de lutte des autres peuples, d'ici et d'ailleurs, ils ont, sans nul doute, fait œuvre d'intellectuels dans le sens de Bamba et de Samir Amin. En dépit de l'échec global de leurs actions, il est cependant difficile de nier leur impact fécond dans la marche de leur société. On peut, sans risque d'exagération, considérer ces intellectuels comme de véritables éléments de l'élite nationale dans le sens du sociologue P. Mercier (1966:340), dans la mesure où ils ont mis en place des structures syndicales et politiques autonomes pour faire prendre conscience au peuple nigérien de l'origine de ses difficultés sociales et l'amener à s'approprier les méthodes modernes de luttes corporatistes et politiques en vue de la reprise de l'initiative historique.

Bibliographie

Bah, T., (sous la direction de), 2005, *Intellectuels, nationalisme et idéal panafricain : perspective historique*, Dakar, CODESRIA, 186 p.

Bakary, D., 1993, *Silence ! On décolonise. Itinéraire politique et syndical d'un militant africain*, Paris, L'Harmattan.

Bamba, Kassimi, 2009a, « Positions et positionnements des « intellectuels africains », *Débats, Courrier d'Afrique de l'Ouest*, n° 68, septembre-octobre, p. 21-26.

Bamba, K., 2009b, « Intellectuels en Afrique – Du bâillonnement à l'autocensure : l'histoire tortueuse du mouvement des intellectuels en Côte-d'Ivoire », *Débats* n° 69, novembre, p. 10.

Benoist, J.-R., de, 1990, « Du Parti Progressiste Nigérien au Sawaba : Djibo Bakary parle », *Politique Africaine*, n° 38, juin 1990.

Benot, Y., 1969, *Idéologies des indépendances africaines*, Paris, Maspéro. Cabral, Amilcar, 1975, *L'arme de la théorie,* Paris, Maspéro, p. 285.

Chaffard, G., 1965, *Les carnets secrets de la décolonisation*, tome II, Paris, Calmann Levy.

Coquery-Vidrovitch, C., (sous la direction de), 1992, *L'Afrique occidentale au temps des Français : colonisateurs et colonisés,* Paris, La Découverte.

Coquery-Vidrovitch, C., (Ed.), 1993, *Histoire africaine du XXe siècle. Sociétés – Villes – Cultures*, Paris, L'Harmattan-UA 363 Tiers-monde Afrique, Paris VII/CNRS.

Dago, S., 1994, « Portrait de l'intellectuel nigérien », *Tribune du Peuple* n° 62, juillet 1994.

Djibo, M., 2001, *Les transformations politiques au Niger à la veille de l'indépendance*, Paris, L'Harmattan

Diouf, M., 1994, « Liberté intellectuelle et démocratie : les intellectuels dans la transition démocratique » in Diouf, M. et Mahmoud Mamdani (Sous la direction), 1994, *Liberté académique en Afrique*, Paris, CODESRIA/Karthala, pp 359-370.

Fluchard, C., 1995, *Le PPN-RDA et la décolonisation du Niger,* Paris, l'Harmattan.

Intellectuels africains, 1993, Politique Africaine nº 51, numéro spécial, Paris Karthala.

Issa, S., 1977, *La problématique littéraire en Afrique. Les responsabilités de l'écrivain africain.* Communication prononcée au Colloque sur la littérature africaine au Festival Africain des Arts et Culture (FESTAC), Lagos (Nigeria)

Kaba, L., 1990, *Le « non » de la Guinée à de Gaulle*, Paris, Éditions Chaka.

Kaké, I. Baba., 1987, *Sékou Touré, le héros et le tyran*, Jeune Afrique, Livres. Kipré, Pierre, 1989, *Le congrès de Bamako ou la naissance du RDA*, Paris.

Idrissa, K., 2001, « Dynamique de la gouvernance au Niger : permanence et ruptures » (Sous la direction), *Le Niger : État et Démocratie*, Paris, Harmattan, 2001, 391 p.

Lepp, I., 1966, *L'Art de vivre de l'intellectuel*, Paris, Éditions Universitaires.

Malam Issa, M., 2008, « Le régime militaire de Seyni Kountché (1974 – 1987) » in Idrissa Kimba, (Sous la direction) *Armée et politique au Niger*, Dakar, Codesria, p. 125-161.

Mamani, A., 1972, *Poémérides*, P.J. Oswald, 52 p.

Mkandawire, T., (ed), *2005, Africa Intellectuals : Rethinking Politics, Language, Gender and Development,* Dakar/London, Codesria/Zed Books, 248 p.

Mercier, P., 1966, « Élites et forces politiques » in Lioyd, P.C. & D. Fordes (Eds), *The New Élites of Tropical Africa*, Oxford, Oxford University Press.

N'da, P., *Les intellectuels et le pouvoir en Afrique*, Paris, l'Harmattan.

Niandou, S. A., 1995, « Les intellectuels face à la démocratisation et au développement économique : le cas du Niger », in Mapap S., *Développer par la démocratie, Injonctions planétaires et exigences planétaires*, Paris, Karthala, p. 411-425.

Niandou, S. A., 1991, « L'USN et la vie politique », *Haské*

Niandou, S. A., 1991, « Tracts et démocratisation au Niger », *Année Africaine* pp. 391-441.

Suret Canale, J. « La fin de la chefferie en Guinée » *Journal of African History*, vol VII, 1966, p. 459-493.

Syndicat national des enseignants et chercheurs du Supérieur (SNECS), 1993, *L'Université rend hommage à Abdou Moumouni*, Niamey Nouvelle Imprimerie du Niger, 99 p.

Touré, Sékou. Ahmed., 1968, *L'Afrique et la Révolution*, Paris, Présence africaine

Talba, A., 1984, *Une contribution à l'étude des partis politiques nigériens : le témoignage de Adamou Mayaki*, Mémoire DEA en Études africaines, 1983, Bordeaux 1.

Walraven, K. v., *1957-1966, From Tamanrasset : The Struggle of Sawaba and the Algerian Connection.*

Walraven, K. v., 2003, « Sawaba's Rebellion in Niger (1964-1965) : Narrative and Meaning. The Invasion of Niger in 1964 by Guerillos of the Outlawed Sawaba » in de Bruijin, Mirjam & Jon Abbink, *Rethinking Resistance : Revolts and Violence in African History*, Leiden, Boston, 2003, p. 218-253

6

Les intellectuels et l'État au Niger depuis l'indépendance : opposition et participation

Aboubacar Maidoka

Introduction

La question du rapport des intellectuels à l'État revêt une grande complexité, tant en raison de la difficulté à cerner le concept même *d'intellectuels* que du ton passionnel qui caractérise certaines analyses.

Le thème de la « trahisondes clercs » revienteneffetconstamment, les intellectuels étant accusés d'avoir trahi leur mission historique de conscience éclairée du peuple au profit de la satisfaction d'intérêts matériels ou symboliques égoïstes.

Certains analystes préconisent cependant une approche plus nuancée. Ainsi, Harri Englund met en garde contre une tendance largement répandue à incriminer la faillite des élites comme facteur explicatif des résultats mitigés des processus de libéralisation en cours en Afrique subsaharienne (Englund 2006:127). Si ce type d'analyse présente l'intérêt de mettre en exergue le rôle des élites politiques et économiques, il présente l'inconvénient d'occulter d'autres acteurs, tant nationaux qu'étrangers, dont l'action est également susceptible d'entraver le processus de démocratisation.

Du reste, des contre-élites peuvent émerger pour contrecarrer l'action de ceux qui, sous un activisme de façade, poursuivent des desseins égoïstes au détriment de la promotion de l'intérêt général (Englund 2006:125).

Il convient par conséquent d'éviter ce que Werbner qualifie de « parti pris solidement établi parmi les spécialistes des sciences sociales contre les élites, comme si elles constituaient la malédiction de la démocratie libérale » (Werbner cité par Englund 2006:124). Ce parti pris n'est pas l'apanage des milieux scientifiques, si l'on en juge par l'image peu valorisante de l'intellectuel nigérien, telle qu'elle ressort des articles de presse :

« C'est l'alchimiste des grandes théories. Il connaît tout et il a tout vu… C'est un homme suffisant qui, au sortir de l'université, ne rêve pas que de construire. Il rêve aussi de revanche… Il rêve de prébendes… L'intellectuel nigérien, c'est l'homme qui, dans la pratique, ne connaît pas souvent grand-chose, habitué qu'il est à vivre de séminaires et de missions » (Dago 1994:2).

Avant de s'interroger sur des questions aussi essentielles que la fonction sociale des intellectuels et leur rapport à l'État, il convient d'élucider le concept même d'intellectuel, eu égard à la charge passionnelle et aux diverses connotations auxquelles il demeure associé. Si le concept d'intellectuel est apparu à la fin du XIXe siècle en France à l'occasion de l'affaire Dreyfus et de l'engagement de Zola en faveur d'une révision du procès, celui d'intelligentsia remonte au début du XXe siècle en Russie, où il était utilisé pour désigner « la classe des intellectuels » (Khan 1989:327).

Ces deux concepts sont bien sûr historiquement et sociologiquement situés. Mais ceci n'exclut nullement la possibilité d'un « élargissement de la catégorie nominale d'intellectuels ou encore du rôle intellectuel », cette généralisation de la notion ne contredisant pas « l'analyse historique de la genèse des intellectuels en tant que catégorie sociale » ; ainsi le mot perd-il en quelque sorte sa nationalité, il se « diffuse dans le temps et dans l'espace » (Damamme 1997:107).

On peut postuler une historicité et une permanence à travers les âges du phénomène sociologique que constituent les intellectuels. En effet, quelle que soit la société considérée et quelle que soit l'époque, il existe des figures qui se caractérisent par leur indépendance d'esprit et leur propension à intervenir de manière critique dans les débats publics. Peu importe le nom qu'on leur donne, ou le fait qu'à certaines époques, ils constituent davantage des individualités qu'une catégorie sociale bien distincte et dotée de visibilité. Le combat pour la liberté et la revendication du pouvoir symbolique inspirent largement les discours et les pratiques des intellectuels nigériens. La nature conflictuelle de leurs rapports avec l'État et les luttes qu'ils ont dû mener ont favorisé leur émergence et leur visibilité en tant que groupe social.

Mais comment les intellectuels nigériens se définissent-ils eux-mêmes ? L'analyse de l'économiste Bello Tchousso Garba relève de l'autoproclamation car son argumentaire vise avant tout à réfuter les propos de l'hebdomadaire gouvernemental *Sahel Dimanche* lui déniant la qualité de « grand intellectuel ». Pour lui, cinq critères permettent de définir l'intellectuel : « le sens critique, la capacité d'acquisition et de transmission du savoir, la capacité de résoudre les problèmes, le détachement par rapport à toutes les contingences qui peuvent constituer un frein à la réflexion, au développement de la pensée, à la production intellectuelle, les publications » (*Le Paon Africain* nᵒˢ 50-52 du 22 octobre 1993:22). À ces critères généraux, l'auteur ajoute « la capacité à servir le peuple, l'aptitude à être au service du peuple et l'honnêteté ». Au sein de la catégorie générique des intellectuels, il distingue la sous-catégorie des « grands intellectuels » qui baignent « en permanence dans la praxis » et qui mettent leur savoir « au service de la réalisation des aspirations profondes du peuple » qu'ils doivent « réussir à déceler ». En somme, l'intellectuel est défini par rapport à la détention d'un savoir et à sa capacité à proposer des solutions aux problèmes de sa société.

Sans entrer dans le débat théorique sur la notion d'intellectuel, notre démarche repose sur une définition opératoire de l'intellectuel qui, tout en s'inspirant de certains traitsgénériquescommunémentadmis, est plus large, auregarddelasociété nigérienne à laquelle elle s'applique. Dans le contexte nigérien, nous définissons comme intellectuels les acteurs sociaux occupant une position particulière dans le champ sociopolitique du fait de la détention d'un savoir, de leur engagement en faveur du progrès, ainsi que de leur participation aux débats qui déterminent l'avenir de leur société. Cette définition englobe non seulement les intellectuels europhones, c'est-à-dire ceux qui ont fréquenté les universités occidentales ou d'inspiration occidentale, mais aussi les intellectuels non europhones, y compris ceux qui ont acquis un savoir et une capacité d'analyse dans les langues nationales. On peut aussi bien sûr, mais cela déborderait du cadre restreint de cette étude, évoquer les « intellectuels d'avant les intellectuels » (Damamme 1997:197), tous ces artistes, griots, etc. qui posaient un regard critique sur la société et refusaient toute forme d'inféodation au pouvoir politique.

Au Niger, dans les débats sur les intellectuels, l'accent est souvent mis sur la détention d'un savoir et plus précisément d'un diplôme universitaire, ce qui se traduit par un certain élitisme et un culte de l'expertise et de la compétence. Si la compétence et la maîtrise d'un savoir spécifique constituent des critères distinctifs de l'intellectuel, l'engagement représente une dimension supplémentaire permettant de mieux cerner sa fonction sociale. En effet, l'intellectuel, c'est aussi celui qui met en adéquation ses idées et ses pratiques et qui est prêt à payer de sa personne lorsque les circonstances l'exigent. Ainsi, lorsque la Guinée opta pour le « non » à l'occasion du référendum de 1958, le président Sékou Touré lança un appel à tous les cadres africains en vue de remplacer les assistants techniques français qui avaient été rappelés par leur pays. C'est dans ce contexte que plusieurs intellectuels africains décidèrent d'aller mettre leurs compétences au service de la Guinée (Ki-Zerbo 2005:85). Les extraits suivants de la lettre adressée par le poète David Diop peu avant son départ pour la Guinée au fondateur de la revue *Présence Africaine*, Alioune Diop, sont révélateurs de l'engagement sans faille de l'auteur :

> Je pars pour la Guinée au début de la semaine prochaine en compagnie d'Abdou Moumouni, Joseph Ki-Zerbo et quatre autres professeurs africains. Comme je l'ai écrit, il est des cas que celui qui se prétend intellectuel ne doit plus se contenter de vœux pieux et de déclarations d'intention, mais donner à ses écrits un prolongement concret (Mkandawire 2005:17).

L'universitaire Ernest Wamba Dia Wamba de la République démocratique du Congo (RDC), qui a rejoint la rébellion armée contre le président Mobutu en 1998, justifie en ces termes sa décision, tout en récusant l'appellation de « guérillero intellectuel » :

> Je pense toujours qu'il est également du devoir des universitaires, en tant que citoyens, de s'engager dans le mouvement pour sauver leur pays lorsqu'il va à l'eau. Je trouve insupportable d'être dans un bateau qui se noie et d'être toujours heureux de poursuivre mon travail scientifique à l'intérieur d'une cellule du bateau (Wamba Dia Wamba 2006:54).

Il insiste sur le fait que son action visait à transformer la lutte armée en une « rébellion démocratique », la finalité étant moins une victoire militaire qu'une victoire politique.

S'il est généralement reconnu que la détention d'un diplôme universitaire est nécessaire pour prétendre au statut d'intellectuel (Diouf 2005:43), il convient cependant d'introduire une nuance en tenant compte du contexte sociohistorique. Ainsi, à l'accession du Niger à l'indépendance, la plupart des élites qui occupaient des fonctions au sommet de l'État étaient des instituteurs issus de l'école normale William Ponty, ce qui poussera d'ailleurs certains observateurs à qualifier la Première République de « République des instituteurs ». Ces instituteurs étaient bien des intellectuels dans tous les sens du terme.

L'analyse des étapes successives de la quête d'autonomie des intellectuels nigériens révèle que leurs rapports à l'État, loin d'être univoques, se structurent autour d'enjeux et de stratégies spécifiques. Leur mise en évidence permet de comprendre pourquoi en définitive les intellectuels nigériens se sont avérés incapables d'assumer leur rôle « messianique » et l'espoir placé en eux par le peuple dont ils se réclament.

Il convient, à ce stade de nos développements, d'apporter quelques précisions d'ordre sémantique. Les termes opposition et participation qui figurent dans le titre de notre étude pourraient faire penser que les intellectuels nigériens n'avaient le choix qu'entre ces deux postures antinomiques dans leur rapport à l'État. En réalité, il existe des attitudes intermédiaires car on se trouve en présence d'un continuum permettant de passer de l'une à l'autre en fonction de l'évolution du contexte sociopolitique ou des stratégies utilisées par les intellectuels pour réaliser leurs objectifs. En outre, l'intensité même de la participation et de l'opposition peut varier. Enfin, il ne faut pas perdre de vue le fait que certains acteurs sociaux utilisent le radicalisme et la surenchère verbale comme ressource politique pouvant servir de « monnaie d'échange dans les transactions secrètes avec le gouvernement » (Kamto 1994:290). En d'autres termes, il s'agit de s'opposer pour être invité à participer à la « manducation » selon l'expression de Jean-François Bayart (1989:12).

C'est à la lumière de ces précisions que sera analysée la trajectoire des intellectuels nigériens de l'indépendance à nos jours. Si la nature autoritaire des régimes ayant succédé au pouvoir colonial était peu favorable à un rôle reconnu et institutionnalisé de l'élite intellectuelle (I), l'effondrement de l'État autoritaire et la libéralisation consécutive du champ politique à partir des années 1990 lui ouvriront de nouvelles perspectives (II).

Les intellectuels sous la Première République

Un aperçu de la situation politique du Niger à la veille de l'indépendance est nécessaire pour appréhender la trajectoire des intellectuels nigériens. En effet, l'émergence des « évolués », c'est-à-dire des Nigériens ayant bénéficié d'une formation scolaire, a été favorisée par la réorganisation institutionnelle entamée par la France dès la fin de la Seconde Guerre mondiale. Elle va se traduire par un changement fondamental dans le statut des territoires coloniaux et de leurs habitants. De simples sujets, ces derniers deviennent des citoyens aptes à se prononcer sur tous les problèmes qui les concernent et à élire des représentants. Il convient de préciser ici que le nombre des « évolués » nigériens était extrêmement réduit en raison du faible taux de scolarisation dont le territoire du Niger avait bénéficié au sein de l'Afrique-Occidentale française (AOF). Pour des raisons liées à la politique coloniale française, le Niger, à l'instar d'autres territoires enclavés, ne recevait qu'une part infime des allocations du Fonds d'investissement et de développement économique et social (FIDES) créé au lendemain de la seconde guerre mondiale par le colonisateur en vue de la mise en valeur de ses territoires d'outre-mer.

Cette situation de sous-investissement concernait tous les secteurs de la vie socioéconomique, y compris celui de l'éducation, d'où un taux de scolarisation parmi les plus faibles de l'AOF. Ainsi, en 1947, le taux de scolarisation primaire était de 2,6 pour cent au Niger contre 24,3 pour cent au Dahomey, devenu République du Bénin (Higgott 1980:46). Au-delà du nombre restreint des « évolués » nigériens, cette sous-scolarisation aura des conséquences durables, sur lesquelles on reviendra, sur l'évolution politique du pays.

C'est dans ce contexte que certains évolués créent les premiers partis politiques. Le leader initial du Parti progressiste nigérien (PPN) créé en 1946, Issoufou Seydou Djermakoye, tirait son prestige tant de ses origines aristocratiques que du privilège, exceptionnel pour l'époque, d'avoir effectué des études secondaires.

Le Niger accéda à l'indépendance en 1960 avec à la tête du pays Diori Hamani et à la tête de l'Assemblée nationale Boubou Hama. Le parti d'opposition Sawaba était dirigé par Djibo Bakary. Ces trois personnalités avaient en commun d'être des instituteurs issus de l'École normale William Ponty.

Le Niger avait connu avant son accession à l'indépendance une vie politique riche et diversifiée reposant sur un multipartisme dominé par le Parti progressiste nigérien (PPN) et l'Union démocratique nigérienne (UDN), plus connue sous le nom de Sawaba. Le pays accéda cependant à l'indépendance sous un régime de parti unique. En effet, le PPN, qui s'était imposé à la suite de la compétition pour le pouvoir, était devenu l'organe essentiel de l'État, dont émanaient les grandes décisions et les directives dans les domaines politique, économique et social. Selon les statuts du parti, le bureau politique était chargé d'exécuter les décisions du congrès et des conférences nationales et de diriger l'activité politique et le travail d'organisation du parti. Selon Thierry Berthier « en pratique, au Niger, il est et fait tout. C'est une oligarchie dont les membres occupent les postes clés au gouvernement et à l'Assemblée nationale » (Berthier 1973:136).

Cette situation atténue la séparation des pouvoirs. Le président de l'Assemblée nationale, Boubou Hama, était également président du PPN, dont le président de la République, Diori Hamani, était le secrétaire général. Le PPN exerçait sa domination sur tous les secteurs de la vie nationale. Au cours d'un séminaire ouvrier organisé à Niamey par le Bureau international du travail (BIT), Boubou Hama, s'adressant aux syndicalistes, définissait en ces termes les relations entre le parti et le reste de la société :

> Je ne m'étendrai pas sur ce parti, vous le connaissez aussi bien que moi, parce que dans le cadre syndical, vous exécutez fidèlement et avec conviction son programme… Dans ce domaine, les syndicats, comme l'organisation des femmes, la jeunesse, l'Assemblée, les ministres, chacun à sa place doit tout simplement faire sa tâche particulière… (Boubou Hama, s. d.b:37-38).

Un tel contexte n'était pas favorable à l'expression d'opinions divergentes. En outre, l'incertitude politique et les troubles armés qui avaient accompagné la conquête du pouvoir par le PPN pouvaient expliquer l'attitude prudente des intellectuels. Des arrestations de militants du Sawaba avaient eu lieu dès juin 1960 (Chaffard 1967:306). En mai 1964, des sympathisants du Sawaba sont arrêtés à Djirataoua, près de Maradi, et entassés dans un local exigu. Vingt et un d'entre eux décèdent par asphyxie. Quelques mois plus tard, toujours à Maradi, un ancien militant du Sawaba est assassiné. Pendant ce temps, le leader du Sawaba, Djibo Bakary, qui s'était réfugié à l'étranger, organisait ses partisans en vue d'une action insurrectionnelle qui fut lancée en octobre 1964. La tentative échoua et fut suivie d'une répression qui s'amplifia après l'attentat manqué contre le président Diori le 13 avril 1965. La lutte contre le Sawaba se poursuivit pendant plusieurs années et au cours du procès organisé en 1969, une centaine de personnes furent condamnées à des peines de prison.

L'une des conséquences des attaques du Sawaba :

> C'est de donner au régime RDA l'occasion d'instaurer un climat de terreur dans le pays avec l'appui zélé de la milice. Tous les cadres suspects sont identifiés comme éléments du Sawaba, et une carte d'identité obligatoire est instaurée par décret 64-193/MI du 9 octobre 1964, pour tout citoyen se déplaçant hors de son arrondissement (Mahaman 2008:81).

Il était d'ailleurs fréquent, à l'occasion des contrôles d'identité, de voir les forces de l'ordre réclamer à celui qui exhibait sa carte d'identité nationale, « maï guiwa », c'est-à-dire la carte du parti unique PPN-RDA, dont l'emblème était un éléphant.

Dans un tel contexte, les opportunités pour les intellectuels nigériens de prendre part à un débat politique, d'ailleurs réduit à la célébration des mérites du régime, étaient quasi inexistantes. Ceux qui auraient souhaité s'intégrer aux structures du parti auraient d'ailleurs eu à faire face à la réticence des caciques qui tenaient à conserver leur position hégémonique au sein du parti (voir infra). Dans ces conditions, les intellectuels nigériens se trouvaient confrontés au choix entre une opposition difficile à exprimer et une participation dont les conditions ne pouvaient les satisfaire. Certains d'entre eux s'investirent dans l'action syndicale, non seulement pour défendre leurs intérêts matériels et moraux, mais aussi pour promouvoir les changements sociopolitiques qu'ils souhaitaient. Mais, là également, la domination du parti était écrasante. Créée en septembre 1960 avec pour mission essentielle de veiller à la mise en œuvre du plan de développement économique et social défini par le parti, l'Union nationale des travailleurs nigériens (UNTN) entérinait pratiquement toutes les prises de position gouvernementales. Elle manifestait cependant parfois des velléités d'indépendance en protestant par exemple contre la présence des troupes françaises au Niger ou le recours abusif au personnel français au détriment des nationaux au sein de l'administration.

L'UNTN s'est également élevée contre le monopole accordé à la compagnie française « Transafricaine » en matière de transports routiers et a demandé la nationalisation de la Société africaine (en réalité française) d'électricité (SAFELEC). La « nigérisation » semble avoir été un credo permanent de l'UNTN. Ainsi, le 1er mai 1963, à l'occasion de la fête du Travail, son secrétaire général, René Delanne, protestait contre la « mauvaise volonté de ceux qui s'appellent techniciens de l'assistance technique et qui veulent faire du sabotage... » (*Chronologie politique africaine*, 1963, n° 3, mai-juin:33). Le même jour, le bureau de l'UNTN remettait à un représentant du gouvernement un ensemble de résolutions dont l'une demandait « le remplacement intégral des conseillers techniques européens par des Nigériens compétents dans tous les domaines et en particulier dans les ministères ». Le conseil syndical de l'UNTN avait également ordonné le 29 avril 1969 aux travailleurs nigériens de boycotter la fête du 1er mai en restant chez eux pour exprimer leur mécontentement à l'égard de la politique gouvernementale (Maïnassara 1989:42). Malgré les apparences, l'UNTN, dont le secrétaire général était d'ailleurs membre du bureau politique du PPN, se trouvait dans une situation d'étroite subordination à l'égard du parti. Celui-ci fixait donc la marge de manœuvre reconnue à la centrale syndicale et les limites à ne pas dépasser. Selon Boureima Maïnassara (1989:36), « entre 1960, date de la mise en place de la centrale syndicale, et 1967, quelques jeunes cadres syndicaux qui ont essayé de grogner ont été mis au pas grâce à un séjour en prison et depuis, c'est le calme plat ».

Le Niger fut donc dirigé de 1960 à 1974 par un régime politique hégémonique imposant de sévères restrictions à toute expression d'une opinion divergente. Ce système se caractérisait également par une faible capacité d'ouverture et d'assimilation de nouveaux acteurs. Ainsi, alors même qu'il ambitionnait de rassembler toute la population, y compris les intellectuels, tous les efforts du PPN pour élargir la base de son pouvoir échouèrent.

Les tentatives d'élargir la participation aux intellectuels

Le PPN connaissait des difficultés considérables dans ses rapports avec les populations et avec l'administration. Jacques Baulin note que « le PPN était censé régenter toute la vie du pays » (Baulin 1986:90). Or, ajoute-t-il « on se trouvait en réalité en face d'un organisme sclérosé, aux structures organisationnelles quasi fantomatiques, se limitant au placement des cartes ». La tare essentielle qui minait le parti et bloquait toute perspective d'évolution résidait dans l'absence de mobilité sociale en son sein.

De nombreux auteurs dont Vilfredo Pareto et Gaetano Mosca ont mis en exergue la nécessité de la « circulation des élites » pour la stabilité des systèmes politiques (Cot et Mounier 1974:136-137).

Les élites politiques devraient pouvoir se renouveler au moyen du recrutement de nouveaux membres parmi les couches qui en étaient jusque-là exclues. Or la mobilité sociale au sein des instances dirigeantes du parti et de l'État était nulle. Ainsi, l'instance suprême du parti, le Bureau politique national n'a connu aucun renouvellement depuis sa mise en place en 1956 jusqu'à la date du coup d'État militaire du 15 avril 1974. Richard Higgott et Finn Fuglestad (1975:386) font observer qu'entre 1958 et 1974 :

> Le Niger a été dirigé par une oligarchie qui utilisa pleinement l'appareil de l'État pour se maintenir au pouvoir. Aucune opposition n'était tolérée, aucune tentative d'élargir la base sociale du pouvoir ne fut amorcée, et aucune élection digne de ce nom, que ce soit au sein des organes du parti ou à l'échelon national, ne fut organisée.

Les tentatives de réformer le parti pour favoriser l'accès des jeunes aux postes de responsabilité se heurtèrent à l'hostilité de la vieille garde. Ainsi pour le président Diori (Conférences départementales des cadres 1971:68), la jeunesse : « si elle est insatisfaite de l'ordre actuel ne doit pas se cantonner dans la critique puérile ou ce qui serait pire dans l'apathie politique. Elle doit au contraire s'intégrer aux vieilles équipes qui l'ont précédée dans la marche vers le progrès ».

Lorsque la sécheresse commença à faire des ravages dans le pays à partir de 1973, le président de l'Assemblée nationale, Boubou Hama, proposa le retrait de la vieille garde des commandes de l'État et l'accès des jeunes aux postes de responsabilité. Un technocrate devait être nommé Premier ministre pour redynamiser l'action gouvernementale. Mais l'action des clans qui se disputaient le pouvoir empêcha le projet d'aboutir (*Jeune Afrique* no 694, 27 avril 1974:32). En dépit de la nature répressive du régime, les intellectuels nigériens ont initié diverses formes d'action qui ont indéniablement contribué à la chute du régime Diori.

Les intellectuels et la contestation du système politique

Sous la Première République, ce sont surtout les élèves et les étudiants, puis les enseignants, qui animaient la contestation. L'activisme des élèves et étudiants remontait d'ailleurs à la période antérieure à l'indépendance. Séduits par les options progressistes du parti Sawaba, ils lui apportaient leur soutien, s'exposant aux représailles du gouvernement qui leur interdira la tenue d'un congrès à Niamey en 1959 (Thompson 1966:176). Cet antagonisme était nourri par l'attitude hostile du gouvernement qui considérait que les actions de contestation des étudiants étaient inspirées par le Sawaba. Ainsi, lorsque le Niger et le Bénin (alors Dahomey) s'opposèrent dans le cadre d'un contentieux frontalier relatif à l'île de Lété, les étudiants et stagiaires nigériens en France réunis en congrès adressèrent en décembre 1962 un télégramme aux chefs d'État des deux pays pour les exhorter à l'apaisement et à la modération. Les autorités béninoises accueillirent favorablement ce message et le diffusèrent, alors qu'au Niger l'initiative fut considérée comme un affront et un acte de trahison contre lequel la population fut mobilisée [Entretien avec Soly Abdourahamane, 8 mars 2013].

L'émergence et l'affirmation des intellectuels nigériens après l'indépendance se sont déroulées sur fond de contestation de l'État postcolonial. Selon Richard Higgott, le Niger, en tant que produit de la colonisation française est entré dans une situation de dépendance structurelle à l'égard de l'ex-métropole. Cette dépendance, qui a été instaurée dans le cadre de l'AOF, a permis à l'administration coloniale de fixer les limites territoriales du pays et de jeter les bases de son évolution future (Higgott 1980:44).

S'agissant de la domination exercée par la France sur ses ex-colonies, Guy Martin note :

> Cette domination s'exerce également, directement ou indirectement, sur les appareils d'État et les élites des pays africains francophones. En premier lieu, il convient de noter que l'adoption (pratiquement sans adaptation) des systèmes administratif, fiscal, judiciaire et éducatif français par ces États ne peut qu'y favoriser des attitudes et des situations de mimétisme, d'acculturation et de dépendance. Ainsi la coopération dans ces domaines entre la France et les pays africains est-elle étroite, importante et permanente. C'est ainsi par exemple que l'assistance technique française, qui s'exerce prioritairement dans le domaine de l'enseignement, contribue largement à consolider l'emprise culturelle, technique et politique de l'ancienne puissance coloniale par la langue, le mode de pensée et les comportements qu'elle diffuse (Martin 1989:57-58).

Entre 1960 et 1974, date de sa chute, le régime du président Diori Hamani fut confronté à l'hostilité d'une large frange de l'intelligentsia nationale qui s'accommodait mal de l'influence, voire de la domination qu'exerçait la France sur le Niger, notamment par le biais de l'assistance technique. Traditionnellement, le secteur prioritaire d'intervention de l'assistance technique française était celui de l'enseignement. Mais on est passé progressivement à un recours accru à cette assistance dans d'autres secteurs. En 1970, alors que moins de 25 pour cent des assistants techniques français en Côte-d'Ivoire servaient en dehors du secteur éducatif, la proportion dépassait 50 pour cent pour le Niger. Cela correspondait à la présence de plus de 260 coopérants disséminés au sein de l'appareil administratif nigérien, souvent à des postes stratégiques (Higgott 1980:54). Ainsi, en 1971, sur les 87 fonctionnaires de la présidence de la République, 50 étaient des ressortissants français, y compris le directeur du cabinet du chef de l'État, Nicolas Leca, membre du petit groupe très influent des conseillers français du président Diori désigné à Niamey par le sobriquet de « mafia corse » (Higgott 1980:54).

Ces collaborateurs du chef de l'État jouèrent un rôle d'autant plus déterminant dans la vie politique nationale qu'ils présentaient seuls, aux yeux de Diori Hamani, une garantie de « neutralité » au sein d'un appareil d'État dominé par les luttes de clan.

Un ancien conseiller du président Diori, Jacques Baulin, a publié en 1986 un ouvrage qui jette la lumière sur son rôle d'éminence grise auprès de l'ancien chef de l'État (Baulin 1986).

La perception du président Diori en ce qui concernait les relations franco-nigériennes était aux antipodes de celle des élites soucieuses d'affirmation de l'indépendance et de la souveraineté nationale. Il affirmait en effet en 1968 :

> Il faut reconnaître en toute objectivité, avec le recul du temps, les aspects nettement positifs de la colonisation française. L'œuvre accomplie dans le domaine de l'enseignement, de la santé, la sécurité, l'ordre nouveau de la colonisation accélère notre évolution historique dans le monde moderne, provoque un bond prodigieux dans l'économie et la société (Diori 1968:8).

En réaction aux événements de mai 1968 en France, le président Diori qui craignait que la vague de contestation ne se propage à la jeunesse nigérienne par une sorte de phénomène de contagion, avait déploré « le comportement irréfléchi, négatif, destructeur, anarchique d'une certaine jeunesse impétueuse formée par la société de consommation, cette jeunesse qui veut tout et tout de suite… » tout en préconisant des solutions nationales aux problèmes nationaux :

> Ces solutions ne se trouvent ni dans Proudhon, ni dans Marx, ni dans Lénine, ni dans Mao Tsé-Toung, ni dans Che Guevara, ni dans Marcuse, ni dans Franco ; car nos pays d'Afrique, et le nôtre en particulier, se situent à un moment historique de leur personnalité qui n'a rien de commun avec le monde capitaliste européen ou américain, ni avec le monde qui se dit socialiste, de Russie, de Chine ou de Cuba (Diori 1968:4).

Boubou Hama, alors président du PPN et président de l'Assemblée nationale, reconnaissait en ces termes le poids de l'héritage colonial :

> La décolonisation économique n'a pas été suffisamment faite. Et cela découle de l'indépendance politique qui nous a été octroyée par des accords particuliers conclus « en amitié » avec la France. Par ailleurs, il faut le dire, cette indépendance nous a surpris. Nous l'avons prise dans l'hésitation entre la communauté française et notre indépendance séparée franche. L'indépendance prise dans ces conditions ne pouvait que contenir des clauses défavorables provenant du cadre et du climat politiques dans lesquels elle a été octroyée… (Boubou Hama, Niamey, sans date b:129).

Conscientes de la désaffection de certaines couches de la population, les autorités politiques tentaient d'en atténuer les causes. Ainsi, lors de la cinquième réunion de la grande commission franco-nigérienne de coopération tenue à Niamey en mars 1971, les délégations des deux pays avaient émis le souhait (qui pouvait paraître anachronique en 1971) de voir l'assistance technique française « passer du stade de la gestion à celui de la formation des cadres nigériens » (*Perspectives Nigériennes*, n° 41, mars 1971:1).

Quoi qu'il en soit, l'agitation ne faiblit pas dans les milieux scolaires et universitaires. En 1971, la visite du président français Georges Pompidou au Niger a été émaillée d'incidents provoqués par les lycéens, qui protestaient contre certains aspects de la coopération franco-nigérienne et « l'arrogante présence française » (*Jeune Afrique*, n° 578, 5 février 1972:19). De temps à autre des tracts circulaient, réclamant la démission de la « clique Diori – Boubou » et dénonçant le caractère « anti-populaire et réactionnaire du régime ».

Si ce phénomène n'est pas propre au Niger, il prend dans ce pays une certaine acuité en raison de l'absence de toute autre forme d'expression politique. En 1973, l'agitation dans les établissements scolaires connaît un regain lorsque le gouvernement décide de fermer l'internat du Lycée national de Niamey et de dissoudre l'Union des scolaires nigériens (USN). En février 1973, les lycéens critiquent les mesures prises par le gouvernement en matière de lutte contre la sécheresse qu'ils estiment insuffisantes. Au mois d'avril de la même année, c'est au tour des étudiants du Centre d'enseignement supérieur (CES) de Niamey de dénoncer à travers un tract les mêmes mesures. En juin, un tract signé des professeurs s'élève contre le « pseudo-bac nigérien ». Deux mois après, l'Union des scolaires nigériens (USN) diffuse deux tracts consacrés l'un à la famine, l'autre à la fermeture des internats dans les établissements secondaires. Au mois d'août encore, un texte signé de trente-sept professeurs critique la politique du gouvernement en matière d'enseignement et s'élève contre le caractère néocolonial de la réforme en cours. À partir du 22 octobre, une grève illimitée est déclenchée au Lycée national de Niamey et dans les autres établissements secondaires de la capitale. Elle sera suivie dans tous les établissements scolaires du pays (Jouve 1978:33-34).

Le mouvement de protestation gagne le corps enseignant. Les autorités répriment sévèrement les manifestations, sans réaliser que de tels événements, loin de constituer un épiphénomène, traduisent un profond malaise   social.

Pour le président Diori,

> Les enfants avaient été victimes de quelques éléments issus de la FEANF. Ceux-ci ont voulu constituer sur le modèle du Parti congolais du travail un parti… un certain nombre de fonctionnaires appartenant à ce parti rédigeaient des tracts   au nom des enfants et les faisaient diffuser… (*Jeune Afrique* n° 691, 6 avril 1974:18).

Toutes ces péripéties interviennent au moment où le pays connaît de graves difficultés économiques, en partie à cause de la sécheresse qui sévit. Les paysans et les éleveurs qui sont les plus frappés par cette sécheresse ne restent pas insensibles aux mots d'ordre lancés par les étudiants, même s'ils se gardent de soutenir ouvertement leurs revendications. Les étudiants nigériens en France, quant à eux, décident de suspendre leurs études dans l'intention de rentrer au pays où ils comptent apporter leur « soutien actif à la lutte des classes laborieuses ». Le rapprochement avec la Libye donnera l'occasion aux étudiants de dénoncer l'arabisation, alors que les employés de l'Office de radiodiffusion et de télévision du Niger (ORTN) contestent en avril-mai 1973 « le contenu antinational des émissions » (Jouve 1978:34).

Cependant, le gouvernement, loin de désarmer, durcit sa position et décide de traduire devant la cour de sûreté de l'État les élèves, étudiants et fonctionnaires arrêtés à la suite de la grève scolaire d'octobre 1973. Le procès qui se déroule à huis clos dans la petite ville de Tillabery ne donnera lieu à aucune publicité. Les chefs d'accusation retenus étaient ceux de « tentative illégale de création d'un parti politique » et de « subversion non armée ». De lourdes peines sont prononcées, allant de 3 mois à 10 ans de prison à l'encontre de 8 professeurs, 5 étudiants, 3 ingénieurs, 4 employés de bureau, 2 fonctionnaires et 2 collégiens. Devant les rumeurs de torture à l'encontre des personnes emprisonnées, le gouvernement essaie d'obtenir la caution de la centrale syndicale nationale (UNTN), sous son obédience, à laquelle il intime l'ordre de démentir ces « allégations ». L'Association des étudiants et stagiaires Nigériens en France (AESNF) et la Fédération des étudiants d'Afrique noire en France (FEANF) s'élèvent avec véhémence contre « ce nouveau pas dans l'escalade de la répression » franchi par « le pouvoir pro-impérialiste et anti-populaire Diori – Boubou ». Ces organisations dénoncent également « le pillage systématique de l'uranium du Niger » et une « politique de braderie des richesses à l'impérialisme » (Jouve 1978:34).

À cette époque, déjà, un observateur affirmait : « on dit même qu'au sein de l'armée, certains officiers affichent le sentiment de scepticisme qui gagne le pays, en se gardant pour le moment d'apporter un soutien actif aux réfractaires » (Jeune Afrique no 674, 8 décembre 1973:30). Quoi qu'il en soit, le 15 avril 1974, l'armée mettait fin au régime du président Diori Hamani.

Les intellectuels sous le régime militaire de Seyni Kountché

L'avènement de l'armée au pouvoir le 15 avril 1974 fut accueilli avec enthousiasme par tous ceux qui s'étaient opposés à l'ancien régime. Des milliers de manifestants avaient sillonné les rues de la capitale et des autres villes du pays avec des pancartes proclamant : « Vivent les libérateurs », « Vive l'armée populaire… » (Jouve 1978:25).

D'entrée de jeu, le régime du Conseil militaire suprême (CMS) développe un discours aux accents nationalistes exaltant la « voie nigérienne », la « société de développement » (Maïdoka 2008:217). Récusant toutes les idéologies existantes, le président du CMS affirmait, *à l'intention de l'opinion publique internationale mais aussi de l'intelligentsia nationale* :

> Nous ne sommes ni corporatistes, ni autogestionnaires, ni socialistes, ni capitalistes, ni justicialistes. Nous sommes des Nigériens, aspirant à concevoir la vie des Nigériens par les Nigériens et pour les Nigériens (Kountché 1980:81).

S'agissant des changements à opérer sur le plan social, le président du CMS précise n'avoir pas l'intention, en définitive, d'adopter une nouvelle forme de société, celle qui existait ayant seulement besoin d'être « purifiée ». Conscient de la déception qu'un tel discours, aux antipodes du radicalisme habituel des déclarations faites par les prétoriens en pareilles circonstances, pouvait susciter au sein d'une intelligentsia avide de changement, le président Kountché reconnaissait :

> Déjà, certains se sont étonnés de notre attitude pragmatique, de la tempérance de nos déclarations qui, comparées à celles qui furent faites ailleurs dans des circonstances analogues, frisent ce que la terminologie marxiste appelle la réaction. (Kountché 1979:34).

Cependant, la confrontation du régime avec les intellectuels n'aura pas lieu sur le terrain idéologique, mais plutôt sur celui de sa pratique concernant la marge de liberté qui leur était laissée. L'engouement suscité par l'avènement du régime militaire fut en effet de courte durée car sa nature autoritaire n'allait pas tarder à se manifester.

La dérive sécuritaire du régime

L'échec de plusieurs complots visant à renverser le président Kountché et où étaient impliqués des officiers de l'armée et des civils a contribué au durcissement du régime. Le 2 août 1975, le commandant Sani Souna Sido, vice-président du Conseil militaire suprême et Djibo Bakary, ancien leader du Sawaba en exil rentré à Niamey au lendemain du coup d'État du 15 avril 1974, étaient accusés de tentative de coup d'État et arrêtés. Ils étaient accusés de « tentative de division du peuple et propension à la constitution d'un clan idéologique, de corruption, intimidation de fonctionnaires et trafic effréné d'influence, de reconstitution de parti dissous, le tout en vue de s'emparer du pouvoir » (Jouve 1978:37). À cette occasion, le chef de l'État déclara : « Désormais, le bateau du Niger n'a qu'un seul maître à bord » (*Jeune Afrique* n° 762-763, 15-22 août 1975:29).

Quelques mois plus tard, l'éditorialiste de *Sahel Hebdo* annonçait l'arrestation d'un groupe d'« irréductibles » surpris au cours d'une réunion politique dans un des quartiers de Niamey et regrettait que :

Certains Nigériens [n'aient] pas compris la portée de ces mises en garde et de ces appels et aient poursuivi leurs manœuvres souterraines de division, leur propension à la formation de clan idéologique et leurs activités nocives à l'intérêt national (*Sahel Hebdo* n° 4, 27 octobre 1975:3).

Plus loin, il était révélé que des membres de l'ex-parti Sawaba poursuivaient leurs activités politiques et tenaient des réunions tant à Niamey qu'à l'intérieur du pays pour arrêter des actions à entreprendre. En outre, ce parti aurait tenté de noyauter l'Union nationale des travailleurs du Niger (UNTN) et certaines organisations de jeunesse tout en effectuant des tentatives d'infiltration au sein de l'administration et même des forces armées. Le Sawaba était accusé d'entreprendre au Niger « toutes les activités d'agitation, de trouble et de confusion, propres aux politiciens qui ne lésinent pas devant les moyens pour arriver à leurs fins ». Ces révélations se trouvaient assorties de mises en garde des autorités décidées à sévir avec la plus grande rigueur contre toute résurgence des activités politiques.

Le 15 mars 1976, le président Kountché fera face à une nouvelle tentative de coup d'État. Le capitaine Sidi Mohamed, chef de cabinet du ministre de la Défense, le commandant Moussa Bayéré, ancien ministre de l'Économie rurale et du climat, et Ahmed Mouddour, secrétaire général de la centrale syndicale UNTN, qui se trouvaient à la tête des conjurés, seront passés par les armes. Parmi les suppliciés figuraient également l'adjudant Armayaou Ibrah, le sergent Aboubacar Guy Tyrolien ainsi que Idrissa Boubé et Issaka Dan Koussou. Un des rescapés de « l'affaire du 15 mars 1976 », l'économiste Sanoussi Jackou restera onze ans et sept mois en prison avant d'être élargi par le président Ali Saïbou à son accession au pouvoir en 1987. Selon l'intéressé, qui affirme avoir été un bouc émissaire dans cette affaire, le président Kountché a donné une connotation ethnique à une tentative de coup d'État classique, à laquelle participaient des Nigériens civils et militaires appartenant à toutes les ethnies, pour en discréditer les auteurs :

C'est lui qui a voulu présenter le mouvement du 15 mars comme un mouvement antinational alors que c'est tout simplement une tentative de coup d'État comme il peut y en avoir et comme il y en a eu dans plusieurs pays du monde. Mais lorsqu'on veut discréditer les gens évidemment, on peut utiliser toutes sortes d'arguments. (*Haské* n° 005 du 30 août 1990:9)

En octobre 1983, une tentative de coup d'État est perpétrée par le conseiller spécial à la sécurité du président Kountché, le lieutenant Amadou Oumarou dit Bonkano.

La conférence nationale souveraine tenue à Niamey du 29 juillet au 2 novembre 1991 fut l'occasion pour lui de faire des révélations sur la nature du régime dont il constituait l'un des piliers sécuritaires les plus importants. Ainsi, selon lui, certains complots furent montés de toutes pièces pour permettre à Kountché de se débarrasser préventivement des personnalités qui auraient pu constituer à l'avenir une menace pour son régime. S'agissant de l'arrestation pour participation à une tentative présumée de coup d'État du leader historique du Sawaba Djibo Bakary et de l'ex-directeur adjoint du cabinet du président Diori, il affirme que ceux-ci n'ont jamais participé à une tentative de coup d'État et qu'ils n'ont d'ailleurs jamais subi d'interrogatoire (*Haské* n° 13 du 15 au 30 avril 1991:8). Il ajoute : « … Kountché n'acceptait pas le partage, la contradiction en matière de pouvoir. Il voyait peut-être en eux des éléments futurs de contestation » (*Haské* n° 005 du 30 août 1990:8). Les tentatives infructueuses de renverser le pouvoir ont poussé celui-ci à mettre en œuvre une politique sécuritaire peu soucieuse du respect des droits de l'homme et des libertés publiques.

Le président Kountché avait d'ailleurs tenu à exposer sa vision des relations qui devaient désormais s'instaurer entre le nouveau pouvoir et l'intelligentsia nationale :

> Je ne vous incite par conséquent ni à l'apolitisme, ni à l'indifférence, ni à la neutralité du spectateur amusé ou de l'intellectuel suffisant qui écrase d'un dédain universel tout ce qui l'entoure. Mais comme nous ne voudrions pas d'intellectuels martyrs, nous refuserons les intellectuels mandarins, prêts à s'organiser en coteries, prompts à dénigrer tout ce qui n'est pas conforme à leurs idées… (Kountché 1979:43).

Il peut paraître paradoxal que ce soit le chef de la junte lui-même qui invite les intellectuels à éviter l'apolitisme. En effet, en plus des mesures classiques adoptées par tous les prétoriens une fois qu'ils accèdent au pouvoir (dissolution des partis politiques et du parlement, suspension de la Constitution…), les militaires nigériens se sont évertués à extirper du système social toute forme d'activité politique ou idéologique. Cette attitude est d'ailleurs conforme au format organisationnel et professionnel ainsi qu'au système de valeurs propre à l'institution militaire. Le principe d'obéissance hiérarchique, la culture de non-participation qui dominent l'organisation militaire impliquent la subordination et le rejet de toute forme d'expression d'intérêts particuliers. Edwards Shils (1962:5) note que la plupart des dirigeants militaires ont tenté d'extirper la politique de la société « en dirigeant le pays comme un vaste camp militaire ». Au Niger, ces caractéristiques générales des régimes militaires ont été renforcées par l'obsession sécuritaire qui a affecté le fonctionnement de l'État. Mahamane Malam Issa (2008:142) note à cet égard :

> La « psychose de complot » conduit Kountché à investir des ressources considérables pour doter la police politique de moyens techniques sophistiqués et

d'un personnel estimé à des milliers d'agents recrutés dans tous les milieux. On va assister à un dérapage inévitable de l'action de l'État dans sa politique sécuritaire. La « Coordination », le tout-puissant service de renseignement politique, sert d'appareil à cette stratégie de répression préventive tous azimuts.

La surveillance policière concernait non seulement les opposants affichés (qui étaient rares) mais s'étendait aux étudiants, fonctionnaires, leaders syndicaux, bref à toute personne susceptible de représenter un danger pour le régime en raison de sa capacité à réfléchir. Les relations sociales se déroulaient sur fond de suspicion et de méfiance généralisée. La fréquence des arrestations opérées à la suite de dénonciations « sournoises » provoque la peur chez les citoyens qui finissent par admettre que « les murs ont des oreilles » (Mahamane Malam Issa loc. cit.). Selon un observateur, la période 1974-1983 « a été marquée par l'absence totale des libertés publiques, par la mise en place d'un système de renseignement quadrillant Niamey et tous les centres névralgiques du pays, par des arrestations nombreuses. Bref, c'est un véritable régime de dictature » (Kailou 1997:11).

Un ancien leader syndical évoquant le régime Kountché le caractérise par le manque de liberté ainsi que par « le matraquage moral, les emprisonnements et autres brimades » dont étaient victimes les syndicalistes (*Sahel Dimanche*, 10 novembre 1997:9). Leurs conversations téléphoniques étaient surveillées et les organes de direction des syndicats infiltrés par des agents à la solde du pouvoir. Selon lui, « le général Kountché guettait, traquait et frappait sans pitié, mais dans l'intérêt du peuple nigérien ».

Combinant la ruse et la coercition, le président Kountché avait réussi à s'assurer le contrôle de l'UNTN, devenue l'Union des syndicats des travailleurs du Niger (USTN) en septembre 1976. Celle-ci finira d'ailleurs par abdiquer sa fonction revendicative au profit d'une collaboration plus étroite avec le gouvernement. À l'issue de son congrès statutaire tenu en septembre 1978, il apparaît en effet que :

> L'USTN, consciente de son rôle historique vis-à-vis des masses laborieuses doit devenir un partenaire à part entière pour le développement plutôt que de se tenir à l'écart de la vie nationale et défendre les intérêts d'un groupe de population... C'est pourquoi le 10e congrès de l'USTN opte pour un syndicalisme de participation responsable (Rapport d'orientation du 10e congrès statutaire de l'USTN, Niamey, septembre 1978:2).

Certains syndicats comme le syndicat national des enseignants du Niger (SNEN) exprimèrent leur hostilité face à ce revirement d'autant plus spectaculaire que la ligne initiale était celle d'un syndicalisme de revendication et de combat.

Sur un autre plan, l'USTN reprochait aux intellectuels leur attitude réservée à l'égard du syndicalisme. Selon un ancien leader syndical :

> L'action de l'USTN serait plus efficace si les intellectuels abandonnaient leur réticence voire leur hostilité à son égard et acceptaient de militer au sein de leurs syndicats de

base et des sections ainsi que du bureau exécutif de la centrale elle- même. En effet, plutôt que de se contenter de critiques stériles, les intellectuels du Niger de toutes les professions rendraient un grand service à la classe ouvrière et à eux-mêmes, s'ils rejoignaient les rangs des travailleurs en lutte pour le progrès démocratique, social et par conséquent, le bien-être de la société tout entière (Maïnassara 1989:78-79).

Outre la « vision obsessionnelle du problème de la sécurité », le régime Kountché se caractérisait par la mise en exergue constante de l'idée de développement et de ses contraintes objectives. L'ensemble des forces devant être mobilisées sur le front du développement, il n'y a pas de place pour une contestation du pouvoir qui en tout état de cause apparaît dans ce contexte comme une traîtrise appelée à être réprimée avec rigueur. Ainsi, un cadre nigérien confiait à un journaliste d'*Afrique Asie* :

> Ici, il n'est pas exagéré de dire que nous sommes souvent interdits de critique. Ce régime considère qu'à l'heure actuelle, la critique et la liberté d'expression sont un luxe dont les Nigériens doivent se passer. Il leur faut avant tout travailler dans une stricte discipline pour sortir le pays du sous-développement. En somme, on met dos à dos liberté d'expression et essor économique, deux choses qui ne sont pas forcément antinomiques (*Afrique Asie* n° 285, 20 décembre 1982:14).

Les écrivains ont également souffert du manque de liberté sous le régime Kountché. Selon Moussa Mahamadou, « au temps de Kountché, il y a des censures de toutes sortes. Lorsque vous écrivez, ça passe par le ministère de l'Intérieur. Alors vous retrouvez Kountché puisqu'il est aussi ministre de l'Intérieur » (*Sahel Dimanche*, 5 février 1993:11). Salif Dago confirme l'omniprésence de la censure, « y compris au niveau des journalistes » tout en regrettant le manque de courage de ses aînés, à qui il reproche de s'être mis au service des régimes d'exception. Pour lui, en effet, « l'écrivain, à défaut de condamner un système répressif et de mettre à nu les tares de sa société, doit pouvoir se taire. Plutôt que de se taire, nos aînés choisissent justement de faire le jeu des politiciens » (*Sahel Dimanche* 5 février 1993:11).

Si la nature autoritaire du régime ne laissait aucune possibilité d'expression ou de contestation aux intellectuels, certains d'entre eux furent néanmoins associés à l'exercice du pouvoir.

La participation des intellectuels à l'exercice du pouvoir

Les militaires gouvernent rarement seuls. En effet, « le régime militaire constitue une sorte de bureaucratie gouvernante ou gestionnaire au sein de laquelle les décisions émanent d'un petit groupe d'officiers assistés de technocrates civils » (Martin 1978:128-129). Pour les dirigeants nigériens, « le Niger n'est pas fait que de militaires », d'où cette profession de foi du président Kountché : « Les militaires comme les civils sont des enfants de ce pays, animés du désir commun de transformer son destin… nous ne les jugerons pas sur leur tenue, mais sur leur compétence, c'est-à-dire leur efficacité » (*Europe, Outremer,* n° 554, mars 1976:10).

L'équipe gouvernementale mise en place le 22 avril 1974 comportait douze membres, tous militaires. Le gouvernement militaire provisoire va cependant évoluer de sa version militaire intégrale vers un gouvernement civil à direction militaire, à l'occasion de divers remaniements qui ont consacré l'entrée de civils au gouvernement. Le remaniement ministériel du 18 juin 1974 voit l'arrivée de quatre secrétaires d'État civils au gouvernement. Cinq mois plus tard, leur nombre est porté à six, et en février 1976, le gouvernement provisoire comporte une majorité de civils. Le mouvement de « civilisation » du régime se poursuivra au cours des années pour atteindre son point culminant en 1983, avec l'éviction des derniers militaires du gouvernement. En effet, le remaniement ministériel intervenu le 14 novembre 1983 voit le départ des trois derniers ministres militaires du gouvernement. Désormais, en dehors du chef de l'État (qui cumule les portefeuilles de la Défense nationale et de l'Intérieur) tous les ministres sont des civils (*Le Monde* n° 12069, 16 novembre 1983:3 ; *Bulletin de l'Afrique noire*, 24 novembre 1983:4). Certes, l'instance suprême de décision demeure le Conseil militaire suprême (CMS), exclusivement composé de militaires. Mais le gouvernement et la haute administration permettent aux intellectuels non seulement de participer à la conception et à la mise en œuvre des politiques publiques, mais aussi de se forger une légitimité par le seul moyen de leur expertise. L'un d'entre eux sut faire valoir sa compétence technique au point de susciter l'admiration du président Kountché, qui ne l'appelait plus que par le sobriquet « *yaro maï ilimi* » (le jeune homme intelligent).

Mais on peut s'interroger sur la marge de manœuvre laissée aux élites civiles associées à l'exercice du pouvoir. Selon l'ancien conseiller spécial à la sécurité du président Kountché, avec ce dernier :

> On ne partage pas un pouvoir, on assume une mission. Cet état de choses a douché l'enthousiasme de beaucoup de cadres jeunes et très valables dont on a tué dans l'œuf les initiatives. Ce découragement s'est traduit par une participation médiocre pour ne pas dire nulle… Sous Kountché, la règle était la fuite de responsabilité. Kountché avait choisi l'ordre et ce système ne laissait pas beaucoup de place au partage en matière de pouvoir et d'initiative. Les gens avaient peur… (Haské n° 13 du 15 au 30 avril 1991:10).

Du reste, si les intellectuels pouvaient se prévaloir de leur expertise technique, le fonctionnement du régime Kountché fut largement déterminé par la personnalité de son conseiller spécial à la sécurité, Oumarou Amadou dit Bonkano, dont les pouvoirs occultes (réels ou supposés) auraient aidé Kountché à accéder au pouvoir et à s'y maintenir (Charlick 1991:70 ; *Haské* n° 12 1991 ; *Haské* n° 13 1991). L'ascendant réel exercé par Bonkano sur Kountché fut une des données du jeu politique nigérien. Un analyste note à cet égard :

> Cet exemple illustre très bien l'interférence des croyances occultes sur la marche de notre administration. Aujourd'hui, tout le monde sait que beaucoup de décisions

aberrantes (disgrâces de cadres compétents comme promotion de médiocres), beaucoup de contradictions sont le fait de conseils d'individus pour lesquels l'irrationalité est demeurée le maître-mot (*Haské* n° 004 du 15 août 1990:8).

L'association de technocrates civils à l'exercice du pouvoir constitue une caractéristique quasi permanente des régimes militaires. Il convient d'ailleurs de parler plutôt de « régime à domination militaire » (ou à direction militaire) où l'armée, secondée par la classe politique ou l'intelligentsia, joue un rôle essentiel dans la direction de l'État. Le recours à des collaborateurs civils par les dirigeants militaires s'impose en raison de l'expertise technique qu'ils peuvent apporter dans la gestion des affaires publiques. Cette collaboration entre militaires et technocrates se réalise d'autant plus aisément que l'armée et l'administration sont régies par le même système de valeurs à base de discipline et de hiérarchie et sont censées opérer selon des normes rationnelles et impersonnelles. L'association des civils au pouvoir peut également s'interpréter comme une technique de légitimation par laquelle l'armée, ayant accédé au pouvoir par la force, élargit la base sociale de son autorité, tout en s'entourant de cadres compétents.

En ce qui concerne les intellectuels eux-mêmes, leur participation à la gestion du pouvoir procède de motivations diverses. On peut citer notamment la volonté d'accéder aux ressources matérielles et symboliques dont l'État est le dépositaire. Les intellectuels nigériens, à l'instar de ceux d'autres pays africains, évoluent dans un environnement socioéconomique caractérisé par la « rareté matérielle » selon l'expression d'Achille Mbembé (Mbembé 1996:1). Dans un tel contexte, l'accession aux hautes fonctions de l'État représente une opportunité sinon de s'enrichir, du moins de se mettre à l'abri de la précarité et du besoin. La réalité de la « manducation politique » et de la « politique du ventre » (Bayart 1989:10-2) est attestée au Niger. Boureima Alpha Gado note à cet égard :

> Au Niger aussi, l'idée du « gâteau national » à partager a fait également son bonhomme de chemin… Cette idée a atteint un tel niveau que, pour beaucoup de nos compatriotes, le critère de réussite sociale et politique consiste à occuper des postes de responsabilités les plus exposés à la corruption et à la gabegie (Alpha Gado 1991:6).

La présence des intellectuels dans les rouages du pouvoir peut également s'inscrire dans une logique clientéliste, mettant en relation des « clients » en quête de protection ou de promotion avec des « patrons » détenteurs d'un pouvoir économique, politique ou administratif, et soucieux de s'assurer des allégeances. Le putsch manqué du 6 octobre 1983 rassemblait, autour du lieutenant Amadou Oumarou dit Bonkano, des personnes connues pour être ses amies ou entretenant avec lui des relations de clientèle (*Afrique Asie* n° 307, 24 octobre-6 novembre 1983:28-30). Parmi les conjurés figurait le journaliste Mamane Sambo Sidikou, qui a joué le rôle de « politologue du prince » selon l'expression d'Alain Garrigou (cf. *Le Monde diplomatique* n° 658, janvier 2009:28) avant de connaître la chute et la déchéance.

Promu au poste de directeur de cabinet du Premier ministre, il était devenu l'éminence grise du président Kountché qui le faisait participer au choix des membres du gouvernement. Par la suite, Mamane Sidikou, après avoir échoué dans ses tentatives de faire évoluer la dictature militaire vers un régime démocratique, s'associera à des militaires pour tenter de renverser le régime le 6 octobre 1983. Il révèle à ce propos :

> J'ai accepté de participer au 6 octobre lorsque j'ai compris que Kountché avec qui j'avais de longues discussions sur les systèmes politiques, ne s'est jamais convaincu de la nécessité d'un système plus ouvert, alors même qu'il m'invitait à y réfléchir et m'avait fait revenir des États-Unis en janvier 1983 pour cela (*Haské* n° 14 du 1er au 30 mai 1991:16).

Selon certains observateurs, la participation de certains intellectuels au régime de Kountché procédait de motivations d'ordre ethnique et régionaliste. Ainsi, dans un article intitulé « Réflexions sur le régionalisme et le tribalisme » (*Haské* n° 13 du 15 au 30 avril 1991:12-13), Bachir Attouman, enseignant-chercheur à l'université Abdou Moumouni de Niamey, retrace le processus au terme duquel Kountché, après avoir éliminé tous ceux qui auraient pu lui tenir tête au sein du Conseil militaire suprême, instaura un pouvoir sans partage utilisant le régionalisme comme stratégie pour susciter des allégeances et des soutiens (Attouman 1991:12). Le recours aux « attachements primordiaux » n'a pas épargné les intellectuels car « c'est de cette époque que datent divers ralliements au régime Kountché d'intellectuels opportunistes, naguère patriotes et anti-impérialistes, qui ont trouvé dans le régionalisme une voie de promotion sociale rapide » (Attouman 1991:12). La manipulation du sentiment ethnique comme stratégie de positionnement dans la course aux hautes fonctions de l'État a été dénoncée par d'autres analystes. Boureima Alpha Gado et Moumouni Farmo notent en outre tous les deux la tendance de tous les régimes nigériens à rechercher une sorte d'équilibre ethnique dans la répartition des postes de responsabilité (Alpha Gado 1991:6 ; Farmo 1991:5). Moumouni Farmo constate l'échec de cette politique qui n'a pas réussi à générer « la concorde, la cohésion et l'unité », tout en fustigeant le comportement des intellectuels :

> Le tribalisme et le régionalisme sont donc eux aussi devenus des méthodes de gouvernement, et certains intellectuels (ils sont légion) se sont mis à cultiver ces mauvaises herbes politiques, en vue de se faire recruter par la coopérative des grands laboureurs des richesses du pays, c'est-à-dire le gouvernement, non pas comme représentants d'une tribu (car les intellectuels sont détribalisés) ou d'une région dont ils sont ou se sont coupés, mais pour avoir leur part du butin. (Farmo 1991:5)

Tous ces observateurs reconnaissent cependant l'existence au sein de la population de facteurs objectifs de cohésion qui transcendent les stratégies sectorielles mises en œuvre par des individus ou des groupes minoritaires pour promouvoir leurs intérêts particuliers. Selon Boureima Alpha Gado, « ce que nous observons au

Niger, et qui est considéré par certains comme des rivalités ethniques n'est qu'une manipulation du sentiment ethnique et le plus souvent pour assouvir des intérêts personnels » (Alpha Gado 1991:6).

De fait, le problème de l'intégration nationale se pose au Niger avec moins d'acuité que dans beaucoup d'autres États africains. Finn Fuglestad note à cet égard que le leader du Sawaba Djibo Bakary constituait un des rares exemples sur la scène politique africaine d'une personnalité politique tirant sa suprématie d'un groupe ethnique autre que celui dont il était originaire (Fuglestad 1973:313). Boureima Alpha Gado et Bachir Attouman concluent leurs analyses en affirmant que la manipulation du sentiment ethnique ne sera plus possible avec l'avènement du multipartisme et de la démocratie (Alpha Gado 1991:7 ; Attouman 1991:13). Outre la participation institutionnelle, le régime a également mis en œuvre des formes de participation intermittente comme les conférences de cadres auxquelles les élites étaient périodiquement conviées et qui constituaient un moment privilégié d'échanges sur les questions d'intérêt national.

Les intellectuels sous le régime d'Ali Saïbou

Le président Kountché meurt le 10 novembre 1987 et est remplacé à la tête du CMS par le colonel Ali Saïbou qui devient de fait le chef de l'État. La politique du colonel Ali Saïbou se situe aux antipodes de celle de son prédécesseur en matière de libertés publiques. Son régime a été marqué par une libéralisation du champ politique (1), avant de connaître une crise de gouvernance qui aboutira à la tenue de la Conférence nationale souveraine et à de profonds changements dans la vie politique nationale (2).

La libéralisation du champ politique

Le 18 décembre 1987, Ali Saïbou avait décrété une amnistie générale en faveur de tous les détenus politiques. Il avait également invité tous les citoyens nigériens se trouvant pour quelque raison que ce soit à l'extérieur, à rentrer au pays pour se consacrer à l'œuvre de construction nationale (*Sahel Dimanche* du 3 janvier 1988:3). Conscient de l'aspiration des Nigériens à plus de liberté après treize ans sous un régime autoritaire, le colonel Ali Saïbou entame le processus devant aboutir au retour du Niger à une vie constitutionnelle normale. Il précise en ces termes le sens de sa démarche : « Ma préoccupation essentielle, c'est d'instaurer au Niger un État de droit. » (*ibid.*)

Quelques jours plus tôt, il avait reçu successivement l'ancien président, Diori Hamani et son ancien rival politique, Djibo Bakary, après avoir levé la mesure d'assignation à résidence qui leur avait été imposée par le président Kountché. Ceux-ci l'avaient assuré de leur disponibilité à l'aider dans l'accomplissement de sa tâche.

Dans un article intitulé « Chronique d'un état de grâce », un ancien collaborateur du président Kountché révélait :

> Les Nigériens sont en train de vivre depuis six semaines, depuis la disparition du président Kountché et son remplacement par son plus fidèle ami le colonel Ali Saïbou, une période d'état de grâce dont la manifestation la plus éclatante est sans doute cette liberté d'expression et de mouvement qu'ils semblaient avoir définitivement perdue (*Sahel Dimanche* du 3 janvier 1988:3).

Désormais, les Nigériens peuvent mener leurs activités quotidiennes sans craindre d'être surveillés ou de faire l'objet d'une dénonciation pour activité subversive. La parole se libère dans la rue, les salons et les médias.

Sur le plan institutionnel, le processus de normalisation connaît une accélération avec la création le 8 janvier 1988 d'une commission de réflexion sur l'élaboration de la Constitution. Celle-ci, qui comporte parmi ses membres plusieurs « intellectuels critiques », s'inspirera, au cours de ses travaux, de la Charte nationale adoptée par référendum le 18 juin 1987. Par la suite, un comité constitutionnel élaborera le projet de Constitution de la Deuxième République qui sera adopté par référendum le 24 septembre 1989 (Maïdoka 1991:113-132). Ce retour à une vie constitutionnelle marquait formellement la fin du régime d'exception instauré au lendemain de l'accession de l'armée au pouvoir, le 15 avril 1974, et la restauration de l'État de droit. La Constitution consacre le Mouvement national pour la société de développement comme parti unique. Elle institutionnalise le rôle politique de l'armée qui est désormais appelée à exercer « au même titre que les autres composantes de la nation des responsabilités politiques et administratives ».

Si de telles dispositions n'étaient pas de nature à satisfaire les aspirations des élites à la liberté, la nouvelle loi fondamentale n'en constituait pas moins une avancée sur la voie du pluralisme politique et de la démocratie. On peut dire que cette Constitution représentait un compromis historique entre l'armée et l'intelligentsia. Celle-ci aspirait à se maintenir au pouvoir et à consolider sa position sur le plan institutionnel ; celle-là était prête à toutes les concessions, pourvu qu'on lui reconnaisse un espace de liberté, aussi minime soit-il. On comprend dès lors que, parmi les dispositions novatrices de la Constitution de 1989, figure l'énumération exhaustive des dix-neuf droits et libertés garantis à chaque citoyen. Même si la jouissance de ces droits et libertés est subordonnée au respect des lois et règlements en vigueur, le progrès est indéniable par rapport à la situation antérieure d'apesanteur juridique.

En comparaison, la disproportion est patente en ce qui concerne les devoirs du citoyen qui se limitent à deux et qui ont trait à l'obligation de respecter les lois et règlements de la République et de veiller à la défense de la patrie.

Les constituants de 1989 ont également réussi, malgré la tendance, à l'époque, à la présidentialisation des régimes politiques africains et les velléités d'instauration des présidences à vie, à insérer une clause, limitant le nombre de mandats que le président de la République pouvait briguer à deux. Le rapport de la Commission de réflexion sur l'élaboration de la Constitution développait de manière précise les arguments en faveur d'une telle limitation.

Il convient de noter que la clause de limitation des mandats présidentiels inscrite à l'article 26 de la Constitution du 24 septembre 1989 a été reprise et confirmée par toutes les Constitutions ultérieures du Niger. Les auteurs de l'avant-projet de Constitution de 1989 justifiaient cette limitation par les considérations suivantes :

- elle est de nature à prévenir la pratique tendant à vouloir s'éterniser au pouvoir ;
- elle permet une alternance régulière, saine et salutaire ;
- elle évite l'usure du pouvoir ;
- elle offre à d'autres citoyens – qui en nourrissent les ambitions et qui en réunissent les conditions – les chances d'exercer la magistrature suprême de leur pays (Rapport de la Commission de réflexion sur l'élaboration de la Constitution, Niamey, Conseil national de développement, mars 1988:9).

Pour en revenir au régime du président Ali Saïbou, il faut reconnaître qu'il a favorisé le développement du mouvement associatif et l'émergence de la presse privée en révisant dans un sens libéral les lois relatives au régime des associations et de la presse.

Le premier numéro du bimensuel *Haské,* qui signifie lumière en langue Haoussa, paraît en mai 1990. Il publie un reportage sur le quartier « Koira Kano » considéré comme « la preuve la plus flagrante des enrichissements illicites au Niger » et un article sur la répression de la manifestation estudiantine du 9 février 1990 qui a abouti à la mort de plusieurs étudiants. Dans le même numéro, l'économiste Bello Tchousso Garba appelle les Nigériens, et particulièrement les intellectuels, à poursuivre la lutte en vue de l'avènement de la   démocratie.

Il préconise la mise en place, par les intellectuels, de groupes de réflexion sur les grands problèmes nationaux et internationaux, car pour lui « il revient à l'intelligentsia le devoir de proposer des solutions capables de nous sortir de la crise et d'améliorer l'environnement national et international. Et pour cela, les intellectuels doivent se regrouper et s'organiser » (*Haské* n° 00 mai 1990:9).

Pendant la même période sont créés le Syndicat national des enseignants et chercheurs du supérieur (SNECS 1988) et le Syndicat autonome des magistrats du Niger (SAMAN 1990) ainsi que plusieurs associations de défense des droits de l'homme.

Mais le régime du président Ali Saïbou, dont la naissance semblait placée sous les meilleurs augures, fera face à une crise sociopolitique d'une extrême gravité.

En effet, le 9 février 1990, la répression d'une manifestation d'étudiants fera plusieurs morts dans leurs rangs. La « tuerie du 9 février », selon l'expression consacrée, suscita l'indignation et la condamnation de toutes les couches de la population ainsi que la mobilisation des syndicats et associations diverses à travers des marches et des meetings. Dans une déclaration, signée le 14 février 1990, des avocats du barreau du Niger dénoncèrent un carnage sans précédent dans l'histoire du pays, récusèrent le terme de bavure utilisé par le gouvernement et exigèrent « l'ouverture d'une information judiciaire en vue de déterminer les auteurs et d'en établir les responsabilités avec toutes les conséquences de droit ».

Les revendications qui avaient trait à l'identification et au châtiment des auteurs de la tuerie vont progressivement inclure l'instauration du multipartisme et la tenue d'une Conférence nationale.

La crise de gouvernance et la contestation du système politique

Les événements du 9 février 1990, loin de se résumer à une simple bavure policière sont l'expression d'une crise de gouvernance qui se trouve à l'origine même de la manifestation estudiantine. Le président Ali Saïbou n'a pas fait preuve d'une grande rigueur dans la gestion des maigres ressources que lui avait léguées le régime Kountché, d'où des difficultés à payer les salaires des fonctionnaires et les bourses des étudiants. C'est d'ailleurs au cours d'une marche organisée pour réclamer une amélioration de leurs conditions de vie que les étudiants furent victimes de tirs à balles réelles des forces de l'ordre. Selon Bachir Attouman, l'arrivée d'Ali Saïbou au pouvoir a été marquée par « l'incapacité de son régime à faire face aux problèmes nationaux et à les résoudre », du fait d'une politique « de laisser-aller de fêtards et noceurs » (Attouman 1991:12).

Si les revendications émanant des divers secteurs de la société étaient initialement d'ordre économique, elles vont rapidement s'étendre au domaine politique avec notamment l'exigence de l'instauration du multipartisme et de la tenue d'une Conférence nationale. Les intellectuels ont participé, aux côtés des « forces vives » et notamment de l'USTN, aux luttes pour l'aboutissement de ces revendications sous diverses formes : participation aux marches, rédaction et diffusion de tracts ou d'articles dans les journaux, etc.

Les manifestations pour la tenue d'une Conférence nationale et les débats sur la représentation des femmes au sein de la Commission nationale préparatoire de la Conférence nationale (CNPCN) constituent les étapes marquantes de la lutte des intellectuelles nigériennes pour la reconnaissance de leur droit à participer au débat public sur un pied d'égalité avec les hommes. La marche du 13 mai 1991 a rassemblé plusieurs milliers de femmes exigeant une représentation plus équitable au sein de la CNPCN (Robinson 1994:601).

Si les intellectuelles nigériennes ont eu tendance, dans un premier temps, à restreindre leurs activités au champ associatif en vue de la conquête de l'égalité des droits, notamment sur le plan professionnel, la Conférence nationale leur a fourni l'occasion d'élargir leurs préoccupations au domaine politique. Ainsi, dans un document élaboré dans le cadre de leur participation à la Conférence nationale, les femmes travailleuses de l'USTN assignaient aux gouvernements et aux partis, au cours des années 1990, l'objectif d'une « participation paritaire des hommes et des femmes à la vie politique et à la prise de décision », non sans avoir affirmé : « Les femmes doivent prendre le pouvoir, il ne leur sera pas offert » (Contribution du département des femmes travailleuses à la Conférence nationale, Niamey, USTN, juillet 1991:8).

Dans le souci de parvenir à une trêve sociale et de prendre en compte les aspirations du peuple au changement, la Charte nationale et la Constitution sont révisées. Le multipartisme est désormais une réalité. La Conférence nationale souveraine se tient du 29 juillet au 21 novembre 1991. Ce forum fut un lieu d'affirmation et d'illustration des intellectuels nigériens qui disposaient pour la première fois d'une tribune leur permettant non seulement de discuter publiquement et en toute liberté des problèmes nationaux, mais également de proposer de nouvelles orientations sur les plans politique, économique et socioculturel (Résultat des travaux de la Commission nationale préparatoire de la Conférence nationale, Niamey, Imprimerie Albarka, 1991).

Le professeur André Salifou fut élu président du présidium de la Conférence nationale souveraine, instance chargée de diriger les travaux de la Conférence et de veiller à la bonne marche de l'État. Les Nigériens avaient découvert cet historien et dramaturge, enseignant à l'université de Niamey, en décembre 1983, à l'occasion d'une conférence radiotélévisée sur l'histoire politique du Niger au cours de laquelle il avait, en réponse à une question, réfuté l'argument selon lequel le consensus devait être le fondement d'une communauté politique stable. Il avait soutenu, au contraire, que la vie politique « exige le courage de discuter des questions en jeu, de n'être pas d'accord et de prendre des décisions à la majorité des voix. Le consensus permet d'éviter les positions nettes et il ne fait que retarder la solution des problèmes » (Robinson 1992:227). Ces propos, qui pourraient paraître anodins dans un autre contexte, revêtaient un caractère subversif sous le régime du président Kountché, où l'expression d'aucune opinion contraire à celle des gouvernants n'était tolérée. En outre, récuser le consensus revenait en définitive à s'attaquer au fondement même de la « Société de développement ». En effet, après avoir récusé la formule du parti politique, les dirigeants militaires avaient mis en place un régime corporatiste prétorien avec la « Société de développement » comme organisme de mobilisation sociale (Maïdoka 2008:222-223). Dans un tel système, la gestion des conflits passe par l'intégration des groupes sociaux et la prise en compte de leurs intérêts dans le cadre d'un organe de mobilisation non politique (Malloy 1974:84). Le corporatisme rejette les partis politiques et les élections en tant qu'ils constituent des ferments de division.

Les participants à la Conférence nationale avaient sans doute présent à l'esprit le coup d'éclat du Pr André Salifou en le portant à la tête de leur forum. Celui-ci adoptera plusieurs textes portant notamment suspension de la Constitution du 24 septembre 1989. S'ouvre alors une période de transition de dix-sept mois qui prendra fin avec l'adoption de la Constitution du 26 décembre 1992 (Maïdoka 1993:474-491). La démocratie pluraliste constitue désormais le nouveau contexte opérationnel des intellectuels nigériens.

Les intellectuels sous les régimes de transition militaires

Il s'agit d'États de type post-autoritaire parce qu'ils se sont constitués en rupture avec les régimes antérieurs de dictature du parti unique et qu'ils veillent au respect des droits de l'homme. L'État post-autoritaire peut manifester de l'autoritarisme à certaines occasions, mais la variable autoritaire ne constitue pas un élément consubstantiel de sa définition.

Le Niger a connu trois régimes de transition militaires après l'avènement de l'État post-autoritaire. Le premier, celui du Conseil de salut national (CSN), assura la direction du pays de janvier 1996 à juillet 1996. Le Conseil de réconciliation nationale (CRN) qui s'empara du pouvoir en avril 1999, se retira en décembre 1999 au terme d'une transition politique de neuf mois. Quant au Conseil suprême pour la restauration de la démocratie (CSRD), il exerça le pouvoir de février 2010 à avril 2011.

Il peut paraître paradoxal de classer ces régimes parmi les régimes post-autoritaires. Mais cette classification est justifiée car ces régimes, dont l'avènement a lieu dans un contexte démocratique, exercent le pouvoir pour une période limitée sans remettre en cause le cadre démocratique pluraliste existant. Ce sont des régimes de gestion conservatoire dont le but ultime est d'organiser des élections avant de se retirer. Les observations générales faites plus haut sur les relations entre les cadres civils et les militaires restent valables ici. En effet, les militaires ont besoin des civils pour légitimer leur pouvoir et leur apporter l'expertise qu'ils détiennent dans des domaines spécifiques.

Nous aborderons l'attitude générale des intellectuels nigériens à l'égard de l'institution militaire (1) avant d'analyser les modalités de la collaboration entre ceux-ci et celle-là (2).

Les intellectuels et le militarisme

La posture des intellectuels nigériens à l'égard du militarisme, c'est-à-dire de « l'interférence prétorienne des armées avec le pouvoir politique dont le coup d'État est la manifestation la plus achevée » (Martin 1990:39), reflète les tensions internes au champ intellectuel et entre le champ intellectuel et le champ politique. Elle révèle la désaffection des élites à l'égard des régimes civils corrompus, injustes et inefficaces.

D'une manière générale, la réaction des intellectuels nigériens face aux diverses prises de pouvoir par les militaires a été une condamnation de principe, assortie d'une reconnaissance, au moins implicite, de l'existence de dysfonctionnements graves au sein de l'appareil d'État constituant autant de raisons objectives de l'intervention prétorienne. Cette attitude est d'autant plus facile à assumer que des avertissements et des mises en garde auront été prodigués aux gouvernants. Lors du coup d'État du colonel Baré, les intellectuels n'ont pas condamné le putsch. Ainsi, l'Association des écrivains nigériens (AEN) considéra le coup d'État comme un « mal nécessaire » alors que des intellectuels, rassemblés au sein d'un comité de coordination, offraient leur collaboration aux militaires. Leur démarche procédait du souci de « travailler avec eux de façon à les faire partir le plus tôt possible » (Idrissa 2008:186).

A priori, le système de valeurs à base de hiérarchie, de discipline et d'autorité qui structure l'institution militaire paraît antinomique avec la liberté de critique et l'indépendance d'esprit, voire l'indocilité, qui sont l'apanage de l'univers intellectuel. On peut certes nuancer en remarquant que la règle du « plus ancien dans le grade le plus élevé » chère à l'armée est également de rigueur au sein de l'institution universitaire.

Selon le Pr Djibo Hamani, il n'y a pas lieu d'exagérer la différence entre régimes civils et régimes militaires, s'agissant de leurs capacités à faire évoluer la société vers la démocratie et le développement. Il observe que, si les régimes militaires ont échoué dans tous les domaines, les régimes civils ont connu les mêmes échecs et révélé les mêmes tares (Hamani 2000:216). Il ajoute que « la plupart des régimes civils qui furent victimes de putsch en Afrique étaient eux-mêmes des dictatures » (Hamani op. cit.: 217). Cette analyse est corroborée par le constat de Michel L. Martin selon lequel si « en apparence, l'accession des militaires au pouvoir est illégitime et illégale… Tout bien considéré cette illégitimité est toute relative » (Martin 1990:134-135). Aussi paradoxal que cela puisse paraître, les victimes des coups d'État contribuent parfois à légitimer l'action des prétoriens qui les ont renversés. Ainsi, lors du coup d'État du 27 janvier 1996, Sanoussi Jackou, vice-président de la Convention démocratique et sociale (CDS Rahama, le parti du président déchu) et vice-président de l'Assemblée nationale affirma : « Les militaires n'ont pas pris le pouvoir par ambition, mais parce que nous ne pouvons pas nous entendre. Nous avons scié la branche sur laquelle nous étions assis. » (Idrissa 2008:184-185) Quant aux trois leaders du régime déchu (président de la République, Premier ministre, président de l'Assemblée nationale) ils signèrent le 11 février 1996 une déclaration qui tendait à dédouaner l'armée et à justifier son action. Ils reconnaissaient en effet que :

> Les événements du 27 janvier 1996 qui ont amené les forces armées nigériennes à intervenir sur la scène politique nationale sont dus essentiellement aux difficultés d'application des textes fondamentaux de la République, en particulier la Constitution du 26 décembre 1992 (*Le Sahel* n° 5117 du 12 février 1996:1).

Plus loin, ils entérinaient le programme de la transition militaire prévoyant notamment l'élaboration d'une nouvelle Constitution, d'un nouveau code électoral et d'une nouvelle charte des partis, sur la base desquels seraient organisées les élections présidentielles, législatives et locales. Pour l'ancien Premier ministre Hama Amadou, le coup d'État créait les « conditions d'une nouvelle espérance » (Idrissa 2008:185).

L'explication de la justification inattendue du coup d'État du 27 janvier 1996 par ses victimes a été fournie en ces termes par l'ancien président de l'Assemblée nationale, Mahamadou Issoufou :

> Nous avions conclu un accord avec le colonel Baré. C'est en contrepartie de la promesse de restaurer la démocratie selon un calendrier de onze mois que cette déclaration a été signée. Nous pensions aussi, en agissant ainsi, éviter d'amplifier les problèmes du pays (Idrissa 2008:185).

Quoi qu'il en soit, de telles déclarations en forme de *mea culpa* étaient de nature à absoudre les prétoriens et à légitimer leur action. Accessoirement, elles fournissaient une justification aux intellectuels qui avaient choisi de rallier la junte et qui craignaient de se voir taxés d'opportunisme. Du reste, l'argument tiré du désir de collaborer avec les militaires pour hâter leur retrait de la scène politique est corroboré par l'observation suivante d'Adamou Moumouni Djermakoye, homme politique et colonel de l'armée à la retraite : « Les militaires n'ont qu'un seul langage, celui des armes. Il faut donc les éloigner le plus rapidement possible de la politique » (*Le Sahel* du 3 juin 1996:5).

La facilité avec laquelle les intellectuels collaborent avec les militaires s'explique aussi par le fait que ces derniers jouissent, au plan « réputationnel » d'un certain crédit. En effet :

> Ils peuvent capitaliser sur le prestige que leur donne leur appartenance à un système bureaucratique dont on attend naturellement une efficacité technocratique ; sur le prestige encore d'une profession dont les vertus, même théoriques, d'austérité, de patriotisme, de bravoure, d'honorabilité et de discipline ne pouvaient que susciter un écho favorable dans un contexte politique perçu comme corrompu et inefficace (M. Martin 1990:135).

Pour certains intellectuels, l'institution militaire possède un avantage comparatif sur les régimes civils en ce qui concerne leurs capacités réformatrices respectives. Les régimes militaires, en raison même de leur nature de régimes d'exception, seraient plus aptes à initier des réformes nécessaires mais impopulaires que les régimes civils, soumis aux contraintes institutionnelles et en proie aux affres de la politique politicienne.

Le rapprochement entre élites civiles et militaires est favorisé également par la proximité générationnelle. En effet, tous ont suivi le même cursus de l'enseignement secondaire avant de poursuivre leurs études, les uns dans les universités, les autres dans les écoles de formation d'officiers.

Mais, au-delà de tous les facteurs déjà évoqués, c'est l'isolement relatif de l'armée au sein de l'environnement sociétal global qui explique son homogénéité et la perception favorable qu'en ont les intellectuels, au moment où les autres groupes sociaux, notamment les élites politiques, sont en butte à des luttes intestines provoquant l'érosion de leur légitimité sociale.

Comment s'organise la collaboration entre les élites civiles et les militaires ?

La collaboration avec les militaires

La collaboration des intellectuels avec les régimes militaires s'avère particulièrement importante en ce qui concerne l'élaboration des règles destinées à consolider les assises du pouvoir martial. Celui-ci, qui s'est imposé par la force des armes, a besoin d'asseoir sa légitimité sur d'autres fondements car, ainsi que le relève Max Weber, un pouvoir qui reposerait uniquement sur la coercition serait fragile et à la merci de n'importe quel changement de circonstances (Cot et Mounier 1974:244). Les intellectuels, et plus précisément les techniciens du droit, sont mis à contribution pour rédiger les textes destinés à conférer un fondement légal-rationnel à la domination des prétoriens. L'une des premières mesures édictées par ces derniers, après la proclamation de prise du pouvoir, est l'organisation des pouvoirs publics pendant la période de transition militaire. Viennent ensuite d'autres textes, nécessaires à la gestion du pouvoir ou au retrait de la scène politique lorsque les militaires estiment avoir accompli leur mission. Il s'agit notamment, dans cette dernière hypothèse, des clauses d'amnistie en faveur des auteurs des coups d'État insérées dans divers textes juridiques.

Les intellectuels ont fait partie des différents organes consultatifs instaurés par les régimes de transition militaires et dont les attributions concernaient aussi bien la gestion du pouvoir que le choix des institutions à mettre en place à l'issue des transitions. D'une manière générale, leurs recommandations ont été entérinées par les autorités militaires. Mais, compte tenu du mode de désignation de leurs membres (nomination par décret) et de « l'encadrement » dont ils font l'objet, ces organes ont davantage fonctionné comme des instances de validation et de légitimation des choix des gouvernants (Maïdoka 2008:212-213). Quant aux gouvernants militaires, leur objectif est de conduire la transition avec impartialité, ce qui explique leur propension à s'entourer de technocrates politiquement neutres, ou du moins sans affiliation partisane affichée.

Dans le contexte des régimes de transition militaires, certains intellectuels considèrent l'accession aux hautes fonctions de l'État comme un véritable sacrifice motivé par le seul souci de se mettre au service de leur pays. En effet, l'avènement de ces régimes se fait dans une situation de crise socioéconomique exacerbée que les nouveaux dirigeants ont pour mission de juguler avant de remettre le pouvoir aux civils. Certains cadres nouvellement promus s'estiment d'ailleurs souvent dépourvus des qualités nécessaires en politique, mettant en exergue leur profil de technocrate. Ainsi, selon Boukary Adji, qui a assumé les fonctions de Premier ministre sous la transition militaire de 1996, « fondamentalement je suis ce qu'on pourrait appeler un technocrate, plus à l'aise dans ses dossiers, mieux armé pour l'administration des choses que pour le gouvernement des hommes » (Adji 1998:18). Selon l'ancien Premier ministre :

> L'exercice du pouvoir exige, à mon sens, surtout en ce qui concerne mon pays le Niger, en plus certainement du don de soi et de l'abnégation, l'art du compromis, une finesse politique ; autant de qualités, en particulier la dernière, dont je ne me considère pas particulièrement pourvu. Il exige surtout l'ambition politique, l'attrait du pouvoir. Je n'ai ni l'une, ni l'autre (Adji 1998:18).

S'exprimant à propos de la fonction de Premier ministre à laquelle il avait accédé, il avait ajouté : « Je ne l'avais pas cherchée. Il s'agissait du reste moins d'un poste que d'une mission, un sacerdoce ». En somme, accepter le poste de Premier ministre qui lui était offert revenait en quelque sorte à s'acquitter d'une obligation morale :

> Le Niger a fait appel à ma modeste personne dans une situation des plus difficiles. Si mes compatriotes considèrent que ma contribution peut aider à alléger les contraintes de toutes sortes qui pèsent sur le pays, c'est à mes yeux un motif suffisant (Adji 1998:50).

Les premiers ministres des transitions militaires de 1999 et de 2010 étaient également des technocrates sans ambition politique affichée. Les régimes de transition militaires ont organisé divers réunions et forums au cours desquels l'intelligentsia a été invitée à débattre de questions d'intérêt national : forum pour le renouveau démocratique (régime du CSN), forum sur la gestion économique et financière (régime du CRN), forums sur la gouvernance démocratique et sur la sécurité alimentaire (régime du CSRD).

Si les régimes de transition militaires s'efforcent généralement de fonctionner comme des régimes militaires « à visage démocratique », les relations avec l'intelligentsia peuvent s'avérer conflictuelles. Ainsi, sous la transition de 1996, un universitaire et intellectuel critique qui avait publié des articles critiquant le régime fut victime d'une agression brutale.

Quelle est la nature des relations entre l'intelligentsia et le pouvoir sous les régimes civils pluralistes ?

Les intellectuels sous les régimes civils pluralistes

Depuis 1990, le Niger a connu des régimes pluralistes, à l'exception des intermèdes militaires évoqués ci-dessus. Sous ces régimes, les intellectuels disposent de nombreuses possibilités d'exprimer leurs opinions, voire de tenter d'infléchir l'action des gouvernants. Nous examinerons le rôle des intellectuels dans la consolidation de la démocratie (1) avant d'analyser leur rapport au pouvoir (2).

Les intellectuels et la consolidation démocratique

D'une manière générale, l'éclosion de la presse privée à partir de 1990 a permis aux intellectuels critiques de prendre la parole aussi bien sur des thèmes d'actualité que sur des questions politiques ou de société. Les sujets abordés et le ton résolument critique des analyses révèlent la volonté de leurs auteurs de s'affranchir de toutes les pesanteurs, de tous les tabous et obstacles à la libre expression de la pensée.

Les politologues Souley Adji et Abdoulaye Souley Niandou ont animé à partir de 1990 dans le journal *Haské* une rubrique intitulée « Tournant » dans laquelle ils abordaient des thèmes aussi variés que « Les enjeux politiques de la Conférence nationale », « Les démocrates contre le peuple », « État de droit et élections municipales au Niger »… La possibilité pour l'intelligentsia et le grand public d'une manière générale d'exprimer son opinion à travers des articles de presse, constitue indéniablement une avancée décisive. Sous les régimes autoritaires, les tracts constituaient les seuls modes d'expression, utilisés d'ailleurs surtout par les scolaires et étudiants. L'inflation, la décroissance puis la quasi-disparition des tracts constituent autant d'indicateurs et d'étapes du processus de libéralisation politique au Niger.

À travers les articles qu'ils publient et les conférences qu'ils animent, les intellectuels nigériens font des analyses, émettent des critiques, proposent des solutions, bref participent à la structuration de l'opinion publique. Il arrive qu'ils s'adressent directement aux gouvernants dans l'accomplissement de leur fonction de vigilance et de veille démocratique. Ainsi, lors de la crise politique de 1995 née d'une cohabitation tumultueuse entre les deux branches de l'exécutif, plusieurs associations et groupes de réflexion, dont l'Association nigérienne de défense des droits de l'homme (ANDDH) et le Groupe d'études et de réflexion sur la démocratie et le développement économique et social (GERDDES-NIGER), avaient attiré l'attention du gouvernement sur les risques découlant d'une telle situation. Le communiqué publié par l'ANDDH le 19 février 1995 était prémonitoire car il évoquait le « risque imminent de remise en cause du processus démocratique ». Les gouvernants restèrent sourds aux objurgations de la société civile et l'armée s'empara du pouvoir le 27 janvier 1996.

Les intellectuels participent également, et cela est valable aussi sous les régimes autoritaires, mais selon des modalités différentes, à l'élaboration des valeurs et des normes. Ils sont en effet chargés de rédiger les textes fondamentaux et autres documents programmatiques, dont la Constitution, et de définir les politiques en matière économique, sociale et culturelle. À travers les débats qui s'engagent, les intellectuels remplissent leur rôle « de professionnels de la manipulation des biens symboliques », pour reprendre l'expression de Bourdieu (Damamme 1997:111). Leur participation à divers comités et commissions techniques leur confère un pouvoir symbolique d'élaboration des nouvelles représentations et de structuration de l'opinion publique. Il s'agit d'une véritable allocation symbolique des valeurs qui, à la différence de l'allocation autoritaire des valeurs de David Easton (Easton 1965:21), ne repose pas sur la coercition mais sur l'autorité symbolique que confèrent le statut d'intellectuel et son corollaire, la réputation de compétence et d'expertise.

Au Niger, tous les régimes, qu'ils soient démocratiques ou autoritaires, ont eu recours aux commissions, pour mobiliser l'expertise mais aussi pour générer la légitimité. En effet, le choix des membres des commissions est fait de telle sorte que l'exemplarité de certaines figures impose la légitimité des décisions qui en seront issues. Pierre Bourdieu souligne à cet égard :

> La logique des commissions officielles est de créer un groupe ainsi constitué qu'il donne tous les signes extérieurs socialement reconnus et reconnaissables de la capacité d'exprimer l'opinion digne d'être exprimée, et dans les formes conformes… La commission constitue une opinion éclairée qui va instituer l'opinion éclairée en opinion légitime au nom de l'opinion publique… (cité dans *Le Monde Diplomatique*, janvier 2012:1-16).

Les intellectuels, notamment universitaires, ont pris position sur tous les grands problèmes d'intérêt national. Ainsi, lorsque la « Coordination de la résistance armée » (rébellion sévissant dans le nord du pays) publia en 1994 un document intitulé « Programme cadre de la résistance armée », le SNECS entreprit de réfuter systématiquement et méthodiquement les arguments avancés par la rébellion pour justifier son action (cf. *Éléments de réponse au programme cadre de la résistance armée*, Niamey, Imprimerie des arts graphiques du Niger, 1994). Se plaçant sur le terrain scientifique, les auteurs des différentes contributions démontrèrent le « travestissement de l'histoire » que constituait le document de la rébellion sur le plan historique, sociologique et juridique.

Des enseignants-chercheurs de l'université Abdou Moumouni apportèrent leur contribution au débat en publiant plusieurs articles dans la presse. Ainsi, Souley Adji aborda l'étude du phénomène dit des « rebelles touaregs » sous l'angle de la sociohistoire (*Le Républicain* n° 37 du 12 mars 1992:2). Quant au Pr Djibo Hamani, il entreprit de démontrer en remontant des origines de l'implantation des Berbères au Sahara grâce au chameau, au VIIe siècle, jusqu'à la période contemporaine, que le programme-cadre soumis par la rébellion nigérienne au gouvernement constituait « une gigantesque falsification de l'histoire » (*Niyya* n° 4, avril 1994:5-8). En conclusion, il invitait tous les Nigériens à reprendre le contrôle de leur histoire, « l'histoire millénaire qui tissa entre les différents peuples du Niger des liens qu'une rébellion, même bénéficiant des subsides des nostalgiques de l'OCRS, ne saurait briser » (*Niyya* n° 4, article cité:8).

L'une des étapes les plus marquantes du combat des intellectuels nigériens pour la préservation des acquis démocratiques fut la lutte contre la tentative du président Tandja Mamadou de se maintenir au pouvoir au-delà du terme normal de son mandat. Cette entreprise de régression démocratique, plus connue sous le nom de « *Tazartché* », a vu les intellectuels, et notamment les universitaires, se scinder en deux groupes antagonistes, « tazartchistes » et « anti-tazartchistes », comme jadis en France « Dreyfusards » et « anti-Dreyfusards ». Des intellectuels organiques comme le Dr Hassane Diallo, journaliste et conseiller à la communication du président Tandja, s'évertuèrent à justifier le funeste projet présidentiel en mettant en exergue les qualités personnelles du président Tandja, qui méritait bien un « bonus » de trois ans pour terminer les importants chantiers qu'il avait entrepris (*Le Sahel* du 3 novembre 2008:3 ; *Le Sahel* du 9 juin 2009:3).

Fustigeant les courtisans qui poussaient le président Tandja à se maintenir au pouvoir pour défendre leurs intérêts, Pr Djibo Hamani invitait celui-ci à se débarrasser « des prestidigitateurs et trafiquants d'influence qui l'entourent, et des intellectuels véreux, lèche-bottes perpétuels et pique-assiette invétérés tapis à la présidence et ailleurs, qui sont en train de le conduire droit au mur » (*Le Républicain* du 30 juillet 2009). De manière prémonitoire, il ajoutait : « ces mercenaires du droit, de la plume et des manipulations politiques l'abandonneront comme ils ont abandonné ceux qui l'ont précédé et offriront leurs services à ceux qu'ils combattent aujourd'hui ». Au cas où le président Tandja ne renoncerait pas à son projet, affirmait le Pr Djibo Hamani, « la résistance à la dictature programmée serait pour tous un devoir sacré car il y va de l'existence même de notre pays ».

Les professionnels du droit, magistrats et avocats notamment, se sont illustrés dans la lutte contre le « Tazartché ». Mais la volonté du président Tandja de conserver le pouvoir à tout prix le poussa à dissoudre, de fait, la Cour constitutionnelle qui s'opposait à l'organisation d'un référendum constitutionnel destiné à lui octroyer une « rallonge » de trois ans. Présidée par Mme Salifou Fatimata Bazeye, ancienne présidente de la Cour suprême, la Cour constitutionnelle acquit un grand prestige au-delà des frontières nationales pour avoir résisté aux assauts de l'exécutif et fait prévaloir la primauté du droit. Le rôle de Mme Bazeye dans cette lutte pour le triomphe de la légalité lui a valu la distinction d'« Africain de l'année » décernée par Media Trust Limited, un consortium qui publie le journal *Daily Trust* et d'autres titres au Nigeria (*Kilimanjaro*, n° 3, vol. 1, janvier 2012).

Les intellectuels dans le champ du pouvoir

Les intellectuels nigériens ont connu leur heure de gloire avec la tenue de la Conférence nationale du 29 juillet au 3 novembre 1991 à Niamey. Mais l'immense espoir qu'ils avaient suscité a été déçu :

> Qui ne se souvient du capital de sympathie et de la crédibilité extraordinaire dont jouissaient les intellectuels nigériens ? La population était convaincue que ces jeunes bardés de diplômes et donc aux têtes bien pleines allaient sortir le pays de la misère… Aujourd'hui, que reste-t-il de ce temps de gloire éphémère ? Pratiquement rien. Sur le plan de la production intellectuelle, c'est le néant, pour des raisons de disponibilité et de calcul surtout dans les domaines des sciences humaines et sociales… (Katakoré 2001:11).

Selon un observateur :

> Depuis l'avènement du processus démocratique au Niger, les Nigériens restent
> sceptiques pour la plupart quant à la capacité de nos intellectuels à promouvoir le
> développement économique et social dans notre pays. Il n'est pas rare d'entendre
> autour de soi « qu'il n'y a pas d'intellectuels au Niger, mais des diplômés sans
> morale, chasseurs de prébendes et caisses de résonance du pouvoir en place »(Abdou
> 2011:198).

L'auteur poursuit en imputant aux intellectuels l'échec des politiques de
développement mises en œuvre par les régimes qui se sont succédé à la tête de
l'État :

> Le comportement inqualifiable de cette classe d'intellectuels est à la base du
> désespoir qui règne au sein de la société nigérienne. À chaque changement de
> régime, au lieu que les Nigériens exultent de joie, ils affichent leur scepticisme en
> disant ceci : « dans tous les cas, ils sont tous les mêmes » (Abdou 2011:198).

C'est donc le problème de l'engagement et de la capacité des intellectuels
à promouvoir le changement social qui est posé. Ce type d'analyse repose
sur le présupposé de l'existence d'une catégorie sociale, celle des intellectuels,
suffisamment homogène pour articuler des stratégies unitaires dans ses rapports
avec l'État et la société d'une manière générale. Or le champ intellectuel est
traversé des mêmes contradictions que la société globale, ce qui implique une
diversité des intérêts poursuivis individuellement et collectivement, ainsi que des
stratégies mises en œuvre.

L'économiste Youssouf Mayaki, pour qui un intellectuel doit se distinguer
par sa capacité à cerner les problèmes d'une communauté et à leur trouver des
solutions, dresse un constat désabusé de l'itinéraire de l'intellectuel nigérien. Ce
dernier aurait abdiqué sa mission de défense de l'intérêt collectif au profit de
la satisfaction d'intérêts égoïstes d'ordre matériel. En particulier, l'universitaire
nigérien serait devenu un « intellectuel absent », qui a tendance à se réfugier
dans le « monde virtuel » de l'enseignement et à négliger sa responsabilité sociale,
alors que l'université doit être un phare, au lieu d'être à la remorque du pouvoir.
[Entretien, 7 février 2013].

Pour Sao Marankan, nombre d'intellectuels sont aujourd'hui « gagnés par
la soif de l'argent et du pouvoir, si bien qu'il faudrait parler à leur propos «
d'intellectuels entre guillemets ». Pour lui, la participation à la gestion du pouvoir
n'est pas incompatible avec le statut d'intellectuel, pourvu que celui-ci conserve
son indépendance et son esprit critique [Entretien, 9 février 2013].

Soly Abdourahamane constate que les intellectuels nigériens sont frappés de
léthargie, sauf lorsqu'ils militent au sein d'un parti politique. Le goût du lucre
a corrompu un grand nombre d'entre eux, alors que d'autres sont devenus «
des intellectuels muets », soit par désintérêt pour la chose politique, soit parce

qu'ils sont désabusés. L'intellectuel doit retrouver son rôle de porte-flambeau et se dégager de l'emprise de la politique. Il ne s'agit pas de prôner l'apolitisme mais d'être conscient de sa responsabilité à l'égard de la société, même quand on participe à la vie politique [Entretien, 8 mars 2013].

Mme Bazeye dresse le même constat, de l'intellectuel préoccupé davantage par la recherche du profit personnel que par la défense de certains idéaux et de l'intérêt commun. Seule une proportion infime des intellectuels remplirait véritablement son rôle, qui est la défense de l'intérêt général. [Entretien, 8 mars 2013]

Au Niger, contrairement à d'autres pays comme la France, où l'« élite du savoir », cette « classe savante », s'est transformée en classe dirigeante (Schwartzenberg 1975:9), les intellectuels ont tendance à jouer le rôle de couche suppléante de la classe dirigeante. Jacques Attali qualifie de « surclasse » les détenteurs de « rentes informationnelles » jouissant, même à titre temporaire, du monopole d'un savoir ou d'un savoir-faire (Attali 1996:13). Leur position dominante découle de ce qu'ils disposent « d'une rente de situation technologique (un savoir, une compétence, une opportunité d'être un intermédiaire utile à la valorisation ou à la circulation de l'information, une innovation dans le placement de titres, la génétique, le spectacle ou l'art) » (Attali 1996:13).

Certes, la situation du Niger est différente de celle des pays industrialisés, où le thème de la « dictature » des experts est récurrent dans le débat public. Mais le constat suivant, sur leur rôle en France, pourrait s'appliquer, toutes proportions gardées, au Niger :

> « Aucune mesure politique nationale ou internationale n'est en effet présentée sans qu'elle ne soit accompagnée de l'annonce de son examen par un expert, un comité d'experts ou que les médias eux-mêmes ne sollicitent des avis autorisés sur la question » (Restier-Melleray 1990:546).

Le recours aux experts pour expliciter les thèmes et les enjeux des grands débats d'intérêt national tend à se généraliser au Niger, surtout depuis la libéralisation politique entamée en 1990, qui a favorisé l'émergence d'un espace médiatique autonome ainsi que la promotion des « intellectuels médiatiques ». Les experts sont sollicités, aussi bien par les pouvoirs publics que par les médias indépendants. Ceux-ci ont d'ailleurs chacun « leurs » juristes, politologues ou spécialistes d'autres disciplines, dont les titres d'expertise, suffisamment prestigieux, leur assurent une large audience.

Si le contexte de pluralisme politique semble favorable à l'activité intellectuelle, il n'en demeure pas moins qu'il comporte des effets pervers :

> Les intellectuels impliqués dans la politique politicienne n'ont plus de temps à consacrer à la production intellectuelle mais surtout ne veulent plus le faire de peur de froisser la direction de leur parti, avec comme sanction de ne pas être proposés aux hautes fonctions de l'État… Au mieux, ils servent de faire-valoir sinon d'apporter (sic) une caution scientifique (Katakoré 2001:11).

Sous le régime monopartisan mis en place immédiatement après l'accession du pays à l'indépendance, les intellectuels se caractérisaient par une relative unité autour de l'idéologie nationaliste et des objectifs de construction nationale. Par la suite, la conquête de la démocratie et des droits de l'homme est devenue leur aspiration commune. Soly Abdourahamane affirme que les intellectuels nigériens, en tant que catégorie sociale, avaient plus de visibilité au lendemain de l'indépendance, car leurs luttes revêtaientune dimensionunitaire, tournées vers la conquête de l'indépendance nationale dans une première étape, puis vers l'édification de l'État-nation. Pour lui, la fragmentation qui caractérise le champ intellectuel contemporain au Niger est liée en grande partie à l'avènement de la démocratie multipartisane. Face aux grands enjeux nationaux, les intellectuels ont tendance à épouser l'opinion de leur parti politique quand ils ne versent pas dans le corporatisme.

Avec l'avènement du multipartisme, la diversité des affiliations idéologiques et partisanes a accentué les clivages au sein de la communauté intellectuelle. C'est dans ce contexte que sont apparus les « intellectuels de service », selon l'expression du Pr Kimba Idrissa, qui constituent une catégorie particulière d'intellectuels organiques dont l'association au pouvoir procède souvent d'une volonté d'instrumentalisation. La création récente d'une cellule de prospective rassemblant universitaires et conseillers du pouvoir, chargée de mener des réflexions sur les questions d'intérêt national, pourrait constituer une forme intéressante de participation, à condition que les universitaires y conservent leur indépendance et leur esprit critique.

Conclusion

Au terme de ce bref survol de l'itinéraire des intellectuels nigériens de l'indépendance à nos jours, il apparaît que ceux-ci ne constituent pas une catégorie sociale homogène, d'où la diversité des objectifs poursuivis et des stratégies mises en œuvre dans leurs rapports avec l'État. Il n'en demeure pas moins que les luttes qu'ils ont dû mener dans leur quête d'autonomie et de reconnaissance ont favorisé leur émergence en tant que groupe social, capable de se mobiliser et de revendiquer un pouvoir symbolique. De ce point de vue, les Nigériens ont connu leur affaire Dreyfus avec la répression de la manifestation estudiantine du 9 février 1990. La réprobation collective et les actions de protestation suscitées par la « tuerie du 9 février 1990 », selon l'expression consacrée, ont favorisé la naissance d'une communauté symbolique rassemblant divers acteurs sociaux, dont les intellectuels.

En établissant un parallèle entre la première et la septième République actuelle, on pourrait caractériser cette dernière comme étant « la République des universitaires », eu égard à leur présence au sein de toutes les branches de l'appareil d'Etat, et plus particulièrement aux postes de conseillers dans les institutions.

En définitive, de la République des instituteurs à la République des universitaires, les rapports entre les intellectuels et l'État se structurent autour de deux enjeux essentiels : l'autonomie et le contrôle. Les intellectuels s'évertuent à préserver leur autonomie, conformément à leur « devoir d'indocilité ». L'État vise, quant à lui, à défaut d'obtenir le soutien ou l'obéissance de cette catégorie socioprofessionnelle, à s'en assurer le contrôle.

À la faveur des transformations qui ont affecté le champ social et politique, on constate un certain retrait des intellectuels, qui tendent à privilégier le professionnalisme, lorsqu'ils ne mettent pas en avant leur statut d'intellectuels organiques, voire la défense de leurs intérêts corporatifs. Or « la mobilisation stratégique des savoirs permet aux dominants d'élaborer des techniques rationnelles, des savoirs, grâce auxquels ils parviennent à orienter la conduite des autres » (Noiriel 2005:312), d'où des risques d'instrumentalisation.

L'observation faite par Boureima Alpha Gado à l'occasion de la tenue de la Conférence nationale à propos de la « gent universitaire de Harobanda » (Harobanda étant la rive droite où est logée l'Université Abdou Moumouni) conserve ici toute sa pertinence :

> Sur cette rive du savoir qui fait face à la rive du pouvoir, les relations de bon voisinage ont fait que depuis belle lurette la recherche scientifique et le vrai débat académique ont fait place à la médiocrité intellectuelle, aux querelles partisanes, la course au gain facile… (*Haské* n° 11 du 15 janvier 1991:5).

Il en conclut à la nécessité d'une autocritique, ainsi que d'un vrai débat public et contradictoire permettant à l'université de « retrouver ses lettres de noblesse ».

Le Pr Abdou Moumouni avait pris position dans le débat sur l'attitude de l'intellectuel face à la politique :

Moi, je ne suis pas un griot. En tant que citoyen de ce pays, j'ai, n'est-ce pas, des droits et des devoirs. Par conséquent, je crois qu'il est tout à fait normal que je donne mon opinion sur la politique qui est menée non seulement dans mon pays mais aussi sur le plan africain. Par contre, je ne cautionne pas l'attitude de certains intellectuels africains qui occupent des postes politiques. Je pense qu'ils seront mieux dans leur domaine respectif, ce qui ne les empêche pas de donner leur avis sur les questions politiques de leur pays (SNECS 1993:24).

Qu'ils soient organiques ou critiques, les intellectuels ne doivent pas oublier que l'autonomie et la responsabilité sociale constituent deux dimensions essentielles du statut intellectuel, telles que soulignées par la déclaration de Kampala, sur la liberté intellectuelle et la responsabilité sociale des intellectuels et membres de la communauté intellectuelle, de 1990. Il revient en effet à celle-ci « tout en y prenant part, de faire sienne la lutte des forces populaires pour leurs droits et leur émancipation ». Elle doit également participer aux actions visant à corriger « les inégalités historiques et contemporaines fondées sur le sexe, la nationalité et/ou tout autre handicap social » (article 25). En somme, il n'y a pas, comme le souligne Bourdieu (cf. « Pour un savoir engagé », *Le Monde diplomatique*, février 2002:3), opposition entre « scholarship et commitment », entre ceux qui se consacrent au travail scientifique et ceux qui s'engagent et portent au dehors leur savoir.

Bibliographie

Abdou, I., 2011, « Les intellectuels africains au XIXe siècle : l'exemple d'Alfa Mahaman Diobbo », *Mukara Sani*, vol. 14, juillet.

Adji, B., 1998, *Dans les méandres d'une transition politique*, Abidjan et Paris, CEDA et Karthala.

Alpha Gado, B., 1991 « Problèmes ethniques ou manipulation du sentiment ethnique ? », *Sahel Dimanche* n° 340, août.

Attali, J., 1996, « La surclasse », *Le Monde*, 7 mars.

Attouman, B., 1991, « Réflexions » sur le régionalisme et le tribalisme », *Haské* n° 13, avril.

Baulin, Jacques, 1986, *Conseiller du président Diori*, Paris, Eurafor – Press.

Bayart, J., 1989, *L'État en Afrique : la politique du ventre*, Paris, Fayard.

Berthier, T., 1973, Le régime politique de la République du Niger, Thèse de doctorat en droit, université de Paris I.

Hama, B., n. d.a, *Jeunesse et développement*, Niamey. Hama, Boubou, n. d.b, *Politique et analyse politique*, Niamey.

Bourdieu, P., 2002, « Pour un savoir engagé », *Le Monde diplomatique* n° 575, janvier.

Bourdieu, P., 2012, « La fabrique des débats publics », *Le Monde Diplomatique*, n° 694, janvier.

Chaffard, G., 1967, *Les carnets secrets de la décolonisation*, Paris, Calmann-Levy.

Charlick, R. B., 1991, *Niger : Personal Rule and Survival in the Sahel*, Boulder & San Francisco, Westview Press.

Cot, J.-P. et Jean-Pierre, M., 1974, *Pour une sociologie politique*, tome II, Paris, Éditions du Seuil.

Dago, S. 1994, « Portrait de l'intellectuel nigérien », *Tribune du Peuple*, n° 62, juillet. Damamme, Dominique, 1997, « Sur les intellectuels en Europe : politique et culture », *Revue française de Science politique*, vol. 27, n° 1, février.

Diori, H., 1968, *Conférence nationale des cadres nigériens : exposés de politique générale*, Niamey, Imprimerie générale du Niger.

Diori, H., 1971, *Conférences départementales des cadres 1971 : Résolutions et discours de clôture*, Niamey, Imprimerie générale du Niger.

Diouf, M., 1994, « Les intellectuels et l'État au Sénégal : la quête d'un paradigme » in Diouf, Mamadou et Mahmood Mamdani (Eds), 1994, *Liberté académique en Afrique, Dakar*, CODESRIA.

Easton, D., 1966, *A system analysis of political life*, New York, John Willey & Sons. Farmo, Moumouni, 1991, « De l'impolitique à la politique », *Haské* n° 15, juillet.

Fuglestad, F., 1973, « Djibo Bakary, the French and the referendum of 1958 in Niger », *Journal of African History*, XIV, 2.

Garrigou, A., 2009, « Politologues du prince », *Le Monde diplomatique* n° 658, janvier.

Hamani, D., 2000, « Mieux connaître pour mieux transformer : la bonne gouvernance ne s'impose pas » in *Actes du premier colloque international sur le thème : Armée et démocratie en Afrique : cas du Niger*, Niamey, Institut national de documentation et de recherche Pédagogique, pp. 216-225.

Englund, H., 2006, « Transnational Governance and the Pacification of Youth : Civic Education and Disempowerment in Malawi » in B. Beckman & G. Adeoti, 2006, *Intellectuals and African Development : Pretension and Resistance in African Politics,* Dakar, CODESRIA books.

Higgott, R., & Finn, F., 1975 « The 1974 Coup d'État in Niger : Towards an Explanation », *Journal of Modern African Studies*, vol. 13, septembre.

Higgott, R., 1980, « Structural dependence and decolonisation in a west African land-locked state : Niger », *Review of African political economy* n° 17, january-april.

Idrissa, Kimba, 2008, « Les régimes militaires entre 1974 et 1999 au Niger » in Idrissa Kimba (sous la direction), *Armée et politique au Niger*, Dakar, CODESRIA, pp. 163- 206.

Jouve, E., 1978, « Du Niger de Diori Hamani au gouvernement des militaires : 1974-1977 », *Revue française d'Études Politiques Africaines*, n° 149, mai.

Kailou, Y., 1997, « De l'autoritarisme à l'État de droit », *Sahel Dimanche* n° 750, novembre.

Kamto, M., 1994, « Les rapports État-Société civile en Afrique », *Revue juridique et politique indépendance et coopération* n° 3, octobre-décembre.

Katakoré, Z., 2001, « Misère des intellectuels nigériens », *La Roue de l'Histoire* n° 29, février.

Ki-Zerbo, J., 2005, « African intellectuals, nationalism and panafricanism : a testimony » in Mkandawire, Thandika (Ed.), 2005, *African Intellectuals : Rethinking Politics, Language, Gender and Development*, Dakar, CODESRIA books.

Kountché, Seyni, 1979, *Discours et messages*, Niamey, Imprimerie nationale du Niger.

Mahaman, M. I., 2008, « Le régime militaire de Seyni Kountché : 1974-1987 », in Idrissa Kimba (sous la direction), *Armée et politique au Niger*, Dakar, CODESRIA.

Mahamane, A., 2008, « La naissance de l'armée nationale au Niger : 1961-1974 », in Idrissa Kimba (sous la direction), *Armée et politique au Niger*, Dakar, CODESRIA.

Maïdoka, A., 1991, « La Constitution nigérienne du 24 septembre 1989 », *Revue Juridique et Politique Indépendance et Coopération*, n° 2, mai-septembre.

Maïdoka, A., 1992, « La nouvelle organisation des pouvoirs publics nigériens : l'acte fondamental n° 21 », *Revue Juridique et Politique Indépendance et Coopération*, n° 1, janvier.

Maïdoka, A., 1993, « La Constitution nigérienne du 26 décembre 1992 », *Revue Juridique et Politique Indépendance et Coopération*, n° 3, septembre.

Maïdoka, A., 2008, « Esquisse d'une typologie des régimes militaires nigériens » in Idrissa Kimba (sous la direction), *Armée et politique au Niger*, Dakar, CODESRIA.

Maïnassara, B., 1989, *Pratiques syndicales et conscience de classes au Niger*, tome II, Niamey, Imprimerie nationale du Niger.

Malloy, J. M., 1974, « Authoritarianism, corporatism and mobilization in Peru », *The review of politics*, vol. 36, n° 1, January.

Martin, G. 1983, « Les fondements historiques, économiques et politiques de la politique africaine de la France : du colonialisme au néocolonialisme », *Genève – Afrique,* vol. XXI, n° 2, Genève.

Martin, M. L., 1978, « Le soldat-prétorien, la politique et le changement social en Afrique noire : des causes militaires d'un échec », *L'Année Africaine*.

Mbembé, A., 1996, « Des rapports entre la rareté matérielle et la démocratie en Afrique subsaharienne », Communication au colloque de Niamey sur la violence et les transitions politiques en Afrique, juin 1996.

Mkandawire, T., 2005, « African intellectuals and nationalism » in Mkandawire, Thandika (éd.), *African intellectuals : rethinking politics, language, gender and development*, Dakar, CODESRIA books.

Noiriel, G., 2005, « Michel Foucault : les trois figures de l'intellectuel engagé » in Granjon, Marie-Christine (Dir. de publication), *Penser avec Michel Foucault – Théorie critique et pratiques politiques*, Paris, Karthala.

Restier-Melleray, C., 1990, « Experts et expertise scientifique : le cas de la France », *Revue française de science politique*, vol. 40, n° 4, août.

Robinson, P. T., 1994, « The national conference phenomenon in francophone Africa », *Comparative Studies in Society and History* n° 3, July.

Robinson, P. T., 1992, « La légitimation populaire de la gouvernance militaire au Burkina Faso et au Niger : les grandes contradictions » in Hyden, Goran & Michael Bratton (Eds), *Gouverner l'Afrique : vers un partage des rôles*, Paris, Nouveaux Horizons.

Schwartzenberg, R.-G., 1975, « Le droit de savoir », Paris, *Le Monde*, mai.

Shils, E., 1962, « The military in the political development of the new states » in John J. Johnson (éd.), *The role of the military in underdeveloped countries*, Princeton, Princeton University Press.

Syndicat national des enseignants-chercheurs du Niger (SNECS), 1993, *L'université rend hommage à Abdou Moumouni*, Niamey, Nouvelle Imprimerie du Niger.

Thompson, V., 1966, *« Niger »*, *National unity and regionalism in eight african states*, Ithaca, New York, Cornell University Press.

Wamba Dia, W., Ernest, 2006, « À propos de l'essai de Sanya Osha : « Ernest Wamba Dia Wamba : profil d'un guérillero intellectuel », Dakar, *Bulletin du CODESRIA*, n° 3 et 4.

7

Intellectuels, crises politiques et espace public au Niger (1976-1996)

Souley Adji

Le premier des bons ménages est celui qu'on fait avec sa conscience.

(Victor Hugo)

Introduction

Officiellement invité en 1984 à Niamey en vue d'une conférence publique, Cheick Anta Diop regrettait alors que le Niger fût un « véritable désert intellectuel », probablement comparé à Dakar. C'est que, contrairement au Sénégal, où prévalait déjà une forme de gouvernement permettant l'exercice de la liberté d'expression, au Niger, la chape de plomb autoritaire sous le régime militaire du Général Seyni Kountché, et sans doute aussi le déficit d'audace et d'initiatives des clercs, notamment universitaires, décourageaient l'éclosion d'une vie intellectuelle ou médiatique autonome du pouvoir – si ce n'est la vie purement académique. Mais, à la fin de ladite décennie, cet allégorique désert va brutalement prospérer en donnant lieu à une oasis de fourmillement d'idées et de débats de toutes sortes, comme si l'on avait une fois imaginé que le Sahara allait un jour reverdir.

À la faveur du délitement de l'État, confronté à de nombreux défis économiques et financiers, de nouveaux groupes d'acteurs tendirent à investir le champ politique. Considérant leurs aînés comme porteurs de valeurs et de comportements rétrogrades, voire les soupçonnant d'avoir les mains tachées de sang, cette nouvelle couche se présenta très vite comme l'alternative pour le pays. À l'heure où, de par le monde, l'on voyait les peuples se soulever pour revendiquer des droits politiques et sociaux, au Niger, ces agents du changement étaient mobilisés pour renverser la citadelle MNSD (Mouvement National pour la Société de Développement), parti-État créé le 15 mai 1989 sous l'égide du

Général Ali Saibou, l'aristocratie militaire singulièrement, afin d'instaurer un nouvel ordre politique. On peut, à cet égard, parler de mobilisation politique au sens où l'entend François Chazel, c'est-à-dire :

> La création de nouveaux engagements et de nouvelles identifications – ou quelquefois la réactivation de loyautés et d'identifications oubliées – ainsi que le rassemblement, sur cette base, d'acteurs ou de groupes d'acteurs dans le cadre d'un mouvement social chargé, au besoin par la confrontation directe et éventuellement violente avec les autorités en place, de promouvoir et parfois de restaurer des fins collectives (Chazel 1975:515).

De fait, un véritable bras de fer s'engagea entre le pouvoir politique et les groupes latents mobilisés, en particulier avec le mouvement estudiantin, qui perdit trois de ses membres lors d'affrontements avec les forces de l'ordre. La radicalisation des luttes contraignit les autorités à accepter l'essentiel des doléances politiques, notamment l'instauration d'une période de transition politique.

Ces troupes mobilisées avaient un projet ambitieux, de nature quelque peu messianique même : instaurer un régime de type multipartite, créer une nouvelle société dont les valeurs cardinales seraient l'État de droit, la démocratie et la bonne gouvernance, à l'instar des mouvements sociaux en cours dans la sous-région. Comme l'indique Ibrahim (2003:11):

> Les gens voient la nécessité d'un changement dans la qualité de leur vie politique et sociale. La démocratisation est dans l'agenda africain parce qu'elle a été refusée au peuple de façon systématique et sur une durée aussi longue.

Au Niger, il s'agissait surtout de doter le pays d'une véritable souveraineté, malmenée qu'elle était, aux yeux des challengers, par la France, puissance colonisatrice, et par les institutions financières internationales (Tidjani Alou 2010:86), lesquelles venaient alors de faire appliquer des programmes d'ajustement structurel, notamment dans le domaine de l'éducation. Le rejet des Projets d'éducation de la Banque mondiale par le mouvement estudiantin cristallisa toutes les récriminations et rancœurs, depuis longtemps enfouies et dont le gouvernement et les élites étaient l'objet.

Connue sous l'appellation de « forces démocratiques » ou « forces vives de la nation », une constellation de nouveaux partis politiques, de syndicats et d'associations, occupa ainsi confortablement la scène politique. Ils étaient appuyés par une presse privée, non moins naissante, dont les colonnes illustraient abondamment les espoirs et les ressentiments du moment. Par commodité d'analyse, nous appellerons pour l'heure intelligentsia ce conglomérat hétéroclite, né à la faveur de la libéralisation de l'espace public, défini comme « le processus au cours duquel le public constitué d'individus faisant usage de leur raison s'approprie la sphère politique contrôlée par l'autorité et la transforme en une sphère où la critique s'exerce contre le pouvoir de l'État » (Habermas 1978:61). Nonobstant la diversité, la richesse et la permanence de ses engagements et désengagements publics, depuis l'amorce du processus de démocratisation, une sociologie politique de cette intelligentsia n'a jusqu'ici pas vraiment été entreprise. L'on s'intéressera ici singulièrement à la période charnière, allant de 1976 à 1996, correspondant respectivement à l'amorce du processus de civilisation du régime prétorien et à l'avènement du tout premier coup d'État, au nouveau régime civil véritablement démocratique au Niger. L'intervention des individus faisant usage de leur raison aura été significative, en vue de la légitimation du régime politique, de la réforme de l'État, voire de sa contestation, épousant des formes parfois violentes. Certains challengers ne se privèrent pas en effet de prendre les armes contre l'État, de sorte que l'ébullition politique naissante fut aussi alimentée par des mouvements irrédentistes armés, principalement à l'est et au nord du pays. Loin de la problématique classique, reposant fondamentalement sur l'allégeance présupposée de l'intellectuel (Kurzman et Owens 2002), il s'agira ici non seulement de repérer, dans l'histoire immédiate, les diverses formes d'investissements publics des intellectuels au Niger, mais aussi, et surtout, d'identifier les « bonnes raisons » (Bourdon 1986), en tout cas les motivations constitutives de la sortie dans l'arène publique ; et enfin de comparer, dans l'intermède démocratique notamment, les postures majeures adoptées face au pouvoir politique dans les périodes de péril politique.

On l'aura compris, l'approche théorique préconisée ici est celle de l'*actionnisme* qui, rejetant toute forme de sociologisme, met au contraire en exergue l'intentionnalité et l'autonomie de l'acteur. En effet, pour Raymond Boudon les contraintes à l'action existent, immanquablement, mais elles ne sauraient constituer le seul déterminant dans l'explication des comportements humains. L'on ne peut, dans cette optique, faire l'économie de l'examen de la structure d'interaction et de la connaissance de la rationalité des agents sociaux. Basée sur des entretiens approfondis avec des universitaires, des journalistes et des acteurs du mouvement associatif, cette recherche reste aussi amplement documentaire, dans la mesure où les témoins et les archives des périodes concernées restent encore largement disponibles.

Après avoir, dans un premier temps, contextualisé le concept d'intellectuel en relation avec la nature de l'État et du système d'interaction, et établi une typologie des modes d'intervention intellectuels, nous nous pencherons dans un second temps sur le rapport de l'intelligentsia à l'ordre militaire ; sous la férule du général Seyni Kountché, puis dans la nouvelle donne démocratique, singulièrement à l'avènement du premier coup d'État dirigé contre le régime civil, nous tracerons la trajectoire des différents acteurs majeurs impliqués. En tant qu'observateur assidu de la scène politique et de la société civile, voire participant au besoin au mouvement social, notre propre connaissance des acteurs du double champ intellectuel et politique peut aussi aider à dévoiler les connexions, les permanences, les hybridations et les ruptures dans le rapport de l'intelligentsia à la démocratisation et à l'espace public.

La recherche de l'intellectuel nigérien

De fait, toutes les périodes historiques mémorables ont vu l'irruption et parfois le sacre des intellectuels sur la scène publique au Niger. Longtemps confrontés à des régimes monolithiques, les clercs ont parfois tenté de redoubler d'énergie et d'initiatives pour pouvoir exercer pleinement les activités dévolues à leur statut. Celles-ci sont a priori relatives à la recherche, la création, la transmission et la diffusion des connaissances (Lipset 1963), corrélativement à une intervention significative éventuelle dans la sphère publique, en vue du plaidoyer, de la défense des droits humains, ou de la critique sociale.

La singularité de l'intellectuel

Les moments de crise politique paraissent, à maints égards, très opportuns pour découvrir la carte d'identité de l'intelligentsia nigérienne. Nous avons indiqué sommairement plus haut les strates qui composent celle-ci. Il paraît en effet très délicat de définir avec exactitude le concept d'intellectuel. De façon générale, on peut, avec Sowell (2010), ou Kurzman et Owens (2002:63), dire que la littérature les reconnaît comme étant des « persons with advanced educations, producers or transmitters of culture or ideas, or members of either category who engage in public issues – sometimes gelled into a cohesive social group ». De manière plus précise, la sociologie des intellectuels combine généralement quatre dimensions majeures pour caractériser l'intellectuel ; Junpeng Li (2010:4) rappelle ainsi que dans la littérature consacrée à ce sujet les dimensions majeures suivantes sont récurrentes : les caractéristiques personnelles, les apports, les positions dans la société et les fonctions et rôles généraux des intellectuels. Ce sont là autant de préoccupations que le chercheur pourrait opportunément prendre en compte.

Dans le contexte nigérien, on peut de prime abord dire qu'il s'agit généralement d'un individu, reconnu comme détenteur d'un haut niveau de culture et dont le statut, la connaissance, et l'expertise dans le champ scientifique ou culturel, peuvent être mobilisés à des fins plurielles dans l'espace public ou privé. Le magistrat nigérien Moutari Mamane a bien décrit ce que l'on entend par intellectuel dans le contexte nigérien :

> Si on se réfère au concept, l'intellectuel, c'est l'homme des lumières. Je crois que les notres, à partir d'une thèse déjà, ils s'éteignent. Il n'y a plus de lumière qui sort ; vous les interrogez sur ce qu'ils savent d'évident, ils contournent, ils ne disent rien. (in Laya et Penel, 1990 :95).

Pour autant, étant donné la diversité de leurs centres d'intérêt et la multiplicité de leurs origines de classes, peut-on raisonnablement dire que les « intellectuels nigériens » constituent malgré tout une classe sociale ou tout au moins un *groupe social cohérent* ? On sait que, pour Marx, membres de la *petite bourgeoisie*, les intellectuels sont appelés à être précipités dans le prolétariat au fur et à mesure du développement du capitalisme. Selon les circonstances historiques particulières, ils peuvent prendre le parti de l'une ou l'autre des deux grandes classes, dont ils peuvent déterminer le destin. Dans la mesure où leurs conditions d'existence se distinguent nettement de celles d'autres catégories sociales, de par la jouissance, notamment, d'un certain bien-être, la détention d'un certain capital culturel et parfois, l'exercice permanent d'un travail de réflexion, il est loisible de dire que l'*intelligentsia* nigérienne constitue une *classe pour soi*, ou plutôt une catégorie sociale spécifique, inféodée à la classe dirigeante mais consciente également de ses intérêts et prédisposée à les défendre. La forme la plus élaborée de cette prise de conscience, et de cette communauté d'intérêts, se retrouve en réalité particulièrement dans les secteurs d'activité (Lipset 1963:17) propres aux « intellectuels », tels que l'université, l'édition, la presse et l'art, où sont créées et protégées des corporations en vue de la promotion et de la défense de leur statut de membres. Selon Pierre Bourdieu, loin de constituer une classe sociale homogène, les intellectuels, conditionnés par leurs habitus culturels, sont plutôt situés dans des champs, chacun ayant ses règles de fonctionnement et de sélection propres. Leurs positions dans les champs et les luttes de positionnement orienteraient largement leurs *manières d'agir, de faire et de sentir*. Ainsi peut-on parler de champ artistique, de champ médiatique ou de champ académique, dont l'accès nécessite la détention de capitaux culturels spécifiques.

Ainsi les enseignants-chercheurs de l'Enseignement supérieur, appartenant au champ académique, disposent-ils de leur propre syndicat (Syndicat national des enseignants-chercheurs du supérieur) et les journalistes de plusieurs associations devant faciliter leur travail d'information et promouvant leurs intérêts. Ils adhèrent aussi parfois à plusieurs groupements, formations politiques ou clubs, et se retrouvent, le plus souvent, entre eux, dans les instances dirigeantes, s'ils ne dirigent pas eux-mêmes des partis politiques. La mise en exergue de l'appartenance à une catégorie sociale n'est pas fortuite, car comme le signalait Paul N'da (1987:6), en Afrique celle-ci participe étroitement de la définition du concept d'intellectuel, dont la créativité culturelle et l'exercice d'un rôle social constituent les deux autres traits fondamentaux. Dans la même optique, Mamadou Diouf estime, qu'en Afrique :

> …sont considérés comme intellectuels, les acteurs qui, par la place qu'ils occupent dans le système de production des idées et de leur diffusion, par la détention d'un savoir ou d'une expertise, produisent la conscience historique, donnent sens aux faits en les ordonnant de manière lisible, et ont une influence sur les intermédiaires politiques et culturels (Diouf 1993:5).

En reconnaissant également que le statut de l'intellectuel relève davantage de l'autoproclamation que de la désignation, l'historien sénégalais met lui aussi en avant la prise de parole politique, l'obtention de diplômes universitaires, l'expression d'une expertise, l'exercice d'une profession administrative mêlant réflexion et écriture en bon français, voire un certain type de port vestimentaire et d'allure comportementale. Si cette acception présente l'avantage de restreindre l'attribution du terme à tout acteur lettré, elle nous semble pécher cependant par un manque de discernement quant aux figures d'intellectuels. À la fin des années 1980, Paul N'da distinguait en revanche deux principaux profils, celui du *clerc* se présentant comme le « défenseur de l'absolu » et en corollaire, celui du prophète, enclin à parler « au nom de ceux qui ne peuvent pas prendre la parole, muselés par la misère ou la peur, le repli sur soi ou par un apprentissage forcé de l'applaudissement » (N'da *op.cit.* : 8). En considérant l'intellectuel africain comme objet de recherche, des recherches pluridisciplinaires récentes ont montré qu'il y a en réalité plusieurs figures et postures insoupçonnées de cet acteur social majeur contemporain (Kouvouama *et al.* 2007). Au-delà de cette orientation largement empirique, peut-être faudrait-il tendre à mettre en exergue une perspective théorique subsumant les modèles et les modes d'action des intellectuels. L'approche par la position dans le champ proposée par Gisèle Sapiro (2009) sur les modes d'intervention politique des intellectuels paraît d'emblée répondre à cette exigence. S'inscrivant dans l'approche bourdieusienne, la sociologue française considère trois indicateurs de position : tout d'abord, la *dotation en capital symbolique*, critère à travers lequel, elle peut distinguer les « intellectuels dominants », (en l'occurrence ceux dont le nom permet l'engagement à titre individuel) et les « intellectuels dominés », mus par l'action collective et les mouvements sociaux ; ensuite, *l'autonomie par rapport à la demande politique*, indicateur par lequel l'auteur établit une distinction entre les « intellectuels organiques » (Gramsci) soumis à l'institution (pouvoirs publics, partis, groupements idéologiques, etc.) et les « intellectuels critiques » ; enfin, le *degré de spécialisation* de l'activité intellectuelle qui permet de différencier les « intellectuels spécifiques » (Foucault), véritables experts parlant au nom d'une compétence propre, et les acteurs parlant à titre d'intellectuels, tels que les professionnels de la création, les artistes et les écrivains. Si cette typologie peut paraître judicieuse, elle ne permet cependant pas de déchiffrer explicitement les déterminants des comportements et attitudes politiques des intellectuels et plus largement, des choix effectués relativement à des enjeux politiques et sociaux majeurs. Le déterminisme de l'habitus risque en effet d'ôter à l'individu toute autonomie d'action, ainsi que les bonnes raisons qu'il aurait à agir par lui-même. Partageant l'approche précédente, Robert Bryms (2001:7 631-7, 635) apporte également un éclairage intéressant sur cette problématique en considérant trois dimensions essentielles : la culture politique familiale, les opportunités économiques et les opportunités politiques. En effet, l'héritage familial, la quête du bien-être économique, la culture politique nationale, le relatif raidissement ou l'ouverture du système politique peuvent déterminer ou affecter les choix et les types d'allégeances opérés par les intellectuels, notamment dans des conjonctures politiques sensibles. Pour montrer l'importance de l'origine sociale, Byrms explique que dans l'Allemagne de Weimar, par exemple, les professeurs étaient généralement antirépublicains et conservateurs comme leurs parents, lesquels étaient soit militaires, soit bureaucrates, soit professeurs d'université, soit membres de l'aristocratie. À l'inverse, fait-il remarquer, les intellectuels qui se réclamaient de la Gauche étaient issus d'autres milieux culturels, en particulier la petite bourgeoisie naissante à l'aube de la Révolution industrielle (Byrms 2011:11). Cette approche mettant essentiellement en évidence les facteurs structurels peut, à certains égards, paraître séduisante. Elle comporte toutefois le défaut, à nos yeux, de verser dans un certain sociologisme dans la mesure où elle occulte largement l'intentionnalité de l'acteur intellectuel, comme si les jeunes générations ne faisaient rien d'autre que reproduire les comportements et croyances des précédentes. En réduisant l'acteur social à un simple automate téléguidé par des forces transcendantes, dont l'habitus n'est pas le moindre, on risque d'annihiler toute sociologie de l'action.

Or, depuis la parution d'Effets pervers et ordre social (Boudon 1977) et surtout celle plus récente de *Raison, Bonnes raisons* (Boudon 2003), l'on sait que le social ne peut sociologiquement se lire qu'à partir de la mise en exergue des caractéristiques du système d'interaction et de la subjectivité des acteurs sociaux. Il nous paraît heuristiquement porteur de considérer en effet les acteurs sociaux comme des individus dotés d'une rationalité, même limitée, et mus par certains desseins et raisons d'agir, plutôt que de les concevoir comme des sujets passifs à la merci des structures ou de l'Histoire. Fort de ces différents éclairages théoriques et en particulier, de l'individualisme méthodologique, on peut à présent chercher à scruter plus à fond le monde intellectuel nigérien relativement à la problématique dégagée plus haut. L'on ne doit guère pourtant se méprendre sur le choix d'un tel paradigme de l'action, car avec l'essor des mutations socioéconomiques et politiques contemporaines, déstructurant ou reformatant les loyautés sociocommunautaires, le processus d'individualisation se révèle de plus en plus prégnant en Afrique. La définition des types de rapports de l'intelligentsia à la dictature militaire constituera ainsi notre première préoccupation.

Les caractéristiques du système d'interaction : 1976-1987

Eu égard à la nature monolithique des régimes dans la période pré-démocratique, si l'on ne peut véritablement parler de la viabilité d'une vie intellectuelle autonome, la raison fondamentale tient a priori à la quasi-inexistence d'une véritable société civile, définie selon Bendix, comme des institutions dans lesquelles des individus peuvent poursuivre des objectifs communs sans une interférence du gouvernement (Bendix 1976:523) ; en l'occurrence d'un espace distinct de l'État et dans lequel pourraient librement et régulièrement être prises en charge des questions de toute nature, y compris idéologique et politique. Il y a donc lieu tout d'abord de connaître la spécificité du système d'interaction prévalant sous le prétorianisme, advenu quatorze ans après l'Indépendance du pays, obtenue en 1960. Dans la perspective boudonienne, la mise en évidence des variables contextuelles, institutionnelles et économiques, notamment du système d'interaction, permet de définir les modalités des relations sociales, les contraintes de toute nature pesant sur les individus, les opportunités possibles et leur marge de manœuvre.

La quasi-fermeture du système d'interaction sous le règne du général Kountché était sous-tendue par une idéologie sécuritaire visant, d'une part, à décourager toute participation politique concurrente et d'autre part, à détourner l'opinion des véritables problèmes sociaux vécus par les populations. Cette stratégie de maintien du régime militaire mettait formellement en exergue les valeurs de la Nation, de la défense du territoire, l'impératif de l'unité nationale et de développement ; autant d'absolus qui ne sauraient être atteints sans garantir la sécurité dans le pays et dans les villes, laquelle n'est en réalité que celle de la junte elle-même (Charlick 1991). Il importait donc de prendre des mesures conservatoires pour dénoncer tout acte ou comportement contrariant ce dogme et les contrevenants étaient formellement avertis de la lourdeur des sanctions prises à leur encontre : emprisonnements, déportation dans les casernes austères du nord du pays, révocations et limogeages, calomnies et diffamations publiques, etc. Certains agents, suspectés d'enfreindre le dogme, ont à cet égard connu plusieurs formes de traitements inhumains. Il en fut ainsi, en 1976, de l'économiste Sanoussi Jackou, arbitrairement accusé de sédition et qui séjourna une bonne dizaine d'années en prison.

Un tel contexte institutionnel, renforcé par la mise en place d'une police politique pléthorique, conduisit, il est vrai, les citoyens ordinaires eux-mêmes à se méfier les uns des autres, à se suspecter, y compris au sein des foyers ou des cercles d'amis. Ce climat de terreur généralisée, soutenue par une forte violence symbolique produite par le régime ne fut guère, semble-t-il, propice à la création intellectuelle ou artistique, tant qu'elle ne visait pas à conforter l'idéologie sécuritaire. Dans un tel système d'interaction, marqué par des variables institutionnelles rigides, l'autonomie des agents sociaux paraît en général très restreinte et les possibilités d'action collective et/ou organisée assez limitées. Les initiatives officielles à caractère intellectuel ou culturel étaient par contre vivement encouragées. Ainsi, les créations littéraires, musicales et théâtrales, notamment au sein des Festivals dits de la jeunesse, reprenaient aveuglément à leur compte les thématiques du développement, de l'unité nationale, de la lutte contre la corruption, de la dégradation des mœurs, qui sont autant de dimensions constitutives du discours officiel. Il n'y a donc pas eu pendant cette période, de romans, de productions théâtrales, romanesques ou musicales dénonçant le mode de gestion du pays par l'armée. Les tracts des étudiants et des lycéens constituaient en réalité la seule littérature critique indépendante. De même, en interdisant tout débat public autre que celui inspiré par le pouvoir, les autorités politiques mettaient indirectement en garde les intellectuels, notamment les universitaires, contre toute réflexion critique pour laquelle ils risqueraient de voir leur carrière définitivement compromise. Car étant donné l'étroitesse du secteur privé, l'État était le principal pourvoyeur d'emplois et de marchés, de sorte que pour une bonne part, l'individu en dépendait économiquement et financièrement.

Au fond, le système d'interaction dominant s'accommodait difficilement de l'activité intellectuelle critique, seule à même de dire la vérité, de dévoiler notamment les stratégies de bâillonnement des libertés et les violations des droits humains (Chomsky 1967:21). Tout devait être entrepris pour disqualifier les porteurs de gros diplômes et plus largement les civils dans la mission de direction de l'État. Ce sont là quelques propriétés du système fonctionnel, conférant à chaque type d'acteur des rôles institutionnalisés précis et au respect desquels veille jalousement l'autorité politique. Celle-ci tendait à justifier par là l'occupation du fauteuil présidentiel par un officier militaire, dont le niveau d'études est d'ailleurs moindre que celui de son prédécesseur, et qui avait de surcroît évincé de force un régime civil. Il n'y eut ainsi aucun universitaire dans le gouvernement, le Général donnant sa préférence aux bureaucrates ; pour pallier cette lacune, l'hagiographie officielle avait alors beau jeu de le présenter comme un « homme d'action », un « pragmatique », un « homme de terrain », par antinomie avec l'intellectuel, supposé coupé des réalités nationales, planant dans les airs et arrimé à des théories utopiques. Cette sorte de complexe d'infériorité vis-à-vis de l'intellectuel, trait important du système d'interaction, constituera d'ailleurs un legs du général Kountché à l'élite militaire nigérienne, dont le comportement vis- à-vis de l'intelligentsia restera longtemps teinté de suspicion voire de méfiance. Dans le fond, cette attitude postule le primat de l'uniforme sur le civil, de l'action sur la réflexion, en même temps qu'elle institutionnalise le prétorianisme et le pragmatisme politique. En 1994, l'ancien colonel de l'armée, alors président du parti MNSD-Nassara, pur produit dudit système autoritaire, résumait ainsi l'état d'esprit prévalant dans la caste militaire :

> Le mal nigérien, disait-il, est parti de la Conférence nationale. On confie les destinées du pays pour cinq ans, les destinées de huit millions d'habitants à un anonyme, qui n'a jamais exercé le pouvoir. Dès lors, on ne doit pas être surpris de voir que tout est par terre au Niger. Toute mission a besoin de l'homme qu'il lui faut ; on a changé pour changer ! (Haské 1994).

Stratégies d'acteurs

Il s'ensuit que dans ce système d'interaction quasi fermé et caractérisé par un fort élitisme, la dépendance vis-à-vis de l'État et des barons du régime devenait étroite et permanente pour la majeure partie de la population. Aussi, la tentation était grande chez certains agents sociaux de chercher à déployer des stratégies susceptibles de les aider à aboutir à leurs fins. Grosso modo, pour les uns il s'agissait de rentrer dans les grâces du pouvoir politique, pour d'autres de ne pouvoir exclusivement compter sur leurs compétences en préservant leur dignité, même en travaillant pour la fonction publique. Trois grandes stratégies peuvent être repérées : la distinction, la mobilisation de la parenté et la courtisanerie.

La stratégie de la distinction se décline soit sur le mode religieux soit sur le mode professionnel. Dans le premier cas, l'agent social devait se faire remarquer par son zèle religieux parallèlement au respect scrupuleux des conventions sociales. Ainsi, à l'instar du chef de l'État qui donnait de lui une image d'homme pieux et du peuple, nombre de cadres administratifs et d'intellectuels en vinrent à faire du mimétisme, en se montrant tout aussi portés sur la foi islamique et éloignés des lieux de plaisir. Certains fonctionnaires allèrent même jusqu'à ériger des mosquées de fortune devant leurs domiciles, en même temps qu'ils se montraient assidus à la prière du vendredi à la Grande Mosquée, que fréquentaient aussi les autorités politiques. Dans le second cas, l'agent social devait se distinguer par sa connaissance des problématiques de développement et des dossiers, particulièrement lors des séminaires et ateliers de l'Unesco primitivement, élargis par la suite aux institutions de Bretton Woods et au PNUD. Les débats donnaient bien souvent lieu à de véritables joutes verbales, à des démonstrations houleuses étayées par les théories et l'expérience de terrain. Les séances tournaient parfois en affrontements entre écoles, entre théoriciens et empiristes, spécialistes et généralistes. En fait, chaque intellectuel ayant quelque ambition discrète devait se faire remarquer par les décideurs institutionnels, étatiques ou internationaux, en vue de sa cooptation.

La stratégie de la mobilisation de la parenté consistait, elle, à mettre en branle les relations communautaires, familiales ou villageoises en vue de parvenir à ses fins. Il peut même arriver que les membres de la communauté se mobilisent eux-mêmes pour trouver une place de choix à leurs protégés dans la fonction publique. Ainsi, comme le raconte ce sociologue :

> « Quand j'étais rentré au pays après mes études, un ancien du RDA, parti auquel appartenait ma famille m'avait dit : « maintenant, nous avons aussi notre docteur ; on va pouvoir te trouver quelque chose très vite, par exemple à tel poste, comme je connais le ministre ». Face à mon refus de me considérer comme militant du RDA, il me regarda fixement pour me dire que quoi que je fasse, je ne pourrai jamais oublier le travail que j'ai fait pour le parti, en l'occurrence le transport des chaises et des tables lors des réunions du parti, alors même que j'étais enfant en ce temps-là. »

La courtisanerie consistait, quant à elle, à se faire remarquer par les décideurs politiques, voire leurs proches, en faisant fi de sa dignité et de son honneur, l'important étant d'atteindre l'objectif.

Par contre, guère impressionnés par cette forme d'exhibition, d'autres ne changèrent rien à leur mode de vie à l'occidentale en organisant leur vie privée comme ils l'entendaient : fréquentation des débits de boissons, pratique tiède, voire inexistante, de la religion, port vestimentaire libre, etc. C'est dans cette catégorie qu'on retrouve généralement les « intellectuels engagés », connus pour leur anticonformisme social et politique, leur penchant marxiste ou libertaire. Cependant, le système d'interaction rendait difficile la constitution de cercles ou de groupements à caractère strictement politique ou militant, de sorte que les rapports au sein de cette catégorie d'intellectuels étaient plutôt marqués par la distanciation et l'atomisation.

Ainsi, étant donné le poids des variables institutionnelles et économiques de l'époque, chaque catégorie de clercs avait de *bonnes raisons* de faire allégeance ou non à la junte militaire, les uns afin d'être bien vus des autorités pour bénéficier des faveurs du régime, notamment en vue de consolider leur carrière dans l'administration, les autres pour rester fidèles à leur sens de la dignité et de l'honneur. En ce sens, André Salifou (2002:250) n'a certainement pas tort de dire qu'à cette époque, « nombre d'intellectuels ont été cantonnés – ou se sont cantonnés – dans des rôles de courtisans ». Très peu d'entre eux en effet pouvaient se prévaloir d'un tel qualificatif, même en menant pleinement une carrière dans l'administration publique. Nous donnons ici une sélection, représentative à nos yeux, des principales « bonnes raisons » avancées par un corpus notoire des témoins de cette époque, interrogés relativement à leur rapport à l'État et à l'espace public. Il s'agit tout à la fois de cadres supérieurs, d'universitaires, d'écrivains et de journalistes, dont certains sont à la retraite.

1. Les intellectuels étaient bien souvent les seuls supports de leurs familles, de leurs parents restés au village et auxquels ils envoyaient de temps en temps des mandats postaux. Imaginez bien qu'ils ne peuvent pas se permettre une opposition frontale au régime voire une incartade qui les priverait de leur travail dans l'administration, unique source de revenus (administrateur).

2. Le problème avec ce type de régime est que dès que vous entrez en rébellion contre l'ordre établi, vous n'êtes pas le seul à en payer le prix : tous les membres de votre famille se retrouveront eux aussi dans l'embarras voire victimes d'exclusion, de diffamation publique, de révocations de leurs postes voire d'emprisonnement. Prenez l'exemple de la famille M. : en un seul jour, le Général les avait tous mis à la touche ! (journaliste).

3. Nous n'avons pas une culture de prise de risque : aller à l'aventure n'est pas le fort du Nigérien ! Il est très aventureux de se démarquer de la masse, de jouer à l'intellectuel parce que l'on a compris le manège du pouvoir. Le silence est parfois une forme de résistance ! (sociologue)

4. Depuis l'incarcération de Sanoussi Jackou en 1976, les intellectuels nigériens ont subitement pris peur ! Ils savent désormais de quoi le régime était capable. Plus qu'un avertissement, c'était une leçon qui leur a été donnée : soit vous vous tenez à carreau et vous coopérez, soit vous savez ce qui vous attend ! (historien).

5. Beaucoup d'entre nous ont vu comment l'ancien régime du PPN-RDA a traité « ses intellectuels » : tortures, assassinats, emprisonnements, exil, etc. Le peuple n'avait pas bougé le petit doigt pour les sauver et beaucoup étaient tombés dans l'oubli. Avec le régime militaire, ce serait purement et simplement suicidaire de prendre des positions publiques critiques ou révolutionnaires ! Que faire ? (économiste).

6. Bien peu d'opportunités s'offraient aux jeunes intellectuels que nous étions, bien souvent d'origine modeste, sans ressources, inconnus de la population et du reste de l'Humanité : on avait au moins l'assurance d'un emploi rémunéré, la possibilité de faire son nid si l'on se tient tranquille, et de la patience pour voir la fin du régime ; surtout qu'on n'avait aucune possibilité d'exil dans la sous-région ou en France. On vous aurait ramené dare dare, menottes aux poings au pays. Il fallait donc se soumettre ou périr ! Telle était l'alternative ! Beaucoup avaient choisi de jouer le jeu ! Hélas ! (historien).

7. Bien peu d'entre nous avaient le courage de leurs opinions ! Ceux qui tentaient de braver l'ordre établi le faisaient eux-mêmes dans certains cercles voire lors des conférences publiques. Être lâche en ces temps de parti unique était la mode. (écrivain).

8. C'était le temps des courbettes ! On n'était pas nombreux en réalité : les docteurs ou les diplômes supérieurs se comptaient au bout des doigts pour ainsi dire. Je dois quand même reconnaître qu'il y en a qui sont restés eux-mêmes : ils se contentaient de ce qu'ils gagnaient honnêtement, suivaient leur propre philosophie de la vie, sans jamais vendre leur âme au diable. Et le Général respectait ces gens-là ! Les courtisans étaient, eux toujours gagnés par l'anxiété, l'incertitude, l'effroi tant le couperet tant redouté du Conseil des ministres tombait généralement au Journal de Treize Heures : révocations, affectations, perquisitions, etc. (cinéaste).

9. Beaucoup d'intellectuels avaient « les intestins fragiles » : leurs engagements militants – quand ils en avaient – avaient fondu comme beurre au soleil : la perspective de réussir, c'est-à-dire de s'enrichir à bon compte, en tout cas d'être à l'abri du besoin et de l'insécurité, avait vite pris le dessus sur leurs promesses de changer le monde. (économiste).

10. On ne peut pas parler d'intellectuels quand on est à la merci de l'administration, que le pouvoir peut prendre prétexte de la moindre faute pour vous mettre à la porte, si vous avez de la chance ; on ne peut pas non plus parler d'intellectuels quand certains développent un esprit ethnocentriste ou régionaliste ! On se connaissait tous ! (historien).

En effet, comme le montre l'échantillon de témoignages, les intellectuels pouvaient en toute connaissance de cause effectuer des choix personnels, notamment celui de s'insurger contre l'institution, ne serait-ce que de manière voilée, et celui, inversement, de composer délibérément avec le pouvoir politique. L'influence des variables contextuelles évoquées plus haut n'annihile pas toutes les marges de manœuvre des acteurs, nonobstant la lâcheté des rapports d'interdépendance. Comme l'écrit Raymond Boudon, il peut arriver que l'agent social soit « placé dans les institutions dans une situation telle qu'il peut se déterminer indépendamment de toute entente avec autrui et de toute approbation de la part d'autrui » (Boudon 1977:225). C'est que nombre d'entre eux avaient des motivations expresses expliquant l'adoption d'une posture d'allégeance, sinon de retraite, par rapport à l'ordre militaire. Dans ce corpus, on peut ainsi repérer : l'expression d'un certain altruisme les conduisant à s'obliger à demeurer les soutiens financiers de leurs familles et proches ; la mise en avant de la vulnérabilité du statut de fonctionnaire ; la crainte permanente de la torture et de l'emprisonnement ; la mise en exergue de la passivité de la population et de l'absence de soutiens extérieurs en cas de malheur ; la connaissance de la faiblesse du secteur privé ; le culte de la recherche du bien-être matériel et de l'accumulation ; et le déficit de croyance à l'idéologie réformiste, démocratique ou révolutionnaire. Derrière le discours commun sur l'impuissance de l'*intelligentsia* en butte à un régime autoritaire, se nichent en réalité des motivations et des finalités individuelles objectives, dont l'agrégation expliquerait pour une bonne part à la fois la relative perpétuation du régime militaire et la léthargie de la vie intellectuelle. Il importe de souligner qu'ailleurs, notamment au Cameroun, certains intellectuels, les universitaires en particulier, avaient parfois choisi la voie de l'exil pour pouvoir exprimer leurs idées. Hilaire de Prince Pokam (2008:5) rapporte à cet égard que « certains enseignants courageux, ayant des prises de positions osées, et contraires à l'ordre politico-étatique, ont été exclus de l'Université ». Il est clair que les systèmes d'interaction autoritaires ne peuvent servir de prétexte à l'inaction absolue, si tant est que l'intellectuel entende exercer sa liberté de pensée. Karabel reconnaît, outre les possibilités d'accommodation à l'ordre politique, que certains intellectuels peuvent, dans certaines circonstances, tendre à faire acte de rébellion (Karabel 1996:219).

Le défi des intellectuels contre l'autoritarisme

Dans le contexte pré-démocratique nigérien, il serait loisible de considérer comme « intellectuels », les lettrés, qui, bravant l'ordre autoritaire, *osaient dire tout haut ce que tout le monde pensait bas*, notamment en condamnant certains discours et pratiques étatiques. C'est bien là une des formes de courage constitutives de l'autorité intellectuelle que Barbara Misztal (2007:86) répertorie dans sa typologie des postures publiques de l'intellectuel. Ainsi, malgré l'inexistence d'une véritable élite intellectuelle se distinguant par son indépendance d'esprit, on peut repérer, dans le contexte autoritaire, quelques individualités, qui par leurs actes de réflexion et/ou de critique ont connu leur heure de gloire en suscitant parfois l'admiration de leurs pairs voire au-delà. Deux événements publics majeurs méritent d'être soulignés ici dans la mesure où ils ont, selon nous, significativement marqué le développement politique ultérieur.

La prise de parole d'universitaires

La prise de parole publique dans un contexte autoritaire s'apparente généralement à un acte de résistance, sinon de défi au pouvoir politique. Ainsi, en 1983, sollicité par le gouvernement pour donner une conférence radiotélévisée dans le cadre de la légitimation du projet étatique d'une « Société de développement », André Salifou, professeur d'histoire à l'université de Niamey, avait créé un véritable émoi en annonçant tout de go qu'il était prêt à prendre ses « cliques et ses claques » et à s'exiler si le pouvoir lui interdisait certains types de réflexions. Il ne fut pas arrêté pour ce coup d'éclat, peut-être à cause de sa stature académique, mais son audace l'avait hautement grandi dans les milieux intellectuels. L'impertinent, tout près d'être embastillé, fut toutefois démis de son poste de directeur de l'École de pédagogie, rattachée à l'université de Niamey. Les raisons d'une telle fronde n'étaient cependant ni politiques ni idéologiques. Selon les recoupements de témoignages effectués, la principale raison serait bassement carriériste. De retour au pays, après avoir terminé son mandat à l'Organisation commune africaine et malgache (OCAM), l'historien se vit proposer par le recteur de l'université le poste de directeur de l'École de pédagogie, alors même qu'il convoitait fortement la direction de l'École des lettres et sciences humaines. Peu enchanté de démettre Abdou Hamani dudit poste, le recteur négocia avec Idrissa Diawara afin qu'il cède au Professeur Salifou la direction de l'École de pédagogie, en échange de celle du service des équivalences et des diplômes. Ce fut donc à contrecœur que l'historien occupa ce poste, ses ambitions allant bien au-delà et la direction de l'École des lettres étant plus prestigieuse. L'organisation par le pouvoir d'une série de conférences dans le cadre de la Société de développement lui donna alors l'occasion de se mettre en valeur, d'autant que la prestation était retransmise en direct par la télévision nationale. Davantage que le contenu de sa communication, quelques petites phrases d'orgueil lancées à la volée dans un échange avec le public paraîtront téméraires pour l'époque et le porteront au pinacle. Une telle entreprise participe en réalité d'une *stratégie de la distinction*, dont beaucoup d'intellectuels étaient passés maîtres à cette époque. Elle ne fut guère productive sur le champ, mais elle sera par la suite portée à son crédit ; il n'ignorait pas que dans ce contexte, la perte de son poste serait le moindre prix à payer et l'emprisonnement le pire. S'agissant du premier, il n'y était pas franchement très attaché, de sorte qu'il pourrait allégrement le sacrifier. Quant au deuxième, il ferait sans doute de lui un martyr… mais le pouvoir, prudent, avait choisi d'adopter une stratégie de dédramatisation, le laissant ainsi libre de ses mouvements. Il ne capitalisera pas moins cet acte fondateur, une fois la démocratisation survenue. La défiance publique de l'historien n'avait donc rien de proprement héroïque puisqu'elle procédait d'une motivation visant à maximiser les gains en se distinguant d'une manière ou d'une autre aux yeux du pouvoir. Plus tard, dans le contexte multipartite, son parti fut d'ailleurs régulièrement l'allié fidèle de l'ancien parti-État, auquel s'opposaient alors les nouvelles forces politiques de changement. Même en 2004, lorsque l'occasion fut donnée à la classe politique d'opérer une alternance politique, il resta loyal au président Tandja Mamadou, ancien baron du régime de Seyni Kountché. L'on ne peut donc invoquer la promotion de la démocratie ou de la bonne gouvernance à propos de son coup d'éclat.

Et que dire ensuite des écrits pour le moins iconoclastes de Bello Tiousso Garba, économiste au ministère des Affaires étrangères, qui circulaient sous le manteau à Niamey ? À la vérité, ce n'était pas franchement lui qui cultivait l'esprit de clandestinité, mais bien les lecteurs, qui craignaient de se faire prendre par la police politique en possession de ces documents. Il pouvait arriver en effet à l'intellectuel de distribuer publiquement aux étudiants ses écrits alors qu'il était vacataire à l'École des lettres. Il pouvait également tenter de tenir en public des discours critiques sur le régime, causant aussitôt la dispersion des auditeurs. Dans le contexte autoritaire, on peut supputer qu'il s'agit là d'un acte de bravoure, mais à y bien regarder, ce comportement semble relever d'une stratégie de distinction, visant à se faire remarquer par le pouvoir et éventuellement à prouver la légitimité de son diplôme. En effet, nombre d'universitaires ne reconnaissaient pas la validité de son diplôme de doctorat, étant donné qu'il l'avait obtenu à l'université de Vincennes (Paris VIII), dont les diplômes étaient dépréciés. En raison de sa propension à cette forme d'exhibitionnisme de ses idées, le pouvoir enquêta sur sa personnalité et ne tarda pas à savoir qu'il avait, au fond, des problèmes mentaux, pour lesquels il avait déjà effectué en 1971 un séjour à l'hôpital psychiatrique de Paris pendant qu'il était étudiant. La posture subversive de cet intellectuel paraît donc, en dernière instance, liée au caractère instable de sa personnalité.

L'on pourrait aussi évoquer la figure emblématique du Professeur Abdou Moumouni Dioffo, panafricaniste et physicien de renom, mais davantage connu du public pour son expertise dans le domaine de l'énergie solaire et ses prises de position publiques.

La fronde estudiantine

Le second acte majeur de défiance a trait au comportement des leaders étudiants qui, en 1983, avaient déclenché un vaste mouvement de protestation que le régime réprima sévèrement. Certains d'entre eux furent alors envoyés dans des camps de détention dans le désert, d'autres réussirent à partir en exil ; l'année académique fut elle-même « blanchie », la dictature craignant une exacerbation de la tension sociale.

Ce faisant, le Comité directeur de l'Union des scolaires nigériens (USN) s'inscrivait dans la tradition de ses aînés qui, d'abord en 1973, puis en 1976, avaient aussi mené une fronde contre le régime civil en affirmant « leur indépendance vis-à-vis du pouvoir militaire, ce qu'aucune autre catégorie sociale n'avait osé faire aussi ouvertement » (Raynaut 1990:26).

Deux ans après son accession au pouvoir, Seyni Kountché fut en butte à une forte agitation scolaire le conduisant à annuler la rentrée scolaire et à fermer plusieurs établissements scolaires pour le reste de l'année ; la tension allant crescendo, il dissolut de nouveau l'Union des scolaires nigériens (USN), ce qui n'empêcha ni l'organisation de grèves et de manifestations ni la circulation régulière de tracts hostiles au gouvernement. Les forces de l'ordre finirent par envahir le campus en 1983, et commirent plusieurs exactions ; et de nouveau tous les établissements scolaires publics furent fermés. Raynaut rapporte que « trois cents étudiants furent arrêtés, détenus pendant plusieurs jours et soumis à des brimades qui dégénérèrent et firent un mort » (Raynaut 1990:27). Certains meneurs furent incorporés dans l'armée, d'autres réussirent à s'exiler dans les pays voisins. À l'inverse des types de stratégies déployés par les acteurs précédents, il ne s'agit pas ici d'une *stratégie de distinction*, mais bien d'une *stratégie de subversion* authentique, ne visant ni la promotion des meneurs ni l'intégration du syndicat dans les mécanismes institutionnels.

Le mouvement étudiant nigérien, puisant lui-même dans l'idéologie de la Fédération des Etudiants de l'Afrique noire en France (FEANF) se considérait comme l'avant-garde éclairée des couches sociales opprimées et exploitées à l'échelle mondiale et se donnait pour mission de défendre les valeurs universelles de liberté, d'égalité et de souveraineté. Au Niger, il ne songeait pas seulement aux conditions de vie des étudiants, mais aussi à celles de la paysannerie, composante majeure de la population, et au-delà au sort de tout le continent. Pendant longtemps, pour séparer le bon grain de l'ivraie, domina la propension à distinguer les « intellectuels », forcément porteurs de valeurs positives et populaires, des « idéologues », « valets », « laquais » du régime et/ou de l'impérialisme international. Même une fois hors des frontières nationales, la lutte contre l'autoritarisme ne cessait jamais, les étudiants organisés autour des structures fédérales de l'USN continuant à s'intéresser significativement à la vie politique nigérienne. L'Association des étudiants et scolaires nigériens en France (AESNEF) était, à cet égard, une des plus actives. Certains de ses membres n'avaient pas hésité à militer clandestinement dans des partis révolutionnaires panafricanistes et à mener également en catimini des activités une fois de retour pour les vacances d'été. D'autres, de concert avec certains cadres nationaux, avaient créé une structure clandestine à l'aube des années 1980 pour permettre ainsi la continuation de la lutte au-delà du cadre scolaire. On retrouve là l'image première de l'intellectuel africain décrite par Jean Copans et qui se traduit notamment par l'internationalisme (1993:8) et le dépassement de soi et de sa communauté d'origine supposée. Ce trait était largement partagé par une portion notable des intellectuels nigériens.

L'une, produite par un professeur d'université, d'idéologie plutôt libérale, l'autre par le bureau exécutif d'une organisation estudiantine, nourri à l'idéologie marxiste, ces deux interventions dans l'espace public témoignent de la possibilité, même dans un système d'interaction autoritaire, de la création d'une posture intellectuelle dont les motivations divergent, refusant sur la base d'une réflexion autonome le règne de l'arbitraire et de l'injustice ainsi que le déni de leurs droits. Actes fondateurs majeurs, ces événements induisent tout d'abord à postuler qu'au Niger, la posture intellectuelle pourrait désormais être conçue comme individuelle ou collective, risquée ou contre-productive, en tout cas susceptible de créer un courant d'opinion. D'autres types d'événements, quoique mineurs permettaient également à certains intellectuels anonymes de formuler des critiques à peine voilées du régime : les conférences publiques organisées les centres culturels américains et français donnaient ainsi l'occasion à des cadres de l'administration détenteurs de hauts diplômes, généralement d'un doctorat, de mettre le régime à l'index à travers leurs appréciations de la situation économique africaine ; au sein de ces cénacles, on pouvait les reconnaître comme des contestataires de la politique gouvernementale, mais dans la mesure où leur audience était très limitée, ils ne représentaient aucune menace réelle pour la stabilité du régime. Aussi, étaient-ils rarement inquiétés. Ces gestes grandioses signalent que le comportement intellectuel reste singulièrement l'apanage des acteurs du champ universitaire, caractérisés par un capital culturel élevé, une créativité et une autonomie certaine par rapport au pouvoir politique. Aujourd'hui encore, la mémoire populaire garde le souvenir de ces faits historiques.

Il reste à souligner que tous ces actes fondateurs émanent principalement d'intellectuels europhones, parlant notamment le français et nullement ancrés dans une idéologie religieuse ou ethniciste. De culture plutôt laïque et nationalitaire, ce sera cette catégorie d'intellectuels qui conduira les luttes démocratiques à la fin des années 1980. Avec la libéralisation de l'espace politique, l'on assistera cependant à l'éclosion et à la montée en puissance des intellectuels particularistes, notamment non europhones, islamisants, fédéralistes et ethnocentristes.

Les principales figures d'intellectuels

La forme d'engagement dans la sphère publique de l'intellectuel avant-gardiste, qu'on peut qualifier de type dreyfusard ou marxiste, a profondément et durablement marqué de son empreinte la culture intellectuelle du pays. Nul doute qu'elle a à long terme tendu à façonner largement la rationalité et l'idéologie des élèves et étudiants, cadres potentiels du pays, même si les contingences peuvent produire le contraire ultérieurement. Distinct du bureaucrate ou du technicien, l'intellectuel nigérien détiendrait par conséquent dans la période retenue un rôle moral, précurseur, un statut d'homme du peuple et d'éclaireur des consciences, sans que pour autant son engagement public et/

ou son autonomie vis-à-vis du pouvoir politique soient nécessairement explicités. Outre le capital de connaissance de haut niveau dont il dispose, notamment dans le champ universitaire, l'intellectuel se caractérise par son esprit critique et son affiliation à la culture politique occidentale mettant en exergue les valeurs républicaines de justice et de laïcité ; mais aussi par une posture éthique spécifique, en particulier un désintéressement matériel et une proximité idéologique avec les couches subalternes. En fin de compte, telle se présente la figure dominante de « l'intellectuel nigérien » dans la période considérée. Elle se distingue donc de celle du technocrate, du technicien ou de l'entrepreneur. Dans sa spécification, on peut dire que le mouvement estudiantin constituait, aux yeux de la population, un *groupement intellectuel contestataire universel* (Sapiro 2009). Il se caractérisait par sa posture avant-gardiste et de défense des universaux. Cette figure d'intellectuel prévaudra-t-elle en période démocratique ? L'USN en particulier tendra-t-elle à poursuivre et cultiver la démarcation d'avec le pouvoir ou bien changera-t-elle de ligne de conduite ? S'agissant ensuite de la posture individuelle, il serait permis ici de considérer le professeur Salifou comme un « intellectuel dominant » que sa stature a autorisé à parler en son nom propre et pour des motivations personnelles. Il n'est pas exclu qu'elle ait grandement contribué à le distinguer lors du choix de président à la première Conférence nationale du Niger. En abordant la période démocratique, nous nous attacherons donc à identifier les diverses figures d'intellectuels ainsi que leur impact éventuel lors des crises politiques.

Ce positionnement moral dans la sphère publique ne doit pas occulter l'existence d'autres figures d'intellectuels qui avaient, dans l'ère pré-démocratique, délibérément opté pour la collaboration active avec le pouvoir, s'ils ne s'étaient pas nettement affranchis de la scène publique. Il en fut ainsi des clercs appelés à servir au gouvernement ou de ceux menant des activités dans des domaines éminemment politiques, comme les syndicats et associations. Telle était l'attitude de l'unique centrale syndicale (Union des Syndicats des Travailleurs du Niger), qui dès 1978 avait choisi la voie dite de la « participation responsable ». Mais, dans la mesure où elles ne participent pas de notre définition de l'intellectuel, nous n'aborderons pas outre mesure les postures des syndicats des travailleurs. En plus de ces divers types d'intellectuels, on peut aussi, à cette époque, repérer « l'intellectuel spécifique », faisant office d'expert dans l'élaboration de politiques et de stratégies, tant en matière de santé que d'éducation, et sans implication politique avérée dans l'espace public. Plus largement, on peut aussi évoquer le cas des « intellectuels d'institution ou d'organisation politique » organiquement soumisàl'institution(gouvernement, partis, médiasd'État, associationsreligieuses) par choix personnel. Cette typologie ne doit toutefois pas occulter l'existence d'intellectuels invisibles, qui pour diverses raisons ont opté pour l'indifférence par rapport aux problèmes sociaux ou politiques qui se posent à la société.

Au regard de ce qui précède, il appert qu'il a émergé, sous le régime précédant la démocratie pluraliste, plusieurs figures d'intellectuel, mais qui, étant donné la faiblesse des rapports existant entre elles et la diversité de leurs intérêts n'ont pu soutenir la formation d'une action collective susceptible de déstabiliser le prétorianisme. Retrouvera-t-on cette même typologie dans la période démocratique, fort propice à la prise de parole, à l'engagement public et à la réflexion, ou surgira-t-il de nouveaux archétypes ?

Intellectuels et démocratisation : 1990-1996

Nous décrirons ici le contexte général d'exercice de l'activité intellectuelle en évaluant l'influence du système des valeurs et des croyances en vue d'identifier les limites de l'intelligentsia. Les effets de position et les figures d'intellectuels seront également repérés et analysés en relation avec le processus de sécularisation. Ces préalables permettront de mieux saisir la production de postures des intellectuels dans les conjonctures de crise politique.

Les caractéristiques du système d'interaction

Dans un contexte démocratique où les libertés formelles, notamment celles d'expression et de presse, sont explicitement garanties aux citoyens, la question se pose de savoir à quelles contraintes, autres qu'institutionnelles, les intellectuels nigériens font face, dans la jouissance de leur double statut de porteurs de connaissances et de citoyens ayant des droits reconnus ?

Si sous la dictature de Kountché, la hantise de perdre sa liberté voire sa vie pouvait constituer une *bonne raison*, justifiant l'autocensure, dans le contexte démocratique, même naissant, une partie notoire des intellectuels peinait à formuler publiquement ses idées ou à agir à visage découvert. Rares étaient en effet dans cette période ceux qui exploitaient les opportunités offertes par ce système d'interaction ouvert pour exprimer publiquement leurs idées et leurs aspirations. Un premier niveau d'analyse mettrait en avant les effets des pesanteurs du régime d'exception, mais à la mort du dictateur, le régime lui ayant succédé avait déjà commencé à desserrer l'étau policier et oppressif, de sorte que cet argument ne saurait véritablement rendre compte de la relative timidité des intellectuels dans l'espace public. On peut aussi mettre en cause la faible sécularisation des univers lettrés au Niger, comme le font nombre de regards qui privilégient la dimension culturelle. Pour ce faire, il s'agira de souligner la lenteur du processus de sécularisation, d'individualisation, voire de libéralisation des rapports sociaux traditionnels dans l'univers nigérien, où la prégnance des *liens sociocommunautaires* pourrait constituer un obstacle à la libération significative de l'esprit critique, voire à l'émergence d'une élite politique et d'une intelligentsia sans attaches significatives (Adji 1991:226). Dans ce type de système d'interaction, l'on n'assisterait pas encore à une dissociation significative de l'individu d'avec son milieu et plus largement d'avec les valeurs prônées par celui-ci, qu'elles soient de l'ordre de la religion ou de la culture ethno-régionale, de la famille élargie, etc. Il est vrai que d'une certaine manière, les liens au terroir, à l'école, au travail ou tissés par les alliances matrimoniales continuent à peser dans la vie urbaine, de sorte que le processus de sécularisation peine à déstructurer sensiblement les rapports sociaux lignagers. Ainsi, l'appréciation, même scientifique, des pratiques et comportements des acteurs du champ politique paraît être lue à travers le prisme réducteur d'une attaque frontale et délibérée contre l'individu, sa famille ou son appartenance ethnique. La sentence est vite prononcée, y compris par les lettrés : « untel est contre mon développement », « ce n'est qu'un ethnocentriste », « il a déjà oublié ce que les gens ont fait pour sa famille », « il est tout simplement aigri », « il n'a rien compris de la vie », « il est en service commandé »! Tel est le genre de réflexion développé dans certains milieux éclairés lorsque le *public intellectual* ne fait qu'apprécier froidement les comportements de certains dignitaires du pouvoir ou des magnats des affaires. Aussi le prétendu intellectuel pourrait-il avoir quelque scrupule à apprécier vivement les agissements politiques d'un ancien camarade de classe, d'un supérieur ou d'une notabilité provenant du même terroir que lui ! En franchissant le pas, il prendrait le risque de l'isolement, payant éventuellement son intervention d'une rupture, d'un refroidissement de ses relations, voire d'un ostracisme manifeste, à moins que le concerné soit assez sage pour comprendre la justesse d'une telle appréciation. Cette menace potentielle sur l'être du *public intellectual* est omniprésente. Comme l'admet ce rédacteur en chef d'un hebdomadaire nigérien :

> « L'autocensure fonctionne à fond dans notre métier ; il y a des informations ou des sujets qu'on ne peut pas traiter quand ils concernent un tonton ou le parent d'un ami par exemple, voire une personnalité publique proche ; au mieux, on prend des gants pour le dire et parfois, on fait carrément l'impasse là-dessus. Pourquoi s'attirer l'inimitié des gens dans un pays où tout le monde connaît tout le monde ? Il y en a même qui craignent qu'on ne leur envoie des « missiles » ? Il faut toujours ménager ses arrières ! »

Le sens que les acteurs donnent à ces logiques socioculturelles incite certains acteurs civiques, y compris des universitaires, à s'autocensurer à réfléchir par deux fois avant de rendre publique une prise de position contraire à la doxa, car elle est susceptible d'être interprétée fallacieusement par les agents sociaux concernés. Or, tant que l'intellectuel ne se met pas en posture de désacraliser ce type de considérations, il ne peut effectuer valablement un travail respectueux de l'éthique et de la déontologie : la « peur du gendarme » l'emporte parfois sur son intention première d'apporter loyalement une contribution scientifique ou éthique. Pourtant, le journaliste ne fait, en réalité, que traduire les *bonnes raisons* pour lesquelles il importe de ménager ses arrières ; loin d'être culturel, ce comportement exprime dans le fond les intentions réelles de ces acteurs enclins à préserver leurs intérêts – de quelque nature qu'ils soient – ou à se conformer à des rôles prédéfinis. Cette tendance à affirmer son attachement à certaines valeurs est plus courante qu'il n'y paraît à en croire nombre d'universitaires interrogés, de sorte que tant qu'elle perdure, la probabilité restera faible pour l'université de produire des intellectuels séculiers. Le véritable problème, explique ce philosophe :

> « ... est que le fameux esprit de confraternité fait que l'on rechigne souvent à critiquer les nôtres, même quand ils sont au gouvernement ; et puis, franchement, beaucoup d'entre nous, lorgnent les postes ministériels ou, en tout cas, de hautes responsabilités dans l'administration ; cela fait que l'on a, malheureusement tendance à ménager les partis politiques, qu'ils soient au pouvoir ou dans l'opposition. »

Il semble donc difficile, y compris aux professeurs d'université, d'avoir assez audace pour s'avancer publiquement sur des sujets spécifiquement politiques, tant l'importance qu'ils donnent à certaines considérations sociales, mais surtout les motivations personnelles, ont tendance à dissuader nombre d'entre eux d'affirmer publiquement leurs opinions. Boudon noterait probablement qu'il s'agit en réalité là d'un *effet de composition* dans la mesure où ce comportement paraît largement partagé par les membres de cette catégorie sociale. Au Niger, les postulants à la poursuite d'une éventuelle carrière politique hors de l'institution universitaire ne s'affichent pas ainsi publiquement : ils doivent donner l'image d'« intellectuels conformistes », s'accommodant aux canons, ciblant le système de valeurs : pratique de la religion, tempérance du discours, sobriété et abstinence de certains loisirs, port vestimentaire homogène, etc. C'est bien là un autre type de contrainte tenant à la spécificité du système normatif d'interaction. On dit alors de ces individus qu'ils sont « ministrables ». Ainsi, depuis l'amorce de la démocratisation de l'espace public, tous les universitaires, ayant occupé des postes de responsabilité politique semblent répondre à ces critères. En même temps qu'il s'inscrit dans le sens de la culture de cadres imprimé par le régime d'exception de Seyni Kountché, cet effet d'agrégation des comportements tient aussi aux bonnes raisons dont les acteurs concernés disposent. Ce type de raisonnement semble, à nos yeux, mieux que les autres, rendre intelligible la frilosité des intellectuels dans le contexte démocratique. Les « intellectuels sans attache » significative se distinguent par la rareté au Niger.

L'impact des effets de position

Au regard des caractéristiques sociales du système d'interaction, l'intellectuel à prétention publique doit par conséquent pouvoir disposer de certaines ressources éthiques, dont le désintéressement et le renoncement, se doter d'une solide carapace pour supporter tous les effets boomerang en réaction probable à ses interventions dans la sphère publique, dès lors qu'elles remettent en cause la doxa ou des intérêts particuliers. Les éventuelles conséquences pourraient, on l'a vu, prendre la forme de représailles de toute sorte : menaces verbales, marginalisation, calomnies, discrimination, agression physique, etc. Selon

Raymond Boudon, les positions institutionnelles occupées par les acteurs, à des degrés divers, fondent le sens de leurs idéologies et de leurs actes dans l'espace public, surtout s'ils sont partisans d'une cause politique singulière. Du fait de sa grande dépendance économique envers l'administration, le parti politique ou une coterie idéologique d'une part, et de la poursuite de ses intérêts personnels d'autre part, l'intellectuel d'institution peut difficilement être sollicité pour forger des visions aux mouvements sociaux et contribuer à fabriquer de la conscience collective et à susciter un débat citoyen. Selon certains acteurs de la société civile interrogés, ce type d'intellectuel chercherait davantage à se mettre en valeur qu'à répondre véritablement aux préoccupations d'intérêt général pour lesquelles il est sollicité. Aussi, dans le cadre de leurs activités, les organisations syndicales et les mouvements sociaux préfèrent-ils généralement faire appel à la catégorie des intellectuels sécularisés, davantage à même de dépasser les considérations politiques, communautaires ou sécuritaires pour éclairer lucidement leurs publics sur les problématiques urgentes. De fait, les intellectuels sécularisés paraissent, plus que d'autres figures, qualifiés pour dévoiler sans crainte ni réserve les logiques des pouvoirs, mettre à nu les motivations cachées de ces derniers. Comme le souligne un de nos interlocuteurs syndicalistes membre du Bureau exécutif national de la Confédération des travailleurs du Niger (CDTN) lors d'un focus group :

> « Les intellectuels, connus pour leur activisme dans un parti politique ou pour leur arrivisme, ne peuvent pas faire l'unanimité aux yeux de nos bases, puisque, lors de nos conférences publiques par exemple, l'on verra toujours derrière eux leur parti d'appartenance ; étant donné les arrière-pensées, les militants doutent de l'objectivité et de la sincérité de leurs interventions. Comme ils sont déjà catalogués, l'impact de leurs messages sera moindre ».

Les témoignages recueillis portent à penser que l'exercice de la profession d'universitaire, même en sciences sociales, ne suffit pas à conférer inéluctablement le statut d'intellectuel à l'individu. Au regard du nombre croissant d'universitaires tentés par l'aventure politique, on peut penser que les motivations des acteurs sont loin d'être purement académiques. De fait, si sous Kountché on ne note la présence d'aucun universitaire dans le gouvernement, à partir de l'avènement du général Saibou au pouvoir, trois accepteront d'être nommés ministres ; mais à partir de l'avènement d'un régime de type démocratique, leur nombre ira crescendo ; de la période de transition à nos jours une vingtaine d'entre eux a occupé les postes ministériels et une quarantaine de postes de secrétaires généraux, de directeurs généraux et de conseillers du Prince. Par rapport à la période autoritaire, on note donc une inflation de la proximité des universitaires avec le monde politique. Cet intérêt marqué pour l'exercice de la responsabilité politique s'observe notamment par la création de partis politiques par des professeurs d'université, sinon par leur présence effective au sein des bureaux politiques des formations politiques.

L'apanage des universitaires lettristes

À l'heure de la libéralisation de l'espace politique, émergea sur la scène publique une catégorie spécifique d'intellectuels producteurs et diffuseurs de la connaissance savante, dontl'enseignementsupérieuret/oularecher
eacadémiqueconstituaient les principales activités ; en l'occurrence, ce furent les spécialistes des sciences sociales, politiques, juridiques et économiques. Cette catégorie d'universitaires surpassait numériquement de loin les spécialistes des sciences exactes.

Avec la libéralisation de l'espace politique, les intellectuels intervenant dans la sphère politique se recrutent principalement dans ces branches académiques où le politique constitue une dimension transversale avérée. Les spécialistes des disciplines purement scientifiques paraissaient largement hors-jeu pour intervenir publiquement dans les questions éminemment politiques ou para-politiques. Ces interventions revêtent plusieurs formes : contributions à la production médiatique naissante, à la création d'associations et de partis politiques, administration de l'État. Il suffit de rappeler qu'à la naissance du premier bimensuel nigérien en 1990, plusieurs intellectuels, en particulier les intellectuels libertaires des années Kountché, prirent la plume pour aborder des sujets d'intérêt national, susciter des débats citoyens sur des problématiques d'actualité. Il est en effet à remarquer qu'à la Conférence nationale de 1991 déjà, deux éminents historiens, en l'occurrence les professeurs Djibo Hamani et André Salifou, briguaient la présidence du Présidium ; et que des scientifiques sociaux participèrent à la création et/ou à la direction de plusieurs associations de défense des droits humains et de promotion de la démocratie, telles que Démocratie-Liberté-Développement (DLD), Groupe d'études et de recherches en développement social (GERDES), Rassemblement démocratique des femmes du Niger (RDFN), GREPAD, RIDD-Fitila, Association Nigérienne de défense des droits de l'homme (ANDDH), etc. De même, dans le nouveau cours démocratique, l'on vit plusieurs scientifiques sociaux prendre régulièrement la plume pour alimenter les colonnes des journaux, participer à des débats à la radio ou à la télévision, animer des conférences publiques pour des syndicatsoudesréseauxassociatifs. Au-delàdecettecollaborationcitoyenne, certains universitaires allèrent jusqu'à participer à la création de journaux indépendants, qu'ils animèrent pendant longtemps. Les initiatives prises s'inscrivaient parfois dans la suite logique d'une collaboration avec la presse nigérienne naissante dès le moment où ils entreprenaient des études doctorales ; et cette coopération, non seulement avec les médias, mais aussi avec d'autres structures de la société civile, fut généralement marquée par un fort désintéressement et une constance avérée. Dès lors qu'il s'agit de questions touchant au politique, les médias et les associations en particulier attendent ou sollicitent prioritairement l'éclairage de cette catégorie d'universitaires versés dans les sciences sociales, juridiques et politiques.

Dans l'entendement général, à cette époque, au Niger, les intellectuels étaient donc largement caractérisés par leur statut académique dans le champ des sciences sociales, en relation avec les questionnements relatifs au pouvoir politique et à la démocratie. Les intellectuels de niveau universitaire intervenant dans d'autres domaines ne touchant pas significativement à la politique étaient, eux, plutôt considérés comme des « spécialistes », des « experts », surtout s'ils étaient en dehors de l'Académie. Ces domaines portent notamment sur la santé, l'environnement, le genre, l'agriculture, et plus largement la consultation technique, entreprise parfois dans des cabinets d'études ; l'on demandera en effet rarement à un médecin ou à un agronome de se prononcer publiquement sur des interrogations conceptuellement politiques. L'on agira, *a contrario*, de même pour l'historien en ce qui concerne par exemple des questions spécifiquement relatives à la géologie ou à la médecine.

De ces développements, on peut raisonnablement inférer l'idée selon laquelle, au Niger, la spécialisation dans les disciplines des *sciences sociales et politique*s s'avère une dimension déterminante constitutive de la définition de l'intellectuel, et ce d'autant qu'elle est portée par le champ académique : l'historien peut plus facilement recevoir le qualificatif d'« *intellectuel* » que le médecin ou le géomètre, lesquels passent pour être des experts voire des praticiens. Pour qualifier cette catégorie d'intellectuels interventionnistes, notamment dans le domaine des droits humains et de la démocratie, les Anglo-saxons utilisent le terme de « *public intellectual* », en l'occurrence, explique Bourdieu (2001:33) :

> Quelqu'un qui engage dans un combat politique sa compétence et son autorité spécifiques, et les valeurs associées à l'exercice de sa profession, comme les valeurs de vérité ou de désintéressement, ou, en d'autres termes, quelqu'un qui va sur le terrain de la politique mais sans abandonner ses exigences et ses compétences de chercheur.

En ce sens, il peut s'agir tout aussi bien de l'universitaire engagé dans des projets collectifs que des libres-penseurs, éventuellement critiques, et des écrivains patentés, tous acteurs de la société civile.

À cette catégorie spécifique d'intellectuels issus du champ universitaire, il importe d'adjoindre celle des journalistes, lesquels relèvent tout autant du domaine de la création et de la réflexion voire de la recherche. Selon Max Weber ([1919] 1993:130) :

> Une « œuvre » journalistique réellement bonne exige au moins autant d' « intelligence » que n'importe quelle autre œuvre d'intellectuels, et trop souvent l'on oublie qu'il s'agit d'une œuvre à produire sur-le-champ, sur commande, à laquelle il faut donner une efficacité immédiate dans des conditions de création qui sont totalement différentes de celles des autres intellectuels.

Dans la mesure où, contrairement au journalisme pratiqué sous la dictature, les médias, dans le contexte démocratique ont une large autonomie de création et de réflexion, on ne saurait exclure les journalistes de la typologie de l'intellectuel.

Dans l'ensemble, plurielles et diverses se révèlent les figures de l'intellectuel en période démocratique.

Crises politiques, test de visibilité intellectuelle

La libéralisation politique n'a pas été un long fleuve tranquille. Le pays connut plusieurs ruptures démocratiques, dont les causes sont généralement endogènes. On peut à cet égard identifier différents modes d'intervention intellectuels.

Le Niger expérimente la troisième rupture démocratique sous la houlette des militaires, lesquels, pour diverses raisons, s'érigent toujours en redresseurs de torts de la classe politique et de l'intelligentsia (Tidjani Alou 2008:96). Au prétexte de l'acuité des tensions au sommet de l'État, le colonel Baré avait, le premier, tendu à jeter par-dessus bord la constitution de la Première république véritablement démocratique que le pays ait jamais connue. Il fut lui-même renversé par une junte qui, sous la houlette du commandant Wanké, gouvernera le pays une année durant. La dernière entreprise similaire violente de l'armée intervint le 18 février 2010 et suscita une vive tension dans le pays. Nous ne nous traiterons pas ici du second événement qui s'apparente à une révolution de palais, dont les militaires étaient au premier chef les acteurs et où les passions ne se cristallisèrent pas. Les deux autres événements évoqués retiendront par contre notre attention étant donné la forte implication de l'intelligentsia dans leur déroulement et leur issue.

Devant l'irruption de toutes ces crises politiques, les intellectuels ont souvent été aux avant-postes. Comme le rappelle opportunément le Professeur Kimba Idrissa :

> Ils ont été l'une des principales bases de légitimation des régimes militaires, car si la conquête est une affaire de militaires, son exercice et sa conservation nécessitent obligatoirement l'appui des civils et au premier chef les intellectuels. Ces derniers ont été les théoriciens, les stratèges, les conseillers des chefs de junte. Ils ont été les auteurs des différents textes fondamentaux (Charte nationale, société de développement et diverses constitutions) mis en œuvre au cours des différents régimes pour asseoir le pouvoir des militaires (Idrissa 2008:11).

Plus intéressantes à analyser sont sans doute les postures de ces intellectuels dans les périodes de crises politiques, notamment celles dans lesquelles l'État de droit est réduit à sa plus simple expression et où les règles démocratiques sont complètement dévoyées. Dans ces intervalles critiques où prévalent parfois une instabilité et une insécurité continuelles, trois choix s'imposent : soit se positionner résolument dans le camp des opposants au régime, soit dans celui du *statu quo* et de la perpétuation du régime, soit dans celui des acteurs de la société civile, elle-même hétérogène. Non moins plausible est aussi l'option de l'indifférence, parfois proche de l'opportunisme, conduisant l'acteur à se décider au dernier moment. Mais, dans l'ensemble, les postures devraient être plus lisibles et plus repérables en raison de l'étroitesse du champ intellectuel.

L'identification de ces postures peut s'effectuer au moyen de l'observation de l'emploi des modes d'action, dont il importera de déceler les plus prisés par la classe intellectuelle. Quel que soit le mode d'intervention adopté, il s'agit en réalité de véritables épreuves pour les intellectuels, sommés de se déterminer en fonction de leurs centres d'intérêts ou de leur conscience. Authentique examen de passage de l'esprit intellectuel, ce serait alors le jour de gloire pour certains, le chemin de croix pour d'autres et pour d'autres encore un jour ordinaire. La première rupture démocratique, orchestrée par le colonel Baré retiendra tout d'abord notre attention.

La crise politique de 1996

À peine trois ans après l'élection de Mahamane Ousmane à la tête de l'État, le Niger connut le premier coup d'État de l'ère démocratique, frayant ainsi la voie à d'autres pays, aux régimes tout aussi nouvellement établis. Après avoir décrit l'arrière-plan politique de cette entreprise de déstabilisation du régime de l'Alliance des forces du changement, nous tenterons de décrypter les diverses postures adoptées par les intellectuels, individuels ou collectifs, dans le processus d'instauration d'un régime autoritaire.

L'arrière-plan politique

Le coup d'État de 1996 intervint après deux épisodes politiques majeurs qui auront significativement marqué la configuration du champ politique nigérien. Il s'agit tout d'abord du rapprochement, contre toute attente, du Parti nigérien pour la démocratie et le socialisme (PNDS-Tarraya), membre de la coalition victorieuse Alliance des forces du changement (AFC), avec le MNSD-Nassara, l'ancien parti-État, contre le règne duquel les forces démocratiques s'étaient âprement mobilisées. D'idéologie socialiste, le PNDS, dit « parti des intellectuels », était dirigé Mahamadou Issoufou, ingénieur des mines de formation, ancien cadre des sociétés minières. Le second événement a trait à la crise au sommet de l'État entre le président de la République et le Premier ministre en période de cohabitation. Le paroxysme fut atteint lorsque, la veille du coup d'État, le président de l'Assemblée nationale crut bon de saisir la Cour suprême pour statuer sur l'incapacité de son ancien allié, le président de la République, à gouverner. La manœuvre visait à prévenir une éventuelle dissolution du parlement par ce dernier, dont le parti devait tenir un congrès le lendemain. Ce différend politique, tenant fondamentalement à la répartition des prérogatives entre les deux têtes de l'exécutif, vit notamment l'intervention de plusieurs médiateurs nationaux et étrangers en vue de sa résolution. Profitant de cette tension entre élites civiles et sous le fallacieux prétexte de l'imminence d'une guerre civile, les militaires renversèrent finalement le nouveau régime, évinçant du coup les trois principaux protagonistes. Si par le passé, les forces démocratiques s'étaient toujours organisées pour faire échouer les mutineries récurrentes des soldats, cette fois-ci, elles choisirent de ne pas occuper l'espace public. Comme en témoigne également un ancien Premier ministre de cette époque :

> À l'intérieur en effet, jamais sans doute coup d'État n'a rencontré si peu de résistance dans la société politique comme dans la société civile : ni désobéissance civile telle que prévue par l'article 6 de la Constitution alors en vigueur, ni opérations « villes mortes », ni boycottage, ni manifestations contre les nouvelles autorités (Boukary Adji 1998:27).

On peut, à cet égard, raisonnablement parler de passivité voire d'indifférence de la société civile et de l'intelligentsia nigériennes relativement à la mise à l'écart des autorités civiles ? Pour ce faire, il importe d'abord de connaître les actes antérieurs marquants de cette société civile de même que les types de rapports entretenus entre les acteurs politiques et certains acteurs de la société civile.

La naissance d'une société putschiste ?

L'amorce du processus démocratique au Niger en 1990 s'est accompagnée de la floraison dans l'espace public de formations politiques, mais aussi d'une multitude d'associations, d'ONG, de syndicats qui se sont tous affublés du titre ronflant de « société civile », pour signifier leur indépendance sinon leur autonomie vis-à-vis du gouvernement. Très engagées pendant les cinq premières années de ce changement politique, nombre de ces structures avaient, au fur et à mesure, perdu de leur dynamisme, au point où, au constat de leur attitude face au coup d'État de 1996, nous nous demandions s'il existait encore une société civile digne de ce nom (Adji 2000). L'intelligentsia, qui en était partie prenante, n'était pas moins bien lotie au palmarès des acteurs éclairés ayant manqué de résolution et de constance dans leurs engagements publics. Comment peut-on rendre compte de la quasi-dégénérescence de la société civile, de l'intelligentsia en particulier ?

Pour mieux saisir l'adoption d'une telle posture, il importe tout d'abord de se focaliser sur l'émergence d'un effet pervers, l'avènement du régime du général Baré. À l'annonce du coup d'État du 27 janvier 1996, la « société civile », dans sa grande majorité, était comme tétanisée, tellement son silence approbateur tranchait avec le tollé qu'elle soulevait auparavant pour la moindre coupure d'électricité aux usagers par la Société nigérienne d'électricité pour non-paiement de factures. Les associations étaient alors très prolixes en déclarations et en communiqués publics. On ne peut se montrer plus favorable au coup d'État et à la junte militaire tout en se cantonnant dans une longue expectative. La presse avait d'ailleurs ironiquement parlé à l'époque de « société putschiste ». Très vite, les différents acteurs de cette « société civile » rivalisèrent d'imagination en effet pour s'introduire à l'état-major de l'armée lorsqu'ils ne se répandaient pas sur les ondes des médias pour « comprendre » ou « excuser » les putschistes.

Les « circonstances atténuantes » qu'ils accordaient à ces derniers, qui venaient pourtant de suspendre la Constitution et de mettre aux arrêts les autorités, n'avaient d'égales que leur satisfaction de voir la classe politique déchue hors d'état de gouverner. Le coup d'État leur paraissait comme la moins mauvaise des issues, non pas tant en comparaison de la crise au sein de l'exécutif, mais surtout au regard de la dégradation des conditions de vie des travailleurs, en raison de la politique néolibérale adoptée par le gouvernement. Alors même que l'application des politiques drastiques du Fonds monétaire international (FMI) avait été le véritable déclencheur du mouvement démocratique, la majorité MNSD-PNDS avait cru utile de la remettre de nouveau au goût du jour, occasionnant ainsi une série de mouvements sociaux de la part des travailleurs et des étudiants. Surtout, le second allié était un farouche opposant des institutions de Bretton Woods. Aussi, est-il opportun d'élucider ses rapports avec l'intelligentsia une fois conquis le pouvoir.

Le « parti des intellectuels » face à l'intelligentsia : 1993-1996

L'on aurait pu croire que compte tenu de sa base largement cultivée, composée notamment d'enseignants et d'étudiants adeptes du socialisme, le PNDS allait connaître une gouvernance lisse dès lors que le pouvoir politique serait acquis. Mais une fois le partage des postes accompli, l'AFC n'avait pas tardé à décevoir les espoirs des forces démocratiques. Le Premier ministre, issu du PNDS, avait ainsi laissé perdurer une grève déclenchée par la puissante et unique centrale syndicale (USTN) pendant une cinquantaine de jours. Naguère alliés avec ce parti, les étudiants eux-mêmes, allaient également vite déchanter, leurs revendications matérielles n'étant guère satisfaites. Le divorce d'avec le « parti des intellectuels » sera amplement consommé lorsque le gouvernement dépêcha les forces de l'ordre sur le campus universitaire, où lors des échauffourées, un étudiant perdit la vie. Appréciant le climat intellectuel de cette époque, Niandou Souley (1995) va même jusqu'à douter des intentions véritablement démocratiques des nouveaux clercs au pouvoir :

> Ceux qui jadis formulaient des critiques à l'endroit du régime autoritaire font l'objet à leur tour des critiques les plus acerbes [...]. C'est ainsi qu'il fallait à un moment donné être courageux pour critiquer la coalition politique au pouvoir de mars 1993 à septembre 1994 ; il fallait également autant de courage pour décrier les abus commis par les autorités ; quand cela arrivait, on courait le risque de se faire traiter de réactionnaire, de conservateur ou d'agitateur lorsque, par indulgence, on ne vous soupçonnait pas d'être au service du MNSD.

Se classant lui-même parmi les intellectuels critiques, l'universitaire se désolait en fait de voir certaines figures dites intellectuelles retourner rapidement leur veste une fois le pouvoir conquis par leurs partis politiques. En effet, nommés à des fonctions politiques de premier plan ou simples militants à la base, universitaires et professeurs de collège ou de lycée s'alignèrent régulièrement sur les positions du gouvernement, même lorsque celui-ci accomplissait des actes manifestement illégaux et condamnables, les mêmes types de faits qu'ils vilipendaient pourtant sous le régime d'exception. L'esprit partisan prenait ainsi le pas sur la défense des valeurs universelles et l'esprit critique s'est significativement émoussé.

En vérité, il ne peut en être autrement dès l'instant où ils perdaient *ipso facto* leur qualité d'*intellectuels* pour revêtir celle de *politiciens* et de technocrates : tant qu'ils étaient des intellectuels, même d'institution, sans attache avec le système autoritaire, ils ne pouvaient que fustiger les pratiques et les comportements des tenants de celui-ci; l'on ne pouvait donc attendre de leur part la production des mêmes postures dès lors qu'ils étaient, eux-mêmes, en charge de l'État. D'où la difficulté pour l'homme de science de s'immiscer sur le terrain politique, à moins qu'il ne mette en veilleuse le travail intellectuel, l'activité politique devenant prédominante. Car, comme l'a montré Max Weber (1993), la vocation du savant est antinomique avec celle de l'homme politique, dont les tâches sont au besoin accomplies au moyen de la violence. Aussi, en choisissant les chemins de la politique, l'on tend à s'écarter nécessairement de ceux de la science. Du reste, le politologue nigérien finit lui-même par reconnaître que les intellectuels organiques, liés par leur activité au pouvoir ou à l'administration, avaient, dans le contexte local, une marge de manœuvre très réduite, alors que les autres, c'est-à-dire, les intellectuels hors du pouvoir étaient tout à fait libres de leurs opinions. De fait, parmi la première catégorie, nombre d'universitaires avaient leur carte de parti – s'ils n'étaient pas expressément soumis au devoir de réserve – de sorte qu'ils étaient les moins prompts à critiquer la politique gouvernementale ou les dérives de pouvoir. D'autres, sans être nécessairement partisans, tentèrent de rester à égale distance des parties en lice, de manière à pouvoir jouer éventuellement un rôle de médiation. Aussi, rares furent ceux qui pouvaient, parce que libres-penseurs, s'afficher avec les syndicats en lutte pour l'obtention de leurs droits. Pendant cette période, certains d'entre eux animèrent ainsi un nombre considérable de conférences publiques aux sièges des syndicats et au campus universitaire. Si, à son éclosion, l'intelligentsia nigérienne, dont celle traditionnellement engagée à Gauche, faisait effectivement preuve à la fois d'esprit d'initiative, d'indépendance et de solidarité envers les groupes vulnérables, elle va au fil du temps perdre de son éclat et de son influence en raison de l'activation de son appartenance partisane d'une part et des calculs particularistes d'autre part. Nous y reviendrons. Il est pour l'heure urgent d'examiner les différents alignements des intellectuels au sein de la société civile ; les acteurs civiques et les médias en constituent les principaux.

Les intellectuels animateurs d'organisations de la société civile

Au sein de cette société civile plurielle, on dénombre un certain nombre d'intellectuels. Or, certains de leurs animateurs passaient, aux yeux du public,

pour des déçus ou des frustrés de la Conférence nationale (1991) étant donné
que leur participation à celle-ci n'avait pas toujours été politiquement capitalisée.
À défaut d'obtenir un poste convoité, de créer ou de se positionner dans un parti
politique pour en tirer bénéfice, certains avaient choisi de s'investir utilement
dans la poursuite de cette mission ; ce qui paraît de nature à rendre leurs prises de
position hautement suspectes sinon de pure forme. En un sens, ces intellectuels
étaient, pour ainsi dire, des politiciens qui s'ignorent, des individus qui avaient,
a priori, une vocation davantage politique qu'humanitaire. Pour ce qui est de
l'association Démocratie-Libertés-Développement par exemple, Thérèse Keïta
(1993) témoigne :

> Au tout début, il fallait d'abord choisir entre la création d'un parti politique et
> celle d'une association. Finalement et après de nombreuses discussions, l'on opta
> pour la seconde formule, vu l'urgence et la pression de l'imminence de la tenue de
> la Conférence nationale, dont nous ne devions pas être absents.

La liste est, en réalité, longue, d'intellectuels qui, par défaut, s'étaient investis
dans le domaine associatif. En ce sens, l'on s'accordera avec Niandou Souley
pour soutenir que l'engagement de nombreux intellectuels n'était qu'un tremplin
en vue d'accéder à de hautes fonctions politiques. En effet, au regard de leurs
mutations dans la durée, certaines associations nigériennes passent pour être des
piédestaux permettant d'accéder à des postes politiques, des officines susceptibles
d'être aliénées au pouvoir politique, d'autant que leurs dirigeants n'hésitent pas
à monnayer leur petit capital de légitimité contre une position de pouvoir. Dans
la mesure où il y avait une forte identification de la structure à la personnalité
des responsables, on peut estimer qu'il y avait loin des objectifs déclarés par
l'association aux actes posés par ses animateurs. Ce sont les *bonnes raisons* qui
expliquent l'inamovibilité des leaders au sein des bureaux des associations.

Il faut dire qu'avant la Conférence nationale de 1991, ces animateurs ne
s'étaient à proprement parler jamais distingués dans le combat pour la liberté, les
droits humains et ce, en dépit des nombreuses exactions et abus commis, tenant à
la nature même des régimes monopartisans et autoritaires. Car, ailleurs, c'est dans
un tel contexte qu'émergent et s'affirment, en principe, les véritables promoteurs
des droits démocratiques et humains. Rares, on l'a vu, étaient les intellectuels
qui osaient publiquement afficher leurs opinions. En Afrique noire même, les
exemples de telles figures sont légion. On ne peut donc être surpris de voir les
mêmes animateurs adopter un profil bas, voire applaudir à l'avènement d'une
junte militaire suspendant une Constitution pour instaurer un régime niant
les droits fondamentaux. Cette première génération de défenseurs des droits de
l'Homme, n'ayant ni avant ni après la Conférence nationale, particulièrement
lors du coup d'État de 1996, pris des risques ou osé braver les régimes par des
écrits distinctifs, des prises de position et des actions hardies, endure aujourd'hui,
une certaine léthargie voire une absence significative dans la sphère publique.

Des associations telles que RIDD-FITILA, DLD, GERDESS ou RDFN dirigées par des intellectuels, ont de nos jours pratiquement disparu de la société civile. Employés à des fonctions très lucratives, devenus acteurs politiques voire pensionnaires de prison, leurs animateurs ont connu diverses fortunes. Celles qui ont survécu constitueront encore pendant longtemps les seuls derniers retranchements de leurs leaders en cas d'infortune politique ou professionnelle. Il importe de noter cependant qu'à cette époque, d'autres intellectuels avaient vu la nécessité de constituer des groupes de réflexion et d'action en vue de contrecarrer les velléités hégémonistes des associations islamiques montantes et de tirer la sonnette d'alarme sur les dérives des gouvernants. La fondation en 1994 par une poignée d'universitaires et d'intellectuels indépendants, du Groupe de recherche et d'études politiques et démocratiques (GREPAD) marque incontestablement l'intérêt que portaient alors certains intellectuels aux questions politiques et de société. Le groupe avait ainsi pu organiser des débats publics, notamment des conférences à la Maison des Jeunes sur des sujets sensibles à l'époque, tels que l'intolérance religieuse et la laïcité.

Dans le même mouvement, il serait difficile de faire l'impasse sur le rôle militant des syndicats d'intellectuels. Le syndicat des magistrats (SAMAN) et celui des enseignants-chercheurs (SNECS) notamment, s'attelèrent vivement à promouvoir les droits démocratiques et humains ; et cela d'autant plus que ces animateurs étaient jeunes, porteurs de valeurs universelles et d'une nouvelle image de la justice dans le pays. On y notera la forte implication du SNECS dans les questions politiques ; ainsi, lors du débat sur le fédéralisme initié par l'Organisation de la rébellion armée (ORA), il n'avait pas manqué de prendre nettement position et d'organiser des conférences où historiens et sociologues interrogèrent le passé et la dynamique des sociétés de l'Ayir. Cette initiative intellectuelle chercha à donner des arguments scientifiques aux défenseurs de la souveraineté et de l'intégrité territoriale du pays et à contribuer au renforcement du sentiment d'appartenance à une communauté nationale indivisible. Il importe de signaler, par ailleurs, que certains militants de ces syndicats, fortement impliqués dans le combat pour la restauration du cadre démocratique, furent non seulement l'objet d'interpellations et d'interrogatoires par la police politique, mais aussi parfois d'enlèvements nocturnes par des hommes de main du régime. Fortement impliqués dans les luttes démocratiques, certains universitaires n'avaient alors de cesse d'animer et d'appuyer les organisations de la société civile en même temps qu'ils produisaient des réflexions, parfois dérangeantes aux yeux des autorités politiques. Au demeurant les modes d'action privilégiés par tous ces acteurs vont de la déclaration publique à la manifestation de rue en passant par l'organisation de conférences publiques, la publication d'articles dans la presse et les interventions sur les radios et les télévisions.

Les professionnels des médias

On peut avec raison dire que dans la période considérée, la société civile active se limitait qualitativement à la presse écrite, particulièrement à certains titres : *Alternative, Tribune du Peuple et le Citoyen* ; le premier est un hebdomadaire indépendant, les deux derniers étaient naguère connus pour leur proximité, l'un avec le MNSD, l'autre avec le PNDS.

Ces journaux n'ayant jamais infléchi leur ligne éditoriale, ils jouissaient d'une grande estime dans l'opinion publique nationale et internationale. Le comité de rédaction était notamment composé de quelques universitaires et de certains anciens dirigeants de l'USN. À l'inverse, d'autres titres de presse ont très vite apporté leur bénédiction aux nouvelles élites, lesquelles avaient elles-mêmes entrepris de convaincre les citoyens et la communauté internationale du bien-fondé de leur intervention dite de « salut national ». C'était particulièrement le cas du *Démocrate*, journal pourtant jusque-là connu pour ses affinités avec l'ex-parti-État, le MNSD-Nassara, la modération de son ton et la variété de son contenu. Parallèlement, naquit une flopée de titres, tous acquis au nouveau pouvoir, mais dont l'audience restera fort négligeable. La ruée vers le nouveau régime de certains intellectuels ethno-régionalement proches du chef de l'État doit être relevée ici. En effet, outre la volte-face de certains directeurs de journaux, l'on vit aussi des universitaires de cette orientation se mettre activement au service de la junte. Dans l'ensemble, rares étaient donc les structures et personnalités de la société civile qui avaient fait preuve de constance dans l'affirmation de leur mission traditionnelle au lendemain du changement de régime de 1996.

Concernant les médias, on peut grosso modo dire qu'ils sont traversés par les mêmes courants que nombre d'associations de promotion de la démocratie et des droits humains : plus il y eut déficit de démocratie interne au sein de la structure, plus la probabilité fut grande qu'elle perdît de vue ses objectifs de départ, au point de passer outre la déontologie. Or, il ne peut y avoir de démocratie interne au sein d'un média quelconque si celui-ci est une propriété personnelle, généralement celle du directeur de publication ou du directeur général. Dans certains cas, ces derniers eux-mêmes ne sont que des hommes de paille, les véritables patrons de la structure étant ailleurs. La politique éditoriale de la structure de presse dépend donc, dans une très large mesure, des choix et intérêts personnels du propriétaire ; et partant, de ses affinités politiques ou idéologiques. C'est là une constante dans le monde de la presse nigérienne, où les revirements de ligne éditoriale, parfois spectaculaires, sont monnaie courante.

En fait, comme les associations, le journal servait davantage de moyen de réalisation de soi que de support strictement utilisé à des fins d'information du public. Car il peut être créé principalement pour drainer la publicité économique ou politique (entreprises publiques et privées, personnalités et partis politiques). Or, étant donné la précarité de la situation économique du pays, on assistera, à moyen terme, à l'aliénation de nombre de titres de la presse privée aux pouvoirs économiques et politiques. L'exemple type est sans conteste *Tribune du Peuple*, naguère frondeur et fouineur, mais sur le tard inféodé au parti MNSD-Nassara. Certains titres ont déjà disparu faute de bailleurs de fonds privés. Seuls ceux qui, jusque-là n'ont pas perverti leur ligne éditoriale et qui ont un lectorat fidèle pourront continuer à garder leur indépendance. Il en est ainsi du journal *Alternative*, créé en 1994, par d'anciens leaders étudiants et un groupe d'intellectuels engagés. Son personnel subit plusieurs exactions à cette période. Membre actif de la société civile, le directeur de publication, Moussa Tchangari, connut notamment des violences physiques et la prison civile de Niamey de longs mois durant. L'on ne manquera pas de noter non plus l'agression dont fut victime dès janvier 1996, le directeur du journal *Le Soleil* après la parution d'un numéro guère favorable à la junte. La presse a ainsi aussi parfois payé le prix de son engagement envers la liberté d'expression.

Dans tous les cas, la parution de tous ces titres restait en dernière instance tributaire de la politique du gouvernement en matière de presse (suspensions arbitraires d'autorisations, fermeture définitive de journal, etc.), mais aussi de la capacité des associations de la presse à répondre aux manifestations du pouvoir politique dans leur sphère de compétence.

Conclusion

De 1976 à 1996, l'on a assisté à un changement du système d'interaction, changement significatif dans sa dimension institutionnelle en particulier, moindre dans sa dimension sociale, le processus de sécularisation permettant difficilement aux acteurs de dissocier leur être social de leur appartenance communautaire. Nonobstant l'émergence d'un espace public au sens habermassien du mot, nombre d'intellectuels rechignent encore à afficher publiquement leurs positions et dispositions, particulièrement dans les moments critiques du processus démocratique. Pourtant, immenses sont les ressources médiatiques dans le nouveau système d'interaction susceptibles de permettre à l'intellectuel un accès constant et volontaire à l'espace public. On peut supputer que, quel que soit le type de système d'interaction, des constantes demeurent. En effet, qu'il s'agisse du contexte autoritaire ou du contexte démocratique, certaines stratégies et motivations d'acteurs restent viables et intactes, parfois en épousant des formes inédites : la stratégie de la distinction, la mobilisation de la parenté, la courtisanerie et la subversion. Les motivations, quant à elles, restent pour l'essentiel la promotion sociale et l'enrichissement et parfois la défense d'idéaux universels. Cependant, les modes d'action ont profondément changé en vingt ans, dès lors que même le système politique autorise formellement le citoyen à exprimer son mécontentement par les voies légales, parmi lesquelles la manifestation publique et le recours aux médias. De sensibles mutations n'ont pas moins affecté les caractéristiques de l'intellectuel ; ainsi, les intellectuels libertaires, anticonformistes sous le régime autoritaire se sont, dans le contexte démocratique, transformés en intellectuels critiques ou en libres-penseurs, mais leur nombre reste tout aussi limité. De nouveaux types y ont par contre vu le jour : les enseignants-chercheurs, les intellectuels-politiciens, les animateurs des ONG et associations – y compris religieuses – et les journalistes, dont le niveau d'études est généralement supérieur à celui de leurs aînés.

Il est tout d'abord important de relever que l'intelligentsia a rarement interrogé la forme de régime politique succédant au régime monopartisan du général Ali Saibou. Il y eut certes de longues réflexions à la Conférence nationale sur l'alternative, mais aux yeux de nombreux participants, le modèle politique idéal était bien celui de la démocratie libérale multipartite. Considérée comme instrument et comme valeur à la fois, celle-ci devait permettre la réalisation des principaux objectifs de développement, renforcer la souveraineté du peuple et en même temps créer un cadre moral efficient et durable de vie en communauté. Or ce faisant, à l'accès au pouvoir par la force des armes l'on n'aurait fait que substituer celui de l'argent, tout en maintenant la dépendance vis-à-vis des institutions financières internationales et des pays riches. Il y avait donc lieu de s'interroger sur les modalités intrinsèques de l'exercice même de cette forme de gouvernement dans un contexte d'analphabétisme important, de sous-développement chronique et de monopolisation de l'État par l'armée et les puissances de l'argent. La participation tant recherchée du peuple ne se réduirait-elle pas au seul vote périodique dans les urnes pour faire élire des possédants ? À cette adoption aveugle de la démocratie libérale par l'intelligentsia, il importe aussi d'adjoindre l'alignement de celle-ci sur les institutions financières internationales, lesquelles désormais fixent l'agenda, définissent les termes du débat en matière d'élaboration de politiques ou de vocabulaire. Ainsi, le discours des économistes, y compris à l'université, utilise sans réexamen aucun les concepts et les cadres d'analyse de la Banque mondiale, qui, en même temps, servent de cadres de référence à une bonne partie des intellectuels de la société civile. Cette conversion des intellectuels de parti et des autres intellectuels d'institution aux présupposés de la pensée néolibérale signe en quelque sorte une *défaite de la pensée* – pour parler comme Alain Finkelkraut. C'est pourtant le rejet des politiques appliquées par ces mêmes institutions qui avait été un catalyseur important des luttes démocratiques. Dès lors que la praxis démocratique fut entamée, les fonctions de critique dont devait faire preuve l'intellectuel s'étiolèrent durablement. Est-ce un simple accident de parcours ou une véritable tendance qui se confirmera dans les prochaines crises politiques ?

Bibliographie

Adji, B., 1998, *Dans les méandres de la Transition*, Abidjan et Paris, Ceda et Karthala.

Adji, Souley, 1991, Logiques sociocommunautaires et loyautés politiques en Afrique ; essai sur la construction de l'État au Niger, Thèse de doctorat, université de Bordeaux II.

Adji, S., 1996, « Démocratisation, PAS et production de la violence populaire au Niger », Colloquium « Transitions in Africa, Violence and the Politics of Participation, » Niamey, Niger, June.

Adji, S., 2000, » *Globalization and Union Strategies in Niger*, » in Jose, A.V. (ed.), *Organized Labor in the 21th Century*, Geneva, International Institute for Labour Studies.

Adji, S., 2005, « Existe-t-il encore une société civile au Niger ? » *Alternative*, 24 novembre.

Adji, Souley, 2009 « Réformeconstitutionnelleetbonapartismeau Niger», Communication à la Journée de réflexion organisée par l'Association Alternative Espaces Citoyens (AEC), 31 mai.

Boudon, R., 1977, *Effets pervers et ordre social*, Paris, PUF.

Boudon, R., 1979, *La logique du social*, Paris, Hachette.

Boudon, R., 1986, *L'Idéologie ou l'origine des idées reçues*, Paris, Fayard.

Boudon, R., 2003, *Raison, Bonnes raisons*, Paris, PUF, 2003.

Bourdieu, P., « Pour un savoir engagé », in *Contre-feux* 2, Paris, Liber Raisons d'agir, p. 33-40.

Bourdieu, P., (dir.), 1993, *La misère du monde*, Paris, Seuil.

Bryms, R. J., 2011, « Intellectuals, Sociology of », in Smelser, N. & P. Baltes (Eds), Oxford, Elsevier science, p. 7 631-7 635.

Byrms, R., « Intellectuals, Sociology of », in Wright, James D., ed., *International encyclopaedia of the social and behavioural sciences*, 2nd Edition, Oxford, UK, Elsevier, 2011.

Charlick, B., 1991, *Personal rule and survival in the Sahel,* Westview, Dartmouth.

Chazel, F., 1975, « La mobilisation politique : problèmes et dimensions », *Revue française de sciences politiques*, année 1975, vol. 25, no 3, p. 515.

Chomsky N., « The Responsibility of Intellectuals », *The New York Review of books*, February, 1967.

De Prince Pokam, H., « *La participation des universitaires au processus de construction/ reconstruction de l'espace public au Cameroun* », CODESRIA, 12e Assemblée générale : Administrer l'espace public africain, Yaoundé, Cameroun, 2008.

Diaw, A., 1992, « *La démocratie des lettrés* », in Diop, M.C (éd.), *Sénégal, Trajectoires d'un État*, Dakar, Codesria, pp. 299-329.

Diop, Cheick Anta, 1984, *L'apport de l'Afrique à la civilisation*, Conférence publique, Archives ORTN, Tachan Fakaray, Niamey.

Bendix, R., *Kings or People, Power and the Mandate to Rule*, Berkeley, California, 1976.

Diouf, M., « Les intellectuels africains face à l'entreprise démocratique », *Politique africaine* no 51, octobre 1993, p. 5.

Hamidou, N., 2010, *La face cachée de Kountché*, tome II, Niamey, Buco-Édition.

Ibrahim, J., 2003, *Democratic Transition in Anglophone West Africa*, Dakar, CODESRIA. Idrissa, K. (sous la direction), 2008 , Introduction à l'ouvrage *Armée et politique au Niger*, Paris, L'Harmattan.

Kane, O., 2003, *Intellectuels non europhones*, Document de travail, Dakar, CODESRIA.

Karabel, J., 1996, « Towards a Theory of Intellectuals and Politics », *Theory and society*, 25, p. 205-233.

Keita, T., 1993, *Rapport sur l'implication de la société civile dans le processus électoral*, Agence Canadienne pour le Développement Industriel.

Kouvouama, A., A. Gueye, A. Piriou et A.-C. Wagner (Eds), 2007, *Figures croisées d'intellectuels. Trajectoires, modes d'action, productions*, Paris, Karthala, 474 p.

Kurzman, CH. & L. Owens, 2002, « The Sociology of Intellectuals », *Annual Review of Sociology*, 28, p. 63-90. doi : 10.1146/annurev.soc.28.110601.140745.

Laya, D., J-D. Penel et B. Namaiwa, (Dir.), 2007, *Boubou Hama, Homme de culture nigérien*, L'Harmattan, Paris.

Li, J., 2010, « Intellectuals Political Orientations : Towards an Analytical Sociology », *Asian Social Science*, Vol. 6, no 12, december.

Lipset, S. M., 1963, *Political Man : The Social Bases of Politics*, Garden City, N.Y., Anchor Books.

Marie, A., 2007, *L'Afrique des individus : itinéraires citadins dans l'Afrique contemporaine (Abidjan, Bamako, Dakar, Niamey)*, Paris, Karthala.

Matonti, F., et Sapiro, G., « L'engagement des intellectuels : nouvelles perspectives », *Actes de la recherche en sciences sociales* 1/2009 (no 176-177), p. 4-7.

Misztal, B. A., 2007, *Intellectuals and the Public Good : Creativity and Civil Courage*, Cambridge University press.

Niandou, S. A., 1995, « Les intellectuels face à la démocratisation et au développement économique : le cas du Niger », in Mappa S., *Développer par la démocratie ? Injonctions occidentales et exigences planétaires*, Paris, Karthala, p. 411-425.

N'da, P., 1987, *Les intellectuels et le pouvoir en Afrique noire*, L'Harmattan.

Raynaut, C., 1990, « Niger-Trente ans d'indépendance : tendances et repères », *Politique africaine*, no 38, pp. 3-38.

Salifou A., 2002, *Le Niger*, Paris, L'Harmattan.

Sapiro G., 2009, « Modèles d'intervention politique des intellectuels : le cas français », *Actes de la recherche en sciences sociales* no 176-177, mars, p. 8-31.

Sapiro, G., 2006, « Les professions intellectuelles entre l'État, l'entreprenariat et l'industrie », *Mouvement Social*, no 214, janvier-mars.

Sowell, T., 2010, *Intellectuals and Society*, New-York, Basic Books.

Tidjani Alou, M., 2008, *Les militaires politiciens*, in Idrissa, Kimba (sous la direction), *Armée et politique au Niger*, Dakar, Codesria.

Tidjani Alou, M., 2010, « Entre autonomie et dépendance : les dynamiques de « policy transfert » en Afrique au sud du Sahara, » *Annales de l'université Abdou Moumouni de Niamey*, Tome XIX.

Weber, M., [1919] 1993, *Le savant et le politique*, Plon, 10/18, Paris. Archives ORTN, *Tachan Fakaray*, Niamey, 1984.

Arrêté no 367 du Rectorat, université Abdou Moumouni de Niamey, 19 juin 2012.

TROISIÈME PARTIE

Les intellectuels et les savoirs

8

Les intellectuels arabisants de l'espace nigérien : les Ouléma de la cité d'Agadez du XIXe au début du XXe siècle

Seyni Moumouni

Introduction

En Afrique, les Ouléma et leurs œuvres ont été longtemps exclus des débats sur la construction des savoirs, dominés essentiellement par les sources et les productions intellectuelles de langues européennes. Certains auteurs (Mudimbe 1988, Appiah 1992) affirment que l'essentiel des écrits produits en Afrique sont européens, c'est-à-dire en langues française, anglaise et portugaise et que par conséquent, la plupart des intellectuels de l'Afrique subsaharienne sont des europhones. D'autres pensent que la transmission des « savoirs » en Afrique est essentiellement orale et font valoir que les écrits ayant contribué à l'invention et à l'idée d'Afrique ont été produits par des Européens pendant la période coloniale. Ousmane Kane, dans *Les intellectuels non europhones* (2003), met l'accent sur l'apport des Ouléma arabes et africains dans la production des savoirs en Afrique subsaharienne. Le travail d'Ousmane Kane est fondé sur l'analyse approfondie des processus d'une formation intellectuelle confinée dans les manuscrits d'Afrique subsaharienne. D'une façon générale, le XVIIIe siècle nous a laissé un important patrimoine écrit. Si nous regardons de près, nous nous apercevons que tout ce patrimoine n'est pas négligeable quant à son contenu et peut receler des analyses parfois novatrices.

L'espace nigérien actuel est constitué de fragments d'empires précoloniaux (Bornou, Songhay et Sokoto). Ces grands empires (Niane 1975) ont eu très tôt des relations culturelles et commerciales privilégiées avec le monde arabo-islamique. L'espace nigérien est donc riche en tradition intellectuelle arabo-islamique. Il compte de nombreux intellectuels arabisants qui vécurent de la période précoloniale à nos jours. Leurs écrits attestent de la présence et surtout de l'importance de l'écriture dans les sociétés africaines bien avant le contact avec les Européens. Ces lettrés étaient bien informés de l'activité des autres foyers culturels d'Occident et d'Orient. La présence des manuscrits *ajami*, c'est-à-dire dans les langues africaines, indique le souci constant des auteurs de conserver et d'enrichir les langues locales par l'adoption de l'écriture arabe. L'objet d'une vie intellectuelle, c'est tout ce qui échappe, par principe, au discours politicien. C'est l'intelligence générale qui rassemble à la fois l'élite « *Khâssa* » et le commun des gens « *amma* ». Les Ouléma, qu'ils soient théologiens (haoussa : *malam,* zarma : *alfa,* fulfuldé *: modibo*), historiens, philosophes, juristes (haoussa : *alkaali*), secrétaires (haoussa : *maga-takarda*), scribes, soufis, voire moralistes, ont souvent réfléchi, d'une manière ou d'une autre, au rapport du savoir à la cité et à la société.

Ces personnalités et figures historiques ont marqué la vie sociale, politique et culturelle de la cité d'Agadès et du Niger d'une manière générale. Certains ont exprimé leur position très clairement dans des chroniques, des traités politiques et philosophiques ; d'autres ont préféré recourir au symbole et à la spiritualité ; je pense ici aux textes mystiques. C'est dire la diversité des thèmes traités par ces lettrés et le rôle qu'ils jouent dans les débats d'idées, dans la création des réseaux et dans l'évolution de la société. Parler des Ouléma, s'interroger sur les intellectuels musulmans, pose toujours des problèmes. En effet, les conditions d'émergence de ces « Ouléma » diffèrent d'un pays à l'autre, tant le mot lui-même, à peine prononcé, suscite souvent – chez les intéressés – aussitôt réprobation ou fierté, complaisance ou mépris, bref, ne laisse jamais indifférent. Plusieurs termes sont utilisés pour désigner ces « Intellectuels ». Ousmane Kane, dans *Les intellectuels non europhones*, met l'accent sur l'apport des Ouléma arabes et africains dans la production des savoirs en Afrique subsaharienne. René Otayek considère que la nature de l'intellectuel, son statut dans la société, bref sa définition, diffèrent certes en fonction du pays ou de l'époque, mais surtout de l'aire linguistique à laquelle il appartient. En arabe le mot « *'ulama* » (savants) est le pluriel du mot « *'âlim* » (savant) tandis que la notion d'*intellectuel* est signifiée par le terme « *mushaqaf* » qui désigne littéralement l'homme *cultivé*. En l'espèce, nous avons choisi de les désigner par « intellectuels arabisants », c'est l'expression qui nous semble appropriée pour désigner ces intellectuels à cette époque. Cette étude a pour principal objectif de faire le point sur l'apport des intellectuels arabisants de l'espace nigérien notamment ceux de la cité d'Agadès dans la formation des idées et la pratique de l'écriture. Elle s'appuiera sur des informations tirées de l'analyse critique de diverses sources historiques écrites et orales parmi lesquelles des manuscrits conservés au département des manuscrits arabes et ajami de l'Institut de recherche en sciences humaines, des enquêtes orales réalisées lors d'une visite à Agadès en 2010, des documents d'archives et des ouvrages et travaux publiés.

Repères : statut des Oulèma dans la société

Les intellectuels arabisants, qu'ils soient philosophes, théologiens, historiens, ou moralistes, ont souvent réfléchi, d'une manière ou d'une autre, au rapport du pouvoir à la justice et à la gestion de la cité. Certains des Oulèma d'Agadès ont exprimé leur position très clairement dans des traités que l'on pourrait qualifier de traités de science politique, d'autres ont préféré recourir à l'allusion et au symbole, d'autres enfin ont cru dans un gouvernement juste, personnifié par un homme (le Sultan) infaillible parce qu'ami de Dieu, représentant à la fois le pouvoir temporel et spirituel. Cela pose la question fondamentale de la nature du pouvoir idéal dans la cité musulmane et du rôle que doit y jouer le penseur. Les lettrés se sont intéressés à la fonction de conseiller, « *nasîha* », que le lettré doit assurer auprès du sultan. Par leurs écrits les Oulèma d'Agadès témoignent de leur perception du savoir comme mode de vie individuel, mais aussi comme mode de formation de l'individu éclairé au sein de la cité et, par là même, du politique, d'autant que le bonheur de l'homme est étroitement lié à la vie en société. Le statut de l'intellectuel dans la société lui impose un code de conduite et comporte des qualités et des devoirs. Sur le plan personnel, l'intellectuel doit aspirer à un idéal de vertu. Dans ses relations avec la société, il doit se souvenir qu'il n'est qu'un serviteur, sans oublier qu'il est une pièce essentielle du pouvoir politique. Dans ses relations avec les autres intellectuels, il doit être loyal et dévoué, consulter et respecter les anciens, soutenir moralement et matériellement les plus faibles ou ceux qui tombent en disgrâce.

Le réseau des relations qui doivent unir tous les intellectuels doit être solide, leur entraide sans défaillance. Dans ses relations avec la population, l'intellectuel doit se montrer attentif et compréhensif, se souvenir que tous les humains sont égaux dans leur statut de créatures, sans oublier toutefois que ceux qui n'appartiennent pas à l'élite sont des « gens ordinaires » qu'il convient de protéger contre l'injustice. Enfin, l'intellectuel doit éviter de succomber à l'attrait matériel de sa fonction, aux richesses ou à la gloire qu'elle lui procure ; de façon plus générale, il doit s'écarter de toutes les imperfections, fuir l'ambition, la calomnie, l'orgueil, la luxure et la suffisance. En commençant par ce qui va le moins de soi, les Oulèma d'Agadès sont également susceptibles d'y contribuer. Ces intellectuels ne sont pas une élite du diplôme, mais un regroupement de gens qui réfléchissent. L'activité savante a occupé une grande place dans le cadre de la transmission du savoir à travers l'éducation. Elle a contribué à l'élaboration d'une culture dite « légitime ». Un savant indépendant n'est pas en effet totalement isolé, ni même extérieur à tout mouvement collectif ou, dans le cas des intellectuels arabisants de l'espace nigérien, qui nous occupe ici, à toute forme de religion. Certains sont tels, mais c'est l'exception. Le plus souvent il s'agit de quelqu'un qui prend suffisamment de recul, tant vis-à-vis de son école de pensée que de sa religion, pour pouvoir poser des questions fondamentales, procéder à des remises en question radicales. C'est dans les écrits des Oulèma que l'on trouve regroupés les divers aspects des cultures locales en relation avec des traditions spirituelles, intellectuelles et collectives, dont l'interaction s'avère particulièrement féconde.

Pratique d'écriture et transmission du savoir

La tradition manuscrite, en Afrique au sud du Sahara, est intimement liée à l'expansion de l'islam et du commerce caravanier, qui en a été le principal moteur. Les premiers contacts avec l'islam sont situés autour du IXe siècle. L'expansion de l'islam et le développement de l'enseignement arabe ont permis la mise en place progressive d'une tradition manuscrite et la formation de générations d'intellectuels musulmans. La construction et surtout la vulgarisation du savoir islamique en Afrique (Soudan Central et Occidental) ont connu deux étapes importantes :

- La première étape concerne la mise en place des bibliothèques des sources islamiques par la reproduction des grands recueils islamiques tels que : le Coran, la sunna prophétique, les hadit et les grands traités juridiques et mystiques.

- La seconde étape est marquée par la participation massive des auteurs locaux à l'institutionnalisation de l'enseignement dans les grands centres religieux tels qu'Agadès, Tombouctou, Tichit, Walata et Sokoto. Ces centres connurent d'intenses pratiques d'écriture. Au fil des siècles, ils ont joué à la fois le rôle d'islamisation et de brassage entre la civilisation africaine et la culture arabo-islamique. La production des savoirs est assurée dans un premier temps par des auteurs orientaux et des voyageurs arabes (Cuoq 1975:39) tels que : Al-Bakri (XIe), Al-Idrisi (XIIe), Al-Umarî (XIVe), Ibn Battûta (XIVe), Ibn Khaldûn (XVe), Al-Suyûti (XVIe) et Al- Maghili (XVe). Leurs ouvrages mentionnent la production intellectuelle et culturelle des Soudanais. Puis, la relève fut assurée par des générations successives d'auteurs africains arabisants, formés en Afrique et dans les pays arabes : parmi eux on compte des femmes ('Umû hânî, Nana Asmahu fille d'Osman dan Fodio) et des hommes (Ahmed Bâba, Mahmûd Kâti, Abdel Rahmân al-Sâ'di, Osman dan Fodio, Abdoullah dan Fodio, Elhaj Omar Fûtî, Mohammad Bello, Cheikh Moussa Kamara, Cheikh Marhaba, Adam Illuri, Bukhari Tanudé, etc).

L'écriture sert non seulement à fixer pour l'avenir des notices hagiographiques, des transactions commerciales, des actes juridiques, mais surtout à transmettre le savoir sous toutes ses formes. En cela, le concept de texte est primordial pour l'ensemble des sciences humaines. Les disciplines témoignent, dans leurs diverses formes et contenus, de l'existence d'une intellectualité. Les Oulèma se sont appuyés sur deux types d'écriture pour fixer et transmettre le savoir : l'écriture en langue et lettre arabe et l'écriture dite « ajami » en langues locales par l'utilisation de l'alphabet arabe. Les thèmes abordés par les Oulèma sont divers, parmi eux :

philologie, littérature, alchimie, pharmacopée, sciences sociales et économiques, sciences religieuses, histoire, astronomie, etc.

La répartition des disciplines religieuses est celle qui est bien connue : très nette prédominance des disciplines juridiques, suivies par le hadith, les sciences corani-ques et, pour les études profanes, la littérature « *adab* ». Puis viennent l'alchimie, la poésie et l'étude de la langue et enfin l'histoire et l'astrologie. Parmi les matières qui font appel à l'action du « *'aql* » (raison), et non plus seulement du « *naql* » (trans- mission), les disciplines religieuses de la méthodologie du droit « *usul al-fiqh* », de la théologie apologétique, « *kalâm* », et du commentaire coranique « *tafsîr* » l'em- portent sur les disciplines profanes : « *adab* » (lettres et arts) et « *saydaliyya* » phar- macopée, tandis que le soufisme et la philosophie sont nettement relégués. Sur le plan pratique, l'ascétisme est bien représenté, y compris sous la forme de rédaction de poésies d'exhortation. L'étude de la corrélation entre les disciplines étudiées par chaque '*âlim* montre que, sur un fond obligé d'étude de la tradition, les savants se divisent en spécialistes de la pratique du droit (*fuqaha'*) et spécialistes du Livre (*ku- taba*).

Les premiers ont le quasi-monopole de l'influence socioculturelle. Mais les seconds, se désintéressant presque volontairement de toute recherche d'influence, développent des activités nettement intellectuelles comme « *l'adab* » et l'étude de la langue, qui servent de terrain par lequel s'infiltre progressivement la théologie. Le soufisme, par contre, n'apparaît guère que de l'extérieur de ces disciplines traditionnelles. « *Kalam* » et « *Tasawuf* » enfin se partagent exactement le domaine spéculatif « *hikma* ». Les livres à l'époque étaient encore une denrée rare. Peu de gens avaient l'occasion d'avoir un livre chez eux : les textes qu'ils connaissaient étaient ceux qu'ils avaient appris dans les écoles coraniques ou au cours des lectures publiques au mo- ment des grandes prières. Nombre d'œuvres de cette époque étaient écrites pour être lues devant un auditoire. Les œuvres relevant de la science religieuse sont lues avant ou après les séances de prière : les grandes fêtes mais aussi la grande prière du vendredi étaient l'occasion de grande lecture publique.

On dit qu'une œuvre est publiée au moment où elle est lue devant un public, car les textes étaient inconnus auparavant. Les œuvres conçues pour être lues sont relativement courtes pour ne pas lasser l'auditoire. Elles sont composées pour être lues en fragments. Elles n'ap- paraissent jamais en entier, mais chaque partie, « *al-bâb* », et chaque chapitre « *al-fasl* », faisaient l'objet d'une conférence particulière. L'histoire, la poésie, les arrêts juridiques et les décisions politiques et économiques étaient également lus devant un public. L'auditoire était composé à la fois d'un public lisant et d'un public non lisant, musulman et non musulman. Mais à l'attention des non-musulmans, il y avait des textes en ajami, souvent de la poésie, des chants et expressions populaires répondant sans doute à leurs attentes. Les commerçants « *Tâjirûn* » et les savants « *Oulèma* » orientaux fréquentaient régulièrement les foires de la région. Les sources essentielles d'acquisition du savoir étaient la relation orale

« *riwaya* » et la transmis- sion « *naql* », tant dans le domaine du savoir religieux que politico-linguistique. Les cours royales, d'Agadès à Toumbouctou, rendirent des sentences « *Fatwa* » selon « l'épître » d'Al-Maghilî. Parmi les savants de cette époque qui ont joué un rôle important dans la production et la transmission du savoir :

Al-hâgg Gibril b. Umar connu sous le nom de Malam Gibril dan Omar fut le plus célèbre des maîtres d'Osman dan Fodio. Il appartenait au groupe dit des *watssakkawa* qui suivirent le sultan Agabba d'Agadès jusqu'en Adar au début du XVIIIe siècle. Malam Gibril fit deux pèlerinages à La Mecque et vécut également au Caire. Il aurait passé une vingtaine d'années au Moyen-Orient. Au retour de son premier pèlerinage, il se rendit au Gobir pour y réformer les pratiques religieuses. Ce fut au cours de cette mission qui se termina par un échec qu'il rencontra cheikh Uthmân dan Fodio qu'il emmena jusqu'à Agadès. Dan Fodio étudia auprès de lui durant une année, il apprit le *fiqh* (le droit musulman) à partir de son œuvre en prose *Qadh al-Zinad*, les œuvres de Muhammad b. Yûsuf al-Sanûssî (mort en 895 H/1490 J.-C.), notamment les trois créneaux qui traitent du *Tawhîd* (unicité divine) selon la doctrine Malikite ; ce sont : *al-kubra, al- wusta et al-Sugra* (la grande, la moyenne et la petite) qui ont inspiré beaucoup de commentaires théologiques. Il étudia également auprès de lui le « *Mukhtasar* » : « *'awwal et sânî* » de Khalîl (mort en 775H/1374 J.-C.) ; le *Šifa'de* Qadî 'Iyâd (mort en 543H/1149 J.-C.) ; les œuvres « *Kawkab al-sâti', al-kašf 'an hadhihi al- umma al-alf* » de l'Égyptien Jalâl dîn 'abd al-Rahman b. Abî Bakr al-Suyûtî (mort en 910H/1505 J.-C.) et de l'Algérien Abd al-Karim al-Maghilî Tilimsanî (mort en 915H/1510 J.-C.).

On retrouve dans le manuscrit « *Misbahu-z-zalâmi fi ta'rikh 'ulamâ'i wa a'yâni agadez fi-l-qarni at-thalis wa-r-rabi'a ashra* », biographie des savants d'Agadez du quatorzième siècle de l'hégire (XIXe-XXe siècle) une liste des savants qui ont contribué à travers leur érudition et leur enseignement au rayonnement du savoir dans la cité d'Agadès. Parmi eux :

Shaykh Mawlaye al-Hadj Hatît né à Agadès au XIXe siècle, dès son jeune âge, il étudia les bases de la lecture, de l'écriture et de la mémorisation du saint Coran, puis il s'est inscrit au Centre islamique d'Agadès de Shayk al-Hadj Abu-bakr, où il approfondit les sciences religieuses, linguistiques, littéraires, philosophiques. Il s'intéressa à la poésie dans laquelle il mémorisa un nombre considérable de vers. Al-Hadj Hatît détenait une part importante du savoir dans le domaine littéraire. Il était doté d'une grande intelligence, d'une mémoire raffinée et d'une capacité de compréhension. Il était éloquent, perspicace, connaisseur des moindres détails des coutumes de la cité d'Agadès. Ses écrits et ses discours étaient appréciés et attirants. L'homme était fin connaisseur des méthodes de la rhétorique des polémiques. Le savant Abu-bakr disait de lui : « De ma vie, je n'ai point vu un homme ayant une mémoire aussi raffinée que Hatît… »

Shaykh Marzûq Al-Agadazî, Abu 'Abdu-l-Lâh, jurisconsulte et poète d'Agadès (né en 1230H/1815 J.-C.). Il a à son actif des œuvres poétiques majeures dispersées dans le monde arabe et musulman.

Shaykh Osman dan Fodio (né en 1754 J.-C./mort en 1817 J.-C.), figure quasi mythique de l'histoire de la pensée islamique en Afrique de l'Ouest ; il étudia et séjourna plusieurs fois à Agadès. Il a reçu une éducation de base auprès de son père, de ses oncles et surtout de son maître Mallam Djibril Dan Omar avec lequel il étu- dia la jurisprudence « *Fikh* ». La personnalité du Shaykh Osman dan Fodio est loin d'être méconnue de tous ceux qui ont tant soit peu approché la culture musulmane d'Afrique de l'Ouest. Celui que l'Afrique connaît sous le nom de « *Nûru-l-zamân* » (la lumière des temps) et que l'Occident désigne sous le nom du « Grand Shaykh Peul Jihâdiste ». Le Shaykh Osman Dan Fodio est un des plus grands théologiens et penseurs de l'islam en Afrique au sud du Sahara et fondateur du dernier empire mu- sulman. Enseignant, il connaît un succès retentissant dans la société, ce qui lui a attiré tous les regards du palais royal. Ce fut dans la lignée de ces maîtres spirituels de l'islam que s'inscrivent les noms de nombreux réformateurs apparus dans le monde musulman entre la fin du XVIIIe et la fin du XIXe siècle. Le Shaykh marquait son action en termes de refondation morale ; il se donnait pour tâche de promouvoir le changement au niveau des mentalités, des mœurs et du système éducatif. La stratégie du fondateur de l'empire de Sokoto s'inscrivait dans la mouvance de l'héritage réformiste, ce qu'on peut appeler la vague du courant réformateur du XVIIIe siècle. Le Shaykh consacra sa vie à l'enseignement, à la rédaction d'une œuvre abondante (près de 103 titres édités ou manuscrits) auxquels s'ajoutent les manuscrits ajami (en langue locale), et à l'éducation des disciples dans la *zawiyya* à Sokoto (*hobèré* : grande demeure) qu'il avait fondée.

Shaykh al-Mukhtâr Muhammad (né en 1260 H/1845 J.-C.) se rendit célèbre et respecté de ses adversaires pour son courage dans la recherche du savoir, sa perspicacité dans le débat et sa rigueur intellectuelle dans le travail, son attachement à la justice et sa générosité envers tous. Quant à la fermeté dans ses prises de position face à ce qui lui paraît injuste, il fut un modèle pour tous. Il s'engagea dans le cercle d'enseignement et mena des recherches sur l'histoire. Il entreprit des voyages un peu partout dans la région. Le sultan lui confia la fonction de juge (Cadi).

Shaykh Akaïna b. Abdu-l-Qadir al-Agdazî (né en 1270H/1854 J.-C.). Il effectua ses études dans plusieurs centres de diffusion du savoir de l'époque : Agadès, Kano, Katsina, Damagaram, Iferouane, Tikrîz. Homme de lettres, il était doté d'une intelligence exceptionnelle et d'une mémoire raffinée. Il faisait partie des savants qui connaissaient le mieux l'histoire des sultans, des savants et des hommes de lettres de l'Aïr.

Ilâ Djaî ou Djuî b. Abdu-l-karîm At-Tumbuctî, né à Tombouctou, émigra à Agadès en 1228H/1813 J.-C. Métis d'Arabe du côté de son père et de Turc du côté de sa mère, il s'est marié à une Agadésiènne d'origine 'ulumidan qui lui donna des garçons et des filles. Il est auteur d'un ouvrage autobiographique dans lequel il écrit : « J'ai été gratifié d'une immensité de science en exégèse, en tradition prophétique, en jurisprudence, en grammaire, en sémantique et dans tous les domaines de la rhétorique. » En se spécialisant dans les différents domaines, il devint un enseignant aux cours fréquentés par de nombreux   étudiants.

Le reflet de la vie intellectuelle de ces Oulèma montre bien le rôle qu'ils ont joué dans la transmission du savoir à Agadès et au-delà. Il révèle le niveau de production du savoir par les savants locaux et non par des savants-commerçants arabes de passage comme Ibn Battuta, Al-Maghili, Ibn Khaldun, etc. À cette époque Agadès atteint une certaine maîtrise culturelle qui lui permet d'écrire, d'enseigner et de discuter sa propre vision de l'histoire, de l'éducation et des normes sans faire appel aux maîtres de Fès, du Caire ou de Touât.

Le monde des étudiants : les mosquées-universités

Les mosquées-universités forment un cadre à double vocation de lieu de culte et de transmission de différents domaines du savoir. La mosquée d'Agadès tout comme celles de la Zitouna (Tunisie), d'Al-Qaraouiyine (Fès), celle de Cordoue (Espagne) et celle d'Al-Azhar au Caire a joué longtemps ce rôle de lieu de culte et d'enseignement. La mosquée d'Agadès (XVIe siècle) est plus qu'un lieu de culte ; elle sert d'institution sociale et éducative. Le monde des étudiants à l'époque était une catégorie sociale intermédiaire et par nature transitoire entre le monde des savants et le monde des illettrés « 'âmî ». Il était constitué, sans distinction d'âge, par tous ceux qui étaient animés d'une soif de savoir. Dans le chapitre V du livre : « *fath al-basâ'ir* » (illumination spirituelle), le Shaykh Osman définit l'étudiant comme étant « *mutawasit bayna al-'âl-'âmat wa al-'ulama*» (Quelqu'un qui se trouve dans une phase intermédiaire entre le monde des savants et le monde des illettrés). Plus tard, un bon nombre d'entre eux rejoindra les catégories sociales dominantes, très souvent dans le cercle « *majlis* » des hommes de religion ou les groupes des scribes et lettrés privés au service des analphabètes où se retrouveront artisans, commerçants, maîtres des écoles primaires, etc. Le nombre d'étudiants fut très vite considérable pour l'époque. À Agadès tout comme à Tombouctou, des populations d'origines diverses, souvent pauvres, s'efforçaient des années durant de suivre les cours des maîtres les plus réputés. L'organisation des études dans la cité soudanaise n'a pas été assez étudiée. Comme nous l'avons souligné, l'influence de l'islam dans cette partie de l'Afrique est prépondérante ; la perspective majeure est celle des sciences religieuses : lecture et commentaires du Coran, hadith, droit « *Fiqh* », sources de la religion et apologie défensive, « *'ilm al-kalâm* », précédée des « sciences pédagogiques », grammaire, belles-lettres, calcul, astronomie. Les disciplines scientifiques, médecine, mathématique et philosophie sont laissées à l'initiative personnelle des maîtres et étudiants. L'organisation des études était très libre et les étudiants s'inscrivaient aux cours de leur choix. Les maîtres moins influents n'avaient point de disciples, tandis que nombreux étaient les auditeurs des professeurs renommés. Les enseignements des Oulèma s'émaillaient de références à la pensée arabe, elle-même très imprégnée de la pensée hellénique ou persane.

Mais, avant d'en arriver là, tout étudiant avait déjà été l'élève d'un *Malam* dans les *makarantas* (écoles coraniques) où il apprenait à réciter le Coran par cœur, ainsi que les rudiments de lecture et d'écriture arabe (Coulon 1978 ; Meunier 1997). À ce niveau de formation, l'élève coranique « rumine » le texte sacré jusqu'aux zones du subconscient. « Mâché et remâché », le texte sacré doit rester dans la tête de l'élève. L'enseignement, même supérieur, est basé sur la mémorisation. Une transmission orale du savoir était soutenue et garantie par la lecture des textes écrits connus par cœur. Il s'agissait d'entendre, de noter mot à mot, de lire, d'assimiler et de se pénétrer des commentaires du maître. Il n'y avait pas à l'origine, d'examen proprement dit. Le maître délivrait une « *Ijâza* » (attestation) à l'étudiant sanctionnant la fin de ses études. L'étudiant apprenait de son maître que le savoir reçu par pure tradition, ce savoir passivement acquis « *Taqlîd* » est « jugé sans valeur », que seule la connaissance « *al-ma'rifat* », ou la science « *al-'ilm* », la vérité établie « *burhan al-Haqîqiyat* » doit être prise en considération.

L'écriture et plus encore le texte, imprègnent le tissu social et participent aux domaines politique, économique, juridique et religieux de diverses manières. Non seulement ils soudent les individus entre eux, leurs énergies, leurs besoins et aspirations, mais ils inscrivent ces tendances dans un univers de relations possibles avec eux. Ils dominent les articulations d'idées et d'émotions, les signes personnels et les actions.

La tradition intellectuelle couvre une période énorme dont l'étendue reste encore à définir aujourd'hui.'Abdel rahman al-Sâ'di, après avoir montré que les ancêtres avaient l'habitude de consigner les événements historiques et de les transmettre aux générations futures, déplore la régression du savoir à son époque (XVIe-XVIIe siècles) en ces termes :

> J'assistais donc à la ruine de la science et à son effondrement... Cette science est riche en joyaux et fertile en enseignements, elle fait connaître à l'homme sa patrie, ses ancêtres, ses annales, les noms des héros et leur biographie. Je sollicitai l'assistance divine et j'entrepris d'écrire moi-même tout ce que j'avais pu recueillir au sujet des princes de Soudan de l'origine des Songhay, de redire leurs aventures, leur histoire, leurs exploits et leurs combats (Târih al-sûdân op. cit.: 3).

Ces textes montrent bien l'importance et la place de l'écrit dans le passé culturel africain, quel que soit l'outil linguistique emprunté pour arriver à cette réalisation. Ils soulignent le degré de conscience historique de l'auteur, l'intérêt que celui-ci accordait déjà à l'histoire dans la vie d'un peuple. Les méthodes de transmission du savoir sont éducatives et relèvent du rationnel au même titre que ce que l'on pouvait lire se rapportant à la science à la même époque partout ailleurs (Hassane, 1995). Parmi les savants habitués des mosquées-universités et bibliothèques, on peut citer :

> *Shaykh Amandji b. Abdu-l-Lah al-agdazî,* né à Agadès à la fin du XIXe siècle était un illustre savant qui enseigna les sciences islamiques dans la mosquée

d'Amerewatt, un des quartiers d'Agadès. Il reçut un grand nombre de disciples venant de tous les horizons. En dépit de son rang social élevé, l'homme était très modeste, respectueux et proche des gens. Après avoir dispensé son enseignement, il nettoyait lui-même la mosquée et rangeait nattes et livres.

Shaykh Iddar al-Agadazî né dans le village appelé Âsuwadî au XIXe siècle, poète et spécialiste de la littérature. Il composa des poèmes panégyriques qui sont récités chaque année durant le mois de Rabîa-l-awwal (correspondant au troisième mois de l'année hégérienne) dans la mosquée d'Agadès. Les étudiants fréquentent sa bibliothèque régulièrement et on évoque encore le Shaykh Iddar ; son style et ses performances en matière d'écriture furent rarement égalés.

Shaykh Zakariyâ' b. Abdu-l-Lâh (né en 1320H/1902 J.-C. ; mort en 1345H/1927 J.-C.), connu sous le nom de Wayo al-Agadazî. Grand poète de son temps, ses œuvres étaient appréciées dans les cercles du savoir. On dit de ses poèmes qu'ils étaient simples, rythmés et éloquents au point de faire danser les pigeons. Les habitants d'Agadès étaient impressionnés par son savoir. Il jouissait d'une considération sociale particulière.

Le savoir et le pouvoir

Les souverains africains des siècles derniers étaient le plus souvent imprégnés d'une culture vacillant entre le passé et le présent. Les souverains s'entouraient de lettrés détenteurs de la sagesse extérieure, chargés de récapituler le savoir, de les glorifier et d'assurer la bonne administration de l'État. Les chroniqueurs nous donnent quelques informations sur la formation intellectuelle des souverains. Le savoir était intimement lié au pouvoir, les souverains incultes sont rares. Sonni Ali Ber (1464 à 1492) laissait l'administration aux lettrés ; malgré sa faible culture, il impressionnait ses contemporains par l'habileté de son argumentation et la solidité de son raisonnement. Son successeur Askia Muhammad (1493-1529) avait été nourri dans les lettres arabes et disposait une connaissance solide de la culture islamique. L'Askia Dawûd (1549-1583) possédait une immense bibliothèque et avait à son service ses propres copistes qui recopiaient les manuscrits. Les souverains ont tous cherché à posséder une riche bibliothèque dans leur palais. Manifester ainsi leur goût pour les belles-lettres et le savoir, c'était asseoir leur prestige et attirer dans leur cours hommes de science et de plume. Le roi Bawa Jan Gorzo confia l'éducation de ses enfants au Shaykh Osman Dan Fodio, qu'il honorait pour son savoir.

Le Sultan Tagama d'Agadès est présenté par les Français comme un homme très intelligent parlant plusieurs langues (haoussa, tamajaq, français et arabe) (Triaud 1995:884). La Grande Mosquée d'Agadès se trouve entre le palais du Sultan Tagama et celui de Kawsan. Le choix du sultan reflétait sans doute l'influence et la présence des Oulèma (secrétaires du prince) auprès du palais royal. Mais c'était aussi une façon de rassembler autour de lui un grand nombre de savants afin de renforcer son autorité et d'écarter toute idée d'activité intellectuelle pouvant, à la longue, nuire au sultanat et le déstabiliser. Le choix de la continuité d'un islam des princes reste pour le palais royal une affaire importante, de même que le choix des cadis, des muftis et des Oulèma. Car l'ordre social, la destinée de la société et la vie des sujets dépendaient de leurs enseignements, de leurs engagements et de leurs « *fatwa* » dispensés aux étudiants dans leurs cours aussi bien à la mosquée qu'à la madrasa. Il arrive parfois que le grand mufti s'oppose aux désirs de son prince, au nom de l'interprétation qu'il estime correcte de la loi divine. Le sultan savait qu'il devait, autant que possible, traiter les Oulèma avec respect. Il était bien conscient de cela. Les grandes fêtes étaient pour lui l'occasion de renouer et d'entretenir les relations avec eux en leur offrant des présents. D'un côté, le sultan avait tout intérêt à ce que la masse populaire sache qu'il vouait un profond respect aux Oulèma ; de l'autre, les Ouléma, qui devaient tenir compte de la diversité des croyances et des cultures sans se soumettre complètement aux désirs du sultan, devaient se conformer aux traditions ancestrales, au risque de sortir du droit chemin. Car l'emprise populaire et l'hégémonie culturelle constituent les codes d'accès à la domination séculière. Les Oulèma en étaient bien conscients. Parmi les Oulèma proches du sultanat :

> *Shaykh Addân,* du nom de *Shamsu-d-Dîn Abu Abdu-l-Lah Adda b. Abdu-l- Yusuf al-Agadazî,* né en 1220H/1805 J.-C. à Agadès. En 1230H/1815 J.C., le sultan lui confia la fonction de juge (qâdî) puis le limogea peu de temps après. Il entreprit un voyage à Tombouctou où il poursuivit ses études auprès des savants.

> *Shaykh al-Qâdîl, Salîlî al-Agadazî,* il naquit à Agadès, membre d'un des plus grands clans et les plus nobles d'Agadès. Il occupa la fonction de juge auprès du sultan.

> *Shaykh an-Nadjîb at-Tumbuctî,* né à Tombouctou, il passa le reste de sa vie dans la région de Tahoua, homme de lettres et proche ami du sultan Mohamed Al-Bâkir. Il deviendra plus tard son secrétaire après l'accès au trône du Sultanat. Il s'occupa plus particulièrement des archives du Sultanat. Les Oulèma de la cour du sultan devaient assurer par leurs actes, d'une part la quiétude sociale,et d'autre part, la légitimation du sultanat : les lettres et les chroniques adoptent la forme des biographies impériales et visent à légitimer l'avènement de la dynastie en justifiant la destinée voulue par « Dieu ». Ce rôle de légitimation du pouvoir pouvait même à l'occasion susciter des critiques, notamment à propos de l'élaboration des généalogies, car une généalogie fantaisiste pourrait faire déshériter les ayants droit.

La guerre de l'Aïr et la répression des Oulèma d'Agadès

La guerre de l'Aïr (1916-1917) a fait l'objet de plusieurs qualifications de la part des auteurs coloniaux et postcoloniaux : de *banditisme* (Séré de Rivières 1965:226), *d'irrédentisme* spécifiquement Touareg (Dufour 1975), ou encore de *complot turco-allemand* commandité à distance (Triaud *op. cit.* t. 2:853). Pour André Salifou (1973) la guerre de l'Aïr est une guerre de résistance et de libération menée par des « nationalistes » contre la domination coloniale. Pour Kimba Idris-

sa (2003) cette guerre doit être placée avant tout dans son contexte sociopolitique
et économique. D'après l'interprétation qui en est donnée, la guerre de l'Aïr a
débuté avec l'assassinat du Turawa Mele, haut dignitaire de la cour réputé dévoué
aux Français. Le *Sarkin Turawa* (en haoussa le chef des blancs), second personnage de la cour avait sous son contrôle tous les commerçants arabes, la perception
des taxes et l'organisation de la caravane annuelle de Bilma. Turawa a été tué au
cours d'un banal combat. Pour une partie de la population d'Agadès ce meurtre
aurait été commandité par le sultan en personne afin d'éliminer à titre préventif
un courtisan susceptible de dévoiler son plan. La guerre de l'Aïr a été menée par
le sultan d'Agadès Tegama et Kawsan contre les Français. Les soldats de Kawsan
sont composés par les membres de la confrérie Sanussiyya et quelques tribus nomades. Après la prise d'Agadès, les Français exécutèrent à l'arme blanche tous les
Oulèma réfugiés dans les mosquées d'Agadès. Selon les témoignages : « les colons
ont tué beaucoup des marabouts plus de cent. Tous ces marabouts n'étaient pas
avec Kawsan… ». En s'appuyant sur ces témoignages, Triaud écrit :

> Ces notables musulmans, qui se croyaient protégés par la dignité et le caractère sacré
> des lieux où ils s'étaient réfugiés, espéraient que les Français les épargneraient…
> il n'en fut rien. Bien au contraire, les troupes françaises s'acharnèrent en priorité
> sur les groupes réfugiés dans les mosquées, imputant indistinctement à l'islam et à
> tous ses représentants une responsabilité directe dans le conflit. Ainsi périt la fine
> fleur de l'intelligentsia musulmane d'Agadès (Triaud loc. cit.).

En effet les Oulèma et leurs œuvres furent les premières victimes de cette guerre.
Les conséquences de cette répression sur la vie intellectuelle, culturelle et sociale
demeurent encore dans la mémoire collective des populations de l'Aïr et du Niger
d'une manière générale. Dans le manuscrit : « *Misbahu- z-zalâmi fi ta'rikh 'ulamâ'i
wa a'yâni Agadès fi-l-qarni at-thalis wa-r-rabi'a ashra* », Buhari Tanudé nous donne
une liste des Oulèma victimes de ce massacre :

> *Ahina et Akina* étaient deux illustres savants jumeaux d'Agadès du XXe siècle.
> Ils étaient cités parmi les savants et les hommes de lettres de l'Aïr ; ils étaient
> très connus pour leur savoir en littérature, en jurisprudence, en philosophie et en
> sciences du langage. Auteurs de plusieurs ouvrages didactiques, d'apprentissage et
> d'enseignement du saint Coran destinés aux enfants.

> *Shaykh Abdu-l-Lah b. Nânâ al-Agadazî,* naquit à Agadès et y fit ses études de base
> et de jurisprudence. Il travailla à la cour du sultan, d'où il ne cessa de progresser
> jusqu'à occuper le poste de conseiller : il resta à ce poste jusqu'à sa mort. As-Shaykh
> Abdu-l-Lah b. Nânâ fut un intellectuel d'allure calme, défendant les esclaves et les
> pauvres contre les nobles et les riches. L'âme paisible, au goût fin, il ne côtoyait
> pas beaucoup de gens, ne se mêlait pas de la vie d'autrui. Et lorsqu'il s'adresse aux
> gens, il le fait avec courtoisie.

> *Amma al-Agadazî disciple du Shaykh Oumar* fut l'un des grands savants du XIXe

siècle, ses surnoms : le guide, le savant mémorisateur du Coran, « hâfiz ». Il naquit à Agadès, y a grandi et y a appris les bases de la lecture, de l'écriture et de la mémorisation du saint Coran dans les écoles coraniques traditionnelles. Il fréquenta les cercles des grands savants. Il aimait aussi les débats et la polémique qui lui ont valu une renommée aux yeux de ses collègues. Quand le Shaykh 'Umar arriva à Agadès, Amma a été le premier disciple à fréquenter son cercle.

Al-Imâm Al-Muhaddith Atakar Al-Agadazî, spécialiste de la tradition prophétique. Il naquit dans un faubourg près d'Agadès en 1240H/1825 J.-C. Il est l'auteur de plus de vingt manuscrits ; le titre le plus connu est : « Ta'rîkh at- tawâriq », condensé d'un livre qu'il avait écrit.

Shaykh al-Qâdîl, Salîlî al-Agadazî, né à Agadès, membre d'un des plus grands et des plus nobles clans d'Agadès. Il regagna ensuite Agadès pour occuper la fonction de juge occupée, dans le passé, par son père. Il laissa derrière lui un recueil d'histoire.

Shaykh Allo Al-Agadazî (Abû Bâbâ), né à Agadès en 1290H/1874 J.-C., auteur de plusieurs ouvrages sur l'histoire et la rhétorique.

Al-Faqîh Madhu Taghalkhar né à Agadès en 1290H/1874 J.-C. Il fut l'un des grands spécialistes de la langue arabe et forma beaucoup de gens dans cette discipline. Réputé dans le domaine de l'édition, de la lecture, de la clarté et de la simplicité du style, il possédait également une grande capacité de restitution de jugement en jurisprudence. Il fut un homme de lettres engagé et maîtrisait parfaitement la langue arabe. Il eut une grande renommée dans le monde musulman et Muhammad b. Ibrâhîm Al-Kanawî a dit : « Nous étions à Kano lorsque nous avons appris l'apparition à Agadès d'un savant en langue et en littérature arabe du nom de Madhu Taghalkhar. »

Conclusion

Les intellectuels arabisants de l'espace nigérien sont les héritiers d'une culture du livre ; celle des anciens centres historiques (Tombouctou, Walata, Djénné, Agadès, Sokoto…) qui se sont succédé au fil des siècles. Ils ont contribué massivement à l'institutionnalisation du savoir et à la formation. Les enseignements et les écrits de ces savants ontintroduitles lettres, mais aussi l'islam dans les cours royales en Afrique. Ces auteurs ont contribué, chacun à leur façon, au développement de l'écriture et à la production du savoir dans l'espace nigérien et dans l'Aïr en particulier. L'existence de nombreux manuscrits (ouvrages, pamphlets, correspondances, notes et fatwa des juristes et des théologiens anonymes dont certains renferment des informations importantes) témoigne de la réalité de cette production. On retrouve dans les œuvres des Oulèma, non pas le personnage de l'intellectuel, mais l'intellectualité qui passait par eux et à travers leurs œuvres. Cette redéfinition de l'intellectuel est nécessaire. Elle est dans les marges de la société et se joue dans les réseaux peu visibles mais très vivants d'assemblées de réflexion collective. Pour avoir une idée claire de l'engagement politique et intellectuel de ces auteurs, on peut s'arrêter, en ce qui concerne le Niger, à la fin du XIXe siècle avec le changement de l'ordre social, politique et culturel imposé par l'occupation française. Les préoccupations exprimées dans les œuvres restituent les sentiments de résistance et d'indépendance intellectuelle. Les thèmes abordés par les auteurs de cette époque reflètent cette situation d'enjeux géopolitiques et de conflits entre des espaces et des communautés culturelles différentes. Les Oulèma d'Agadès ont contribué, par leur engagement affirmé, à la résistance à la colonisation. Beaucoup d'entre eux y ont laissé leur vie ; d'autres, par contre, face à l'adversité, ont eu des comportements d'accommodation. De nos jours, ces intellectuels partagent avec les autres les mêmes préoccupations de justice, d'indépendance, de tolérance et de liberté d'esprit. Il est urgent de briser les barrières linguistiques et religieuses afin de mieux faire connaître de l'intérieur, la richesse en variété et en profondeur de la vie intellectuelle qui a traversé des siècles d'histoire politique, économique, sociale et culturelle. Les États africains commencent à assumer l'héritage culturel issu des différents régimes impériaux, non seulement dans la production du savoir, mais en rapport à la place des Oulèma dans la société. Cette érudition ne s'était pas arrêtée avec la colonisation ; bien au contraire, les Oulèma continuent à produire des œuvres en arabe et en ajami. En ce qui concerne l'écriture ajami, elle est encore usitée dans de nombreuses régions du Niger dans les domaines des relations sociales et culturelles (histoire locale, contrats, avis juridiques, enseignement, chants, etc.).

Bibliographie

Appiah, K. A., 1992, *In My Father's House : Africa in the Philosophy of Culture*, London, Methuen, New York, Oxford University Press, 366 p.

Boubou, H., 1970, *L'Aïr*, Documents nigériens, T1, Niamey, 196 p.

Coulon, C., 1978, « Enseignement islamique et société en Afrique noire : une introduction », C.E.A.N Bordeaux II.

Cuoq, J., 1975, *Recueil des sources arabes concernant l'Afrique Occidentale du VIIIe au XVIe siècle*, Paris, CNRS, Paris, 490 p.

Dan Fodio, O., *al-Farq bayn 'ilm' usûl al-dîn wa-bayn 'ilm al-kalâm wa-mâ qîla fî 'ilm al-kalâm min madh wa-malâm.* Localisé : Ibadan (UL), 79 (copie in Kaduna (LH) ; Kano (BU), 106/147.

— « *Hidâyat al-Tullâb* », exposé sur les conduites idéologiques des étudiants vis-à-vis de leurs maîtres et des écoles de pensée. Loc : Ibadan (UL), 128 ; Niamey, 291 ; Paris (BN), 5 603, ff. 111b (inc.) ; Sokoto (CIS), 1/11/183 ; Sokoto (SHB), 1/37/147. 7 pages.

— « *'iqtibâs al-'ilm* ». Loc : Kano (BU), 100/103a-103b-104 ; Sokoto (SHB), 1/7/29, 1/8/30. 12 pages.

Dufour, J. L., 1975 « La révolte Touareg et le siège d'Agadès », *Relations Internationales*, 3, p. 55-77.

Hamani, D., 2007, *L'islam au Soudan Central, Histoire de l'islam au Niger du VIIe au XXe siècle*, Études Africaines, L'Harmattan.

Hassane, M., 1995, « La transmission du savoir religieux en Afrique Subsaharienne : exemple du commentaire coranique à Saayi », thèse, Paris IV.

Idrissa, K., 2003, « Yakin Kawousan : the Kawousan war reconsidered », in Abbink, Jon, Mirjam de Bruijn & Klaus van Walraven (Eds), Leiden and Boston, Brill Academic Publishers, pp. 191-217.

Issa, I., 2010, *Grandes Eaux Noires*, réédition avec introduction et notes de Jean-Dominique Pénel, Paris, Paris, 141 p.

Kane, O., 2003, *Intellectuels non europhones*, Dakar, CODESRIA.

Maiga, A. I., 2003, *La culture et l'enseignement islamiques au Soudan Occidental de 400 à 1100 h sous les empires du Ghana, du Mali et du Songhay*, Traduit de l'arabe par Mahibou Sidi Mohamed et Dioulдé Laya, Niamey, 244 p.

M'bow, P., 2005, « Être Intellectuel, Être musulman en Afrique », Série Conférences, Rabat, Institut d'études Africaines, 54 p.

Meunier, O., 1997, « Dynamique de l'enseignement islamique au Niger, le cas de la ville de Maradi », l'Harmattan,

Minc, A., 2010, *Une histoire politique des intellectuels*, Paris, édition Grasset, 375 p.

Moumouni, Seyni, 2008, *Vie et œuvre du cheikh Uthman dan Fodio*, Paris, l'Harmattan, 222 p.

Mudimbe, V.Y., 1988, *The Invention of Africa : Gnosis, Philosophy and the Order of Knowledge*, Bloomington (USA) – Londres, Indiana University Press – James Currey.

Otayek, R., 1993, *Le radicalisme islamique au sud du Sahara : da'wa, arabisation et critique de l'Occident*, Paris, Karthala.

Salifou, A., 1973, *Kaoussan ou la révolte sénoussiste*, Niamey, Centre nigérien de recherches en sciences humaines, Études Nigériennes, n° 33, 229 p.

Sanagustin, F., 1998, *Les Intellectuels en Orient musulman : statut et fonction*, IFAO, Le Caire, p. 135.

Tanudé, B., « « *Misbahu- z-zalâmi fi ta'rikh 'ulamâ'i wa a'yâni Agadès fi-l-qarni at- thalis wa-r-rabi'a ashra* », manuscrit n° 58, MARA/IRSH/UAM.

Triaud, J.-L., 1995, *La légende noire de la Sanûsiyya : une confrérie musulmane saharienne sous le regard français (1840-1930)*, Paris, Éditions Maison des sciences de l'Homme, tome, 1 et 2.

Urvoy, D., 1996, *Les penseurs libres dans l'islam classique*, Paris, Albin Michel, 251 p.

9

Femmes et savoirs au Niger : présence et invisibilité dans le mythe de Harakoye Dikko

Fatimata Mounkaila

Introduction

Na Inna dangi badau : Les chéries de Maman, parentes par donation
In babu ku ba gida : Sans vous, il n'est point de maison ;
In kun yi yawa gida ya baci : Mais la maison se gâte dès que vous y êtes nombreuses,
Ko kun yi dubu : Vous seriez au nombre de mille,
Ubanku ya tafi gamba : Que votre père ira quand même en quête de l'Andropogon
Na Inna baku tadin darni : Vous êtes incapables de redresser la palissade familiale
Sai dai ku taka ku wuce : Que chacune piétinera, pour se frayer un passage

C'est ce que proclame une devise haoussa dédiée à ces filles d'Ève que sont les Nigériennes et qui insiste sur leur statut précaire d'objet de circulation et de mortier de liaison qui attache et consolide la parenté. Elles constituent le socle et l'ossature de l'édifice familial, compris comme unité économique, comme espace d'éducation et d'intégration sociale, comme lieu de soins et d'attention à dispenser aux membres de la maisonnée, à condition de ne pas franchir les limites assignées. Pour finir, le texte matérialise ces limites, en décrivant concrètement l'incompétence et l'irresponsabilité de celles qui marchent sur la palissade effondrée, comme si le problème ne les concernait pas. On peut donc entrevoir à partir d'une telle représentation populaire, à quel point le débat peut paraître orienté, sinon circonscrit et forclos. Mais les Nigériennes, devenues aujourd'hui citoyennes, ne sauraient se satisfaire de solutions abusivement imposées et la discussion que nous rouvrons ci-dessous s'inscrit dans la suite d'une réflexion entamée dans l'article : « Femmes et politique au Niger : présence et représentations » paru dans l'ouvrage collectif, *Le Niger : État et Démocratie*, publié en 2001 sous la direction du Pr Kimba Idrissa. Le titre général de cette déjà ancienne contribution au débat démocratique dans ce Niger du troisième millénaire était : « Femmes nigériennes : présence et invisibilité » parce que l'invisibilité reste, ou est devenue une vertu cardinale, une de celles que la société nigérienne attend de ses femmes, elles-mêmes affectées de tares génériques qui les rendent inaptes à l'essentiel des activités premières (économiques, politiques, intellectuelles) qui donnent de la visibilité aux acteurs. Il s'agit d'une discussion en trois volets qui a eu à débattre de la place des femmes nigériennes en politique, de la concrétisation de leurs droits économiques, notamment, et relativement à leurs droits d'accès au foncier rural agricole, et enfin de leur relation au savoir dans le cadre de la présente recherche collective : « *Niger : Les intellectuels, l'état et la société* » sous la direction du même Professeur Kimba Idrissa.

C'est le lieu de rappeler ici, que la même volonté évoquée plus haut, de maintenir invisibles les femmes nigériennes, commande à l'image générale et entendue qui les représente, au mieux, comme étant :

- économiquement improductives, y compris pour les statistiques administratives de leur pays, qui ne les comptaient pas jusqu'à il n'y a pas longtemps, comme « actifs agricoles »,

- politiquement inaptes, puisqu'elles sont irresponsables et gaspilleuses, chicaneuses et semeuses de la fitina (le conflit) dans la cité, incapables de garder le « secret » qui préside à l'ordination des effigies politiques, celles des potentats de la finance et celles des hommes de savoir,

- mentalementlimitées enfin, puisque dotées d'un faible quotient intellectuel, car : « Dieu n'a pas mis, et depuis toujours, assez de jugement en leur tête ».

Voilà pour le postulat général qui sous-tend une construction que ne démentirait pas le discours quotidien sur les Nigériennes d'aujourd'hui, dont le volume cervical semble, contrairement aux règles établies de l'évolution de l'espèce, plutôt en régression, alors qu'on les a pendant longtemps, au moins historiquement et en maints domaines, crues capables de jugement.

Qu'est-ce qui a pu leur valoir une telle récession, et que s'est-il passé depuis ces temps, hélas déjà anciens où les mythes et l'histoire en faisaient des figures respectées ?

C'est que, dans l'intervalle, il est arrivé :

- que les prêtresses qui officiaient dans certains espaces publics, à égalité avec leurs homologues masculins, aient vécu ;

- que des notables femmes, quelquefois conseillères de premier ordre qui siégeaient dans les cours royales, aient perdu leurs prérogatives,

- que les mères « douairières » des familles et des clans aient été déclassées et désormais, unanimement et socialement transférées après le moins doué des représentants de la gent masculine !

Dans les places honorables qu'elles occupèrent naguère, elles sont aujourd'hui, tant bien que mal, et plutôt mal que bien :

- remplacées par quelques oulémas dont l'enthousiasme et le zèle à diffuser et vulgariser les verdicts même les moins favorables aux femmes, n'ont d'égale que leur propre non-maîtrise des tribunaux et débats qui ont présidé aux arrêts qui les condamnent, leurs sœurs et elles ;

- remplacées par quelques femmes issues des écoles de formation à l'occidentale, elles-mêmes engoncées dans leurs nouveaux costumes, prisonnières d'un pluriculturalisme mal assimilé, et qui semblent constamment et en tout lieu, se demander jusqu'où elles sont autorisées à poser le pied et à laisser passer le bout de leur nez ;

- quant aux rares rescapées de ces renversements de valeurs, restées détentrices de quelques bribes de savoirs locaux anciens, elles sont comme leurs homologues masculins, saisies de doute sur la validité d'une expertise dont elles osent à peine se prévaloir, face aux incertitudes qui les bloquent, et face quelquefois, à la fatuité des détenteurs des nouveaux savoirs.

Autrefois, les *gabdi*/femmes âgées des villages étaient respectées pour leur expérience et la connaissance de leur environnement physique et social ; elles constituaient pour cette raison, un maillon essentiel dans l'éducation des petits et des grands, et dans la conservation et la transmission de savoirs dont ne pouvaient amplement bénéficier que ceux qui ont eu le loisir de deviser avec leurs grands-mères. Hélas, ces temps semblent lointains aujourd'hui et les résultats des nouvelles libérations de l'accès au savoir pour les femmes sont systématiquement contrecarrés et minorés dans une entreprise délibérée de dévalorisation des savoirs acquis. Il ne subsiste plus dans les arènes des villages et plus encore dans celles des villes, que des femmes qui ont baissé la garde, parce qu'elles ont fini par être convaincues qu'elles n'étaient plus ni habilitées ni de taille à remplir leur fonction ancestrale de bo -jere/gimshiki, poutre maîtresse de support et d'attache de l'identité familiale. Leur credo est trop souvent devenu ce refrain fataliste et socialement déstructurant : « Je ne suis qu'une femme ; qu'est-ce qu'une femme peut connaître ? »

Mais « on ne taille pas de bonnet au phacochère en son absence » dit le dicton et les femmes nigériennes (intellectuelles, lettrées ou non) doivent être entendues, en même temps que les autres composantes de la société, sur la question de leur rapport au savoir, avant l'édification de toute vérité sur cette relation.

Indications méthodologiques et choix du matériau

Le questionnement entrepris visera à établir si le concept même d'« intellectuel », qui constitue l'ossature du présent projet de recherche, peut être applicable aux femmes nigériennes, à l'issue de ces cinquante années d'indépendance durant lesquelles elles sont passées de slogans en slogans constamment définis et redéfinis par des tiers (participation à la construction nationale, intégration des femmes au développement, genre et développement…), tendant toujours vers   le même objectif fuyant d'une citoyenneté qui serait octroyée. Or la citoyenneté est à conquérir et ses piliers sont politiques, économiques et scientifiques, tous domaines qui restent intimement imbriqués et que l'on ne peut appréhender séparément. Il aurait certes mieux valu qu'une telle discussion sociométrique sur la relation des femmes au savoir s'appuie sur des données émiques, se basant sur les propos que tiennent sur la question des hommes et des femmes du Niger. Sans rejeter cette démarche dont les moyens ont fait défaut, il a été choisi de les entendre à travers les représentations qu'ils se font de cette relation, en scrutant les creusets et réceptacles que constituent les textes de leur littérature (orale notamment, mais pas seulement), laquelle reste profondément ancrée dans la culture ambiante. Une fois ce substrat délimité, il sera toujours temps d'étudier cette relation dans sa dynamique et ses intrusions dans la vie quotidienne des hommes et des femmes du Niger. À ce propos, un texte a particulièrement retenu notre attention, en raison de sa profondeur et des domaines variés de connaissance qu'il appréhende ; il s'agit d'un vieux récit songhay-zarma de construction d'un espace de coexistence et de « vivre ensemble », le *mythe de Harakoye Dikko*.

Tout est donc dit ; tout aurait été dit si le personnage, qui colle si bien à l'espace de référence, n'était totalement imaginaire. Pourquoi évoquer Harakoye Dikko, figure mythique auréolée d'irréalité, pour parler d'un sujet on ne peut plus actuel et concret que la place et le rôle de l'intellectuelle dans l'État et la société nigérienne d'aujourd'hui, qui ne manquent ni de figures historiques féminines de premier plan ni de célébrités contemporaines qui comptent ? Mais si les rôles et modèles abondent dans l'espace, aucun ne présente le caractère prééminent et multidimensionnel de Harakoye Dikko. La réponse à la question posée plus haut, pourrait se décliner en plusieurs points, en ce sens que :

-   il s'agit tout d'abord d'une grande figure féminine du bassin du Niger, fleuve charnière et voie de liaison entre la forêt et le désert, le nord et le sud, l'ouest et l'est de l'ensemble de la région Afrique de l'Ouest ;

-   les récits de ses aventures mettent en scène de manière récurrente, la femme-point d'articulation de deux concepts inséparables au Sahel : onde et pouvoir,

-   la littérature qui décrit le système mythico-religieux des Songhay-Zarma fait une place centrale à cette mère, socle et boîte de dérivation des relations interethniques,

- enfin, Harakoye Dikko est un mythe qui opère la construction d'un monde imaginaire qui cherche à rendre plus intelligible le monde réel.

Ce faisceau de convergences impose d'emblée de procéder à une lecture croisée du mythe à partir de ses composantes spatiales et temporelles, politiques et économiques, sociales et religieuses.

Domaines de définition de l'intellectuel et du mytfte

« Quiconque t'a dit : viens et vivons ensemble, t'aura dit ; viens et gérons le conflit » ; conflit que la vie ensemble ne saurait éviter, dit en substance un adage songhay-zarma. Il faut dire que toute société humaine suppose une organisation et un processus de gestion qui exigent éclairage et vigilance, lesquels ne peuvent s'exercer qu'en prenant appui sur le savoir et l'indépendance d'esprit. Ces données sont l'apanage d'individualités remarquables au sein de chaque groupe humain et c'est sans doute là que s'imposent à la fois le concept et le personnage de l'intellectuel, tels que les entérinent d'ailleurs maints portraits qu'en dressent penseurs et discutants.

Selon Paul N'da, cité par l'historienne Penda Mbow, l'intellectuel se définit selon trois critères : la catégorie socioprofessionnelle, la culture, et le rôle, c'est dire explicite-t-elle, que l'intellectuel doive se situer au sommet d'un certain type de savoir et qu'il doive avoir vocation à communiquer ses idées et à exercer une certaine influence.

- Clerc, écrit-elle, il doit être le médiateur entre la société et ce qui est supposé être au-dessus d'elle (la Vérité, la Nature, le Prince), comme un défenseur de l'absolu,
- Prophète, il est celui qui parle au nom de ceux qui ne peuvent pas prendre la parole.

Et qu'importe, si l'un et l'autre semblent avoir échoué ou semblent être devenus impuissants compte tenu des soubresauts récents de nos sociétés ! Le personnage central de notre mythe, en tout cas lui, s'inscrit parfaitement dans les catégories indiquées, en tant que porteur de savoirs, dispensateur d'avoirs, et personnalité suffisamment dégagée des contingences de son environnement pour y être médiateur et porte-parole des sans voix.

Mais d'autres, de Gramsci à Bourdieu en passant par Sartre, ont également tenté de camper les intellectuels comme groupes ou individualités militant et agissant en connaissance de cause, soit dans le sens général du courant social dominant (intellectuels organiques), soit en s'opposant à lui (intellectuels critiques), soit encore en se posant en arbitres (en raison de leur expertise et de leur maîtrise des domaines de savoir) pour faire profiter au mieux leurs concitoyens de leur spécialisation.

Dans les conditions ci-dessus décrites et dans le contexte nigérien, Harakoye Dikko, apparaît parfaitement habilitée à trôner aux côtés des deux figures de l'intellectuel europhone (d'obédience occidentale) et de l'intellectuel non europhone (essentiellement arabisant et islamisant) qui semblent dominer le paysage ouest-africain actuel, malgré deux insuffisances notoires de l'héroïne : son statut de femme et sa situation d'analphabète. Cet ostracisme justifierait, à lui seul, qu'on choisisse de pousser avec elle au-devant de la scène et sous les projecteurs, tous ces acteurs remarquables que nos sociétés ont produits en tant que sphères de gestation et réceptacles de savoirs valables, durables et novateurs, indépendamment des schémas tout faits, importés et adoptés souvent sans critique et sans discernement.

Intellectuelle, Harakoye Dikko est aussi un être mythique. Le mythe, écrit Mircéa Eliade (1963:15), « raconte comment, grâce à des Êtres Surnaturels, une réalité est venue à l'existence, que ce soit la réalité totale, le cosmos, ou seulement un fragment : une île, une espèce végétale, un comportement humain, une institution. C'est donc toujours le récit d'une création ». Mamoussé Diagne (2005) aurait ajouté, qu'en dramatisant le souvenir, « le mythe assure un passage de la mémoire des faits antérieurs, à la mémoire de l'au-delà ».

Le mythe de Harakoye Dikko, même s'il n'est pas de construction antéislamique et anté-influence européocentriste, a le mérite d'évoquer des projets qui ayant pu être conçus naguère dans et pour l'espace du personnage, enjamberaient l'histoire pour se projeter dans l'avenir, en raison de la permanence et de l'actualité des problèmes qui y sont évoqués.

Le matériau d'analyse : « Le mytfte de Harakoye Dikko », un modèle de gestion politique, économique et social dans la multiculturalité au Saftel

Dikko la fleur qui soudain s'évanouit sous le regard !
Le génie, maîtresse du Sud et de l'aval
Le génie, maîtresse du Nord et de l'amont
Le génie, maîtresse de l'Ouest et de la rive droite
Le Génie, maîtresse de l'Est et de la rive gauche
Ce sont ceux qui te connaissent mal
Qui te prénomment, Harakoye ;
Nous qui te connaissons toute
Ne te nommons que Harokoye
Maîtresse du grand fond
Maîtresse du fil et de la surface.

(Texte recueilli et transcrit par Boubé Zoumé, traduit par Fatimata Mounkaïla)
Voilà ce que l'on peut entendre de cet appel, dédicace qui cerne tout entier le personnage. Mais, si l'essentiel de l'argumentaire utilisé pour cette discussion repose sur le mythe intitulé : *Le mythe de Dongo* (le dieu de la foudre et fils adoptif de Harakoye Dikko) dit par Daouda Sorko et recueilli par Jean Rouch (Rouch, Zika et Laya 1997) en tant que version la plus complète disponible, le faisceau de

convergences qui structure le mythe impose de procéder à une lecture croisée qui mette en jeu ses composantes spatiales et temporelles, politiques et économiques, sociales et religieuses.

C'est pourquoi, nous nous référerons pour compléter l'information, à d'autres récits et *ceeyan*/appels consacrés au personnage. Il s'agira notamment :

- de la version du mythe que le même Daouda Sorko a livrée à Boureima Diadié (Diadié 1993),
- de deux appels ritualisés, établis par le poète nigérien Boubé Zoumé et par l'instrumentiste/chanteur Saley Fabirdji, batteur de calebasse dans les cérémonials du phénomène de la possession. Cet argumentaire sera enrichi par les informations apportées sur ledit mythe grâce aux travaux de Fatoumata-Agnès Diarra (1970), de Boubé Gado (1988), de Djouldé Laya (2000), de Paul Stoller et Cheryl Olkes (1987, 1989), de Laurent Vidal (1990).

L'ancrage spatio-temporel du personnage

L'espace de Harakoye Dikko est tributaire du fleuve Niger, au point que le personnage principal qui y officie, aurait pu s'appeler : « Office du Bassin du Niger », aujourd'hui « Autorité du Bassin du Niger », du nom de cet organisme d'intégration économique, mis en place au Mali (alors Soudan français) pour le développement agricole des contrées irriguées et viabilisées par les eaux du fleuve.

« Génie de l'amont et de l'aval, Génie des rives gauche et droite, Génie du fil et de la surface, Génie du grand fond du fleuve » dit un des textes d'invocation du génie, maîtresse du bras oriental de ce fleuve cordon ombilical, qui assure la vie sur les terres de savanes et de steppes qui le jouxtent. Ce texte rappelle que le noyau récurrent de l'ensemble des appels évoqués plus haut, est un espace référentiel et un espace imaginaire, parcouru par un certain nombre de leitmotivs concernant le principal protagoniste.

Le portrait-robot du personnage

Le personnage est généralement présenté sous les traits d'une très belle femme peule, aux traits fins et à la chevelure abondante et longue ; mais Harakoye Dikko est surtout connue à travers le Sahel riverain du « grand fleuve », pour sa vie matrimoniale fantasque, pour ses fabuleuses étreintes amoureuses dans son non moins fabuleux royaume de dessous les eaux, et pour les punitions qu'elle inflige régulièrement à certains aventuriers imprudents, peu respectueux de la tranquillité qui doit régner aux abords de son domaine. Ce domaine est, dit-on, défendu par la déesse et par la benjamine de ses enfants avec détermination et constance. Mais si les représentations populaires actuelles de Harakoye insistent volontiers sur cette image, avatar de l'évolution à la fois de la géopolitique et de la morale sociale dans l'espace en question, cette projection stéréotypée est loin de rendre compte de l'identité et des contours essentiels du personnage qui constitue, avec ses fils, le fondement même du peuplement, et l'armature d'un modèle de gestion de l'espace politique, économique et social. Le royaume de Harakoye Dikko, qui semble n'avoir concerné au départ que le fleuve et ses berges, s'avère très vite, trop étroit pour sa descendance nombreuse ; il a donc fallu coloniser de plus en plus loin à l'intérieur des terres pour répondre aux besoins de cette population.

L'expansion géograpftique du domaine

Cette occupation de l'espace est d'abord d'ordre ontologique, qui ne repose sur rien de concret, si ce n'est sur de supposés liens matrimoniaux de la déesse avec des génies (djinn du fleuve) dont les seules preuves de l'existence restent une progéniture immatérielle (Nya-Beeri ou Wambata et Zirbin Sangay Moyo) qui, contrairement aux autres enfants du personnage, ne s'identifie à aucune des populations environnantes. Toutefois, le royaume s'élargissant continûment, il a très vite fallu trouver des repères anthropologiques et toponymiques pour le concrétiser. C'est ainsi que Harakoye Dikko devient la mère d'autres génies, claniquement et identitairement fichés.

> Qu'on dise l'appel de La Mère de Gondo, le Serpent
>
> Du génie magistral des habitants de Sâga
>
> Femme serviable de Gaydou, tu es la maîtresse des îles
>
> Maîtresse du bief de Say et de celui de Kirtachi
>
> Maîtresse du bief de Dôlé et du bief de Kombo
>
> Femme serviable de Gaydou, tu ne meurs ni ne tombes malade !
>
> Femme serviable de Gaydou, la mère du serpent d'eau.
>
> Pare-honte tu es, Mère de Moussa et de ses frères
>
> Éloigne-honte tu es, Mère de Gondo le serpent d'eau
>
> La femme aimante, maîtresse du bief de Tillabéri
>
> La femme aimante, maîtresse du bief de Djabou-kirya
>
> La femme aimante, maîtresse du bief de Dôlé.

[Texte dit par Saley Fabirdji et enregistré par Moussa Hamidou (IRSH) ; (Mounkaïla 2008 tome I : 176-179)]

Cette extension géographique telle qu'évoquée plus haut et citant de nombreux ports sur le tronçon du fleuve en République du Niger, ne couvre, évidemment, qu'une partie du cours d'eau car le domaine d'expansion de Harakoye Dikko va bien au-delà, en amont comme en aval, à l'Est comme à l'Ouest, où la déesse a tout pouvoir, que ce pouvoir soit exercé directement par elle, ou par l'intermédiaire de sa progéniture nombreuse et variée.

L'ancrage socioftistorique du personnage

Si l'on se réfère à la généalogie dressée par Jean Rouch, Boubé Gado ou Boureima Diadié, lesquels semblent tous trois avoir puisé à la même source, Harakoye Dikko apparaît comme étant la fille de Za Beeri, qui est le fils de Dandu Urfama, lui-même fils de Urfama ou Jingam Falala, qui est né de Huwatata ou Huwata, fils de Suntan et Mantan les jumeaux primordiaux (Gado 1988). Cette femme qui est, dans la quasi-totalité des représentations populaires, donnée comme d'ethnie peule, est née d'un père songhay ou kouroumba dont on s'attendrait qu'elle revendique l'appartenance. Mais c'est l'inverse qui se produit, sans doute selon une logique qui semble renvoyer à un temps où le pouvoir d'identification ethnique appartiendrait au clan maternel. Toutefois, et pour compléter la démarche identitaire initiée par le mythe, il est important de mentionner en plus de cette double ascendance, une descendance multiethnique et multiculturelle. À la suite de ses nombreux autres mariages en effet, Harakoye Dikko devient la mère :

- d'un fils songhay : Marou Tchirey,
- d'un fils touareg : Mouhamma/Zanguina,
- d'un fils gourmantché : Moussa Niawri,
- d'un fils haoussa : Manda Haoussahoye,
- d'un fils adoptif bariba, de mère bella : Dongo,
- d'une fille androgyne Faran Barou Koda, née de son mariage avec un targui de Ménaka.

Or, si dans le contexte africain sahélien où se déploient le mythe et ses données sociologiques, on ne devient pas de l'ethnie de ses maris, on ne saurait renier celle de ses enfants. C'est là un agencement qui, comme le remarque très justement B. Diadié, à la suite de Jean Rouch, « fait apparaître nettement que les sept tooru initiaux correspondent aux sept ethnies qui composent l'espace songhay-zarma et la vallée du fleuve Niger » (Diadié 2000:3) ; espace sur lequel Harakoye Dikko règne en maîtresse incontestée des différents biefs, que l'on peut matérialiser en suivant le tracé du fleuve dans ses sinuosités.

Les domaines de pouvoir

La légitimation du pouvoir politique

Ainsi que cela a été précédemment mentionné, Harakoye Dikko règne d'abord sur le fleuve et ses berges ; puis elle étend son pouvoir en s'enfonçant de plus en plus loin dans les espaces y attenant, fut-ce par personne interposée, à travers les patrimoines de ses différents fils et à travers les alliances contractées avec les populations autochtones, autant qu'avec celles allochtones qui y arrivent plus tard. Le fait n'a bien entendu rien de singulier au Sahel où onde et pouvoir se trouvent intimement associés.

Qui détient le pouvoir sur le point d'eau – ou bien a la faveur du maître de bief – a, en effet, tout pouvoir sur les hommes et les biens, comme le montrent nombre de contrats sahéliens dont les termes sont : « onde et pouvoir », depuis le mythe du Serpent Bida du Wagadou et ses différentes transpositions, sous la forme notamment de ces innombrables animaux aquatiques ou semi-aquatiques (serpents, crocodiles, varans) qui hantent les sites humides au Sahel. On peut citer à cet effet :

- le Serpent *Serki* gardien de puits du mythe de fondation des États haoussa,
- le Serpent Sajeera/l'Arc-en-ciel des mythologies songhay-zarma, qui a toujours pour refuge un puits désaffecté,
- les divers couples de pouvoirs (Faro/Biton Koulibali, les frères Tyanaba des Peuls) dont les descendants peuplent le Sahel, sans compter tous les monstres *guinârou* et *dodo*, petits et grands tenanciers de points d'eau, qui ont dû conclure des pactes avec les nouveaux arrivants, et délivrer des permis d'occuper, et que l'on rencontre dans des textes diversifiés, lorsque les mythes se muent en contes populaires.

Toutefois, si la solidarité entre frères et partenaires est obligée, il faut bien reconnaître que l'ensemble ainsi érigé ne s'est pas fait sans mal, et que cet ensemble a dû se construire à la suite de combats, quelquefois épiques et mémorables !

- des *tooru*/génies magistraux contre les ganji-bi/génies noirs autochtones,
- des Sorko contre les djinn pour le contrôle du fleuve et de ses ressources halieutiques,
- des génies « *blancs* » musulmans qui vont dominer les données spirituelles de l'espace, contre les génies « noirs » indigènes et maîtres premiers du sol, le tout, pour le contrôle de l'espace, de ses ressources et pour la gestion des hommes.

L'ensemble des contrats ainsi passés, qui gèrent les rapports entre les parties, contribue à l'édification d'un monde viable, où objets et partenaires sont aussi divers que les fils et fille de Harakoye Dikko, symboles eux-mêmes de la richesse dans la diversité, inscrite selon une base juridique, dans leur espace.

La légalisation du pouvoir

Si Harakoye est la mère de Mâla le So ancé en effet, c'est qu'il y avait des So antché dans la vallée du fleuve qui constitue son habitat privilégié, lesquels So antché lui ont signifié, comme beaucoup d'autres occupants de l'espace, leur adhésion au contrat.

Si Harakoye est la mère de Moussa le Gourmantché, c'est qu'il y avait des Gourmantchés dans la partie occidentale de son espace ; ceux-là mêmes qui, au regard de traditions orales nombreuses, auraient accepté de se pousser un peu vers l'Ouest et le Sud, pour faire de la place aux nouveaux arrivants. Dans tout l'hinterland entre les lits des affluents fossiles descendus de l'Adrar des Ifoghas et le massif de l'Aïr, circulent en effet, entre mythes, légendes et témoignages historiques, des récits de nombreuses migrations voulues ou forcées, dans le sens « nord-sud » et dans le sens « est-ouest ».

Si Harakoye est la mère de Manda Haoussakoye le Haoussa, c'est qu'il y avait des Haoussas dans la partie est, contiguë à son espace.

Si Harakoye est la mère de Zanguina et de Mouhamma ses fils touaregs, c'est qu'il y avait des Touaregs dans la partie nord qui semble avoir été la voie de descente vers le sud, de tant de populations sahéliennes de l'espace.

Elle s'offre enfin pour boucler, stabiliser et agrafer (*kanji*) le quatrième point cardinal de l'édifice, un fils adoptif *bariba* de toute confiance grâce à sa grande force physique, à sa morale intrinsèque infaillible et à ses alliances familiales, tous gages d'une construction politique durable. Il est bien évident que régner sur une telle diversité constitue un atout important et une gageure dans une région où le cours d'eau magistral constitue à la fois une dorsale attractive, objet des convoitises, et un point de départ de conflits d'hégémonie. Qu'est-ce en effet que la politique, sinon le fait de réussir à faire vivre et se côtoyer tant de diversités unies dans une relation de complémentarité et de solidarité, telle qu'elle s'impose à des frères de la seule parenté vraie et irréfutable qui soit, celle du lait ! Voilà pourquoi Harakoye Dikko est : *La mère de toutes les ethnies* ! Une mère qui, peut seule, par son savoir-être et son savoir-faire, imposer à ses fils ce qu'il faut bien appeler « une paix des braves » avec, à l'appui, une clef de répartition des ressources qui en constitue l'arme protectrice et la garantie d'une gestion pragmatique de biens qui appartiennent à tous et à chacun, autant que le lait nourricier de la mère patrie. S'il existe en effet une entité que l'on ne saurait renier, une entité que l'on ne peut à la rigueur que mastiquer et mâcher (parce que le conflit est inhérent à la cohabitation) sans jamais pouvoir l'avaler, c'est bien celle à laquelle appartient le fils de sa mère. Et, bien que l'étymologie de la langue songhay-zarma n'ait pas encore livré tous ses secrets, on peut difficilement trouver une traduction du concept de « *nyakafosin*/la parenté », autre que celle de « *maison de la mère* », inconditionnellement soudée et solidaire. Des combats titanesques ont donc eu lieu qui permirent d'installer la domination des Tooru selon la seule logique géopolitique qui vaille, celle de l'indépendance dans l'interdépendance.

Les outils stratégiques d'exercice du pouvoir

Par ses mariages multiples et les enfants qui en sont issus, Harakoye Dikko a su mettre en place un réseau d'alliances et de solidarité avec une véritable division du travail qui lui ont permis l'édification et la gestion d'un ensemble politique, économique, social et culturel.

La déesse fait occuper l'amont et l'aval du fleuve, de même que les espaces qui jouxtent ses berges. Par l'entremise de sa progéniture, et des divers contrats qui la lient aux autres habitants de l'espace, elle devient le régisseur des ressources halieutiques et des ressources terrestres dont on sait que l'unité de compte reste le gibier d'eau du Sorko, la botte de mil du Kouroumba et la vache du Peul, lesquels constituent en synthèse, le personnage même de Harakoye Dikko.

Dans un contexte marqué par les oppositions et le conflit en effet, seule une femme pouvait, par son engagement et ses qualités de médiation, fédérer des peuples différents en leur imposant un *modus vivendi* acceptable par tous. Elle y réussit par l'occupation de l'espace et un partage convenable des ressources. De ce point de vue, Harakoye Dikko est bien une reine grandie dans une culture où, ainsi que le précise le barde songhay-zarma Adamou Ali dit Tombokoye Tessa: « régner n'est pas être assis sur un monceau de richesses, mais être la main par laquelle se fait la redistribution ». En effet, ajoute l'artiste :

> On attend du prince observance de scrupules
>
> Et qu'il sache recevoir pour redistribuer à tous. (Mounkaila 1998:20)

On peut se demander pour résumer ce qui précède, ce que possède pour elle-même Harakoye Dikko, en dehors de son siège de pierre, qu'elle peut matérialiser au gré de ses pérégrinations, puisqu'elle partage tout, en totale générosité ? Elle incarne et inspire, de la sorte, l'image de ces rois africains de la tradition qui se font « *dunkay* », c'est-à-dire la banque et le grenier, et qui ne laissent en héritage à leur descendance et à leur successeur, qu'une couchette, une résidence et les bonnes œuvres qui y restent attachées. L'homme que par élection, Dieu a confirmé pour présider au partage, se doit en effet de permettre à tous de « casser de l'os » avec justice et équité et c'est là qu'interviennent durablement le savoir-être et le savoir-faire que sous-tend le savoir tout court.

La division du travail et la répartition de l'expertise sont un autre thème dominant dans le mythe de Harakoye Dikko. Fille d'un père songhay et d'une mère peule, les deux entités contributrices aux produits de base de la survie des hommes dans l'espace de la vallée du fleuve, elle met en jeu ces atouts de sa naissance et ses qualités personnelles. Cette femme qui possède la beauté, source de beaucoup de droits voire de quelques privilèges, a su peupler tous les espaces qui jouxtent le bras oriental du fleuve Niger son royaume et celui de ses fils et fille, grâce à ses mariages successifs avec un membre de chacune des ethnies environnantes. Ensuite, elle réussit à l'issue d'un combat mémorable où chacun des fils apportera sa contribution au travers de ses outils et de ses armes propres, à assurer judicieusement et complémentairement grâce à des contrats supplémentaires, la gestion des ressources halieutiques, agricoles, fauniques, pastorales et même minières entre des habitants « autochtones » et « allochtones » contraints de vivre ensemble.

Des cinq fils de Harakoye en effet, chacun se trouve spécialisé en fonction de l'ethnie d'origine et de la profession de son père :

- l'aîné des fils, Marou Tchiraye ou Mâla le fils issu de son mariage avec un Songahy des environs de la ville de Say au Niger est un savant, de tout temps susceptible d'éclairer les voies à suivre,

- le second, Zanguina, un fils de Touareg de la région de Gao, est pasteur ; il est également converti aux vertus de l'islam, religion devenue la première disposition intellectuelle tangible de l'espace en question. Il peut donc à ce titre, apporter le complément de connaissances utiles pour s'adapter à un monde en évolution,

- le troisième, Moussa Nyawri, issu de son union avec un Gourmantché de Guessédoundou, est un chasseur « qui est allé en chassant jusqu'au Yoruba. Moussa a tout vu et tout appris… C'est Moussa qui a donné aux hommes le travail de la forge, le travail de la chasse, le travail du tissage » écrit Jean Rouch, rapportant les propos d'Abdou, zima/prêtre du culte de la possession à Hombori (Rouch 1989:77). Moussa est donné comme le maître des sciences occultes, le gestionnaire et le berger de toute la faune sauvage sur laquelle il est important de savoir faire des prélèvements, sans la décimer,

- le quatrième, Manda Haoussakoye, fils de son mariage avec un Haoussa de Yaouri est métallurgiste. Forgeron et commerçant à l'avarice proverbiale, Haoussakoye gère les secteurs secondaire et tertiaire de l'outillage, des échanges et des services, avec une parcimonie de banquier. N'est-ce pas lui qui, pour retrouver un cauri égaré à Tombouctou, incendie maints et maints villages de l'aval, afin d'honorer la part de pacte de défense qui lie le propriétaire et son bien ? « *Alkawkli ga bara hari nda nga koy game* » comme le rappelle la formulation en songhay-zarma du contrat,

- la cinquième enfin, seule fille dans un univers mâle, Faran Bârou Koda, « la noueuse de pagne qui surpasse les porteurs de pantalon » selon une de ses devises, n'est jamais en reste. Elle est donnée d'ethnie indéterminée quelquefois, le signe déjà peut-être d'une « désethnisation » nécessaire de la fille, toujours appelée à partir et enrichir son clan matrimonial, au contraire de sa mère qui reste rivée à son rocher de Dara (Konaré-Bâ Adama 1996), sorte de nombril et de chef-lieu de l'espace en construction.

Il convient en effet de souligner que si tous ces fils et fille brillent par leur savoir et leur technicité, c'est bien leur mère Harakoye Dikko qui, à la tête de la classe de savants, d'intellectuels et d'experts qu'ils constituent, coordonne les engagements et les actes parce que c'est elle qui, plus que tout autre, est capable de capter et d'interpréter par tous ses sens, les messages de son environnement. C'est par exemple elle qui, la première, flaire la présence de son fils Moussa, accouru à son secours après l'échec de ses frères et de sa sœur dans leur combat pour elle contre les djinns du fleuve, qui l'en avaient chassée.

Lorsque ses autres fils qu'elle a convoqués se présentent, elle [Harakoye] leur dit :

> « Ce fleuve-ci, sondez-le, ce matin ; car j'ai le pressentiment que l'homme [Moussa]
> qui était dans le Gourma s'est fait une renommée, à moins qu'il ne soit mort dans
> le combat… parce que, grâce à Dieu, il est arrivé à l'aube ». (Diadié, in Mounkaïla
> 2008, t. I: 283).

Elle a respiré les effluves de sa présence dans son proche environnement. Harakoye
est celle qui voit toujours et assez loin, pour contracter les bonnes alliances avec
tous ceux dont l'apport peut être bénéfique à l'édification et au fonctionnement
de l'ensemble politique, économique, social et spirituel en devenir. Elle est celle
qui sait, que « *jama wongu si kafana* » ! C'est-à-dire que les batailles qu'on perd
sont celles qu'on entreprend de mener seul, sans alliés.

> Ce jour-là, Harakoye prit un de ses seins et le donna à téter à la grue couronnée.
> Elle prévint ses cinq fils qu'ils devaient rompre illico, toute relation avec celui qui
> laissera tuer une grue couronnée en sa présence (Diadié 1993).

C'est à partir de là qu'elle reprit tous ses fils et les garda auprès d'elle, les sachant
dotés de l'expertise et de la technique qui leur donnent la maîtrise des forces qui
siègent dans les airs, de celles qui habitent sur la surface de la terre et de celles qui
règnent dans les profondeurs du sol.

Lorsqu'en effet, son fils Moussa vainqueur, l'installe sur son vase sacré, son
trône, il le fait seulement après s'être occupé de Wambata, vieille et handicapée.
Les deux femmes, très touchées par ce comportement chevaleresque, se perdent
pour lui en bénédictions et en cadeaux.

> Moussa vient trouver sa mère et Gna-Béri
> Mais il ne s'occupe pas d'abord de sa mère ;
> C'est Gna-Béri qu'il soulève et va déposer au bord du fleuve.
> Puis, il vient chercher sa mère (Diadié 1993).

Harakoye, sa mère, fit alors sortir une vache dotée de six pis ou de pis d'or (selon
que la valeur contemporaine est le lait ou l'or) et promet de l'offrir à celui qui
composera pour lui la belle devise qui défiera le temps. C'est Zinki Bârou le vieux
Sorko et adversaire de la veille, qui réussira à produire la devise attendue, sous la
forme de cet appel mémorable.

> *Kagné biné kagné*
> Les djinns ont été calmés
> Les jeteurs de sorts ont été calmés
> Quand il est en haut, Moussa est un bâton
> Quand il est au sol, il est une vipère heurtante
> Qui s'élève en altitude,
> Se fera frapper par le bâton,
> S'il descend à terre,

Il se fera mordre par la vipère.

Moussa, tu es le carquois de fer

Qui ne peut se porter en bandoulière,

Ni se transporter sur la tête.

Quiconque, le porte contre son flanc,

Se brise la côte flottante ;

S'il le porte sur la tête

Le carquois, lui fait bouillir la cervelle.

Moussa, tu es la crise de diarrhée de pleine nuit

Qui a obligé à ôter le bonnet de la tête,

Et qui n'a pu permettre de garder son pantalon sur soi.

Oui ! Pendant qu'on transporte l'homme en bandoulière,

L'homme garde contre son flanc, ses ruses et ses secrets.

(Rouch, Damouré, Laya 1997)

On voit finalement à l'analyse, que ce mythe qui démontre que ce qui unit est bien plus fort que ce qui sépare, impose de rechercher les applications qu'on peut en faire aujourd'hui, dans les arènes politiques actuelles où s'affrontent des groupes d'intérêts parfois divergents certes, mais des groupes d'intérêts tenus de demeurer solidaires pour survivre dans l'espace qui est le leur, parce qu'ils n'en possèdent pas d'autre. Telle est la leçon que donne ce mythe, animé par une femme capable de voir sur les côtés, devant et derrière, en haut et en bas, tels ces animaux de la création qui, en raison de la position de leurs yeux, peuvent embrasser l'espace dans sa totalité. Harakoye Dikko voit loin parce qu'elle sait lire l'existant et prévoir ce qui peut advenir, en créant préventivement et en réponse, les conditions stabilisatrices de la paix.

Voix du lait, voies de la paix : une figure mythique féminine unificatrice en Afrique de l'Ouest

Il semble donc que le slogan politique « *l'indépendance dans l'interdépendance* », un moment en vogue dans les pays africains nouvellement arrivés à l'autogestion, ait déjà été par le passé, imaginé sinon expérimenté dans l'espace, sous la houlette d'une femme, Harakoye Dikko ! Le contrat proposé était alors un contrat d'association, mais jamais d'annexion. Les parties alliées y apportent chacune sa quote-part tout en conservant leurs particularités, selon une règle où la nécessité et la liberté trouvent une place équitable par l'équilibre qu'elles y introduisent.

La société des génies

Un mythe créateur, cité par Jean-Marie Gibbal dans son livre *Tambours d'eau* (1982), explique comment les êtres du non-village, qui semblent faits à l'image des villageois, ne seraient que la partie de la progéniture de leur mère commune qui a voulu les cacher, croyant pouvoir user de ruse devant l'Éternel. À cause ou en conséquence de cet avatar, les Songhay-Zarma et d'autres populations nigériennes et sahéliennes entretiennent des relations tout à fait fraternelles, c'est-à-dire faites de respect mêlé de crainte et d'esprit de compétition avec les membres de cette autre communauté, qu'ils peuvent convoquer pour leur demander d'intercéder en faveur de solutions à leurs problèmes de la vie quotidienne.

Le cadre, dans sa globalité, repose sur une représentation dichotomique de l'existence de deux sociétés qui se côtoient, celle du village résidence des humains et celle du hors-village, domaine des génies. Mais, évoluant dans le même espace, les deux sociétés interfèrent constamment, d'autant que la société des génies se trouve elle-même organisée à l'image et sur le modèle de celle des hommes, avec ses classes supérieures, ses classes moyennes, ses classes inférieures, ses autochtones et ses générations de populations allochtones ou carrément mutantes en fonction des problèmes sociaux posés. Au sommet de la hiérarchie de la société des génies, règnent les tooru, parmi lesquels, on trouve Harakoye Dikko (maîtresse du bras oriental du fleuve Niger depuis Mopti au Mali jusqu'à Yaouri au Nigéria) et sa progéniture variée. Avoisinant la classe des *tôrou,* on trouve, si l'on en croit le classement fait par Paul Stoller (Stoller 1989:25-30), cinq autres familles :

- celle des *ganji kwaarey*, les génies « blancs » souvent associés au mode de gestion islamique de la cité et qui régit désormais le monde songhay-zarma,
- celle des ganji bi, génies « noirs », représentatifs des populations autochtones puisqu'il leur revient de veiller sur la terre, ses produits et les hommes qu'ils protègent contre les maladies et diverses calamités,
- celle des *Hausa ganji* génies en provenance du culte bori du pays haoussa voisin et dont les figures les plus en vue sont les *doguwa* auxquels on attribue certaines maladies intraitables,
- celle des *hauka*, les « génies fous », esprits recréant dans toute sa brutalité, l'histoire de la colonisation européenne en Afrique, vue par les colonisés qui en ont subi la violence et l'iniquité,
- celle des *hargey,* génies froids de la mort et des cimetières dont la classe ne cesse d'intégrer de nos jours encore, divers défunts, morts de mort suspecte notamment.

Au sein de la société des génies, s'effectue tout comme chez les hommes, un partage des tâches et des responsabilités : on y trouve, outre les tôrou qui contrôlent les forces atmosphériques du ciel et le fleuve Niger, des ouléma/lettrés musulmans, des bouchers, des chasseurs, des maître s de la technique de la forge, des lutins chapardeurs, etc. ! Mais, si les tôrou du sommet de la hiérarchie jouissent d'un grand respect en raison de l'immédiateté de la sanction encourue en cas de manquement, bien d'autres génies appartenant aux classes subalternes apparaissent comme des copains des villageois, affectés de travers que ne renierait pas le voisin de palissade de ces derniers. Ils ont donc les qualités et les défauts des humains car ils peuvent être comme eux, courageux ou peureux, coquets ou crasseux, envieux, indiscrets et bavards (Rouch 1989). Le seul trait qu'ils ne partagent pas avec les hommes, en plus de leurs pouvoirs plus grands, est leur immortalité car les génies sont immortels à l'exception d'un seul, mort par imprudence en s'interposant sans préparation entre le fauve qui menaçait le fils d'un de ses alliés du village et l'enfant qui l'avait appelé au secours.

La dialectique des tôrou

La dialectique des *tôrou* avec, à leur tête Harakoye Dikko, s'inscrit dans une dynamique d'intégration des entités en présence. Par la force des choses en effet, c'est-à-dire la recherche obligée de solutions aux problèmes de coexistence et de survie posés, d'autres groupes ultérieurement arrivés ou de moindre importance stratégique au moment des faits, viennent s'agréger à la construction précédemment initiée. Il a ainsi fallu :

- coopter des agriculteurs et des pasteurs qui se signalent dans l'espace comme premiers occupants (dont *Moosi-ize le Yarga* et le Peul berger époux de Hadjo) et pourvoyeurs de ce qui est essentiel pour y survivre,
- intégrer des captifs de tous horizons, tel que *Zataw* l'esclave de Peul qui met sa force phénoménale au service du groupe dont il assure la subsistance, la survie et le développement puisqu'il peut produire, à lui seul, plus que de besoin pour vivre, et faire vivre en nourrissant les autres,
- intégrer les colporteurs dioula représentés par *Dounaba* le *Wangara*, appartenant initialement au groupe soninké et de plus en plus accepté aujourd'hui comme le prototype du colporteur mallinké qui parcourait l'espace en long et en large pour établir un équilibre de la balance commerciale,
- il a fallu faire appel à tout ce monde-là pour monter une construction viable en ayant recours aux compromis qu'exigent la géopolitique et les règles d'un système économique de vases communicants où chacun est accepté avec son ethnicité et la place qui lui échoit grâce à ses qualités individuelles, lesquelles supplantent souvent les données génériques, affectées au groupe. Par exemple, même affublé de son statut, il ne peut y avoir de rituel de yeenandi (rite agraire annuel pour une saison d'hivernage féconde) hors de la présence de *Zataw*, le horso/esclave de case dont la devise clame qu'il est un véritable fils de Harakoye Dikko. Totalement assimilé, il est « le tooru esclave, qui n'a pas renié ceux de noble naissance » et, ajoute encore un autre de ses appels :

> *Zaataw* n'est pas un captif, mais un prince authentique ;
> Ce sont les ignorants qui le traitent de captif,
> Parce que les affres d'une famine en ont fait un captif
> Quand *Zataw* dut piler pour pouvoir nourrir Dongo

Quand Zataw dut piler pour pouvoir nourrir Sarki Lesquels la famine passée,
en ont fait leur esclave, Statut que Zataw refusa de nier.
(Mounkaïla 2008, t. 2:211)

On voit, en définitive, qu'il convient d'expliciter le rôle de chaque personnage
afin de revisiter ces mythes et légendes qui commandent encore les ressorts de
nombreux comportements des hommes du Sahel.

Dans les traces du mythe : évolution récente de l'image et du statut des femmes nigériennes

Ainsi donc, rien qu'en posant le pied dans l'empreinte des sabots de la monture
de Harakoye Dikko l'ancêtre précurseuse, les Nigériennes d'aujourd'hui auraient
pu disposer de nombreux arguments militants pour un statut de femme sinon
savante, mais du moins avertie, qui était l'apanage de la Déesse-Mère. Mais il
s'agit d'un exemple à suivre, qui a résisté au temps et dont l'image positive ne s'est
pas construite et ne s'est surtout pas maintenue sans mal, dans un espace nigérien
et un univers songhay-zarma devenus misogynes au fil des siècles et au gré des
défis et des rencontres.

Un chemin semé d'embûches : actrices politiques et gardiennes des savoirs locaux

Le passage d'un statut passé plus valorisant vers une évolution défavorable aux
femmes est attesté par la présence de vestiges édifiants, dont les moindres ne
sont pas les diverses formes d'actions et de résistance relevées à travers l'espace
et le temps et qui sont aujourd'hui battues en brèche par de nouvelles données
sociales.

Si en effet Harakoye l'ancêtre a édifié l'espace, bien de ses héritières appartenant
à la légende ou à l'histoire se sont fait un devoir de le défendre en le maintenant
dans ses limites contre les menaces diverses et quelquefois, en l'enrichissant.
Outre les figures de princesses locales s'alliant la force ou la ruse de quelques
tueurs de dragons pour libérer des points d'eau, lieux d'implantation de diverses
organisations humaines à travers le Sahel, on peut en citer bien d'autres qui
s'illustrèrent comme fondatrices de royaumes ou « faiseuses de rois ».

Tine Hinane, l'ancêtre des Touaregs

Figure féminine clef de l'espace nigérien sahélo-saharien, Tine Hinane reste à
l'origine d'une filiation qui vaudra aux enfants de femmes de prétendre au pouvoir
et de l'exercer sur le sultanat touareg de l'Ayar, ainsi qu'en fait cas l'ouvrage de
Djibo M. Hamani, *Au carrefour du Soudan et de la Berbérie : Le sultanat touareg
de l'Ayar.*

Le premier sultan Yunus porte le nom de sa mère Tagag Tahannazaneit. Comme le montrent la liste des sultans et les successeurs depuis Yunus, les sultans furent remplacés par leurs frères de même mère ou les fils de leurs sœurs pendant deux siècles : XVe et XVIe siècles (Hamani 1992:106).

Ce n'est donc pas un hasard si, dans le groupe voisin songhay-zarma, des souverains et pas des moindres, sont passés à la postérité avec le nom de leur mère. La tradition orale ne connaît Askya Mohamed que sous l'appellation de Mamar Kassaï ; et « Mallance izo : Le Fils de Mallinké » des traditions zarma, Tagourou Gâna, porte également le nom de sa mère. Or, on sait que le système se perpétue dans nos palais royaux polygamiques où le prince qu'on monte et qu'on installe sur le trône était, et est peut-être, toujours, celui qui possède des oncles maternels.

« *Nyakoy, baabakoy, hasey iyyekoy* », clament encore de nos jours, les griots qui tiennent à rappeler aux challengeurs, « fils de père » de tous les acabits, que leur frère qui sait pouvoir compter sur l'appui de sept oncles utérins, est leur égal.

Ces éléments de l'histoire, véritables attributs du pouvoir, confortés par la règle de l'uxorilocalité observée par certains Touaregs nomades, constituent des indices tangibles d'un meilleur statut social et d'un rôle politique important dans le passé des femmes de l'espace nigérien. Mais tous ces rôles sont en train de se perdre dans les méandres de l'Histoire où tout a pris, désormais, appui sur un patriarcat qui désigne une forme d'organisation juridique et sociale fondée sur la détention de l'autorité par les hommes, à l'exclusion explicite des femmes.

Kassaï Si de Gao, la faiseuse de roi

En dépit de l'assertion des griots généalogistes actuels qui chantent :

« *Mamar Kaay ize te bon se, boro mana a te* » soit à peu près :« Mohamed Askya fils de Kassaï, qui s'est fait tout seul, sans l'aide de personne », on sait bien que la tradition orale attribue tout le mérite de l'accession au trône de Gao à la mère de l'Empereur. C'est elle qui, entérinant le coup d'État sanglant imputable à son fils (à la fois parricide et régicide), le sauve de la vindicte du peuple et des héritiers «légitimes».

- *La reine Tawa du Gobir* dont la tombe sise dans la région de Maradi était soigneusement entretenue jusqu'à ces dernières décennies, attestant de l'importance reconnue au personnage comme soubassement et base de la construction du nouvel État du Gobir, après l'exode, constitue elle aussi une figure remarquable de ce passé prestigieux des femmes nigériennes.
- *Sarraounia Mangou de Lougou*

Entrée dans les bibliothèques avec le livre *Le Grand Capitaine* de Jacques Philippe Rolland, Sarraounia Mangou doit surtout sa légende de résistante à la pénétration coloniale au roman de Mamani Abdoulaye et au film qui en a été tiré par le cinéaste mauritanien Med Hondo. Mais, derrière le personnage de fiction, se trouve bien une battante qui insufflait aux combattants courage et bravoure. Il est clairement entendu que Mangou n'a pas chevauché un bel étalon pour affronter la tristement célèbre colonne Voulet et Chanoine ainsi que le mentionne le roman de Mamani ; mais ses archers croyaient en son pouvoir, même s'ils n'avaient pas pu disposer contre les balles des tirailleurs envahisseurs, et selon les mots mêmes de leurs descendants actuels, d'une haie pareballes de roseaux, qui surgissait à leur cri de : « *gumbi* » !

Dans le Kourfey (nord-ouest du Niger), *la prêtresse Chibo* a été le principal leader d'une révolte paysanne et anticoloniale à caractère religieux entre 1925 et 1927 et connue sous le nom de mouvement des *haouka* (les fous en langue haoussa). Elle a su canaliser les mécontentements diffus en rassemblant autour de sa personne les forces nécessaires en vue de la lutte. Elle fut l'âme de la résistance. L'action qu'elle prépara et guida s'inspirait des aspirations collectives. Le culte de possession qu'elle dirigea a fait montre d'une formidable capacité de mise en forme de pratiques de dissidence à travers cette révolte anticoloniale.Les hawka existent encore de nos jours. Le culte continue son expansion à la faveur des crises et des mutations sociales nouvelles (Idrissa 1996).

Les femmes ont été également gardiennes des savoirs locaux, passeuses de l'héritage culturel, animatrices des religions du terroir, même quand il faut être en opposition avec le courant dominant.

- La résistance à l'islam perçu comme outil de domination constituait un élément de prise de position encore décelable dans les textes de littérature orale, jusque dans des périodes récentes. Le temps n'est pas très lointain en effet où artistes et bonimenteurs de l'espace songhay-zarma ne se gênaient pas pour critiquer la veulerie et la paresse intellectuelle de certains prosélytes de l'islam. Les contes étaient nombreux, comme ceux «...*d'Amadou Koumba* » de Birago Diop, qui les peignaient affamés et en haillons, errant dans la brousse, en butte aux ruses de Lièvre et aux cruautés d'Hyène. Si cette « résistance à l'islam », telle que mentionnée dans les contes, n'a, au sens strict, rien d'exclusivement féministe, elle constituait l'élément d'une alliance objective face à l'attitude de certains adeptes dont le projet de société, tel que revendiqué, aboutirait à rien de moins qu'une « marginalisation de la femme ». Il est vrai que ce penchant est général, et assez souvent caractéristique des religions révélées. Le Christianisme lui-même, malgré la place immense qu'il fait à la « Mère », ne prévoyait durant tout le Moyen Âge européen que quatre catégories (la putain, la sorcière, la sainte et Bécassine) où il reversa pendant longtemps, toutes les autres femmes (Bechtel, Les quatre femmes de Dieu).

Or, des pans entiers de savoirs (pharmacopées, médecine traditionnelle, éducation aux valeurs sociales et morales) étaient reconnus aux femmes dans bien des civilisations africaines. Quant à leur rôle actif dans les religions du terroir où elles officiaient à égalité avec leurs collègues masculins, il se lit encore aujourd'hui dans les villes comme dans les campagnes, à travers des cultes comme celui de la possession qui leur sert, plus fréquemment qu'aux hommes, de refuge et de protection. Statistiquement, elles sont en effet plus nombreuses à recourir à cette assistance occulte, qui semble constituer un adjuvant pour les plus faibles.

- Arbitres de la cohésion familiale et sociale

Au strict plan familial, on peut mentionner entre autres :

Le rôle royal de la tante paternelle

En milieu haoussa (Babani), peul (Goggo), songhay-zarma (Haway), kanouri (*Bawa Koura*), etc. du Niger, la tante sœur du père, véritable trait d'union entre les lignages, joue un rôle de premier plan dans les rites d'intégration sociale (baptême, mariage) de ses neveux, entre l'univers extérieur, celui du père entouré de ses amis et alliés, et l'univers de la case autour de la mère (Bisilliat et Laya 1972 ; Diawara Idrissa 1984).

La permanence de titres de notables féminines comme « *Iya* » et « *Inna* » (Mère), « *Magaram* » (Sœur), « *Maydaki* » et « *Gumsu* » (Premières Épouses) dans les cours haoussa et kanouri (même si ne semble survivre aujourd'hui, à l'effacement progressif de leur rôle politique, qu'une fonction quasi religieuse d'apparat) atteste d'un ancien statut, plus valorisé. À cette durabilité des titres portés, on peut adjoindre une solide volonté de conservation et d'élargissement, ainsi que le fit Harakoye Dikko elle-même, des liens familiaux et patrimoniaux. Enfin, la sacralisation de la figure de la mère telle qu'en témoignent le mythe de Harakoye Dikko, le personnage en débat, mais aussi les personnages historiques de Kassaï Si de Gao, de Toula, la nièce victime sacrificielle de la mare de Yalambouli, constitue, à n'en point douter, un élément valorisant d'une bien meilleure assise sociale de la femme dans l'espace nigérien. Mais comment ne pas s'inquiéter aujourd'hui, quand certaines représentations populaires entendues çà et là réduisent le lait maternel, si unique et si irremplaçable, à une calebassée de lait de vache qu'il suffit de porter à la génitrice pour être quitte, paraîtrait-il ?

- Combattantes et gardiennes du courage et du moral des troupes

Outre le rôle combattant de celles qui prirent les armes comme les reines guerrières du Nord Nigeria (Isa Abba 1980), Boubou Hama écrit que les femmes suivaient les combattants *gôlé de Issa Korombé*, canari d'eau sur la tête et petit pilon à la main, pour décourager les indécis de flancher. « Quand une dent tombe, c'est une autre qui pousse à sa place » aurait proclamé, par ailleurs, la sœur du guerrier Mayyaki Téko ! Et, quand atteint par une balle de mousquet d'Ali Bour Ndiaye (rescapé de la débâcle causée au Sénégal par les armées coloniales françaises), son frère put se traîner jusqu'au village pour mourir, cette sœur refusa qu'on le pleure. L'annonce de sa mort fut saluée par un tam-tam monstre qui effraya l'ennemi, lequel s'empressa d'arrêter la poursuite et rebrousser chemin (Hama 1967).

On sait enfin que quand la situation du ravitaillement des troupes s'avère critique, l'intendance n'est plus gérée que par les femmes. Très près de nous, en 1963, c'est à coups de pilon dit-on, que quelques femmes se débarrassèrent d'individus qui infiltrèrent en terroristes les campagnes nigériennes, ainsi qu'en témoigne la chanson partisane certes, mais combien évocatrice, de l'artiste nigérien Dan Na Jaba, décrivant la situation désespérée de certains combattants, réduits à déposer leur fusil à double canon, pour quémander un peu de crème de mil :

> « Mutun da bindiga maï baki biyu
> Ya ajeta ya na rokon hura »
> comme dit le texte en haoussa.

Participation aux mouvements de libération : les femmes ont assez facilement trouvé à s'appuyer sur les organisations féminines préexistantes. Voilà pourquoi des femmes leaders comme Magagia Tany du Parti progressiste nigérien/ rassemblement démocratique africain (R.D.A) ou Kadi Souko du parti Union démocratique nigérienne (UDN plus connue sous l'appellation de Sawaba) ont imposé leur marque à Niamey, la capitale du Niger.

Par ailleurs, même des groupes marginalisés comme les *karouwey* (les prostituées) qui animaient déjà les caravansérails, étaient des courtisanes de pouvoir dans les villes de grandes haltes qui jalonnaient les voies commerciales. Elles ont continué de l'être plus tard et ont pu quelquefois être de redoutables agents de renseignements pour la « bonne cause » ! dit-on.

Enfin, si on devait périodiser l'histoire récente des Nigériennes, il faudrait distinguer au moins trois époques remarquables :

La période coloniale, quand elle s'est intéressée à la question, a tout simplement laissé les femmes sur le bas-côté de la route des programmes de développement.

La quinzaine d'années qui ont suivi l'indépendance où il ne se passe pas grand-chose en faveur des femmes, sinon des déclarations d'intention et l'utilisation de leurs compétences pour ériger un piédestal aux hommes politiques. Pour l'essentiel la reconnaissance du mérite des femmes a consisté surtout à mettre les rôles traditionnels au goût du jour en usant d'associations et de groupements à des fins électoralistes. C'est dans cette logique que continuèrent pendant longtemps à se mouvoir nombre de groupements/regroupements de femmes militantes des lendemains de l'ébranlement démocratique des années 1990 (« Amazones », « Hirondelles » et autres groupes familiaux ou claniques). Ces groupes parurent un moment, s'ils ne le sont pas encore, comme totalement instrumentalisés et dévoués à « l'étalon politique », familial ou régional.

« Pousseuses en côte », leur rôle peut être illustré par la scène qu'offrent ces vieilles voitures qui peinent à grimper les pentes et que leur conducteur demande de pousser. Une fois au sommet et le moteur relancé, le chauffeur accélère et s'en va, en oubliant quelquefois de dire merci !

La période à partir de 1975, année proclamée : « Année de la femme » ! Et date d'un redémarrage important dans l'évolution du statut des Nigériennes. Si bien des résultats enregistrés depuis cette date ont été homologués comme des avancées remarquables, il n'en demeure pas moins vrai que l'action des femmes promues à l'occasion se signale par quelques notables insuffisances. Leur poids reste faible par manque de stratégies de lutte et de leadership, et leur influence reste également très faible parce qu'elles n'ont pas su toujours exploiter leur position sociale pour exprimer le point de vue des femmes sur les grandes questions nationales, notamment et relativement au statut de la femme. C'est encore très largement sur les rôles traditionnels attribués aux femmes tels que l'alphabétisation et la scolarisation des filles, les luttes contre les pratiques néfastes, les luttes contre les violences faites aux femmes et aux enfants, les activités dites génératrices de revenus, l'environnement, la santé, les droits de l'enfant qu'elles s'investissent le plus.

Leur capacité à lutter pour leurs sœurs plus démunies reste faible par manque d'engagement pour les grandes causes de la femme nigérienne, parce qu'elles n'arrivent pas à surmonter les contraintes d'ordre social (coutumes, tradition et préjugés). Ces contraintes ont, au contraire, souvent été mises à contribution dans la construction des carrières des hommes politiques. Comme dans les sociétés traditionnelles où les princes héritiers d'un patrimoine patrilinéaire commun se damaientdéjà le piongrâce à leur matrilignage, les hommes politiques continuèrent pendant un certain temps, à imposer, à leur seul bénéfice, leur image de marque grâce à l'action de leurs troupes de partisanes. Pourtant, il suffirait que ces légions de femmes orientent différemment leur plan d'action, pour recomposer le passé et asseoir les fondations d'un autre devenir sur de solides assises institutionnelles pour elles-mêmes et pour leurs filles.

Ce sont là, quelques exemples illustratifs, inspirés du passé lointain ou plus récent, faits de bas et de hauts, des « filles » nigériennes de Harakoye Dikko. Toutefois, comme dit ce souhait souvent proféré par les mamans songhay- zarma :

> « *Yeesi ba haran, haran mo ma si ma ka binnya* », adage qui prie le présent de ne pas s'offusquer de l'espoir qu'on place dans l'avenir.

Mais un chemin qui a conduit vers plus de reconnaissance

Si le chemin à parcourir jusqu'à la reconnaissance du savoir des femmes reste encore long et hérissé de difficultés, il n'y a, cependant pas lieu de désespérer des résultats obtenus et conquis à ce jour. La république et la démocratisation ont en effet permis d'élargir la base de recrutement du leadership féminin au Niger tel que l'attestent les statistiques. En conséquence, le slogan « *Leadership féminin en marche au Niger* », n'apparaît plus comme une incongruité, malgré les attaques répétées qu'on peut entendre dans les arènes des débats ou sur les ondes des radios dites de proximité quant aux concessions faites aux femmes (loi sur le quota ; protocole additionnel à la Charte africaine des droits de l'homme et relatif au droit des femmes ; célébration du 8 mars comme journée internationale de la femme ; célébration de la journée nationale de la femme nigérienne le 13 mai, beaucoup de déclarations générales d'intention et quelques ajustements juridiques).

« Effort méritoire ! » aurait pu clamer, à juste titre, ce numéro 009 de la revue féministe *Matan daga* (les femmes de combat en langue haoussa) édité par le Collectif des ONGs et Associations féminines du Niger (CONGAFEN) qui faisait ressortir que les Nigériennes pouvaient s'enorgueillir d'avoir obtenu, au lendemain des consultations populaires de 2004, six portefeuilles de ministre dans un gouvernement qui en comptait vingt-six, et quatorze sièges de député sur 113 à l'Assemblée nationale. Cependant, il faut dire et répéter que les résultats les plus quantitativement significatifs en raison de leur répartition géographique, semblent être ceux obtenus aux élections locales, où 661 sièges sur 3747 ont été attribués à des femmes dans les 263 communes, soit un taux de 17 pour cent de conseillères. Ces proportions se sont maintenues à l'occasion des toutes dernières élections de l'année 2011.

Néanmoins, si l'on peut légitimement être fier à la lecture de ces chiffres, il convient de ne pas se laisser sortir de l'esprit leur précarité, parce qu'ils restent encore largement la manifestation du bon vouloir du Prince, comme un privilège octroyé, qu'il est loisible à tout moment à celui qui le concède, de supprimer. S'il est donc essentiel qu'un cadre institutionnel puisse légaliser ces acquis, il est tout aussi essentiel que des mesures d'accompagnement en garantissent l'effectivité, la continuité, le renouvellement et la progression. Ceci dit, il n'est point ici question de bouder ces résultats acquis de haute lutte par les Nigériennes, ni d'adopter l'absurde attitude de vouloir entrer dans l'avenir à reculons, mais d'inciter à la vigilance en rappelant ainsi que le montre le parcours reconstruit de notre héroïne Harakoye Dikko, que rien n'est permanemment acquis.

Pour l'heure, les femmes nigériennes sont parvenues à monter jusques en certaines instances de décision (gouvernement, Assemblée nationale et autres institutions). Des femmes pionnières, d'abord *role models,* puis représentantes, dans des domaines aussi variés que la magistrature, le notariat, la diplomatie, le journalisme, l'université, l'armée, la police, le cinéma et le théâtre ont commencé à être comptées, puis à compter, selon un processus qui se serait, ensuite, tout naturellement, normalisé. Le Niger peut en effet se vanter d'avoir élu une femme recteur de l'Université et porté des magistrates à la tête des plus hautes institutions judiciaires du pays ! Le savoir n'est donc plus cette citadelle interdite, érigée par les deux plus dé-structurantes des colonisations (l'arabisante et l'« occidentalisante »), qui assignèrent pendant longtemps les femmes nigériennes aux deux seules fonctions productrice et reproductrice, en les laissant sur le bas- côté de la route des programmes de dotation en capital de production. Désormais elles sont lancées aussi, à l'assaut du savoir !

S'il faut proscrire le fait d'avoir constamment la larme à l'œil et de pleurer sur la chute inévitable des feuilles, il convient également d'éviter toute autosatisfaction facile qui occulterait les effets de résistance, voire d'agressivité que suscitent quelquefois les élans d'équité et même de générosité dont ont bénéficié les femmes grâce à leurs efforts. Il leur revient donc de faire face à la vérité du terrain car, il faut se rappeler que la discrimination est profondément ancrée dans les structures mentales et les habitudes sociales et politiques et que, même les hommes intellectuellement bien disposés à l'investiture des femmes, se laissent quelquefois surprendre par le substrat séculaire et l'avis encore largement partagé qui veut que les femmes ne soient pas à leur place dans les instances de décision et dans les bastions que constituent certains domaines d'activités réservés (investiture et responsabilité politiques, ascension sur les diverses estrades qui confèrent de la visibilité). Il ne suffit pas de proclamer l'égalité des droits et de proscrire la discrimination intentionnelle pour que s'instaure l'égalité des chances. Une femme aura à faire face, plus que son chalengeur masculin, aux tentatives de déstabilisation surtout si on la sent craintive de mal faire, handicap largement partagé par la gent féminine et dont ne s'embarrasse que rarement son collègue de l'autre genre. Il peut, en outre, inscrire à son avantage le fait qu'il ait en général, moins de difficultés à articuler vie professionnelle, vie privée et activités politiques.

Ceci dit, il ne s'agit pas de minimiser des succès qui devraient sembler naturels et habituels. À considérer les divers portraits de femmes tracés tout le long de cette discussion en effet, ces succès s'articulent parfaitement à un passé à revaloriser parce qu'ils sont finalement entérinés depuis fort longtemps dans la mémoire des Nigériens. Comment expliquer autrement, qu'au milieu de tant d'embûches et d'attaques qui, quelquefois ne volent pas très haut, les Nigériennes trouvent le courage et la prestance de s'aligner dans les compétitions.

Étonnant ? Pas vraiment, si on daigne se souvenir que les données du mythe et des autres légendes, et même les données de nombre de faits historiques inscrits dans les *backgrounds*, nous rappellent qu'on a pu, dans ce même espace, imaginer mieux, qu'on a pu faire mieux, et qu'il faut faire mieux ! Ne fut-ce qu'en partant du seul schéma mis en place par une construction comme le mythe de Harakoye Dikko, lequel est, en synthèse, la dramatisation et la mise en scène de cet ancien statut.

Ce statut est certes largement contesté aujourd'hui, où ne restent acceptés et reconnus au personnage et en maints lieux, que ses qualificatifs de perpétuelle amoureuse, de femme fatale et de danger permanent qui guette les hommes en quête d'aventure, pour les noyer après l'étreinte. Cette image de mante religieuse reste, malheureusement, satisfaisante aux yeux de certains rhéteurs, parce qu'elle conduit tout droit à celle de la femme déchue dont l'incarnation la plus avilissante est de nos jours et dans nos villes, la prostituée assise sur son escabeau ou appuyée contre son lampadaire, en attente d'un client. Un tel amalgame est bien entendu rassurant pour les antiféministes de tout bord, et qui font feu de tout bois pour bloquer les revendications de justice et d'équité des femmes nigériennes, sahéliennes et africaines.

Garder une figure féminine comme celle Harakoye Dikko dans son rôle de femme forte et de femme de savoir, c'est en effet la confirmer dans sa place d'éclaireuse, de conductrice et de gestionnaire de société, telle que s'en souviennent encore les cultures africaines, quand elles chantent « *Jaziya la Hilalienne* » ou la « *Reine Pokou des Akan* ».

Conclusion

En guise de conclusion, il faut insister sur le fait qu'il convient de presser le citron (le mythe) pour lui faire dégorger son jus afin de mieux explorer et exploiter les patrimoines. On pose d'autant mieux un problème que l'on en possède les données essentielles, parmi lesquelles, cette figure de femme bâtisseuse d'empire qui en émerge en y ayant investi tous ses atouts. D'ores et déjà, ce début d'approfondissement du mythe conduit à découvrir qu'il existe de nombreux textes fondamentaux qui structurèrent nos sociétés anciennes, en ayant mis en place des systèmes politiques et socioéconomiques fonctionnels, traversés sans ostracisme de figures hautement emblématiques, telles que Harakoye Dikko :

- l'unificatrice qui fédère les ethnies pour qu'elles vivent en paix et partagent les avantages du fleuve et des berges qu'il arrose, grâce à son intelligence aiguë et à sa capacité de synthèse des problèmes, sa sensibilité extrême et multidimensionnelle, sa détermination inébranlable et sa vigilance critique ! Toutes qualités qui permettent de prévoir, de gérer et de corriger les égoïsmes tout en ménageant les intérêts particuliers.

Dans sa gestion pragmatique et quotidienne de la vie domestique, elle campe, par ailleurs :

- la femme-chef de famille qui réussit à ramener autour d'elle tous ses enfants, même si entre deux versions du mythe raconté par le même informateur, elle accomplit le tour de force révolutionnaire de décider de les garder d'abord, puis de leur conseiller, se rendant au principe de réalité, de rejoindre chacun, le patelin et les coutumes de son père, parce qu'entre-temps l'islam et la toute-puissance de la maison du père se sont consolidés au point de lui dénier les pouvoirs qu'elle a pu et su gérer, et qui sont refusés aujourd'hui à ses filles.

- la femme émancipée qu'onne répudie pas enfin, parce que c'est elle quidivorce, en réfutant un statut qui aurait constitué un handicap dans l'accomplissement de son dessein supra-sahélien de l'inter-ethnicité, héritage que ses fillesactuelles, venues des différents horizons du Sahel, se doivent de valoriser. On voit donc, en s'appuyant sur cette large, militante et généreuse vision, que le concept d'intellectuel sied parfaitement à Harakoye Dikko et à la classe de ses fils et fille « Tooru », si les référents de l'intellectuel demeurent bien de dominer ses semblables dans la hiérarchie sociale, de posséder la maîtrise des règles de fonctionnement et de gestion de son environnement, et d'agir pour le progrès, la justice et l'équité dans la société où il vit. À la tête du royaume édifié avec l'aide de sa descendance nombreuse et variée, Harakoye Dikko reste bien une dispensatrice de savoirs, de biens matériels équitablement alloués et un intercesseur entre les hommes et Dieu, Le Créateur.

En définitive, et pour clore cette discussion, il faut accepter de scruter patiemment chacune des composantes du mythe pour notre information et notre formation. Comment, en effet comprendre ce qui nous arrive, si nous n'apprenons pas, à l'examen de nos forces et de nos faiblesses, qui nous sommes ?

Bibliographie

Alfa, G. B., 1993, *Miroir du passé : Grandes figures de l'histoire du Niger*, Niamey, ACCT et ONEP.

Association des Historiens Nigériens, 2006, *Histoire de l'espace nigérien : État des connaissances*, Clamecy, Nouvelle Imprimerie Laballery.

Baumgardt, U. et Derive, J., (sous la direction de), 2005, *Paroles nomades : Écrits d'ethnolinguistique africaine,* Paris, Karthala.

Bechtel, G., 2000, *Les quatre femmes de Dieu : La putain, la sorcière, la sainte et la bécassine,* Paris, Plon.

Bernard, Y. et White-Kaba, M., 1994, *Dictionnaire zarma-français*, ACCT-Paris/Mission Catholique de Niamey (République du Niger).

Bernus, S., Bonté, P., Brock, L. & Claudot, H., (Sous la direction de), 1986, *Le fils et le neveu : jeux et enjeux de la parenté touarègue*, Paris, Éditions de la Maison des sciences de l'Homme.

Bierschenk, T., Blundo, G., Jaffré, Y., et Tidjani Alou, M., (sous la direction de), 2007, *Une anthropologie entre rigueur et engagement : Essais autour de l'œuvre de Jean-Pierre Olivier de Sardan*, Paris/Karthala et Leiden/APAD.

Bornand, S., 2005, *Le discours du griot généalogiste chez les Zarma du Niger*, Paris, Karthala.

Confédération générale des Associations des Femmes du Niger (CONGAFEN), septembre 2004, *Matan Daga*. N° 009, Niamey.

Dauphin-Tinturier, A.-M. et Derive, J., (Sous la direction de), 2005, *Oralité africaine et création*, Paris, Karthala.

Diadié, B., 1997, *Le mythe de Harakoy Dikko déesse du fleuve : Initiation à l'analyse narratologique*, Niamey, Éditions du Fleuve.

Diagne, M. 2005, *Critique de la raison orale*, Paris, Karthala.

Diarra, F.-A., 1970, *Femmes Africaines en devenir : les femmes zarma du Niger*, Paris, Éditions Anthropos.

Ducroz, J.-M. et Charles, M.-C., 1982, *L'homme songhay tel qu'il se dit chez les Kado du Niger*, Paris, l'Harmattan.

Dunbar, A. R., 1991, « Islamic values, the state and development of women : the case of Niger » in *Hausa women in the twentieth century*, The University of Wisconsin Press.

Eliade, M., 1963, *Aspects du mythe*, Paris, Idées/Gallimard.

Gado, B., 1980, *Le Zarmataray. Contribution à l'histoire des populations d'entre Niger et Dallol Mawri*, Niamey, Études Nigérianes, n° 45.

Gado, B., 1988, « Libya Antiqua : « Les hypothèses de contact entre la vallée moyenne du Nil et la région du fleuve », Paris, Colloque UNESCO.

Gibbal, J.-M., 1982, *Tambours d'eau*, Paris, Éditions Le Sycomor.

Gibbal, J.-M., 1988, *Les Génies du fleuve, Voyage sur le fleuve*, Paris, Presses de la Renaissance.

Hale, T. A., 1990, *Scribe, griots and novelist*, Universty of Florida.

Hama, B., 1988, *L'essence du verbe, Niamey*, Centre d'études linguistiques et historiques par la tradition orale (CELTHO)

Idrissa, K., 1996, « La prêtrsse Chibo et le mouvement baboulé/haouka au Niger », *Sociétés Africaines et Diaspora*, n° 3, septembre 1996, pp 34-76.

Idrissa, K., 2001, *Le Niger : État et démocratie*, Paris, L'Harmattan.

Issoufi, A. O., 1998, *Zarma ciine kamuusa kayna*, Niamey, Éditions Alpha.

Laya, D., 2000, « Le yeenandi de Kongu en 1966 » In Soumonni E., Laya D et Gado B, 2000, *Peuplement et Migrations*, Actes du Colloque international du Réseau Beyrey-sinda me, (26-27 septembre 1994 à Parakou), Niamey, CELHTO/OUA, pp 179-207.

Laya, D., 1998, *Traditions des Songhay de Tera (Niger)*, Paris, Karthala.

Mounkaïla, F., 2008, *Anthologie de la littérature orale songhay-zarma : Saveurs sahéliennes*, Paris, L'Harmattan.

Mounkaïla F., 1998, « Du Talaka au pauvre : représentations de la pauvreté dans les textes de littérature orale songhoy-zarma du Niger », In Annales de l'université Abdou Moumouni de Niamey, Numéro hors série.

Olivier de Sardan, J.-Pierre., 1982, *Concepts et conceptions songhay-zarma (histoire, culture, société)*, Paris, Nubia.

Pasian, M., 2010, *Anthropologie du rituel de possession en milieu hawsa au Niger*, Paris, L'Harmattan.

Rouch, J., 1989, *La religion et la magie songhay*, Bruxelles, Institut de Sociologie et d'Anthropologie sociale, Éditions de L'université de Bruxelles.

Rouch, J., 1997, *Les hommes et les dieux du fleuve*, Paris, Artcom, Regard d'ethnographe.

Stoller, P. & Cheryl O., 1987, *In Sorcery's Shadow, A Memoir of Apprenticeship among the Songhay of Niger*, Chicago and London, The University of Chicago Press.

Stoller, P., 1989, Fusion of the *worlds : An Ethnography of Possession among the Songhay of Niger*, Chicago University Press.

Sutherland-Addy, E. et Diaw, A., (Sous la direction de), 2007, *Des Femmes écrivent l'Afrique*, Paris, Karthala.

Vidal, L., 1990, *Rituels de possession dans le Sahel*, Paris, l'Harmattan.

10

La construction d'un champ intellectuel
au Niger : dynamiques, figures et enjeux

Mahaman Tidjani Alou

Introduction

Le thème des intellectuels en Afrique peut apparaître, de prime abord, comme un sujet galvaudé tant il a retenu l'attention. Pourtant, on se rend vite compte qu'il pourrait bien s'agir d'une thématique mobilisant de nouvelles réflexions, pour peu notamment qu'on y jette un regard différent, en considérant leur production intellectuelle et ses effets sur leur identité et leur positionnement dans les arènes politiques et sociales. Dans le cadre de ce travail, l'ambition est bien plus modeste puisqu'il s'agit d'observer ces dynamiques, non pas de manière générale, mais en examinant le terrain nigérien qui peut, à son tour, ouvrir à des réflexions plus générales sur l'Afrique.

On le sait, la vie intellectuelle dans les États africains a longtemps été dominée par des publications européennes portées par des fonctionnaires civils ou militaires. Cette suprématie, qui repose en métropole sur un tissu culturel et universitaire structuré et un réseau solide de maisons d'édition, n'est pas étrangère à la situation coloniale. Le plus souvent, les intellectuels africains n'étaient pas partie prenante de cette production, si l'on excepte les ténors de la négritude et certains commis du cadre commun secondaire de l'AOF, instituteurs le plus souvent, qui s'exerçaient alors à l'écriture par le truchement de romans et de nouvelles.

Dans cette mouvance générale, on n'identifie guère d'intellectuels nigériens. Celle-ci réunissait surtout des Sénégalais ou des Dahoméens et parfois des Soudanais qui pouvaient alors accéder aux écoles secondaires puis aux universités françaises. Leur mode d'expression s'identifiait le plus souvent au roman. L'état embryonnaire du système scolaire nigérien n'autorisait guère la production d'intellectuels visibles et de haut niveau. Le système scolaire en place faisait, tout au plus, éclore quelques commis, vite intégrés à divers niveaux de l'administration coloniale, forte consommatrice de commis et autres agents qualifiés (cadre local, cadre commun secondaire). Le Niger, en termes de production intellectuelle, faisait donc figure de parent pauvre dans l'AOF (Capelle 1987 ; Tidjani Alou 2000). On peut dès lors comprendre la lente gestation qui a marqué l'émergence d'un champ intellectuel dans ce pays. Ainsi, pendant longtemps, les savoirs produits au Niger étaient le fait d'administrateurs coloniaux, civils (Séré de Rivières 1950) ou militaires (Abadie 1927 ; Urvoy 1939), ou encore d'hommes de culture comme Jean Rouch ou Boubou Hama. Par la suite, les universitaires, avec la transformation du système éducatif, ont progressivement envahi ce champ par leurs travaux de recherche ou par leurs prises de position publiques, dans la presse écrite ou audiovisuelle, opportunité que leur procure leur capital culturel.

Aujourd'hui, cette configuration donne à voir un espace intellectuel éclaté, marqué par des savoirs hétéroclites et de qualité variable. En effet, les thématiques étudiées par les auteurs frappent par leur diversité et par les ambitions affichées. Les régimes politiques autoritaires (parti unique, pouvoir militaire), par leurs attitudes inhibitrices, n'ont pas été sans influer sur le contenu des savoirs véhiculés et leur impact sur le milieu social. Pendant ces périodes-là, la règle était plutôt le silence. On évitait alors de parler ou d'écrire beaucoup au risque de perdre la vie ou la liberté, ou encore d'encourir une exclusion sociale. Il est vrai que la parole intellectuelle pouvait être euphémisée et s'exprimer par le biais de l'art (chansons ou dramatiques), par le tract (Niandou Souley 1990) ou encore par des écrits publiés sous pseudonyme. On était alors loin de tout ce que la liberté d'expression pouvait autoriser. Évidemment, l'ouverture démocratique enclenchée à partir des années quatre-vingt-dix renouvelle les enjeux et ramène à l'ordre du jour le rôle et la place de l'intellectuel dans nos sociétés.

Cette recherche a pour principale ambition de (re)visiter ce champ intellectuel à travers les auteurs qui l'animent ainsi que le contexte de la production de leurs œuvres en privilégiant les dynamiques de construction de ce champ de la connaissance au Niger, les idées qui le structurent, les supports qu'il utilise pour leur diffusion, et leurs effets sociaux et politiques, à partir d'un recensement et d'une analyse systématique des productions intellectuelles (articles, ouvrages, thèses et littérature grise) accessibles. Ce travail propose par conséquent une trame pour comprendre les substrats de la vie intellectuelle au Niger. Ces orientations seront ouvertes autant que possible à toutes les disciplines des sciences sociales, et prendront aussi en compte les prises de position publiques provenant d'intellectuels issus d'autres disciplines, pourvu qu'elles soient rapportées par les médias.

De façon plus concrète, si l'on peut créditer le Niger de l'existence d'un champ intellectuel, il faut admettre qu'il reste balbutiant, et dans tous les cas, difficile à cerner. Sa labilité est incontestable en raison de la multipositionnalité (*straddling*) et de la mobilité des acteurs qui l'animent. En outre, même leur identification peut être sujette à caution, car ceux que l'on qualifie d'intellectuels n'ont pas toujours de fonction intellectuelle. Et souvent, la question de leur autonomie par rapport au champ politique se pose.

Il importe de préciser que l'approche retenue dans le cadre de ce travail va s'appuyer sur une analyse de la documentation existante sur le sujet. Ici, la prolixité de la recherche européenne contraste avec la rareté des références identifiables en Afrique et plus particulièrement au Niger. C'est pourquoi il est nécessaire dans un premier temps de baliser la notion de champ intellectuel afin de cerner ses contours. La genèse du champ intellectuel nigérien, depuis le début des années soixante, dans ses différentes dimensionsetdansses dynamiquesdetransformation, compose la toile de fond qui structure ce travail. Celui-ci passe par l'identification des œuvres les plus importantes et des hommes qui les produisent et les diffusent. Nous y avons adjoint la presse écrite notamment *Haské, Le Républicain et le Démocrate*. Une telle démarche engage une réflexion sur la place des intellectuels dans l'espace public au Niger dans le contexte démocratique en cours.

Le titre de ce texte implique de définir avant tout les notions qui le structurent, les mots « intellectuel » et « champ ».

Le mot « intellectuel », bien qu'étant galvaudé en Afrique, a occasionné de nombreux débats, notamment au sein du CODESRIA qui a été et demeure toujours une place forte en la matière. La notion elle-même est sujette à de vives controverses quant à son repérage. Elle est notamment l'objet d'usages tant savants que populaires. Souvent, le mot « intellectuel » renvoie à tous ceux qui sont diplômés du système scolaire par opposition à ceux qui en sont exclus. Du coup, sa référence indiscutable a des liens forts avec les diplômés des systèmes scolaires et universitaires de type français, anglo-saxon, russe, arabe ou chinois. En général, l'identification de l'intellectuel en Afrique joue sur les deux registres complémentaires. D'abord, les diplômés du système scolaire s'autoproclament et parfois s'autocélèbrent comme intellectuels ; en même temps, ces diplômés sont perçus comme tels dans le sens commun. Dans le langage populaire, ils sont qualifiés également d'intellectuels. En outre, l'intellectuel africain est caractérisé par une certaine extranéité dans sa société, extranéité qu'accrédite le savoir qu'il a acquis par une fréquentation assidue et durable du système scolaire né de la colonisation et récupéré par l'État postcolonial. Cette position lui confère un statut ambigu oscillant entre valorisation et marginalisation. Mais, au-delà de ces perceptions générales, on voit bien que la question n'est pas si simple. Elle oblige à définir le mot en partant de son sens initial et en prenant en compte les mutations qu'il subit dès lors qu'on le confronte au terrain africain.

Généralement, on attribue sa paternité à Zola (Winnok 1999). Celui-ci lui donne un sens précis qui a été fortement symbolisé en France par Jean Paul Sartre, Raymond Aron ou Pierre Bourdieu, pour ne citer que les cas les plus emblématiques. Dans ce sens, l'intellectuel cumule les ressources du savant et du critique social ayant une certaine présence dans l'espace public. Cette dernière caractéristique suggère que le diplôme ou la référence académique puisse ne pas être le seul critère d'identification et de reconnaissance de l'intellectuel. S'il est facile d'identifier le savant, il reste à déterminer la fonction de critique social dans ses différents modes d'expression. Bien sûr, l'écrit en constitue un des plus saillants, sans être exclusif ; mais on ne peut exclure sa fonction tribunicienne et son engagement qui, malgré tout, sont des traits qui singularisent l'intellectuel dans son identité. Dans cette deuxième dimension, c'est son discours public (oral ou écrit) et ses prises de position qui le définissent dans l'espace public (Dacheux 2008).

Le mot « champ », pour sa part, renvoie à un espace de lutte pour garder ou modifier la structure des rapports de force dans un espace social déterminé. Pour Lahire, qui s'est particulièrement penché sur ce concept tel que Pierre Bourdieu l'a introduit et étudié :

> Les éléments fondamentaux et relativement invariants de la définition du champ que l'on peut extraire des différents ouvrages et articles de l'auteur sont les suivants : un champ est un microcosme dans le macrocosme que constitue l'espace social (national, global) ; 2) chaque champ possède des règles et des enjeux spécifiques irréductibles aux règles du jeu et enjeux des autres champs ; 3) un champ est un « système » ou un « espace » structuré de positions » (Lahire 1999:24-25).

Le champ est une notion consubstantielle à la sociologie de Pierre Bourdieu. Ce concept permet d'éclairer les ressources symboliques stratégiques portées par les acteurs d'un espace social déterminé et les enjeux autour desquels ils se confrontent.

Partant de ces définitions succinctes, parler d'un champ intellectuel au Niger peut porter à confusion ; tout au moins, cela suggère plusieurs questions : existe-t-il vraiment un champ intellectuel au Niger ? Peut-on le circonscrire ? Qui peut-on considérer comme en faisant partie ? Ces intellectuels ont-ils des ressources spécifiques qui les singularisent ?

S'il est difficile de répondre à ces questions de façon hâtive, on peut admettre l'existence d'un champ intellectuel en gestation. Celui-ci est marqué par la présence d'acteurs, dotés de ressources symboliques et stratégiques. Leur place dans la société est plus ou moins visible selon les enjeux politiques du moment. Leurs modes d'intervention et leurs engagements sont parfois déterminants dans les luttes sociales.

L'une des façons d'appréhender le champ intellectuel au Niger est de considérer les productions qui ont fait débat au cours de l'histoire du pays, mais aussi les figures qui les ont portées. L'histoire intellectuelle du Niger offre la particularité d'avoir été marquée par de nombreuses œuvres, de facture différente. Leur production a été progressive, pour connaître des pics à des périodes historiques déterminées.

En utilisant le catalogue du Fonds Niger, une base de données physique rassemblant les ouvrages réunis par l'Institut de recherche en sciences humaines (IRSH), les Archives nationales et le Centre culturel franco-nigérien (devenu

Centre culturel Jean Rouch), il est possible d'asseoir la démarche retenue ici sur des éléments vérifiables et accessibles au Niger même. Nous faisons l'hypothèse que ce sont ces écrits, dans leur diversité, qui donnent au champ intellectuel nigérien le contenu qui lui sert de substrat. Évidemment les données du catalogue ne sont pas exhaustives. Ces données s'arrêtent à partir de 2004. À notre sens, elles constituent un point de départ fiable pour notre démarche. On peut la compléter par les productions intellectuelles non cataloguées qui sont intervenues par la suite. On sait qu'elles existent, même s'il n'est pas possible de s'en procurer au Niger même. Cette lacune du catalogue peut s'expliquer par un déficit dans le travail de recensement des travaux qui se font au Niger. Par ailleurs, on peut aussi mettre en cause la politique d'achat d'ouvrages au sein de ces institutions. On sait par exemple que l'IRSH et les archives nationales ne disposent pas de budget affecté à cet effet et ne peuvent le plus souvent que se prévaloir de dons d'ouvrages de diverses provenances (chercheurs, bienfaiteurs, etc.). Pour le moment, dans le cadre de ce travail, l'option faite consiste à partir du Fonds Niger, quitte à le compléter par d'autres productions, notamment par les articles de presse. On sait qu'avec le développement médiatique, leurs supports sont nombreux (radios, télévisions, presse écrite) et qu'il serait difficile dans ce cadre de les recenser tous.

On prendra en compte d'autres sources, comme la presse écrite (surtout avec l'enclenchement du processus démocratique) et la radio, ou encore la télévision qui ne démarre véritablement que dans les années quatre-vingt.

La présentation qui suit privilégie une démarche génétique. Le choix effectué se cantonne délibérément au Niger contemporain. Elle s'articule en deux temps : d'abord les bases du champ intellectuel qui prennent forme à partir des indépendances. Celles-ci offrent l'avantage de comprendre les origines et la gestation de ce champ toujours embryonnaire ; ensuite on s'attachera à décrire les dynamiques de l'émergence des intellectuels et leur cheminement avec l'enclenchement du processus de démocratisation, au début des années quatre-vingt-dix, qui consacre réellement leur emprise sur l'espace public en construction.

Les bases fondatrices du champ intellectuel au Niger

L'identification des bases fondatrices du champ intellectuel au Niger renvoie les investigations sur le terrain aux années soixante, qui correspondent à la période dite des indépendances. Cette période va voir se constituer progressivement un champ intellectuel à travers l'augmentation substantielle des publications produites au Niger et de celles qui circulent dans le pays et dont les auteurs écrivent et publient de l'extérieur. Il faut reconnaître qu'au plan quantitatif, celles-ci n'étaient pas importantes. Elles se construisent sur un fond extrêmement faible, souvent critiquable dans ses intonations paternalistes, parfois raciste dans son lexique. On y trouve les travaux des explorateurs coloniaux (avant la pénétration coloniale), puis ceux des administrateurs coloniaux à travers les différents travaux et monographies qu'ils ont effectués dans l'exercice de leur fonction. Ces travaux, le plus souvent, participaient à des débats intellectuels hors du Niger ou consolidaient, dans certains cas, le travail des commis de la colonisation. Ils ne pouvaient en conséquence alimenter un champ intellectuel au Niger à proprement parler. Celui-ci était à peine balbutiant. Par ailleurs, selon le décompte effectué à partir du Fonds Niger, de la pénétration coloniale aux indépendances, on dénombre à peu près 215 publications, tous genres confondus, produits sur une soixantaine d'années, soit une moyenne d'environ 3,5 publications par an. En outre, les auteurs nigériens étaient rares. Ce fonds a constitué un point de départ, un substrat sur lequel les futurs intellectuels vont évoluer et bâtir leurs travaux et diffuser leurs idées. On verra que, selon les périodes, les productions sont variables, tant par la qualité et le type de travaux, que par le nombre d'ouvrages. Chaque période a finalement encouragé, à sa manière, la croissance et l'élargissement du champ intellectuel, en favorisant la naissance de l'intellectuel nigérien.

Sous la Première République : les jalons de la production intellectuelle

Dans les années soixante et jusqu'au coup d'État du 15 avril 1974, la production intellectuelle était faible, oscillant entre 14 et 47 publications par an. Des pics sont observables en 1968 et en 1969, comme le montrent le tableau et le graphique ci-après :

Tableau 10.1 : Les productions intellectuelles durant la Première République

Années	Nombre d'articles publication	Moyenne
1961	14	23,2
1962	14	23,2
1963	16	23,2
1964	21	23,2
1965	10	23,2
1966	13	23,2
1967	19	23,2
1968	47	23,2
1969	39	23,2
1970	22	23,2
1971	24	23,2
1972	39	23,2
1973	24	23,2
Moyenne	23,2	
Total	**302,0**	

Source : Tableau établi par nous-même à partir du Fonds Niger.

Graphique 10.1 : Représentation des productions intellectuelles durant la Première République

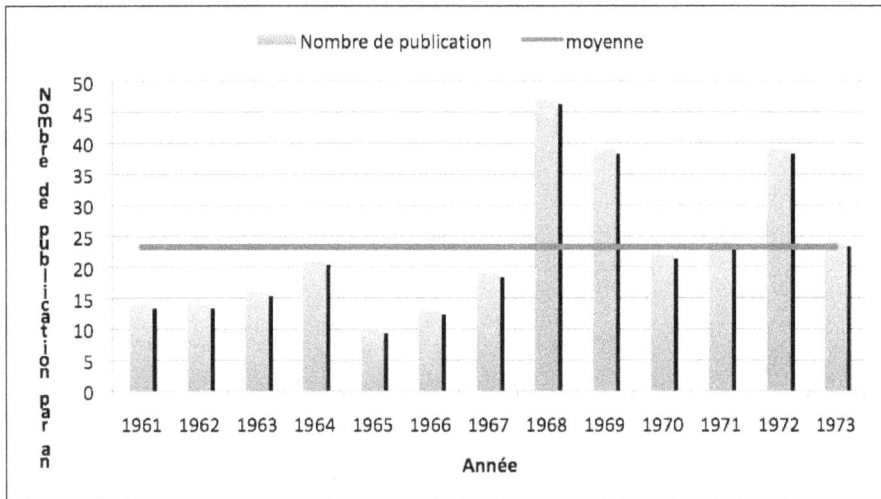

On constate, par rapport à la période coloniale, une augmentation significative du nombre de publications. Plusieurs raisons expliquent cette croissance.

L'éducation prend véritablement son essor avec le renforcement de ses bases structurelles. C'est sous la Première République que sont créés les principaux lycées du Niger (le Lycée national, le lycée des jeunes filles, le lycée Issa Béri, le lycée Mariama, le lycée de Zinder), qui seront le réservoir des futurs étudiants. Le Centre d'enseignement supérieur de Niamey (1971) sera également créé, puis transformé en université en 1973 (Zakari 2011). La formation des étudiants, au Niger même, devient alors une réalité. Jusque-là, ils étaient formés dans la sous- région ou hors d'Afrique.

Ce mouvement de construction des capacités nationales en enseignement supérieur renforce le Centre national de la recherche en sciences humaines (CNRSH). Ce centre, qui avait pris la suite de l'IFAN, devient rapidement un creuset de la production intellectuelle au Niger dans le domaine des sciences humaines. Il accueille beaucoup de chercheurs expatriés. Ceux-ci, dans le cadre de leurs recherches, vont contribuer à la production de nombreuses publications. La collection « Études nigériennes » naîtra à cette époque et permettra la publication de thèses de doctorat : *Les Wogos* par Jean-Pierre Olivier de Sardan (1968), *Le Damagaram* par André Salifou (1970) pour ne citer que ceux-là. Le premier s'inscrit dans le courant de l'anthropologie marxiste et permet de jeter un autre regard sur les sociétés nigériennes. Le second, consacré à un État précolonial de l'espace nigérien, offre des connaissances nouvelles sur l'histoire du Niger, allant ainsi au-delà de ce qu'avait apporté Séré de Rivières dans son ouvrage paru plus tôt. Ce centre offrira un cadre de travail et de recherche à de nombreux étudiants, chercheurs et hommes de culture.

En outre, ces premières années de la post-indépendance voient également la parution des premiers travaux universitaires consacrés à la connaissance des sociétés nigériennes.

Boubou Hama publie de très nombreux ouvrages sur le Niger et sur l'Afrique au cours de cette période (voir dans cet ouvrage le texte d'Issa Daouda Abdoul Aziz). Il édite aussi des manuels d'histoire pour les scolaires du primaire. Sa bibliographie est impressionnante (Issa 2010).

Le cinéma anthropologique, sous la houlette de Jean Rouch qui s'est déjà illustré dans les années cinquante (Rouch 1954), fait son apparition et participe à la réalisation de nombreux films qui familiarisent le public avec les cultures et religions du tout nouveau pays.

D'autres vont exceller dans la production de ballets et de chants au cours du Festival de la jeunesse organisé chaque année par le ministère chargé de la Culture. Le répertoire proposé est puisé dans les traditions nigériennes, comme pour permettre au peuple de prendre conscience de sa propre identité.

Cette période verra aussi l'émergence du syndicalisme étudiant et enseignant qui s'affirme comme un creuset de contestation, de dénonciation et de revendications sociales. Ainsi, des hommes de savoir se singularisent et critiquent ouvertement l'action du pouvoir en place. Le savoir et l'écriture deviennent une arme de lutte. Les scolaires et les enseignants occupent un espace public jusque-là invisible. Ils s'expriment par des tracts. Mais ceux-ci ne sont pas signés, même si leur provenance est connue. Cette production inquiète les dirigeants en place qui n'hésitent pas à déployer leurs forces de répression parfois féroces. Et l'on en connaît les conséquences en termes d'exactions multiformes.

Cette première période est marquée par une réelle floraison des connaissances les plus variées, portées par quelques figures intellectuelles qui font leur apparition dans l'espace public. Mais ce jaillissement reste malgré tout timide. Il s'apparente davantage à une étape de production de savoirs intellectuels utiles pour le jeune État, avide de connaissances pouvant poser les jalons de sa propre identité. Il existait aussi une volonté marquée de connaître les sociétés avant de les transformer, mission qui avait d'ailleurs été confiée au tout jeune Commissariat au développement et à laquelle participaient des chercheurs et des assistants techniques d'origines diverses, spécialement dédiés à cette fonction, que l'on peut identifier comme la naissance de l'idéologie du développement au Niger. L'IRAM en sera l'intellectuel collectif et son outil principal, l'animation rurale.

Au-delà de ces traits structurants, plusieurs œuvres marquantes paraissent au cours de cette période :

- L'ouvrage d'Abdou Moumouni, *Éducation en Afrique*, critique durement le système d'enseignement hérité de la colonisation (1964) et propose quelques pistes d'orientation pour l'avenir du secteur dans les pays africains. Par son regard critique, cet ouvrage dont l'auteur est bien connu dans les milieux intellectuels africains pour ses nombreux engagements, participe aux débats en cours dans les périodes post-indépendances.

- Seré de Rivières réédite son livre paru déjà en 1950, sous un nouveau titre : *République du Niger* (1965). Il est préfacé par Diori qui fait ressortir les liens séculaires qui unissent les communautés nigériennes. Mais surtout, il donne une vision d'ensemble du Niger à travers une présentation historique des différentes communautés qui le composent. En outre, il esquisse un bilan sommaire de la colonisation de son point de vue d'administrateur colonial devenu, après l'indépendance, un assistant technique au ministère de l'Intérieur du jeune État.

- C'est aussi au cours de cette période que Boubou Hama s'affiche véritablement dans sa dimension intellectuelle à travers la publication de ses nombreux travaux. Ils permettent à l'auteur de se positionner dans une arène intellectuelle naissante. L'homme politique qu'il est (secrétaire général du PPN-RDA, président de l'Assemblée nationale) se double d'une figure incontestable d'intellectuel. Il ancre ses travaux aussi bien dans les traditions historiques que dans les grands débats panafricains du moment.

Ainsi, cette première période, qui s'étale sur une quinzaine d'années pose les jalons à partir desquels cette production va se poursuivre au cours des décennies suivantes.

Sous le régime d'exception : une intensification de la production intellectuelle

Au cours de cette période, les productions intellectuelles vont s'intensifier, mais sans que leur volume atteigne un niveau considérable. Les pics identifiables se situent en 1981 et en 1990. Bien que le contexte politique ne soit pas propice à la liberté intellectuelle en raison de la nature autoritaire du régime politique, le rythme a été influencé par le développement de l'enseignement supérieur, qui a permis la réalisation d'un nombre substantiel de travaux de recherche.

Tableau 10.2 : Les productions intellectuelles sous le régime d'exception

Années	Nombre de publications
1974	30
1975	36
1976	28
1977	34
1978	23
1979	20
1980	21
1981	50

1982	26
1983	37
1984	24
1985	25
1986	16
1987	22
1988	20
1989	25
1990	41
Total	478
Moyenne	**28,11**

Source : Tableau établi par nous-même à partir du Fonds Niger.

Graphique 10.2 : Les productions intellectuelles sous le régime d'exception

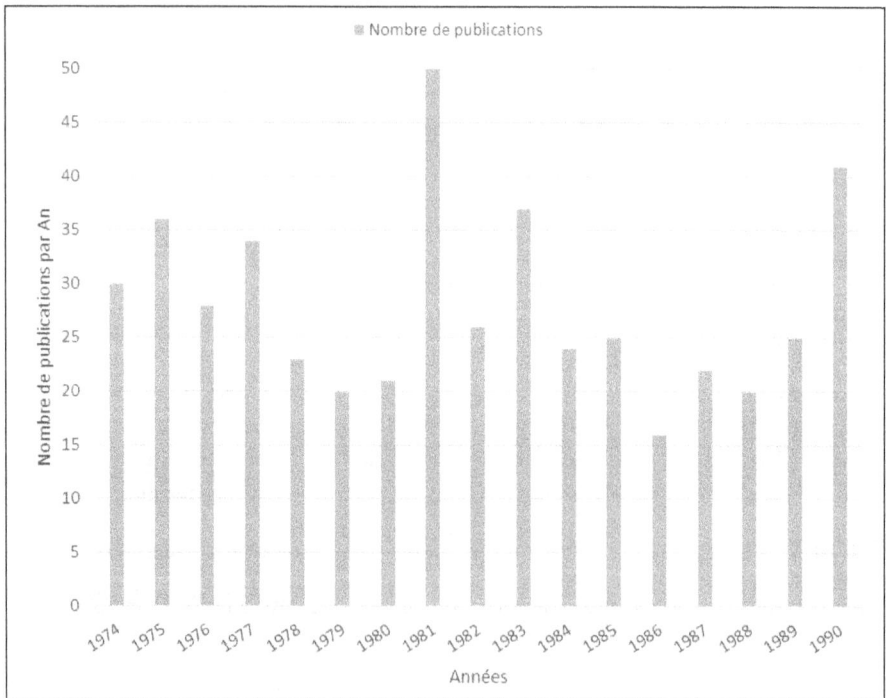

Malgré tout, nous avons affaire à une période assez riche, avec notamment la publication de nombreuses thèses en sciences sociales. Ces thèses se signalent par leurs thématiques et leurs approches de l'histoire. Elles apportent des connaissances inédites par l'utilisation de sources orales, en plus des habituels documents écrits. L'IRSH y a joué un rôle important avec sa collection « Études nigériennes ».

En outre, les maisons d'édition étrangères publient des ouvrages de chercheurs nigériens mais aussi de chercheurs ayant travaillé sur le Niger. Des articles sur les thèmes les plus variés sont publiés par des revues comme *Le mois en Afrique* dont la diffusion a été arrêtée au début des années 80.

En somme, la connaissance du Niger s'approfondit avec le développement de la recherche. Toutes les régions du Niger sont couvertes par des travaux en histoire. Sur son passé précolonial, il n'y a guère de régions qui n'aient été abordées par les historiens : Hamani pour l'Adar et l'Ayar (1975, 1989), Échard sur l'Adar (1975) ; Zakari sur le Mangari (1985) ; Gado sur le Zarmatarey (1980) ; Karimou sur l'Aréwa (1975) ; Nicolas sur le Katsina (1975). Sur le passé colonial, les connaissances ne sont pas moins neuves comme le montrent les recherches de Salifou sur le Damagaram (1970), d'Idrissa sur les résistances anticoloniales (1980), d'Olivier de Sardan sur les sociétés Zarma-Songhai (1982, 1984). Chacun de ces auteurs compte à son actif une ou plusieurs publications.

Les chercheurs investissent d'autres domaines, leur groupe s'élargit et leur communauté se constitue progressivement. L'université de Niamey leur sert de point d'attache professionnelle. Leurs avis techniques sont sollicités. Beaucoup d'entre eux se convertissent en intellectuel organique au sens de Gramci.

Avec le lancement d'une télévision nationale, ils deviennent visibles. Derrière des noms connus se profilent non seulement des visages, mais aussi un verbe, tantôt séduisant, parfois irritant. On parle alors plus facilement d'intellectuels. Les types de débats qu'ils engagent sont variés.

À ce sujet, il y aurait lieu de ne pas perdre de vue le contexte du moment. Avec le coup d'État de 1974, le Niger s'est engagé durablement dans un autre régime autoritaire (Idrissa 2008). Un peu partout en Afrique, ce sont les militaires qui ont le vent en poupe. Ils s'installent au pouvoir dans la plupart des pays africains. Dans de telles situations, l'éclosion d'une vie intellectuelle est entravée, voire étouffée.

Parmi les sujets qui sont discutés dans les salons et dans les groupes d'affinité, nombreux en situation autoritaire, il y a sans doute la position des intellectuels par rapport au nouveau régime. Ils sont nombreux à s'y être ralliés en occupant des postes dans la haute administration ou dans des fonctions politiques éminentes. Julien Benda aurait raison d'y voir une autre « trahison des clercs », car l'une des prouesses du régime a été d'intégrer rapidement à son système des intellectuels engagés qui s'étaient fait remarquer dans le syndicalisme étudiant au cours de leur vie universitaire. Le régime militaire a vite affiché aussi des personnalités ayant le titre de docteur, une façon de dire au grand public toute l'importance qu'il accorde au savoir dans le fonctionnement de l'État. Pourtant, ces régimes neutralisent l'expression politique au profit d'une valorisation du technique dans le travail politique. On ne parle alors que de cadres compétents engagés pour le développement de leur pays et voulant le servir. Seul l'engagement pour le développement est admis. Et ceux qui tenaient lieu d'intellectuels participent activement à la formalisation de cette nouvelle idéologie mobilisatrice. Le régime les utilisait à son profit. Ils étaient gratifiés de postes importants et des avantages qu'ils procurent. On dit qu'ils « ont renoncé au combat pour aller au râtelier ». Ils étaient méconnaissables aux yeux de leurs pairs qui les ont tant admirés au cours de leurs études. Leur présence au pouvoir marquait aussi un gage de sérieux pour le régime militaire qui pouvait compter sur ces « acquisitions » pour rallier les intellectuels hésitants.

Le régime militaire lance la société de développement et les intellectuels, qu'ils soient dans la haute fonction publique ou à l'université, sont massivement mis à contribution. Ils sont les initiateurs et les concepteurs des documents de base. Ils sont associés à tous les niveaux de la réflexion. La nouvelle idéologie pour laquelle ils s'engagent est le développement. Qui peut être contre le développement de son pays ? C'est un moule unifiant qui permet de taire les divergences idéologiques, ou tout au moins, de les faire taire en n'en parlant pas. D'ailleurs, une police politique veille scrupuleusement à ce silence, parfois ressenti par ceux qui le vivent comme un silence coupable et malsain. En tout cas, ce régime a fonctionné dans cette logique, que même la décrispation qui a suivi la mort de Kountché n'a pas remise en cause.

Ce régime n'occultait pas les débats publics, mais ceux-ci étaient contrôlés et pouvaient même être sanctionnés. On se souvient de la conférence publique d'André Salifou, professeur d'histoire, doyen de la faculté de pédagogie. Le sujet qu'il a abordé était « chaud ». Il portait sur le bilan de la Première République renversée par le régime militaire. « Tout le monde attendait le professeur au tournant ». Sa conférence s'est bien déroulée dans l'ensemble. Elle a été magistrale. Beaucoup découvraient alors l'éloquence de ce professeur d'histoire, « notre premier docteur en Histoire ». Mais la conférence « dérapa » au cours des débats de par la nature des questions posées par les participants. Certaines des questions obligeaient le conférencier à prendre position sur la gestion des dix ans du régime militaire. On se souvient bien de sa réaction : « Vous voulez un bouc émissaire ? », a-t-il demandé à l'auditoire. Et il prit dans ses réponses des positions tranchées et sans équivoque, tendant à valoriser le régime de la Première République qui était, selon lui, bien moins corrompu que le régime du moment. À la fin de la conférence, son courage et son audace furent salués… mais en même temps, sonnait le glas de sa grâce aux yeux du régime militaire. Il va perdre son poste de doyen pour devenir un simple enseignant-chercheur, mais pleinement engagé dans une nouvelle vie intellectuelle. Elle fut porteuse puisqu'elle déboucha sur son élection à la présidence du présidium de la conférence nationale au sortir du régime militaire.

On peut aussi voir que le régime militaire a arboré vis-à-vis des intellectuels une autre démarche. Il a favorisé l'invitation au Niger de célébrités africaines ayant brillé par leurs travaux scientifiques et leurs prises de position sur les questions de développement. C'est le cas, pour ne citer que ceux-là, de Cheikh Anta Diop ou de Samir Amin, qui ont en toute liberté émis des idées fortes au cours de conférences dites à Niamey.

Ainsi, on tolère des « intellectuels du dehors » dans leur fonction intellectuelle, mais ceux du dedans sont contraints à l'autocensure ou à la mise à l'écart et au vide organisé autour de leur personne et de leur famille.

Il faut reconnaître qu'à cette époque, beaucoup d'intellectuels se consacrèrent à leur vie professionnelle d'enseignant ou de haut fonctionnaire. Mais ils publiaient et étaient intègres dans leur vie, souvent rangée. Djibo Hamani publie ses recherches sur l'Adar précolonial (1975), puis sur le sultanat de l'Aïr (1989) ; Mamane Karimou sur les Maouris zarmaphones (1975) ; Boubé Gado lance son Zamatarey (1980), Idrissa Kimba, *Guerres et sociétés* (1981), Adamou Aboubacar, *Agadez et sa région* (1985), Maikoréma Zakari écrit sur le Mangari (1985). D'autres travaux attendent toujours d'être publiés : Zoumari Issa Seini sur le Soney oriental, Mallam Issa sur le Damargou, Ado Mahamane sur le Katsina. La liste n'est pas exhaustive. En tout cas, la recherche historique connaît une certaine vitalité. Elle innove dans les méthodes en utilisant des données de tradition orale. Ce renouvellement des connaissances favorise l'information et la prise de conscience de leur histoire par beaucoup de jeunes Nigériens qui l'ignoraient ou qui n'en avaient qu'une connaissance approximative (Bernussou 2008). Certes, ces chercheurs ne participaient pas à la vie politique mais ils écrivaient et étaient lus. Et les connaissances qu'ils ont apportées ont contribué à la rédaction de nouveaux manuels scolaires en primaire et dans les collèges. Ils ont eu, à leur façon, une réelle influence dans leur société.

La Deuxième République n'a pas duré. À peine mise en place, elle a dû faire face aux demandes de changement politique émanant de la société. Enclenchépar la tuerie du 9 février 1990, ce mouvement débouche sur la Conférence nationale le 29 juillet 1991. Au cours de cet intermède, les intellectuels exclus, rangés dans des fonctions techniques, ou encore ceux qui maintenaient leurs positions malgré tout, font leur entrée dans les arènes politiques. Ils s'activent et s'engagent dans les syndicats (le Syndicat national des enseignants chercheurs du supérieur (SNECS) est créé à cette période) ou dans les partis politiques, qu'ils créent pour donner corps à l'option pour un multipartisme intégral qui a été faite par le régime en novembre 1990. Plusieurs professeurs d'université créent individuellement des partis politiques (André Salifou crée UPDP Chamoua ; Bello Tchiousso Garba crée UDP Amintchi) ou collectivement (Le PMT Albarka, l'UMAD Aiki, le PNDS Tarraya). D'autres intellectuels rallient d'autres partis. En tout cas, à la veille de la conférence nationale, ils sont parés pour le changement politique, celui dont ils ont tant rêvé au cours des années de régimes autoritaires. Ils ont enfin leur revanche. Ils réaffirment cette idée déjà vieille de l'intellectuel engagé dans la lutte politique en vue de la conquête du pouvoir.

Intellectuels et structuration d'un champ intellectuel au Niger

À partir de 1990, on assiste à une explosion de l'activité intellectuelle avec l'enclenchement du processus démocratique. Celui-ci provoque un boom sans précédent. D'un côté, la production d'ouvrages se développe ; de l'autre, l'explosion médiatique, avec l'émergence des médias privés libres (presse, audio et audiovisuel) permet d'ouvrir les journaux de la place à des articles provenant d'universitaires ou d'hommes de culture qui saisissent ces nouvelles tribunes pour s'exprimer et émettre des vues sur de très nombreux sujets. Par ailleurs, avec les radios et les télévisions privées, ce sont les modes d'expression publique qui changent et ce sont aussi les tribunes d'intervention qui se diversifient. On écrit moins d'ouvrages, mais on écrit beaucoup dans la presse. On organise des débats à la radio et la télévision. Les interviews apparaissent comme un autre mode d'expression ouvert aux intellectuels. Les médias publics n'ont plus le monopole des opinions et de la parole diffusée. En somme, avec la démocratisation, on voit se construire progressivement au Niger un véritable espace public au sens habermassien du terme (Habermas 1997). Il importe par conséquent d'identifier les foyers de cette vie intellectuelle et les cycles qui la régulent.

Les foyers de la vie intellectuelle

On peut passer en revue au moins deux foyers de cette vie intellectuelle. Même si les ouvrages constituent un élément important du champ, il est clair que ce sont les médias et les supports qu'ils diffusent qui ont pris le dessus dans la promotion des débats et partant dans la formation de l'identité des intellectuels.

Les ouvrages, comme nous l'avons vu, ont été pendant longtemps un support important de la production intellectuelle au Niger. On voit bien, à travers le tableau qui suit, que la démocratisation n'a pas infléchi cette dynamique. Les publications ont continué de croître, même si on observe que le Fonds Niger s'est très peu enrichi à partir de 1996.

Tableau 10.3 : Les productions intellectuelles depuis le début du processus démocratique

Années	Nb de publications
1991	35
1992	55
1993	71
1994	68
1995	42
1996	46
1997	10
1998	1

1999	1
2000	3
2001	1
2002	2
2003	4
2004	1
Total	340
Moyenne	**24,28**

Source : Tableau établi par nous-même à partir du Fonds Niger.

Graphique 10.3 : Les productions intellectuelles depuis le début du processus démocratique

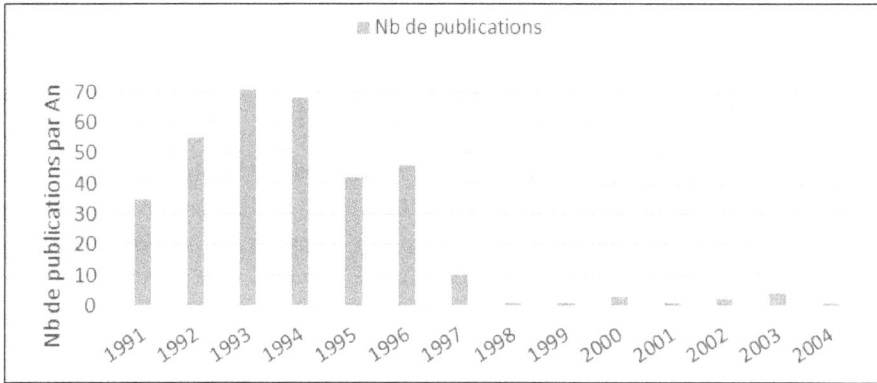

Cette déflation n'est nullement liée à une baisse d'activité intellectuelle. C'est plutôt la base de données qui n'est pas alimentée. Beaucoup d'ouvrages et d'articles qui se font au Niger n'existent que dans les bibliothèques privées et ne participent pas directement au débat intellectuel dans le champ national. Pourtant l'augmentation est réelle. Sans être exhaustif, on peut signaler de nombreux ouvrages (Idrissa 2001 & 2009 ; Hamani 2011 ; Zakari 2009 ; Djibo : 2001 ; Alpha Gado 1992), ainsi que des articles scientifiques publiés par des chercheurs comme Gazibo, Niandou Souley, Issa Abderhamane, Tidjani Alou ou Mamoudou Gazibo, sans que ces publications aient nécessairement des échos au-delà du milieu de spécialistes intéressés.

Au travers de ce foisonnement, on peut distinguer plusieurs types d'écrits :

- D'abord les thèses de doctorat publiées ou non : toutes les disciplines sont désormais représentées dans le champ intellectuel. Les historiens poursuivent leur quête de connaissance sur le précolonial et le colonial ; les économistes abordent des sujets ayant trait à la politique agricole, les mines, et s'intéressent également à la gestion dans ses différents aspects. Ils s'ouvrent sur des secteurs spécialisés comme l'épargne, l'économie, la microfinance ou les questions environnementales. Les juristes et les politistes deviennent plus présents dans le champ de la recherche en travaillant sur des sujets restés longtemps tabous. Ils injectent dans le débat public de nouvelles thématiques que n'autorisaient guère les régimes précédents : Droits de l'homme, régimes politiques, partis politiques, État, etc. La recherche en sciences sociales explose. Elle introduit dans l'espace public des jeunes docteurs, souvent engagés qui participent sans complexe aux débats publics. Le cas d'Abdoulaye Niandou Souley mérite d'être évoqué en raison de ses interventions dans la presse privée. Ces interventions sont nombreuses et apportent des éclairages utiles au lecteur. Parfois, il engage des polémiques où ses prises de position participent du débat public.

- On voit aussi apparaître sur ce terrain un nouveau genre littéraire, les mémoires. Au cours des périodes précédentes, les mémoires étaient publiés par les administrateurs coloniaux ou par les premiers coopérants racontant leurs expériences en Afrique (Colin 2004 ; Delavignette 1946, David 2007, Baulin 1986, etc.).

- Avec la démocratisation, on enregistre la publication de mémoires écrits par les fonctionnaires nigériens en fin de carrière : parmi eux, on peut signaler Kaziendé (s.d.), militant du RDA, instituteur et plusieurs fois ministre sous la première république ; Moumouni Djermakoye (2005), membre du CMS, plusieurs fois ministre, ancien président du CND, préfet, ancien président de l'Assemblée nationale ; Idé Oumarou (1995), premier directeur de cabinet du président Kountché, ancien représentant du Niger au Conseil de sécurité, ancien secrétaire général de l'OUA ; Oubandawaki (1995), colonel de gendarmerie, aide de camp du président Kountché. La liste n'est pas exhaustive, mais elle montre l'éclosion d'une nouvelle dynamique littéraire mettant en scène des hommes politiques qui se racontent et qui expliquent le sens de leurs actions et de leurs choix à des périodes historiques déterminées.

- Les essais aussi font leur apparition. Il s'agit de réflexions portées par des acteurs-clefs, ayant joué un rôle important dans l'appareil d'État en occupant des postes politiques importants. Boukari Adji publie en 1997 *Les méandres d'une transition* après avoir exercé les fonctions de Premier ministre dans le régime de transition de 1996 après le coup d'État du Colonel Ibrahim Mainassara Baré. Il a auparavant occupé les fonctions de ministre des Finances et de vice-président de la BCEAO. Ibrahim Assane Mayaki publie *La caravane passe…* en 1999, alors qu'il exerçait les fonctions de Premier ministre sous la transition installée après le coup d'État dirigé par Daouda Mallam Wanké. Mahaman Ousmane, président de la CDS-Rahama, ancien président de la République, ancien président de l'Assemblée nationale, écrit *Refonder la gouvernance démocratique* (2002). D'autres essais sont publiés par des hauts fonctionnaires, anciens cadres du ministère chargé de l'Économie et des Finances, comme Sidibé (1994, 2012) ou Mayaki (2006).

Il faut remarquer que cette production intellectuelle ne provoque pas toujours des débats. Parfois, les ouvrages passent inaperçus, sans aucune publicité. Ils n'ont pas le même poids dans l'espace public et on n'en parle pas de la même façon. Surtout, ils provoquent rarement des réactions écrites. Seuls les auteurs qui réussissent à organiser des vernissages peuvent espérer des encarts ou des interviews dans la presse, qui constitue pourtant l'espace le plus foisonnant en termes de diffusion d'information.

Le deuxième foyer de la vie intellectuelle est constitué par les médias privés. Pour les intellectuels nigériens, les médias privés, qu'il s'agisse de la presse écrite, de la radio ou de la télévision, ont été un réel détonateur de leur liberté d'expression et de leur volonté de contribuer à la vie publique en émettant des opinions sur les sujets les plus variés.

Une revue des articles publiés dans trois organes lancés au début du processus de démocratisation ont offert une tribune d'expression à de nombreux intellectuels qui ont fait preuve d'une hyperactivé. Dans les numéros des hebdomadaires *Haské, Le Républicain ou Le Démocrate* consultés depuis leur lancement au début des années quatre-vingt-dix (Abba 2009), près de 500 articles ont été écrits par des enseignants-chercheurs (politistes, juristes, sociologues, etc.), des professeurs de lycée ou des hommes de culture, hauts fonctionnaires. Ceux-ci ont largement contribué au débat, selon la conjoncture politique, en apportant des éléments de réflexion ou des éclairages sur les thèmes les plus variés.

Tableau 10.4 : Nombre d'articles publiés par chacun des trois journaux

Journaux	Nombre d'articles publiés	Période
Haské	80	du 1er mai 1990 au 1er novembre 2004
Le Démocrate	200	du 5 octobre 1992 au 26 septembre 2011
Le Républicain	214	du 1er aout 1991 au 14 juin 2012

Source : Tableau établi par nous-même à partir de nos propres enquêtes

Haské a été le premier organe de la presse écrite privée. Dès sa parution, il s'est imposé comme une tribune pour les intellectuels nigériens qui ont régulièrement écrit dans cet organe de presse naissant.

Tableau 10.5 : Nombre de publication dans *Haské*

Année	Nombre d'articles
1990	28
1991	26
1992	11
1993	9

1994	2
1995	2
2000	1
2004	1

Tableau établi par nous-même à partir de nos propres enquêtes.

Graphique 10.4 : Nombre de publication dans Haské

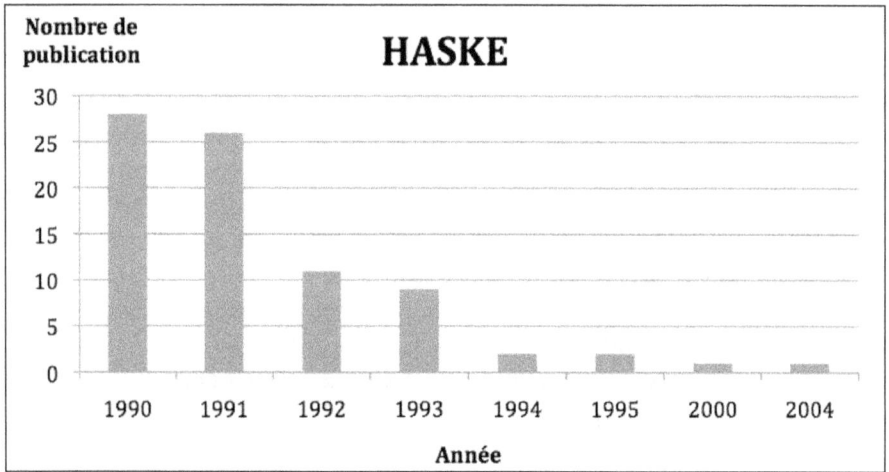

On constate qu'en 1990 et 1993, Haské s'est illustré comme un espace de débat intellectuel sans précédent au Niger, avec une certaine intensité en 1990 et 1991. Ces années ont été particulièrement actives dans le processus de démocratisation. Relevons parmi les contributeurs, Ali Halidou, Ben Adji Mamadou, Elback Adam, Niandou Souley, Kélétégui Mariko, Aly Talba, Alpha Gado, Bello Thiousso Garba. On pourrait aisément prolonger la liste. Leurs thèmes de prédilection étaient aussi bien orientés vers les questions internationales à l'ordre du jour comme la Pérestroika ou l'unité africaine, que vers les sujets d'intérêt national d'actualité, comme le multipartisme, la constitution, les élections, la démocratie ou encore l'ethnocentrisme ou le syndicalisme. Au regard du fort niveau de vente de ce périodique, on peut dire que ces articles bénéficiaient d'un réel engouement grâce à la qualité des contributeurs, qui s'exprimaient avec un certain enthousiasme, apportant des éclairages nouveaux sur les sujets qu'ils étudiaient. On constate que par la suite, le nombre d'articles, d'année en année, s'est amenuisé, *Haské* ayant perdu son positionnement en raison de l'apparition d'autres titres dans le champ médiatique qui l'ont, d'une certaine façon, chassé de sa place prédominante.

Le Républicain offrait également un cadre d'expression similaire, avec un niveau régulier de productions portées par des intellectuels.

Taleau 10.6 : Nombre de publication dans Le Republicain

AnnéeAnnée	Nombre Nombre
1991	9
1992	30
1993	24
1994	13
1996	4
1998	4
1999	31
2000	15
2001	3
2002	14
2003	9
2004	3
2005	8
2006	7
2007	1
2008	7
2009	13
2010	10
2011	7
2012	2

Source : Tableau établi par nous-même à partir de nos propres enquêtes

Graphique 10.5 : Nombre de publication dans Le Démocrate

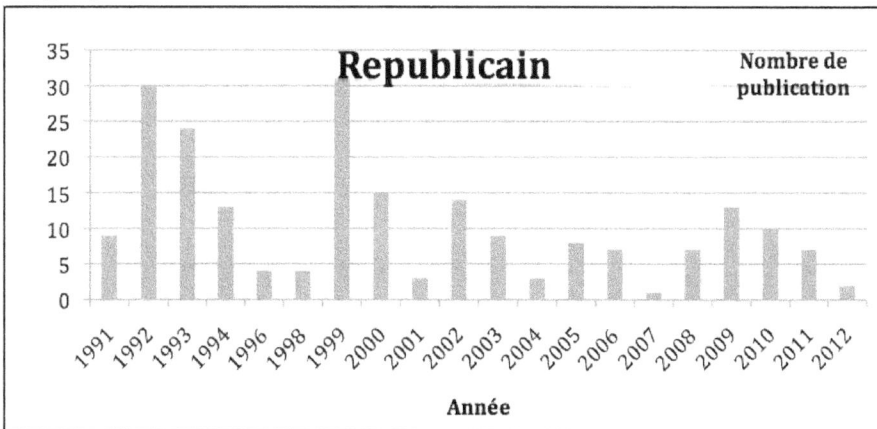

Ainsi, *Le Républicain* ouvre ses tribunes à des personnalités intellectuelles comme Djibril Abarchi, juriste privatiste ; Galy Kader, spécialiste en sciences de l'éducation ; Kader Laouel Mahamadou, juriste constitutionnaliste ; Youssouf Mayaki, économiste, Farmo Moumouni, philosophe ; Elhadj Kollo Saloum ; Badjé Hima, philosophe ; on pourrait prolonger la liste. On y repère aussi des étudiants, des chercheurs et des assistants techniques. Là aussi, les sujets abordés sont nombreux. Ils ont trait à l'actualité, mais aussi à de grandes questions doctrinales. Des débats s'instaurent parfois sur certains sujets où des prises de position se confrontent.

Dans le tableau qui précède, on observe des pics à des moments précis. L'année 1992 correspond à la période de la première transition démocratique au Niger. Les débats publics, par presse interposée, étaient légion. L'année 1999 s'illustre, comme on le sait, par la publication des résultats problématiques des élections locales de février et le coup d'État qui a porté Wanké au pouvoir en avril. Bien que le nombre des contributions des intellectuels ait baissé, certains d'entre eux ont continué d'écrire et d'apporter « leur part de vérité » dans les débats politiques en cours.

Le Démocrate a été, tout comme Haské et Le Républicain, une tribune active pour les intellectuels, comme le montrent le tableau et le graphique ci-après :

Tableau 10.7 : Nombre de publication dans Le Démocrate

Année	Nombre d'articles
1992	2
1993	78
1994	26
1995	7
1996	40
1997	13
1998	5
1999	1
2000	5
2004	2
2005	8
2007	3
2008	5
2010	2
2011	3

Source : Tableau établi par nous-même à partir de nos propres enquêtes

Graphique 10.6 : Nombre de publication dans Le Démocrate

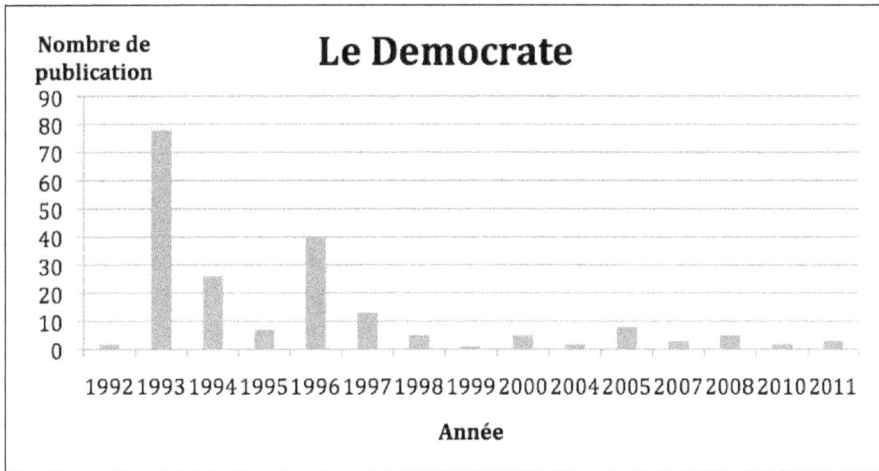

Deux pics sont observables dans le rythme des publications, 1993 et 1996 :

-   1993 est une année électorale mais aussi l'année qui a vu la mise en place des premières institutions démocratiques au Niger, celles de la Troisième République.

-   1996 est l'année de la deuxième transition dé mocratique, suite au coup d'État de 1996. On découvre dans Le Démocrate d'autres figures intellectuelles : Ismael Yénikoye, psychologue ; Mamoudou Djibo, historien ; Souley Adji, sociologue ; Gozo Joab, philosophe ; Dagra Mamadou, juriste constitutionnaliste ; Dodo Aichatou Mindaoudou, juriste ; Kader Laouel, juriste constitutionnaliste ; Soly Abdourahamane, procureur général ; Mariko Kélétégui, homme de culture. La liste n'est pas exhaustive. Ils écrivent principalement sur les questions politiques. Ils ont alimenté des débats parfois houleux et des prises de position fortement documentées sur les enjeux du moment : cohabitation, motion de censure, coups d'État, corruption, liberté de la presse, construction démocratique, autant de sujets qui ont permis à beaucoup d'entre eux de se faire connaître du grand public et de diffuser leurs idées.

Comme on peut le constater, un espace public est en cours de formation. Les acteurs qui le portent sont connus, de même que les supports qui leur servent de moyens d'expression.

Au-delà de la presse écrite, la radio et la télévision ont organisé des débats sur de nombreux sujets. À ces occasions, ces hommes ont démontré leur capacité à convaincre à travers des prises de position courageuses. Ils ont aussi fait montre d'éloquence, ressource fort prisée des politiciens, qui n'hésitent pas à les recruter et les impliquer au niveau de la politique active, dans l'opposition comme dans la majorité.

Cette dynamique est nouvelle. Elle est consubstantielle au récent processus de démocratisation. Au cours des périodes précédentes, les intellectuels intervenaient peu dans les médias. D'ailleurs, ceux-ci étaient totalement contrôlés par l'État qui ne faisait guère de place aux opinions dissidentes. Il tolérait tout au plus des articles sans aspérité, à vocation technique ou laudateurs vis-à-vis des régimes en place.

Tout de même, ona puobserver, vers la fin de la Première République, des débats sur l'éducation au moment où s'engageaient les politiques de réforme éducative. Quant au régime d'exception, il a surtout offert des tribunes techniques pouvant s'apparenter à un travail de critique des politiques publiques mises en œuvre. À dire vrai, c'est réellement la démocratisation qui change la donne en construisant un espace public ouvert, favorable aux débats sur les questions d'intérêt général, mais avec des prises de positions parfois politiques.

On peut relever l'existence d'autres arènes comme l'expression artistique, pour rappeler les fonctions que peuvent jouer les peintres ou les chanteurs. Vient alors à l'esprit Jogol Culture, ce groupe d'artistes qui avait composé des clips pour critiquer la politique culturelle du gouvernement pendant le deuxième mandat du président Tandja Mamadou, sous la Cinquième République. On peut évoquer aussi les chanteurs de rap, dont les propos sont parfois acerbes vis-à-vis des pouvoirs en place. Certaines dramatiques jouées à la télévision ou à la radio opèrent dans la critique sociale, mais sous un angle totalement moralisateur.

Le troisième foyer important de la vie intellectuelle est constitué par les groupes de recherche qui ont joué un rôle appréciable. La formation des groupes de recherche s'affirmant comme une tendance forte, il serait difficile ici de les relever tous. Dans le domaine des sciences sociales, certains d'entre eux se sont singularisés par leur production intellectuelle. On serait tenté d'introduire véritablement, à travers leurs travaux, la question de l'intellectuel collectif, telle que Bourdieu l'a développée.

Dans ce sens, au Niger, il est possible d'identifier le Laboratoire d'études et de recherches sur les dynamiques sociales et le développement local (LASDEL) et le Groupe d'études et de recherches sur État et sociétés au Niger (GERES).

Il faut signaler le groupe de recherche Littérature, genre et développement (LGD) qui a fonctionné pendant plusieurs années, à qui l'on doit une riche contribution à l'ouvrage Les *femmes écrivent l'Afrique* et la collecte de la littérature féminine, écrite et orale, au Niger.

Le LASDEL est un laboratoire indépendant de recherches en sciences sociales, à vocation sous-régionale, établi à Niamey depuis 2001. Il dispose d'une antenne à Parakou et rassemble aujourd'hui près d'une trentaine de chercheurs au Niger et au Bénin. Ses objectifs, comme l'indique son premier programme, sont de former à la recherche par la recherche. À cette date, il peut se prévaloir de plus de 110 numéros parus dans sa collection, « Études et travaux du LASDEL », sur des sujets liés à la délivrance et la gouvernance des biens publics. Il compte à son actif plusieurs ouvrages dont *Les pouvoirs locaux au Niger. À la veille de la décentralisation*, qui réunit l'ensemble des chercheurs du laboratoire. En outre, la plupart de ses chercheurs ont réalisé leur thèse sur les programmes de recherche qu'il élabore et met en œuvre ou auxquels il participe à l'échelle internationale.

Le GERES (Groupe d'études et de recherches sur Etats et sociétés), pour sa part, est une équipe de recherche pluridisciplinaire réunissant des spécialistes en sciences sociales (historiens, juristes, politistes, sociologues, islamologues, comparatistes, géographes) créée en 1995 et dirigée par le Professeur Kimba Idrissa. Il vise à produire des connaissances sur les mutations sociales et politiques en cours au Niger, essentiellement sur la dynamique de la formation de l'État, la construction de la démocratie et les mouvements sociaux. Ce groupe a une vocation interfacultaire puisqu'il associe des enseignants-chercheurs de la Faculté des lettres et sciences humaines (FLSH), de la Faculté des sciences économiques et juridiques (FSEJ) et des chercheurs de l'Institut de recherche en sciences humaines (IRSH) de l'université Abdou Moumouni de Niamey. Il a publié plusieurs livres : *Le Niger : État et démocratie en 2001 ; Armée et politique au Nige*r en 2009.

Ces exemples ne sont pas les seules initiatives de formation de groupes de recherche. Ils ne sont pas non plus l'apanage des sciences humaines puisqu'on peut en relever dans des domaines disciplinaires voisins dépendant d'autres champs de recherche. Cette tendance à la mise en commun du travail scientifique et à la constitution de groupes de recherche essentiellement orientés vers la recherche participe de dynamiques nouvelles observables dans la production du savoir scientifique au Niger.

Si cette émergence d'acteurs intellectuels est réelle au Niger, il n'en reste pas moins qu'elle opère selon des cycles marqués par des moments d'effervescence remarquables par leur liberté de ton et de pensée et des moments d'implication des intellectuels dans la politique, où ils deviennent des hommes engagés aux côtés d'un camp politique au détriment des autres.

Les cycles régulateurs

L'une des façons de comprendre les cycles qui régulent la vie intellectuelle au Niger est peut-être de considérer les différentes générations qui se sont succédé et qui marquent diversement leur présence dans les débats publics par leurs écrits ou leurs discours.

Les premiers, on l'a vu, étaient des diplômés des Écoles du gouvernement général (école William Ponty par exemple) intégrés dans la fonction publique locale au niveau du cadre commun secondaire de l'AOF. S'ils exerçaient des fonctions techniques, ils n'écrivaient pas beaucoup, ni n'intervenaient dans l'espace public alors largement dominé par des journaux ou des ouvrages venant de la métropole.

Avec l'ouverture politique institutionnalisée dans le cadre de l'Union française, ils deviennent vite des politiciens. Ils créent des partis politiques ou adhèrent à ceux qui existent. Les plus connus d'entre eux deviennent conseillers généraux (1946) et plus tard, membres de l'assemblée territoriale mise en place à partir de 1952 (Djibo 2001). Ce sont eux qui accèdent au pouvoir à la faveur de la décolonisation. Ils vont gérer le tout nouvel État au cours de ses premières années. Le personnage d'Abdou Moumouni apparaît au cours de cette période. À son propos, on parlait alors de « savant du Niger ». Il incarnait la nouvelle figure de l'intellectuel engagé, panafricain, travailleur, audacieux et visionnaire par le type de recherche qu'il réalisait déjà sur l'énergie solaire (voir la contribution de Kimba Idirissa dans cet ouvrage).

La deuxième génération d'intellectuels correspond aux Nigériens qui ont eu le cursus universitaire classique pouvant déboucher sur une licence ou un doctorat. Certains d'entre eux ont été directement recrutés dans l'administration publique, d'autres ont enseigné dans les collèges et les lycées, ou à l'école normale. Ils vont intégrer l'université à sa naissance, pour les plus diplômés, en vue d'une carrière d'enseignant-chercheur. Cette deuxième génération se reconnaît par le type de capital scolaire qu'elle détient. L'instituteur, naguère personnage éminent (Simard & Mellouki 2005), est désormais déclassé dans l'échelle des valeurs de l'enseignement, alors qu'il l'a incarné si bien pendant la colonisation et jusqu'aux premières années de l'indépendance. Les nouvelles figures de l'intellectuel arborent des diplômes plus importants et des cycles d'études plus longs. Ils revendiquent de hauts postes dans la fonction publique, prétention qu'ils considèrent comme légitime en raison de leur bagage universitaire. C'est dans cette génération qu'on trouve les premiers universitaires. Cette génération a surtout fait montre de capacités techniques avérées, mais sans prétention intellectuelle, autre que celle d'arborer une forte probité morale et une rigueur dans le travail, car les régimes politiques autoritaires qui se sont succédé au Niger n'offraient pas d'espace public autonome, ni les cadres d'expression libre que sont devenues par la suite la presse écrite et les stations de radios et de télévision (Abba 2009) avec le processus de démocratisation.

La troisième génération maintient les mêmes références académiques que la génération précédente. Mais sa classe d'âge est différente. Son apparition permet de créer un clivage dans le groupe, où on peut repérer désormais des aînés et des cadets. Rares sont les aînés qui sont restés en marge du pouvoir. Les plus jeunes terminent leurs études alors que le Niger entame son expérience démocratique. Ils disposent de plus d'ouvertures et d'opportunités pour exercer des fonctions intellectuelles. Et ils s'y adonnent avec ferveur en se déployant massivement dans les médias. Cependant, leur engagement intellectuel reste largement dépendant de leur positionnement dans l'arène politique et de la distance qu'ils peuvent maintenir dans leur rapport au pouvoir politique. Les régimes politiques issus de la démocratisation ont intégré beaucoup d'intellectuels et continuent de le faire. Ils en ont exclus aussi, créant des situations de déclassement politique qui relancent le débat intellectuel en lui donnant une nouvelle vigueur. Mais par cette pratique, ils annihilent à terme la fonction intellectuelle, abandonnée le plus souvent à d'autres acteurs (leaders associatifs ou politiques), comme on a tendance à l'observer aujourd'hui.

Conclusion

À l'issue de ce cheminement, on voit qu'au Niger, bien qu'il soit possible de configurer un champ intellectuel, d'identifier les acteurs qui l'animent et les enjeux autour desquels leurs relations s'articulent, on est loin de la masse critique qui permet la formation de dynamiques autonomes et stables, avec des règles clairement établies.

En fait, on a affaire à un sujet qui suscite beaucoup de débats, et pas seulement au Niger, dans certaines publications récentes (Traverso 2013 ; Boniface 2013). Les sujets qui viennent à être débattus sont nombreux : disparition de la figure classique de l'intellectuel ; apparition de nouvelles figures intellectuelles porteuses d'attributs nouveaux ; rôle des médias dans la production des intellectuels ; honnêteté et intégrité intellectuelle. Autant de thèmes qui rappellent toute l'importance acquise par le sujet au cours du XXe siècle.

Les recherches effectuées sur la construction du champ intellectuel au Niger permettent d'affirmer qu'on a affaire à un champ sédimenté par les générations successives qui l'ont constitué. Chaque génération porte en elle des valeurs spécifiques. Les premières générations ont mené les luttes politiques qui ont conduit le pays à l'indépendance, les seconde et troisième se sont illustrées par le capital intellectuel acquis dans les universités, leurs compétences techniques dans les administrations, et par l'engagement politique qu'ils ont déployé dans les processus de démocratisation. On voit bien se profiler l'omniprésence du facteur politique dans leurs trajectoires.

Ce lien à la politique est évident, constituant même une tendance lourde en raison du réceptacle que forme le champ politique pour de nombreux intellectuels. Au départ, ceux-ci se singularisent par une production académique conséquente et souvent par un positionnement à l'université, toutes choses qui les situent d'emblée comme des intellectuels critiques vis-à-vis de l'ordre établi et jouissant d'une certaine autonomie. Mais il ne s'agit que d'une étape permettant la formation d'un capital symbolique initial, les créditant d'une certaine visibilité convertible dans la politique.

Il convient aussi de relever les liens qui s'établissent avec le champ du développement, où le capital intellectuel est une condition d'accès à l'expertise en sciences sociales (Tidjani Alou 2000). Celle-ci offre de nombreuses ouvertures et a été fortement attrayante pour de nombreux intellectuels, qui s'y sont adonnés avec beaucoup d'enthousiasme. Mais elle a subséquemment été un réducteur de leur autonomie intellectuelle et les a souvent éloignés des activités académiques. En retour, ils accèdent à une reconnaissance certaine et à une meilleure valorisation sociale.

En tout état de cause, il faut admettre que les intellectuels bénéficient d'une légitimité sociale ambivalente. Tantôt, ils sont décriés comme des vecteurs de transfert des cultures occidentales, de purs produits des processus colonial et postcolonial. Ils sont en cela dénoncés, de façon brutale parfois. Tantôt, on les pose en recours, en personnes capables de « sauver le pays », s'ils sont sincèrement mis à contribution. Et on a pu voir comment, à des moments critiques de l'histoire du Niger, ils ont joué des rôles déterminants (voir la Conférence nationale). Cette ambivalence montre qu'ils existent bel et bien et que leurs sociétés les observent, soit pour les décrier, soit pour montrer leur utilité et les attentes fondées en eux.

Ce travail, loin d'avoir considéré toutes les ressources du champ intellectuel tel qu'il se met en place, peut être regardé comme une tentative de synthèse partielle. Bien sûr, il est loin d'avoir épuisé le sujet mais il montre son potentiel heuristique. Celui-ci invite à poursuivre l'exploration pour poser les bases d'une sociologie de la connaissance au Niger et pour comprendre dans la durée ses effets en termes de structuration sociale.

Bibliographie

Ouvrages, articles et autres travaux de recherches

Abba, S., 2009, *La presse au Niger : État des lieux et perspectives*, Paris, L'Harmattan.

Adamou, A., 1985, *Agadez et sa région*, Niamey, Études nigériennes.

Adji, B., 1946, *Dans les méandres d'une transition politique*, Paris-Abidjan, Kartala/Ceda.

Ag Maha, I., 2006, *Touareg au XXe siècle*, Brinon-sur-Sauldre-Grandvaux.

Barth, H., 1860, *Voyages et découvertes en Afrique septentrionale pendant les années 1849 à 1855*, Paris-Bruxelles, Bohmé.

Baulin, Jean, 1986, *Conseiller du Président Diori*, Paris, Eurafor-Press .

Bernussou, J., 2008, *Histoire et Mémoire au Niger. De l'indépendance à nos jours*, Toulouse, CNRS, université de Toulouse Le Mirail.

Bourdieu, P., 1982/2002, *Questions de sociologie*, Paris, Les Éditions de minuit.

Boniface, P., 2013, *Les intellectuels intègres*, Paris, Jean-Claude Gawsewitch Éditeur.

Bow, P., 2007, « Que signifie être intellectuel en Afrique », in Kouvouama A., A. Gueye, Piriou et A.

Capelle, J., 1987, *L'éducation en Afrique*, Paris, Karthala.

Christofferson, M. S., 2009, *Les intellectuels contre la gauche. L'idéologie anti-totalitaire en France. 1968-1981*, Paris, Agone.

Colin, R., 2004, *Kénédougou. Au Crépuscule de l'Afrique coloniale. Mémoire des années cinquante*, Paris, Présence africaine.

Conférence des Intellectuels d'Afrique et de la Diaspora, Déclaration de Salvador, Salvador de Bahia (Brésil), 12 au 14 juillet 2006.

Conférence des Intellectuels d'Afrique et de la Diaspora, Rapport de la première conférence des Intellectuels d'Afrique et de la Diaspora, Dakar (Sénégal), du 6 au 9 octobre 2004.

Dacheux, E., 2008, *L'espace public*, Paris, Centre national de la recherche scientifique.

Daumas, E. & Chancel, A., 1848, *Le grand désert ou itinéraire d'une caravane du Sahara au pays des nègres (Royaume Haoussa)*, Paris, Imprimerie et librairie de Napoléon Chaix.

David, P., 2007, *Niger en transition, 1960-1964*, Paris, L'Harmattan. Delavignette, Robert, 1946, *Le service africain*, Paris, Gallimard.

Dembéllé, D. M., 2011, *Samir Amin. Intellectuel organique au service de l'émancipation du Sud*, Dakar, CODESRIA.

Diouf, M., 1993, « Les intellectuels africains face à l'entreprise démocratique. Entre citoyenneté et expertise », *Politique africaine*, no 51.

Djibo, M., 2001, *Les transformations politiques au Niger à la veille de l'indépendance*, Paris, L'Harmattan.

Échard, N., 1975, *L'expérience du Passé. Histoire de la société paysanne de l'Adar*, Niamey, Études nigériennes.

Habermas, J., 1997, *Droit et démocratie. Entre faits et normes*, Paris, Gallimard.

Habermas, J., 1978, *L'espace public : archéologie de la publicité comme dimension constitutive de la société bourgeoise*, Paris, Payot.

Gado, B., 1980, *Le Zarmatarey. Contribution à l'histoire des populations d'entre le Niger et le dallol Maouri*, Niamey, Études nigériennes.

Girardet, R., 1972, *L'idée coloniale en France*, Paris, le Seuil.

Gruson, P., 1978, *L'État enseignant*, Paris-La Haye-New York, Mouton/École des hautes études en sciences sociales.

Hamani, D., 1975, *Contribution à l'étude des États Hausa. L'Adar précolonial (République du Niger)*, Niamey, Études nigériennes.

Hamani, D., 1989, *Au carrefour du Soudan et de la Berbérie. Le sultanat touareg de l'Ayar*, Niamey, Études nigériennes.

Hamani, D., 2011, *Quatorze siècles d'histoire du Soudan Central. Le Niger du 7 au XXe siècle*, Niamey, Éditions Alpha.

Institut de recherche en sciences humaines (IRSH), Archives nationales, CIDES, IST/CCFN, 1996, *Fonds Niger*.

Catalogue des ressources documentaires, Niamey, Mission française de coopération et d'action culturelle.

Issa, D. A., 2008, *Boubou Hama, conteur et romancier*, Niamey, Études nigériennes.

Karimou, Mahamane, 1975, *Traditions orales et histoire. Les Maouris zarmaphones des origines à 1898*, Niamey, Études nigériennes.

Kaziendé, L., (s.d.), *Souvenirs d'un enfant de la colonisation*, Niamey, Coopération française, 6 volumes.

Kimba, I., 1980, *Guerres et sociétés. Les populations du Niger occidental au XIXe siècle et leurs réactions face à la colonisation, 1896-1906*, Niamey, Études nigériennes.

Kimba, I., (sous la direction), 2001, *Le Niger : État et Démocratie*, Paris, L'Harmattan.

Kimba, I., (sous la direction), 2008, *Armée et politique au Niger*, Dakar, CODESRIA.

Ki-Zerbo, J., 2003, *À quand l'Afrique ? Entretien avec René Holenstein*, Paris, Éditions de l'aube.

Kom, A., 1993, « Intellectuels africains et les enjeux de la démocratie. Misère, répression et exil », *Politique africaine*, no 51.

Kouvouama, A. *et al.* Eds, 2007, *Figures croisées d'intellectuels. Trajectoires, modes d'action, productions*, Paris, Karthala, 474 p.

Lahire, B., 1999, *Le travail sociologique de Pierre Bourdieu : Dettes et critiques*, Paris, La Découverte.

Madougou, A., 1998, *Kokari ou le combat silencieux de l'enseignant*, Niamey, Nouvelle Imprimerie du Niger.

Mainassara, B., 1999, *L'évolution du mouvement syndical au Niger (de la période coloniale à nos jours)*, Niamey, Nouvelle Imprimerie du Niger.

Mahamane, A., 1998, *Institutions et imaginaires politiques hausa. Le cas du Katsina sous la dynastie des Korau (XVe-XIXe siècles)*, Thèse de doctorat, université d'Aix-Marseille.

Mahaman, A., 1997, *The Place of Islam in Shaping French and British Colonial Frontier Policy in Hausaland*, Thèse de doctorat, Ahmadu Bello University, Zaria.

Mallam Issa, M., 1996, *Le Damargou au XIXe siècle. Contribution à l'étude des populations du Sahel nigérien*, Thèse de doctorat, université de Cocody.

Mayaki, A. I., 1999, *La caravane passe…* Paris, Odilon média.

Mayaki, Y., 2003, *Gouvernance et développement au Niger*, Niamey, Groupe Écofi/ Nouvelle Imprimerie du Niger.

Mbonda, E.-M., 2008, « Intellectuels africains, patriotisme et panafricanisme : à propos de la fuite des cerveaux », in *Afrique et développement*, Vol. XXXIII, No. 1, pp. 108-122.

Moumouni, D. A., 2004, *Mémoire d'un compagnon de Seini Kountché*, Paris, Nathan.

Moumouni, A., 1998, *L'éducation en Afrique*, Paris, Présence africaine.

Olivier de Sardan, J.-P., 1969, *Systèmes de relations économiques et sociales chez les Wogos du Niger*, Paris, Institut d'ethnologie.

Olivier de Sardan, J.-P., 1982, *Concepts et conceptions Songhay-Zarma (Histoire, culture et société)*. Paris, Nubia.

Olivier de Sardan, J.-P., 1984, *Les sociétés Songhay-Zarma. Chefs, guerriers, esclaves et paysans*, Paris, Karthala.

Oubandawaki, M., 1995, *J'étais l'aide de camp du Président Kountché*, Niamey, Nouvelle Imprimerie du Niger.

Oumarou, I., 2005, *Dialogues et temps forts avec Seyni Kounthé*, Paris-Niamey, ACCT/ NIN.

Ousmane, A., 1997, *Kountché par ses proches*, Niamey, Nouvelles imprimerie du Niger.

Ousmane, M., (s.d.). *Refonder la gouvernance démocratique au Niger*, Komodo et les Éditions De la rose bleue.

Ory, P. et Sirinelli, J.-F., 2002, *Les intellectuels en France. De l'affaire Dreyfus à nos jours*, Paris, Perrin.

Ozouf, J. et M., 1992, *La république des instituteurs*, Paris, Gallimard/Le Seuil.

Saddek, B., 2005, « Être intellectuel dans l'Afrique d'hier et d'aujourd'hui : de l'obsession des origines à l'illusion des idéologies identitaires », in Bah, Thierno (dir.), *Intellectuels, nationalisme et idéal panafricain. Perspective historique,* Dakar, Codesria.

Salifou, A., 1970, *Le Damagaram ou sultanat de Zinder au XIXe siècle*, Niamey, Études nigériennes.

Séré de Rivières, E., 1965, *La République du Niger*, Paris, Berger Levrault.

Sidibé, S., 1994, *La réforme du secteur parapublic au Niger*, Niamey, Nouvelle Imprimerie du Niger.

Sidibé, S., 2012, *Les réformes économiques au Niger. L'autre face*, Niamey, Éditions Alph.

Simard, D. et Mellouki, M., 2005, *L'enseignement : Profession intellectuelle*, Laval, Presses de l'université de Laval.

Tambari, J. S., 2000, *Affaires constitutionnelles et organisation des pouvoirs au Niger. De la colonisation à la fin de la conférence nationale* (vol. 1), Niamey, Démocratie 2000.

Tidjani Alou, M., 1992, *Les politiques de formation en Afrique francophone. École, État et sociétés au Niger*, Thèse pour le doctorat en Science politique, université de Bordeaux 1.

Tidjani Alou, M., 2000, « Les paradoxes de la surproduction du savoir en sciences sociales », *Nouveaux Cahiers de l'IUED*, n° 10, octobre, 2000, PUF, IUED, Paris, Genève.

Traoré, S., 1983, *Les intellectuels africains face au marxisme*, Paris, L'Harmattan.

Traverso, E., 2013, *Où sont passés les intellectuels* ? Paris, Textuel.

Wagner, C., *Figures croisées d'intellectuels : trajectoires, modes d'action, productions*, Paris, Karthala.

Winnock, M., 1999, *Le siècle des intellectuels*, Paris, Éditions du Seuil.

Winnock, M., 2011, *L'effet de génération. Une brève histoire des intellectuels français*, Paris, Thierry Marchaisse.

Zakari, M., 1985, *Contribution à l'histoire des populations du Sud-Est Nigérien. Le cas du Mangari du XVIe au XIXe siècle*, Niamey, Études nigériennes.

Zakari, M., 2009, *L'Islam dans l'espace nigérien. Des origines (VIIe siècle) à nos jours*, Paris, L'Harmattan, 2 tomes.

Zarka, Y.-C., 2010, *La destitution des intellectuels*, Paris, PUF.

Zoumari, I. S., 1982, *Le Soney après la conquête marocaine (1592-1900). Formation des provinces historiques. Tera, Gooro, Namaro, Kokoru, Gothey. Contribution à l'histoire du Soney post-impérial et précolonial*, Thèse de doctorat, université Paris 1.

Périodiques

Bulletin du CODESRIA, n° 3 & 4, 2008. « Un géant s'en est allé. Archie Mafeje (1936-2007). »

Afrique Compétences, no 13, 2011. Dossier : « Les intellectuels africains, ont-ils échoué ? », pp. 32-64.

Le nouvel Observateur, n° 2376, du 20 au 26 mai 2010. Dossier : « le pouvoir des intellectuels », p. 16-32.

Jeune Afrique. L'intelligent, no hors série. « Senghor (1906-2001). L'homme d'État, le poète, l'humaniste ».

www.ingramcontent.com/pod-product-compliance
Lightning Source LLC
Chambersburg PA
CBHW022135020426
42334CB00015B/907